Sophia

החדש

עברית מן ההתחלה

חלק ב'

שלומית חייט

שרה ישראלי

הילה קובלינר

אקדמון

בית ההוצאה של אגודת הסטודנטים של האוניברסיטה העברית בירושלים

ירושלים תשע"ג, 2013

Hebrew from Scratch part II

Shlomit Chayat, Sarah Israeli, Hila Kobliner

ההפצה בישראל: הוצאת מאגנס
טלפקס: 02-6584352
shlomi@magnespress.co.il
www.magnespress.co.il

International Orders: Israel Connection
West Coast (310) 274-6657
East Coast, Europe and Far East (201) 906-8016
office@myhebrewbooks.com

ISBN 978-965-350-127-0
דאנאקוד 75-12975

איורים: נועם נדב, יובל רוביצ׳ק
עיצוב, ביצוע, סידור אקדמון בע״מ

מוקדש לזכרו של האיש היקר והאהוב יעקב (יפרח) יפתח ז"ל , מנהל ההוצאה לאור אקדמון וממייסדיה הראשונים , אשר עמל רבות לאורך השנים בהפקת ספרי הלימוד והדפסתם לראשונה, אשר פרויקט לימוד העברית היה קרוב מאוד ללבו , יהיה זכרו קרוב ללבנו.

Dedicated to the memory of the late Academon's publishing manager,

Yakov (Yfrah) Iftach , whose Hebrew learning project

Was close to his heart.

הקדמה

ספר זה הוא המשכו הישיר של הספר עברית מן ההתחלה, חלק א'.

חלק א' מיועד לשלב הראשון של רמת המתחילים, ובו מוקנה אוצר המילים השכיחות תוך שילוב מבנים בסיסיים.

חלק ב' מציג בפני הלומד תמונה רחבה עד כמה שאפשר של העברית, על המאפיין אותה מבחינה לשונית ומבחינת המשלבים העכשוויים והרבדים ההיסטוריים. הלימוד בונה בהדרגה את יכולות התקשורת בעל פה ובכתב, את היכולת להבין טקסטים מעובדים ולפענח טקסטים מן המקור.

נקודת החיתוך בין שני הכרכים של רמת המתחילים נבחרה אחרי הקניית צורות הפועל בזמן עבר בבניינים הפעילים בגזרות השכיחות, ולפני הקניית צורות הפועל בזמן העתיד, אחרי הקניית מכלול המשפטים הפשוטים, ולפני הצגת משפטים מורכבים ומשפטים מחוברים.

יש בחלק ב' מספר שינויים באופי העיסוק בעניינים הנלמדים ובדרך הצגת הדברים:

בחלק ב' יחידות הלימוד רחבות יותר, אוצר המילים הנרכש בהן גדול מזה שנלמד בכל שיעור בספר א', ויש יותר קטעים לבחירה. לפיכך ברור כי משך הזמן הנדרש להוראת כל שיעור הוא רב יותר מאשר בחלק א'.

בחלק ב' 'הותרה רצועת התרגום' ולא הכול מתורגם. כך למשל, רבות מן ההוראות וכן כל המילים שמקורן לועזי לא תורגמו בגוף הספר. גם הצורות הלשוניות שבסיסן המקורי נלמד, אך צורתן כפי שהיא בטקסט עדיין לא נלמדה, לא נרשמו כערך מילוני נפרד, למשל: שם תואר הנגזר באופן שקוף משם עצם (חורפי), שמות פעולה הנגזרים מן הפועל באופן אוטומטי (נסיעה), תארי פועל הנבנים משמות עצם (בשׂמחה). כל אלה לא הובאו כערכים מילוניים נפרדים.

אחת המטרות החשובות ביותר בהוראה ברמה זו היא פיתוח יכולת ניחוש אמיצה ומשׂכילה. לכן נכללו יותר קטעים מן המקור וביתר הרחבה. המילים החדשות בהם רבות, והן לא מופיעות במילון ה'מחייב'. לדעתנו פגישה עם חומרים אמיתיים במידה הנכונה, שהיא נגיעה ב'זהב הטהור', מדרבנת להמשיך וללמוד. הקטעים במקור מנוקדים, למרות הכתיב המלא שבהם, כדי להקל את הקריאה. הקטעים האלה מופיעים על רקע רשת בהירה כדי להבחינם משאר הקטעים. הם מומלצים בחום אך לא מהווים מדרגה הכרחית להמשך העבודה.

אחרי כל ארבעה שיעורים מופיע פרק חזרה בשם פסק זמן. פסק הזמן הראשון הוא חזרה על כל חלק א'. בפסקי הזמן יש חזרה על הנלמד עד אז. כמו כן נכללו בפסקי הזמן סיפורים בדרגות שונות של עיבוד. הסיפורים מנסים לייצג זרמים, תקופות ונושׂאים בסיפור העברי הקצר. זו קריצה למורים: ראו, אפשר!

יחידות של הדרכה לעבודה במילון ממשיכות ללוות כל פרק לימוד בספר. החלק בשם *אילון* הוא סיכום של פרק לימודי או הכנה לפרק הבא, ומאפשר ללומד לפענח טקסטים שונים בעברית.

בספר מוצגים דפי עבודה שיטתיים להוראת מילות היחס השכיחות בשם *קצת יחס, בבקשה*. התרגילים מאפשרים חזרה על אוצר המילים, הפנמה של צורות הנטייה של כל מילת יחס וקישורה לפעלים ולמבעים מסוימים. בדף העבודה של מילות היחס מובאות שורה או שתיים של שיר-זמר עכשווי עם שם הזַמָּר תחת הכותרת *מאש אהבה*. בשורות השיר מופיעה מילת היחס הנלמדת לפחות פעם אחת.

הפינה, *אל יאללה, ביי!*, הנמשכת מספר א', היא הרמת מסך אל צבעוניות השָׂפה המדוברת והסלנג. הפינה כוללת מבעים הקשורים לעניין הלשוני הנלמד, או מבעים המאפשרים תקשורת נינוחה והבנה של החבְרָה הצעירים והצ־עירים ברוחם.

בפינת השיח, בשם *א-פרופו*, יש שׂיחות קצרות בעברית מדוברת, הכוללות מילים ומונחים בתקשורת היומיומית. המילים, המבנים והצורות הדקדוקיות המופיעים בשׂיחות מתבקשים באופן טבעי מן הנושא, ואינם בהכרח מש־תלבים בתוכנית הלשונית הנלמדת. המילים החדשות המופיעות ברשימה לאחר כל שׂיחה, אינן נכללות במילון ה'מחייב'.

הספר מלווה בקלטות שמע / תקליטורים, המכילים את כל קטעי הקריאה והשׂיחות. קטעים אלה מסומנים בספר ב- ערכת "מה נשמע" מלווה את הספר לתרגול ההאזנה והדיבור, ולדיווש החומר הדקדוקי. לנוחות המורים ולהעשרת ההוראה נכתב מדריך למורה.

אנחנו מודות לכל אלה שנרתמו לסייע בהפקת ספר זה:

תודה מעומק הלב -

בראש ובראשונה לנועם נדב. איוריו מאמתים את תחושתנו שמאחורי המלים יש מציאות של ממש והיא יפה, חזקה ולפעמים מצחיקה עד מאוד!

לעילית אזולאי שצילמה בתבונה את הצילומים הממוסגרים בספר.

לתמר פריד ולציונה שטיינר ששמרו על קור רוח במעבר הבלתי אפשרי בין העברית לאנגלית.

לסמדר ברק ולמיכל אשכנזי שניאותו לקרוא ולהעיר.

לדינה זלוטניק המעצבת הגרפית מסטודיו יובל-טל, שספגה בהבנה את רצוננו הבלתי נדלה לשנות ולתקן, ודאגה לכך שבסופו של דבר יצא ספר חינני!

לאנשי האקדמון שעודדו ותמכו.

דרך צלחה!

הִלה, שלֹמית ושׂרה

תוכן עניינים
CONTENTS

- משפטים סתמיים בהווה, בעבר ובעתיד — Impersonal Sentence

דוגמה:

כדאי היה / יהיה לקחת סוודר.

שונות:
- אותו + (ה) ש"ע

דוגמה: אותו הספר

מילון:
- חלקי הדיבר - ש"ע, ש"ת, פועל — Parts of Speech: noun, adjective, verb
- סדר אותיות הא"ב

שיעור 2 62–38

קטעים:

יום פתוח	שׂיחה
לוח מודעות	מודעות
יהיה נייר או לא יהיה?	קטע קריאה
מה יהיה?	אז יאללה, ביי!
א-פרופו משׂרד	שׂיחה
אצל מי?	שׂיחה
פרסומות	פרסומות
הורוסקופים	קטעים קצרים
העולמות הבאים במסורת היהודית	קטע קריאה
גן עדן או גיהינום	אז יאללה, ביי!
ענן ביד / ע. הלל	סיפור

צורות:
- נטיית מילת היחס - אצל

דוגמה: אצלי

- צורת הזוגי — Dual Form

דוגמה: יומיים

שיעור 5 127–109

קטעים:	אין חדש	שׂיחה
	מי יבוא ללמוד מה?	קטע קריאה
	פתקים	פתקים
	השינה	קטע קריאה
	חוכמת תלמידים	אז יאללה, ביי!
	א-פרופו חוכמה	שׂיחה
	הכול בשביל הילדים	שׂיחה
	מהו יום כיפור בשבילי / דוד ארידן	שיר ספר

צורות: פועל:

- בניין פָּעַל, גזרת השלמים, זמן עתיד - אפעוֹל
  דוגמה: יִרְקוֹד
- בניין פָּעַל, גזרת השלמים, פה"פ גרונית, זמן עתיד - אפעוֹל
  דוגמה: יַחְשׁוֹב
- בניין פָּעַל, גזרת השלמים, עה"פ ו-לה"פ גרוניות, זמן עתיד - אפעַל
  דוגמה: יִשְׁאַל
- נטיית מילת היחס - בשביל
  דוגמה: בשבילי

תחביר:

- משפטי תנאי קיים בכל הזמנים — The Conditional (Real Condition)
  דוגמות: אם תבוא מאוחר, הם ידאגו לך.
  אם שברת, שילמת.
  אם לומדים, יודעים.

מילון:

- סיומות שמות עצם בנקבה — Suffixes of a Noun in the Feminine

עקדת יצחק	קטעים מן המדרש
מתוך תנ"ך, תנ"ך, איתך, איתך ומדרשים אחרים / יהודה עמיחי	שיר ספר
מאז ועד היום ב-פ"י וב-פ"נ	אמרות, פתגמים ושיר ילדים
אני רוצה תמיד עיניים / נתן זך	שיר ספר
פרופסור מורלי	קטע קריאה
מה היא תרבות	קטע קריאה
לוח מודעות	מודעות
ערב תרבותי	אז יאללה, ביי!
א-פרופו תרבות	שיחה

צורות: פועל:

- בניין פָּעַל, גזרות פ"י ופ"נ, ציווי
  דוגמה: שֵׁב! סַע!
- בניין פָּעַל, גזרת פ"י, זמן עתיד
  דוגמה: אֵשֵׁב
- בניין פָּעַל, גזרת פ"נ, זמן עתיד
  דוגמה: אֶתֵּן

- נטיית מילת היחס - ב...
  דוגמה: בִּי

תחביר:

- תיאור תכלית — Final Adverb
  דוגמה: שמענו חדשות כדי לדעת מה קורה בעולם.
- משפטי תכלית — Final Clause
  דוגמה: הדלקנו את האור, כדי שיראו אותנו.

מילון:

- צירוף סמיכות — Construct State

תוכן
עברית מן ההתחלה

צורות: פועל: • בניין פוּעַל , גזרת השלמים, זמן הווה ועבר.

דוגמה: סוּפַּר, מְסוּפָּר

• בניין הוּפְעַל, גזרת השלמים, זמן הווה ועבר

דוגמה: הוּרְגַּש, מוּרְגָּש

תחביר: • ערך ההפלגה — The Superlative

דוגמה: המוליקאי הטוב ביותר

המוליקאי הכי טוב

• דרגת היתרון: מילות השוואה ומשפטי השוואה

Comparative Phrase and Comperative Clause

דוגמות: ירושלים יותר גבוהה מתל אביב.

תל אביב באים פחות תיירים מאשר לירושלים.

שונות: • מספרים גדולים - אלף עד מליארד

מילון: • סיומות שם העצם — Noun Suffixes

• ראשי תיבות — Acronym

פסק זמן 1

לָמַדְתִּי אֶת הַבְּרָכָה הָעִבְרִית שֶׁבְּטֶרֶם אֲכִילַת לֶחֶם,
הַאֵין בְּרָכָה שֶׁבְּטֶרֶם קְרִיאַת הָעִבְרִית?

צ׳רלס רזניקוף
תרגם: משה דור

ציור של ילדי בית הספר בקיבוץ הַרְדוּף - האות א׳

1. אין התחלה אחת

מתקופת עֶזְרָא ונְחֶמְיָה ראש השנה היהודי הוא בסתיו, בחודש העברי תשרי (אמצע או סוף ספטמבר). במסורת היהודית היה עוד לוח שנה עתיק יותר. לפי הלוח הזה ראש השנה היה באביב, בחודש ניסן, (חודש אפריל). שני הלוחות האלה, גם לוח הסתיו וגם לוח האביב, הם לוחות חקלאיים.

למה להתחיל את השנה באביב? בעונת האביב הכול גָדֵל. הכול ירוק, חדש וצעיר. באביב החקלאים כבר יודעים אם אפשר לשׂמוח על פירות וירקות הקיץ, או להצטער שאין מספיק פירות וירקות.

אפשר להבין גם למה התחילו את השנה בסתיו: בחודש תשרי, אחרי הקיץ החם, יש הרבה עבודה בחקלאות. החקלאים עובדים מבוקר עד ערב. הם רוצים לגמור את כל העבודה לפני הגשם. בסתיו אנשים עובדים קשה, חולמים ומתפללים לשנה עם הרבה גשם, שנת ברכה והצלחה. אולי ראש השנה היהודי הוא בסתיו, כי הסתיו הוא זמן לאמונה ולתפילה.

יש שני זמנים להתחיל את השנה, ויש גם שני זמנים להתחיל את היום. אפשר להתחיל את היום בבוקר: השמש עולה, רואים את הכול ומתחילים לעבוד. היום מתחיל אחרי החלומות והפחדים של הלילה. דרך שנייה היא להתחיל את היום בערב, לפני הלילה. בערב, אחרי סוף היום, חושבים לאט על המחר; מחליטים ובונים תוכניות ליום החדש. היום היהודי מתחיל בערב כמו בספר בראשית פרק א': "ויהי ערב, ויהי בוקר, יום..." ערב שבת וערב חג הם ההתחלה של השבת ושל החג. הסתיו הוא כמו ערב השנה, התחלת השנה החדשה.

(לפי דבריו של ד"ר יוחנן ברויאר, מן האוניברסיטה העברית בירושלים, ערב ראש השנה תשנ"ט)

א) **השוו בין שני לוחות השנה היהודיים.** Compare the two Jewish calanders:

	<u>לוח שנה א'</u>	<u>לוח שנה ב'</u>
זמן בשנה		
החקלאים		

ב) **מה אתם חושבים: מה יותר נכון, להתחיל את השנה באביב או בסתיו? להתחיל את היום בערב או בבוקר?**

ג) **כתבו על לוח השנה בארץ שלכם.**

כָּל הַתְּחָלוֹת קָשׁוֹת! (מכילתא סב ב)

הַמַּתְחִיל בְּמִצְוָה אוֹמְרִים לוֹ גְּמוֹר! (ירושלמי ראש השנה נז ג)

2. **שְׁנֵים עָשָׂר יְרָחִים** / נָעֳמִי שֶׁמֶר

בְּתִשְׁרֵי נָתַן הַדֶּקֶל
פְּרִי שָׁחוּם נֶחְמָד,
בְּחֶשְׁוָן יָרַד יוֹרֶה
וְעַל גַּגַּי רָקַד.
בְּכִסְלֵו נַרְקִיס הוֹפִיעַ,
בְּטֵבֵת בָּרָד,
וּבִשְׁבָט חַמָּה הִפְצִיעָה
לְיוֹם אֶחָד.

בַּאֲדָר עָלָה נִיחוֹחַ
מִן הַפַּרְדֵּסִים,
בְּנִיסָן הוּנְפוּ בְּכוֹחַ
כָּל הַחֶרְמֵשִׁים.
בְּאִיָּיר הַכֹּל צָמַח,
בְּסִיוָן הִבְכִּיר,
בְּתַמּוּז וְאָב שָׂמַחְנוּ
אַחַר קָצִיר.

תִּשְׁרֵי, חֶשְׁוָן, כִּסְלֵו, טֵבֵת
חָלְפוּ עָבְרוּ בִּיעָף.
גַּם שְׁבָט, אֲדָר, נִיסָן, אִיָּיר,
סִיוָן, תַּמּוּז וְאָב.
וּבְבוֹא אֱלוּל אֵלֵינוּ
רֵיחַ סְתָיו עָלָה,
וְהִתְחַלְנוּ אֶת שִׁירֵנוּ
מֵהַתְחָלָה.

3. תרגיל סוף והתחלה

לפניכם תרגיל "בחינה עצמית". מטרת התרגיל היא לוודא שאכן החומר הנלמד בספר **עברית מן ההתחלה החדש, חלק א'** ידוע ומוכר לכם. פריטי אוצר המילים, המבנים והצורות הדקדוקיות ערוכים לפי סדר ההתקדמות בשיעורים בחלק א'.

The following exercise is a review "self test". The goal of this exercise is to ensure that the material learned in Book 'A' is known and familiar to you - the vocabulary, as well as the grammatical structures and forms. The items are arranged more or less in the same order as the lessons in עברית מן ההתחלה חלק א'.

1) --- סטודנט או מורה?
(את / היא / אתה)

2) אני לא --- לונדון.
(מ... / ל... / מי)

3) --- דניאל בבית.
(ה... / Ø / ב...)

4) - חנה --- את?
- אני מתל אביב.
(איפה / מאין / מי)

5) זה הבית --- רינה ואברהם.
(את / עם / של)

6) --- יין מישׂראל.
(Ø / ה... / מ...)

7) זאת --- בכיתה א'.
(תלמיד / לומד / תלמידה)

8) היא אוכלת --- מסעדה.
(ל... / ב.... / ה...)

9) - הם פה?
- לא, הם ---.
(ים / שם / גם)

10) - מה אתם --- , עברית או אנגלית?
(לומדים / גרים / שותים)

11) ✓ - אתה --- תה או קפה?
- תה, בבקשה.
(שר / רוצה / מדבר)

12) ✓ אני גר בדירה --- שני סטודנטים.
(על / עם / ל...)

13) ✓ - אני רוצה סלט.
- --- סלט, אבל יש סנדוויץ'.
(לא / יש / אין)

14) ✓ - מה השעה?
- אני לא ---.
(כותב / יודע / לומד)

15) ✓ עכשיו לא שבע. עכשיו כבר ---.
(שמונה / ורבע / שש)

16) ✗ - את מהולנד? את מדברת ---?
(הולנדי / הולנדיה / הולנדית)

17) ✓ כל בוקר אנחנו --- באוטובוס לאוניברסיטה.
(שומעים / עובדים / נוסעים)

18) ✓ - מה אתן ---?
- אנחנו לומדות עכשיו.
(עושות / לומדות / גרות)

19) ✓ בישראל עכשיו יום שני, חמש בבוקר. בקליפורניה יום ראשון, שבע ---.
(בצהריים / בשבת / בערב)

20) ✓ אני קונה לחם וחלב ב--- הקטנה.
(ספרייה / חנות / חברה)

21) ✓ הבנק --- הסופרמרקט; הבנק ברחוב יפו 30, והסופרמרקט ברחוב יפו 23.
(על / ליד / של)

22) ✓ - ---?
- טוב, תודה. הכול בסדר.
(מה שלומך? / איפה אתה? / מאין אתה?)

23) אני בא --- ספרייה, והולך --- קפטריה.
(ב... - ב... / מה... - ל... / עם - על)

24) - הינה מספר הטלפון : 03-5975681. אתה כותב?
- כן. אפס, שלוש, חמש, תשע, שבע, ---, שש, שמונה, אחת.
(עשׂר / שלוש / חמש)

25) אנחנו גרים בדירה --- ברחוב הרצל.
(חדשים / חדשה / חדש)

26) במלון יש שני חדרים אחד גדול ואחד ---.
(נחמד / קטן / עתיק)

27) - --- ספר אתה קורא?
- ספר חדש על החיים בעולם המודרני.
(מתי / איזה / איך)

28) למה --- ליד החלון ולא ליד השולחן?
(המיטה קטנה / המיטה הקטנה / מיטה קטנה)

29) אני לא אוהב ציורים ---. אני אוהב רק ציורים יְשָׁנִים וקְלָסִיים.
(מודרניים / טובים / יפים)

30) - סליחה, מה את מחפשׂת?
- אני מחפשׂת את --- החדש של אברהם כוהן.
(הספרים / הספר / הספרייה)

31) - למה אתן לא שואלות --- רותי?
(ה... / Ø / את)

32) היום יום שני. --- יום שלישי.
(אתמול /שבוע / מחר)

33) אין לי הרבה כסף. אני קונה רק דברים ---.
(זולים / מעניינים / אחרים)

34) - לאן את רצה?
- אני רצה לקָפֶטֶרְיָה. אני רוצה --- משהו לפני השיעור.
(לחשוב / לאכול / לאהוב)

35) אתן שרות כל כך יפה. בבקשה, אנחנו רוצים --- עוד שיר אחד.
(לשאול / לשמוע/ לשבת)

36) היא קוראת --- מאוד. היא קוראת שני ספרים ביום.
(בשקט / לאט / מהר)

37) - --- אנשים יש בכיתה?
- עשׂרים אנשים בערך.
(איזה / למה / כמה)

38) אני הולכת לספרייה בשש ו --- הביתה בשמונה.
(רוקדת / נותנת / חוזרת)

39) אנחנו רוצים --- בכפר ולא בעיר.
(לבוא / לגור / לקום)

40) - אתם עובדים --- ?
- לא. רק ביום שני וביום חמישי.
(כל היום / כל יום / ביום)

41) - אתה רוצה --- ?
- כן. אני מחפשׂ מילון עברי-רוסי.
(משהו / מה / מישהו)

42) - את רוצה --- בסופרמרקט או בשוק?
(לבנות / לקנות / לעלות)

43) - למה הן לא באות למסיבה?
- --- הן עובדות בערב במסעדה.
(די / אבל / כי)

44) די! אני רוצה ללכת הביתה. הסרט ---!
(משעמם / שקט / חשוב)

45) הן גם עובדות ו--- לומדות באוניברסיטה.
(ורק / ואז / וגם)

46) - בן כמה הוא?
- --- שבע וחצי.
(בת / בן / כמה)

47) - יוסי, אתה --- את חנה במשׂרד היום?
- לא. אני לא הולך היום למשׂרד.
(פוגש / מכיר / מבין)

48) - כמה זה עולה?
- ארבעים שקלים. איך אתה רוצה --- ?
- בצ'ק.
(לקבל / לטייל / לשלם)

49) כל המשפחה --- ליום ההולדת של סבא.
(באים / באה / באות)

50) - דינה, אני רוצה --- אותך לארוחת ערב.
- תודה רבה.
(להרגיש / להתחיל / להזמין)

51) - מה קרה? למה את לא --- ללמוד?
(ממשיכה / להמשיך / ממשיכות)

52) כל התלמידים --- בבחינות, כי הם לומדים מצוין.
(להצליח / מצליח / מצליחים)

53) בדואר --- מכתבים.
(עומדים / שולחים / מתחילים)

54) - למה היא --- ?
- כי יש לה הרבה בעיות.
(שמחה / עצובה / פשוטה)

55) - היום יש --- כיתה.
- מה עושים במסיבה?
- מדברים, שרים ואוכלים.
(מסיבה / המסיבה / מסיבת)

56) היא עובדת --- שבע בבוקר --- ארבע אחרי הצהרים.
(לפני - Ø / ב... - ל... / מ... - עד)

57) הוא בן 70, אבל הוא עובד קשה כמו איש ---.
(צעיר / מבוגר / דתי)

58) - חנה, למה את --- כל כך?
- אני מתחתנת מחר.
(מתרגשת / מתלבשת / מתכתבת)

59) יש פה שלוש חברות קיבוץ ---.
(צעירות / צעירים / צעירה)

60) - דני, למה לא --- אתמול לשיעור?
(בא / באתי / באת)

61) יש פה שני מרכזי קניות. איפה מרכז הקניות --- ?
(קטן / הקטן / קטנות)

62) - חנה, את רוצה לשתות?
- כן. תן --- מים קרים, בבקשה.
(לה / לך / לי)

63) אני מחפש את ספרי --- הישנים שלי.
(היסטוריה / ההיסטוריה / והיסטוריה)

64) - יוסי ואבי, יש --- מילון טוב בבית?
(לכם / לך / להם)

65) אנחנו מצטערים, --- לנו זמן היום.
(לא / אין / בלי)

66) אני אוהב את ה---: סגול, ירוק וחום.
(אבנים / צבעים / צמחים)

67) אברהם ושׂרה לא --- לנו שום דבר.
(אמרו / אמרת / אמרנו)

68) - חנה ויוסי, מה נשמע? כבר הרבה זמן לא --- לנו.
- לא כתבנו לכם, כי לא ידענו את הכתובת החדשה שלכם.
(כתבתם / כתבנו / כתבתי)

69) זה סבא דניאל, וזאת חנה, האישה ---.
(שלה / שלך / שלו)

70) - אני רוצה לבקר אתכם עם דודה חנה.
- מי זאת דודה חנה?
- היא דודה --- אבא שלי.
(שלו / של / שלי)

71) - אתה קצת חולה. אתה --- תה חם ושֶקֶט.
(יודע / צריך / אומר)

72) אני --- ללמוד אבל אין לי כוח.
(שומע / צריך / מוצא)

73) הלכנו לסרט בשבע בערב, ו --- רקדנו בדיסקוטק עד הבוקר.
(לפני / אחר כך / עוד מעט)

74) זאת קבוצת --- מבית הספר שלי.
(תלמידי / תלמידה / תלמידים)

75) - יוסי, מה נשמע?
- אימא, הטלפון לא בסדר. אני לא שומע ---.
(אותי / אותה / אותך)

76) - למה אתם לא באים לבקר ---?
(לנו / שלנו / אותנו)

77) --- גשם.
(קורה / יורד / עולה)

78) באיזה אוטובוס אני --- להגיע לבית שלכם?
(חשוב / רוצה / יכול)

79) יש פה מכתב בגרמנית, אבל היא לא יכולה --- אותו, כי היא לא מבינה את השׂפה.
(לגמור / לקרוא / לראות)

80) אנחנו לא גרים פה. אנחנו --- פה אף אחד.
(לא מכירים / לא נוסעים / לא הולכים)

81) השׂמלה שלה --- יפה מאוד ומיוחדת.
(היו / הייתה / היה)

82) הוא היה חולה, --- הוא לא בא אתמול לעבודה.
(ולכן / אבל / אולי)

83) - שמעתי שהטיול היה יפה.
- באמת?! אני לא יודעת. גם אני לא --- בטיול.
(הייתה / הייתי / היה)

84) זה הר גבוה מאוד. אף פעם לא --- על ההר הזה.
(רצינו / עלינו / שתינו)

85) - למה לא באת אתמול לקונצרט?

- --- לי כאב ראש נורא.

(הייתי / היינו / היה)

86) אתמול לא --- לנו כוח ללכת לסרט, כי עבדנו כל היום.

(היינו / היית / היה)

87) בשנה שעברה הייתי מורה ו --- ילדים קטנים.

(למדתי / לימדתי / ללמד)

88) ביקשתי --- הילדים לשחק בשקט.

(מ... / ל... / ב...)

89) מיכאל הוא הילד --- גבוה בכיתה.

(הכי / עוד / את)

90) - סליחה, --- לשבת פה?

- כן. אתם יכולים לשבת פה.

(צריך / אפשר / אסור)

91) המורה הזאת מסבירה מצוין את הבעיות במתמטיקה.

--- להבין אותה.

(מותר / קל / נעים)

92) למה אתה מעשן באוטובוס? אתה לא יודע שאסור --- פה?

(מעשן / לעשן / מעשנים)

93) שמעתי שלא --- לצאת לטיול, כי היה חם.

(הרגשת / הסכמת / האמנת)

94) הוא שמע את השיר, אבל הוא לא --- למילים.

(הסביר / המשיך / הקשיב)

95) דיברתי עם חנה והחלטתי --- איזו מתנה לקנות.

(איתו / איתה / איתי)

96) אני לא משתמש --- מכונית החדשה שלי.

(ל... / ב... / מ...)

97) הפְּרוֹפֶסוֹר --- כמו סטוּדֶנְט צעיר: מכנסיים קצרים וחולצה פשוטה.

(התרחץ / התאהב / התלבש)

98) הוא התחתן --- בקיץ.
(לה / איתה / אותה)

99) איזה יופי! עוד משפט אחד ואנחנו גומרים את התרגיל. אני כבר ---.
(עייף / אורח / ארוך)

100) זה --- התרגיל! אתם יודעים עברית! ברוכים הבאים לספר השני!
(התחלת / אמצע / סוף)

4. אִיש אֶחָד בְּיוֹם רִאשוֹן
רָצָה בְּיוֹם שֵׁנִי
וְהֶחְלִיט בְּיוֹם שְׁלִישִׁי
לִנְסוֹעַ לְחֵיפָה בְּיוֹם רְבִיעִי
בְּיוֹם חֲמִישִׁי הוּא רָאָה
שֶׁמָּחָר כְּבָר יוֹם שִׁישִׁי
אָז מַה, הוּא מְשוּגָּע לִנְסוֹעַ בְּשַׁבָּת?!

(שיר רחוב)

?

1) מתי האיש נסע לחיפה?

2) האיש הזה לא יודע מהי התחלה. למה?

שיעור 1

1. זה אותו דבר?

ברוכים הבאים לחלק השני של הספר **עברית מן ההתחלה**!
זה השיעור הראשון של הספר השני.
זה לא אותו הספר. אלה לא אותם התרגילים וגם לא אותם הקטעים.
אולי גם לא אותם תלמידים לומדים את הספר.
לא אותן מורות, ולא אותם מורים מלמדים את הספר.
בקיצור - זה לא אותו דבר, אבל זו אותה שׂפה, אותה העברית!

אותו + (ה) ש"ע

ז.י.	**אותו**	(ה)ספר
נ.י.	**אותה**	(ה)שׂפה
ז.ר.	**אותם**	(ה)סטודנטים
נ.ר.	**אותן**	(ה)מורות

הצורה **אותו, אותה, אותם אותן** כשלאחריה שם עצם, מסמנת שתי משמעויות:
The form may indicate two different meanings:

1) הדבר עצמו, הוא ולא אחר. — 1. The thing itself.

דוגמה: יש לו אותה חברה כבר חמש שניו

2) דבר אחר, דומה או זהה לדבר עצמו. — 2. A similar or identical thing.

דוגמה: רינה ואני קנינו אותה שמלה.

2. **השלימו את השיחות בעזרת: אותו, אותה, אותם, אותן.**

דוגמה: יוסי: הַי חנה, הצבע של הסְוֶודֶר שלי בדיוק כמו הצבע של החולצה שלך.
חנה: לא נכון. זה לא אותו הצבע.
או: אותו צבע

1) דודה לאה: כדאי לך לאכול את העוגה. זאת עוגה כמו של אימא.
מרים: מה פתאום?! זאת לא ---. אין כמו העוגה של אימא שלי!

2) טל: חן, יש לך חולצה כמו שלי.
חן: כן, אני חושבת שזאת ---. קנית אותה ב"בֶּגֶד - לִי", נכון?

3) דני: אני לומד פילוסופיה בשיעור של פרופסור כוהן ובשיעור של פרופסור לוי.
יוסי: מעניין, למורים שלי קוראים גָדִי ואָבִי. אתה חושב שֶאלה ---?
דני: אם הם צעירים ונחמדים - כן!

4) פרופסור לוי: קראתי בספר הזה על שיטות מעניינות וחדשות ללמוד שׂפה.
פרופסור כוהן: אלה אולי שיטות מעניינות אבל הן לא חדשות. בספר שלי כבר כתבתי על ---.

5) שושי: פנינה, אני כל כך מתגעגעת לימים היפים שלנו בשכונה ובבית הספר.
פנינה: כן, גם אני. גרנו באמת ב---, אבל אני חושבת שלא למדנו ב---.

6) חנה: רותי, שמעתי שאת עושה "בֵּייבִּי סִיטֶר" לילדים של משפחת כוהן.
רותי: נכון. ואני שמעתי שלפני שלוש שנים את טיפלת ב---.
חנה: כן. הם כל כך מתוקים!

7) מיכל: בשנה שעברה היה עץ דֶקֶל באמצע הגינה שלנו, אבל הוא מת. אין שום דבר במקום הזה עכשיו, זה כל כך עצוב.
תמר: אז למה סיפרתם לנו שיש עץ אַגָס ב---?
מיכל: היה, וגם הוא מת.

8) רחל: איזה אוטובוס את צריכה?
דינה: מספר שמונה.
רחל: יופי. גם אני מחכה ל---, אז יש לנו זמן לדבר.

9) שרון: מה את מנגנת הערב?
טל: את הקוֹנְצֶ'רְטוֹ לפְסַנְתֵר של בֶּטהוֹבֶן.
שרון: אבל גם בשנה שעברה ניגנת ---, לא?
טל: כן, אבל זה אף פעם לא אותו דבר.

10) חגית: איתן הוא בחור נהדר!
אורית: אוי! אני רואה שהתאהבנו ב---!

3. זה לא אותו הבחור

היא: פעם אהבתי אותו, אבל שנים לא פגשתי אותו. פתאום היום ראיתי אותו הולך ברחוב. אבל זה לא אותו בחור. אין לו אותן שׂערות. אין לו אותו אף. אין לו אותו פה, ואין לו אותו יופי. נשאר לו רק אותו שם. אני כבר לא אוהבת אותו. אני מרגישה שזה לא אותו אדם. ואולי גם אני לא אותה הבחורה...

? מה אתם חושבים: הוא ראה אותה ברחוב. מה הוא אמר?

4. א) מה הוא קיבוץ

הקיבוץ הוא דרך חיים מיוחדת בישראל. העבודה והחיים בקיבוץ משותפים. כל חבר בקיבוץ עובד כפי שהוא יכול, ומקבל מן הקיבוץ מה שהוא צריך.

דגניה, הקיבוץ הראשון, קם ב-1909 עם עשׂרה חברים וחברות.

בקיבוצים הראשונים החברים עבדו בחקלאות אבל לאט לאט עברו לעבודות אחרות. כולם אכלו בחדר אוכל משותף, וגרו באותם בתים קטנים ופשוטים. בימים הראשונים כולם לבשו אותם בגדים ואכלו אותו אוכל. ברוב הקיבוצים הילדים לא גרו עם ההורים. הם גרו בבתי ילדים, ושם הם גם יָשְׁנוּ. היום החיים בקיבוץ שונים מהחיים בקיבוץ בשנים הראשונות. למשל, מסוף שנות השבעים הילדים בקיבוצים כבר לא ישנים בבתי הילדים. הם באים לשם בבוקר, וחוזרים לבית ההורים אחרי הצהריים.

חדר אוכל בקיבוץ

בחורות עובדות בחקלאות

ב) **כתבו נכון / לא נכון לפי הקטע:**

1) פעם הילדים וההורים יָשְׁנוּ באותו בית. נכון/לא נכון
2) היום כל החברים עובדים באותה עבודה. נכון/לא נכון
3) פעם כל חבר קיבל אותם דברים. נכון/לא נכון
4) פעם כל החברים אכלו באותו חדר אוכל. נכון/לא נכון
5) גם היום הילדים ממשיכים לישון באותו בית ילדים. נכון/לא נכון

5. אל יאללה, ב"י!

באותו קיבוץ?

לפניכם שלושה משפטים שנאמרו בשלוש שיחות שונות של חברי קיבוץ עם מזכיר הקיבוץ.

המחיזו את השיחות.

6. דגניה 1910: הימים הראשונים של הקיבוץ

בקיץ קמנו לעבודה עם השמש, ובחורף קמנו באמצע הלילה. שמענו את הקולות של המים בירדן ושל עצי האקליפטוס, ויצאנו לעבודה. חלק מן החברים עבדו בכבישים וחלק עבדו בשדות. גם חלק מן החברות עבדו בעבודות החקלאיות. חברות אחדות בישלו במטבח או טיפלו בילדים הראשונים של הקבוצה.

כל יום לבשנו אותם בגדים. פעם בשבוע קיבלנו בגדים נקיים. הבגדים היו של כולם. גם הנעליים היו של כולם. לפעמים למישהו "נגמרו" הנעליים, והוא הלך לשׂדה בלי נעליים. לא תמיד מצאו כסף לקנות עוד זוג נעליים לקיבוץ. את ארוחת הצהריים אכלנו בשׂדה. זאת הייתה שעה יפה של שׂיחות שקטות.

בשעות הערב באו כולם לחדר האוכל, ישבו במשך שעות עם כל החברים ודיברו על בעיות העולם והקיבוץ. בערב שבת קראו פרק בתנ"ך, קראו שירים או אגדה יפה ושרו. אחרי הארוחה רקדו הורה ופולקה עד אמצע הלילה, ואז יצאו לטייל על חוף הכינרת בקבוצה או זוגות - זוגות.

הילדים היו הילדים של כולם, הם היו חשובים יותר מכול. כל החברים דאגו להם ושמרו עליהם. החברים אפילו החליטו על שמות הילדים. הילדים למדו בבית הספר, אבל היה להם הרבה זמן חופשי. הם היו ילדי טבע: הם טיילו בשׂדות, בנו בתים בין העצים והתחבאו שם; הם התרחצו בבריכת המים או בכינרת, ישבו בערב שעות ארוכות ושמעו סיפורים של חברי הקיבוץ.

(לפי סיפורים של ראשוני דגניה)

דגניה אז והיום

1) במה עבדו החברים והחברות של דגניה בימים הראשונים של הקיבוץ,
ומה הם עשׂו אחרי שעות העבודה?

2) מה היה היחס של חברי קיבוץ דגניה לילדים?

7. פעולה הרגלית

Habitual Action

הפועל **להיות** בעבר + פועל בהווה

דוגמה: כל שנה בקיץ היינו נוסעים לדודים בקיבוץ. אני הייתי משחק עם בני הדודים שלי, ואבא ואימא היו יושבים ומדברים עם הדודים.

ספרו את כל הקטע "הימים הראשונים של הקיבוץ" בגוף שלישי, בעזרת הפועל להיות בעבר + פועל בהווה.

Tell the entire passage 6 in the third person, using the verb להיות in past tense + a present tense verb.

דוגמה: בקיץ הם היו קמים לעבודה עם השמש, ובחורף הם היו קמים באמצע הלילה...

8. **כתבו את המשפטים הבאים בפעולה הרגלית:**

דוגמה: הרבה לילות הייתי חולם על סבא שלי. (לחלום, אני)

1) --- לשׂדה כל בוקר. (לבוא, אנחנו)

2) בימי ההולדת שלי סבא תמיד --- לי מתנות. (לתת, הוא)

3) כל ערב סבתא --- לי סיפורים יפים. (לספר)

4) בשבתות --- מאוחר. (לקום, אני)

5) תמיד --- בימי ההולדת במשפחה. (להתרגש, אתם)

6) כל שנה היא --- לאנגליה. (לנסוע)

7) הדודה שלי תמיד --- לאנשים ו--- בילדים קטנים ובזקנים. (לעזור, לטפל)

8) היינו הרבה ילדים במשפחה. בבוקר אימא --- לחם,
ובצהריים הוא כבר לא היה. (לקנות)

9. קצת יחס, בבקשה!

נטיית מילת היחס - עַל

	ז.	ז./ נ.	נ.
י.		**עָלַיי**	
	עָלֶיךָ		**עָלַיִךְ**
	עָלָיו		**עָלֶיהָ**
ר.		**עָלֵינוּ**	
	עֲלֵיכֶם		**עֲלֵיכֶן**
	עֲלֵיהֶם		**עֲלֵיהֶן**

דוגמאות:

שָׁלוֹם עֲלֵיכֶם מַלְאֲכֵי הַשָּׁרֵת. (מתפילת השבת)

הֵבֵאנוּ שָׁלוֹם עֲלֵיכֶם. (שיר עממי)

על מי לכתוב עבודה?

פרופסור מזרחי: שלום גלי. טוב שאני פוגש אותך.
אתמול בישיבת המורים דיברנו עליכם.

גלי: עלינו? מי זה עלינו?

פרופסור מזרחי: עליכם - על התלמידים והתלמידות בשיעור שלי.

גלי: דיברתם גם עליי?

פרופסור מזרחי: לא בדיוק עלייך. דיברנו על העבודה הגדולה שלך.
אני מבין שאת מחפשׂת על מה או על מי לכתוב עבודה.

גלי: כן. חשבתי לכתוב על השיטות הפִילוֹסוֹפִיוֹת של אַרִיסְטוֹ ושל הרמב"ם;
כבר התחלתי לאסוף אִינְפוֹרְמַצְיָה עליהם.

פרופסור מזרחי: את יכולה לכתוב עליהם, אבל אולי כדאי לך לכתוב רק על פילוסוף אחד
כמו אַפְּלָטוֹן, למשל.

גלי: אבל עליו כבר כתבו המון.

פרופסור מזרחי: כן, אבל אפשר תמיד למצוא רעיונות חדשים.

מה גלי לומדת?

10. השלימו את מילת היחס על בנפרד או בנטייה.

דוגמה: הבחורה חולמת *על* הבחור. היא חולמת *עליו* ורוצה לפגוש אותו.

1) החברים והחברות בקיבוץ דיברו --- בעיות הקיבוץ. הם דיברו --- כל השבוע.

2) רינה, אני חושבת --- הרבה. גם את חושבת --- לפעמים?

3) אתה איש מפורסם. שמעתי --- מהרבה אנשים.

4) פרופסור רבינוביץ' כתבה --- רופאה מפורסמת בירושלים. היא כתבה --- ספר מעניין.

5) סיפרו לנו שאתם מרכלים --- כל הזמן. אנחנו באמת כל כך מעניינים?!

6) בשנים האחרונות יש תֵאוֹריוֹת חדשות --- האִידֵאוֹלוֹגִיוֹת הקיבוציות. כתבו --- בעיתונים ובספרים רבים.

7) במשך שנים לא ידעו בישראל הרבה --- יהודי אֶתְיוֹפְּיָה. רק בשנים האחרונות אנחנו שומעים --- יותר ויותר ולומדים להכיר אותם.

8) פעם הילדים בקיבוץ לא גרו עם ההורים. הם היו גרים בבתי ילדים, והמטפלות היו שומרות --- ביום ובלילה.

מאמ אהבה

אמרת לי אתמול שחלמת עליי בלילה.
זה דבר נחמד לדעת שמישהו חולם עליך,
וגם אם זה חלום קטן.
(אבטיפוס)

11. משפטים סתמיים בהווה, בעבר ובעתיד — Impersonal Sentence

1)

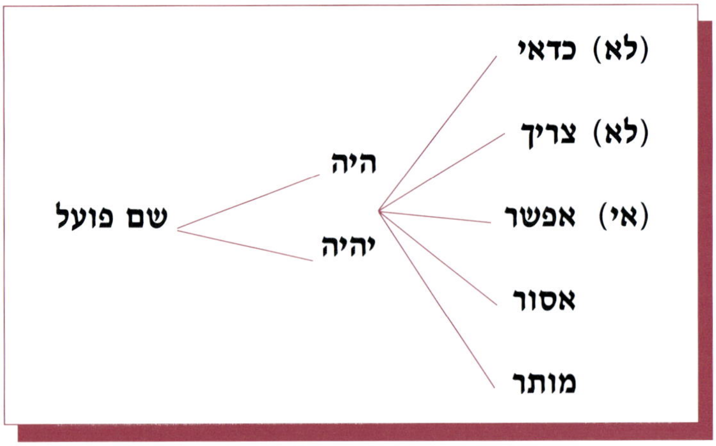

דוגמאות:

- מה כדאי לעשׂות בירושלים? כדאי לטייל בעיר העתיקה.
- היה קר! למה לא לקחנו סְוֶודֶר? כדאי היה ללבוש משהו חם יותר.
- עכשיו המכונית הזאת נוסעת טוב ואין איתה בעיות. אבל בעוד חמש שנים כדאי יהיה למכור אותה ולקנות חדשה.

12. א) איך אפשר יהיה לשמור על הקיבוץ?

פעם החיים בקיבוץ היו חיים של חברה אִידֵאָלִיסְטִית ואִינְטִימִית מאוד. החברים קיבלו הכול מהקיבוץ וכולם קיבלו אותה דבר. גם הכסף היה של כולם ולאף אחד לא היה כסף מִשלו.

תנאי החיים היו קשים: העבודה הייתה רבה והאוכל היה מעט ופשוט. לפעמים אנשים קיבלו חבילות מבני משפחה או מחברים. בחבילות היו דברים יקרים כמו: שוקולד, סיגריות או אפילו רדיו. אסור היה לשמור את הדברים הטובים האלה בבית. צריך היה לתת הכול לכולם. את הילדים היה צריך לשלוח לבית ילדים, למטפלת, ואי אפשר היה לטפל בילדים בבית.

היום החיים בקיבוץ שונים. היום כמעט אין דברים משותפים לחברים - רק האדמה והבתים משותפים. קיבוצים רבים מצאו, שכדאי יותר לפתוח מסעדה לחברים ולא לבשל ארוחות לכולם. וכך גם כדאי לשלוח את החברים לקניות בעיר, במקום לקנות לכולם אותם בגדים. בדרך זאת לומדים החברים לשמור על הכסף, ועוזרים לקיבוץ "לעמוד על הרגליים".

היום אי אפשר להמשיך ולחשוב ש"הקיבוץ משלם". לכל חבר יש חשבון בנק והוא או היא, לא יכולים לקבל שום דבר מהקיבוץ - את הכול צריך לקנות: אוכל, בגדים, ספרים ורהיטים.

ומה בעתיד? היום יודעים שבקיבוץ של העתיד יהיה מותר לעבוד גם מחוץ לקיבוץ, כי רק כך אפשר יהיה להמשיך את החיים הקיבוציים. אי אפשר יהיה לבקש מן הצעירים לחיות בקיבוץ בלי עבודה מעניינת, בלי סיבה לעבוד קשה ובלי חופש ללמוד או לנסוע בעולם.

עמוס עוז, סופר ישראלי מפורסם, חי הרבה שנים בקיבוץ חוּלְדָה. באחד הספרים האחרונים שלו "כל התקוות" הוא כתב, שאי אפשר יהיה לשמור על הקיבוץ בלי להיות קצת יותר רכים. הוא חושב שצריך יהיה להקשיב לכל אחד, צריך יהיה להבין שאנשים שונים זה מזה. רק אז אפשר יהיה לחזור לאהבה של הקבוצה האִינְטִימִית ולהמשיך את החיים המשותפים בקיבוץ.

? במה שונים החיים בקיבוץ היום מהחיים בקיבוץ פעם?

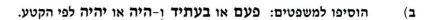

ב) **הוסיפו למשפטים: פעם או בעתיד וְ-היה או יהיה לפי הקטע.**

דוגמה: פעם צריך היה לתת את כל הכסף לקיבוץ.

1) --- אסור --- לעבוד מחוץ לקיבוץ.

2) --- אפשר --- לאכול במסעדת הקיבוץ או בבית.

3) --- אי אפשר --- בקיבוץ ללמוד אַסְטרוֹנוֹמְיָה, תֵאַטְרוֹן או אומנות.

4) --- כדאי --- לתת לכל אחד לעשות מה שהוא רוצה עם הכסף שלו.

5) --- לא צריך --- לקנות אותם הדברים לכל החברים.

6) --- מותר --- לעבוד רק בקיבוץ.

7) --- אסור --- לנסוע לחוץ לארץ לטיול.

8) --- צריך --- למצוא לכל אחד עבודה מעניינת.

9) --- כדאי --- למכור כל דבר לחברים, ולא לתת להם דברים בלי כסף.

ג) **כתבו: 1) במה דומים החיים בקיבוץ לחיים שלך ובמה הם שונים?**

2) אתה/את רוצה להיות חבר/חברת קיבוץ? למה?

13. אמרו את המשפטים הסתמיים בעבר או בעתיד. השתמשו במילים היה או יהיה.

1) היינו בסִינַי בחורף. אפשר --- לשׂחות שם כל הזמן.

2) שומרי הגן סגרו את המערה באבנים. מעכשיו אי אפשר --- להתחבא שם.

3) חבל שעד עכשיו לא טיפלו בחולה בשיטות רפואה אַלְטֶרְנָטִיבִיּוֹת. לפני שבועיים עוד אפשר --- לעזור לו מחוץ לבית החולים.

4) נסעתי לשנה, אבל חזרתי אחרי חצי שנה. לא קל --- להיות לבד בחו"ל, כי התגעגעתי למשפחה.

5) לא אכלנו כל היום, כי אי אפשר --- למצוא מסעדה זולה.

6) בעתיד צריך --- ללמוד שיטות עבודה חדשות ומודרניות.

7) עכשיו קשה, אבל בעתיד --- כֵּיף להיזכר בהתחלה.

8) הוא כעס ואני שתקתי. חשבתי שכדאי --- לענות לו, אבל לא אמרתי שום דבר.

14. לא "אימא" לא "אבא" / ע. הלל

לנו, לילדי הקיבוצים הראשונים, לא היו אבא ואימא מִשלנו.

לאדם החדש, לקיבוצניק הסוֹצְיָלִיסְטִי, לא היה יכול להיות "אבא" בּוּרְגָנִי רגיל, והחברה שלו לחיים לא יכולה הייתה להיות רק "אימא". ולכן לנו, הילדים, לא היו אבא ואימא, היו לנו רק השמות שלהם: לי היו שולַמית ובִנְיָמין, לְאַמְנוֹן ולמִירָה היו דוֹדִיק וחַווָה. ליוֹסף היו פָּבֶל ובֶרְטָה, ולאֵיתָן ולראוּבֵן היו פַנְיָה וסַאשָה.

גם ההורים לא היו מאושרים מהרעיון הזה - לקרוא להם בשמות, אבל למי היה אז זמן לחשוב? כל היום הם עבדו בשדה.

לאט-לאט חזרו לאימא ולאבא. לא כולם. לא מייד. זה התחיל עם הילד השני. אני, הילד הראשון במשפחה, המשכתי לקרוא לאימא שלי שולמית, ולאבא - בנימין. האח הקטן שלי כבר קרא לשולמית - אימא, והאח השלישי כבר קרא גם לבנימין - אבא. אבל אני - לא!

יום אחד, ואני כבר איש בין אנשים, וכבר לא חבר קיבוץ, באה שולמית לבקר אותי. הרגשתי שהיא רוצה להגיד לי משהו, וקשה לה. היא אמרה כמה מילים ולא הבנתי. שאלתי שוב, ואז היא אמרה בשקט: "אני רוצה להיות אימא. אני לא רוצה יותר להיות שולמית."

לא עניתי. נזכרתי כמה פעמים רציתי לקרוא לה אימא ולא שולמית, אבל לא דיברתי - שתקתי. ואחר כך אמרתי: "עכשיו, שולמית, אני חושב שכבר מאוחר."

(לפי: תכלת וקוצים)

? מה אתם חושבים על הרעיון לקרוא לאבא ולאימא בשמות שלהם?

הקיבוצים ליד הכינרת

15. א) **קראו את מכתב האהבה בלי ללמוד ולשנן את המילים והמבנים החדשים, התרשמו מהאווירה ומהרגשות החזקים. במכתב יש חלקים משירים של רחל שתלמדו בהמשך.**

שימו לב: האיורים ליד המכתב וליד השירים הם של רחל.

Read the love letter without learning and memorizing the new words and structures. Instead, try to understand the general atmosphere and the strong feelings expressed in it. In the letter you will find parts of poems which you will meet later.

The illustrations next to the poems were done by רחל.

מכתב אהבה

אהוב שלי,

השמש יורדת ושקט בחוץ. כל החברים בחדר האוכל ואני לבד. חזרתי מהעבודה בבית הילדים. אני עצובה. אולי אני צריכה לקבל את הרַע כְּקַבֵּל את הטוב. אני יושבת בחדר על יד השולחן - שם הכינרת, הוֹשֵט היד וּגַע בה. אבל הכול כל כך רחוק. אין לי פה אף אחד. ואני כל כך רוצה להיות איתך. אני מתגעגעת וחושבת - כל המחשבות שלי הן לְךָ ועליך. אבל אתה כל כך רחוק ואני כבר לא יודעת - הֲהָיִיתָ או חלמתי חלום?!

אני חושבת וחושבת עליך. ואני לא יודעת איך אתה מרגיש ומה שלומך.

לפעמים אני חושבת שאני כבר רוצה להתחתן ואני גם רוצה להיות אימא. אמרת שלא צריך לשאול ולא צריך לענות, אבל הינה, אני עונה... בֵּן לוּ היה לי... ואתה? מה אתה חושב?

לפעמים אני חושבת : למה? למה לרצות יותר? אני מאושרת אוֹשֶר שָלֵו ויש לי איש מוּפְלָא. הכול יכול להיות כל כך טוב ואז אני פוחדת: ואולי, לא היו הדברים מֵעוֹלָם, ואולי...?

מתי אתה בא? אני מחכה לשִׂמְחַת פִּתאוֹם: אתה פה! ללכת איתך אל הכינרת כמו אז...
אני מחכה להניח את הראש העייף שלי עליך ולראות שוב את הכינרת כמו אז.....

שלך

חנה

נ.ב. אני אוהבת אותך!

כתבו מכתב אהבה של צעירה או של צעיר בשנות ה-2000.

ב) הטקסט שלפניכם מכיל שירים וחלקי שירים של רחל כלשונם. כל השירים הם מתוך הספר: שירת רחל. קראו את הקטע ואת השירים. נסו להבין את הרעיון העיקרי שבשירים ואת רוח השירים. אין צורך להבין כל מילה וכל מבנה בשיר.

The following passage includes poems and parts of poems by רחל. Read the poems in order to understand their main idea and spirit. It is not necessary to understand every word or structure in the poems.

ליד הכינרת, בין עצים גדולים, יש בית קברות. שעה שקטה של אחרי הצהריים. כמה צעירים מטיילים בין הקברים ומגיעים לקבר אחד, קרוב מאוד למים. על הקבר יש שם: **רחל.** ליד הקבר יש עץ דקל ואבן גדולה. על האבן של הקבר יש חלק משיר:

כינרת

שָׁם הָרֵי גוֹלָן , הוֹשֵׁט הַיָּד וְגַע בָּם! -
בִּדְמָמָה בּוֹטַחַת מְצַוִּים: עֲצוֹר!
בִּבְדִידוּת קוֹרֶנֶת נָם חֶרְמוֹן הַסַּבָּא
וְצִינָּה נוֹשֶׁבֶת מִפִּסְגַּת הַצְּחוֹר.
שָׁם עַל חוֹף הַיָּם יֵשׁ דֶּקֶל שְׁפַל צַמֶּרֶת ,
סְתוּר שֵׂעָר הַדֶּקֶל כְּתִינוֹק שׁוֹבָב ,
שֶׁגָּלַשׁ לְמַטָּה וּבְמֵי כִּנֶּרֶת
מְשַׁכְשֵׁךְ רַגְלָיו.

ת"א, תרפ"ו 1926

? ציירו את התמונה בשיר.

ליד הקבר יש ספר. מישהו לוקח את הספר, פותח וקורא שיר. סוגר את הספר ושׂם על האבן. הצעירים עומדים שקטים עוד כמה דקות והולכים.

רחל בלובשטיין, 1890-1931

הם קוראים את השם על הקבר: **רחל.** אין שם משפחה; כולם מכירים אותה בשם הזה.

מי היא רחל?

רחל בלובשטיין נולדה ברוסיה ב- 1890 למשפחה שומרת מסורת.

אימא שלה מתה והיא נשארה עם אבא שלה, שתי אחיות ואח. היא למדה בבית ספר סוֹצְיָלִיסְטִי ואחר כך בגִימְנַסְיָה רוסית. רחל הייתה תלמידה מצוינת: ציירה, קראה בלי סוף ואהבה לכתוב. כבר בגיל 15 היא כתבה שירים ברוסית.

בגיל 19 עלתה רחל לארץ עם אחת האחיות שלה. הן הגיעו לרחוֹבוֹת. אחרי שנה הגיעה האחות השנייה. האחיות אהבו אומנות והמשיכו לנגן ולצייר גם בארץ ישראל. רחל ציירה ואחות אחרת ניגנה בפסנתר. יום אחד הגיע הפסנתר מהבית ברוסיה ליָפוֹ. לקחו אותו על שני גמלים מיָפוֹ לרחוֹבוֹת. הגמלים הלכו ואחרי הגמלים רצו ילדים קטנים; הם לא ראו אף פעם פְּסַנְתֵר שחור וגדול!

רחל התאהבה בנופי הארץ כבר בימים הראשונים. היא לא ידעה עברית, אבל אהבה לשמוע את הילדים הקטנים מדברים בשׂפת התנ"ך. במשך שבועות וחודשים היא שתקה, כי החליטה לא לדבר רוסית, ועברית עוד לא ידעה. בבוקר היא הייתה הולכת לגן הילדים ברחובות כי היא רצתה ללמוד את השׂפה מן הילדים. השׂפה הפשוטה והקצרה של הילדים נשארה בשירים של רחל, והיא השׂפה המיוחדת לה. בערב הייתה יושבת ולומדת בלי מורה, לבד. רחל אמרה שלא צריך ללמוד עברית: "אנחנו יודעים עברית; אנחנו רק צריכים להיזכר בעברית, בשׂפת התנ"ך". שעות ארוכות היא הייתה קוראת בתנ"ך ו'חיה' עם האנשים של הסיפורים התנכ"יים. היא חשבה עליהם: על מיכל, אשת דויד, ועל רחל, על יונתן ועל איוב.

תְּנָ"כִי פָּתוּחַ בְּסֵפֶר אִיּוֹב
- אִישׁ מוּפְלָא! לַמְדֵנוּ גַם אָנוּ
לְקַבֵּל אֶת הָרַע כְּקַבֵּל אֶת הַטּוֹב
בִּבְרָכָה לָאֵל שֶׁהִכָּנוּ.
לוּ כָּמוֹךָ נֵדַע בְּהֶגֶה וָהִי
לְפָנָיו לִשְׁפּוֹךְ אֶת הַשִּׂיחַ,
וְכָמוֹךָ נָבוֹא בְּחֵיקוֹ הָאַבְהִי
אֶת הָרֹאשׁ הֶעָיֵף לְהַנִּיחַ.

ת"א, תרצ"א 1931

מה רחל רצתה ללמוד מאיוב?

רחל לא המשיכה בציור, כי היא רצתה ללמוד את העבודה החקלאית. היא רצתה לעבוד בחוץ, בטבע, היא רצתה לעבוד את האדמה. היא אמרה שבארץ ישראל היא צריכה "לנגן במעדר ולצייר באדמה". בימים ההם בנות החקלאים העשירים במושבות לא היו עובדות בעבודה חקלאית. הן היו מנגנות בפסנתר, לומדות צרפתית וחולמות על נסיעה לפָּארִיס.

רחל נפגשה עם חַנָּה מַיְיזֶל. לחנה מייזל היה בית ספר חקלאי לבנות בקבוצת כינרת. רחל עברה לשם והתחילה ללמוד חקלאות. הימים בקבוצת כינרת היו הימים היפים בחיי רחל. היא הייתה קמה לעבודה בשעה מוקדמת בבוקר, יוצאת לשׂדה בשׂמחה, שרה ועובדת, עובדת ושרה. רחל הייתה מאושרת בין החברים ובנוף הנהדר של הכינרת. היא הרגישה שהיא עושׂה את הדבר הנכון: עובדת בידיים את אדמת ארץ ישראל!

וְאוּלַי לֹא הָיוּ הַדְּבָרִים מֵעוֹלָם

וְאוּלַי לֹא הָיוּ הַדְּבָרִים מֵעוֹלָם,
וְאוּלַי
מֵעוֹלָם לֹא הִשְׁכַּמְתִּי עִם שַׁחַר לַגַּן,
לְעָבְדוֹ בְּזֵעַת אַפַּי?

מֵעוֹלָם, בְּיָמִים אֲרוּכִּים וְיוֹקְדִים
שֶׁל קָצִיר,
בִּמְרוֹמֵי עֲגָלָה עֲמוּסַת אֲלֻמּוֹת
לֹא נָתַתִּי קוֹלִי בְּשִׁיר?

מֵעוֹלָם לֹא טָהַרְתִּי בִּתְכֵלֶת שׁוֹקְטָה
וּבְתוֹם
שֶׁל כִּנֶּרֶת שֶׁלִּי.... הוֹ, כִּנֶּרֶת שֶׁלִּי,
הֶהָיִית, אוֹ חָלַמְתִּי חֲלוֹם?

תרפ"ז 1927

1) לפי השיר, מה היה טוב בחיים של רחל?
2) למה בסוף כל בית יש סימן שאלה?

רחל לא רק עבדה בשׂדות; א.ד. גורדון, אחד האנשים המרכזיים בקבוצת כינרת, השפיע עליה מאוד. הוא עלה לארץ מרוסיה, ובנה קבוצת עובדים. החברים בקבוצה שלו האמינו ב"דת העבודה". רחל האמינה ב"דת העבודה" של גורדון, וכמו גורדון חשבה שהחיים הנכונים והטובים הם בעבודת האדמה הקשה בארץ ישראל. רחל הייתה צעירה יפה ורומנטית. היא מצאה בקיבוץ חברים ואולי גם אהבה.

אוֹשֶׁר שָׁלֵו

תְּלוּלִית הַחוֹל שֶׁמֶשׁ רְווּיָה,
עַל תְּלוּלִית הַחוֹל - אֲנִי וְאַתָּה,
וּבַלֵּב -
אוֹשֶׁר שָׁלֵו.

חֲצָאֵי צְבָעִים, חֲצָאֵי קוֹלוֹת,
לֹא צָרִיךְ לִשְׁאוֹל, לֹא צָרִיךְ לַעֲנוֹת
הַבֵּט, הַקְשֵׁב.
הַעֲבֵר יָדְךָ עַל חֶלְקַת שְׂעָרִי.
בַּלֵּב -
אוֹשֶׁר שָׁלֵו,
צָרִי.

מהו האושר?

בשנת 1913 יצאה רחל ללמוד חקלאות בצרפת. היא רצתה ללמוד שיטות חקלאיות חדשות. השנים האלה היו קשות מאוד, כי היא התגעגעה לארץ ולאנשים. מלחמת העולם הראשונה התחילה באירופה, ורחל לא הצליחה לחזור לארץ. היא נסעה לאיטליה ללמוד אומנות ומשם נסעה לרוסיה ועבדה עם ילדים חולים. הילדים היו חולים בשַחֶפֶת ורחל חלתה גם היא. בימים ההם אנשים מתו משחפת, כי עוד לא מצאו את התרופה למחלה. בשנת 1919 היא חזרה לארץ ישראל, וכבר אז ידעה, שהיא לא יכולה להיות אימא.

עֲקָרָה

בֵּן לוּ הָיָה לִי! יֶלֶד קָטָן.
שְׁחוֹר תַּלְתַּלִּים וְנָבוֹן.
לֶאֱחוֹז בְּיָדוֹ וְלִפְסוֹעַ לְאַט
בִּשְׁבִילֵי הַגַּן.
יֶלֶד.
קָטָן.

אוּרִי אֶקְרָא לוֹ, אוּרִי שֶׁלִּי.
רַךְ וְצָלוּל הוּא הַשֵּׁם הַקָּצָר.
רְסִיס נְהָרָה.
לִילְדֵי הַשְׁחַרְחַר
"אוּרִי" - אֶקְרָא!

עוֹד אֶתְמַרְמֵר כְּרָחֵל הָאֵם.
עוֹד אֶתְפַּלֵּל כְּחַנָּה בְּשִׁילֹה.
עוֹד אֲחַכֶּה
לוֹ.

תרפ"ח, 1928

?
רחל מרגישה כמו שתי נשים בתנ"ך.
מי הנשים ולמה היא מרגישה כך?

אנשי הקיבוץ פחדו ממחלת השחפת וביקשו מרחל לעזוב. רחל עזבה מייד בלב כואב, ועברה לגור בירושלים. היא הייתה בודדה וחולה מאוד, אבל אפילו ברגעים הקשים היא מצאה קצת שִׂמחה בטבע.

עֵץ אַגָּס

יַד אָבִיב בַּקֶּשֶׁר הַזֶּה... אָדָם מֵקִיץ מִשֵּׁינָה
וְרוֹאֶה: מוּל חַלּוֹנוֹ
עֵץ אַגָּס מְלַבְלֵב:
וּבֶן רֶגַע: הָהָר זֶה רָבַץ עַל הַלֵּב
הִתְפּוֹרֵר וְאֵינוֹ.

ירושלים, אביב, תרפ"ה 1925

? מה אתם חושבים: איזו שׂמחה מצאה רחל בטבע?

רחל עברה לתל אביב. גם שם היא הייתה בודדה מאוד. שבועות וחודשים הייתה שוכבת במיטה, בלי כוח. חברים היו מבקרים אותה ודואגים לה, אבל הם לא היו יכולים לעזור לה; הם היו מספרים לה מחדשות העולם ומחדשות הקבוצה בכינרת. בשנים האלה כתבה רחל את רוב השירים שלה. היא הייתה שולחת את השירים לעיתון "דבר"; זה היה העיתון הסוציאליסטי הפופולרי באותם הימים. אנשים בכל הארץ היו מחכים לעיתון של יום שישי לקרוא את השירים של רחל.

כֹּוחִי הוֹלֵךְ וָדָל
הֱיֵה נָא טוֹב אֵלַיי, הֱיֵה נָא טוֹב אֵלַיי!
הֱיֵה לִי גֶּשֶׁר צַר מֵעַל לִתְהוֹם תּוּגָה, מֵעַל תּוּגַת יָמַיי.
הֱיֵה נָא טוֹב אֵלַיי, הֱיֵה נָא טוֹב אֵלַיי! הֱיֵה לִי נֶפֶשׁ-מָה
הֱיֵה מִשְׁעָן לַלֵּב, הֱיֵה אִילָן מֵצֵל עַל פְּנֵי מִדְבַּר שְׁמָמָה.
הֱיֵה נָא טוֹב אֵלַיי! הַלַּיְלָה כֹּה אָרוֹךְ, הַשַּׁחַר כֹּה רָחוֹק.
הֱיֵה לִי אוֹר מְעַט, הֱיֵה שִׂמְחַת פִּתְאוֹם,
הֱיֵה לִי לֶחֶם-חוֹק!

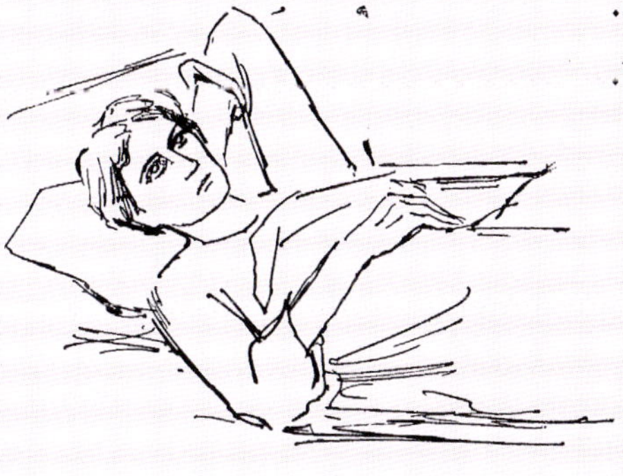

? מה אתם חושבים: למי רחל מדברת?

למחלה של רחל לא הייתה תרופה, ובאביב 1931 היא מתה בת 41 שנים.

אִם צַו הַגּוֹרָל

אִם צַו הַגּוֹרָל
לִהְיוֹת רְחוֹקָה מִגְּבוּלַיִךְ -
תִּתְּנִינִי, כִּנֶּרֶת,
לָנוּחַ בְּבֵית קְבָרוֹתַיִךְ.

מה רחל מבקשת?

ג) שירי רחל השפיעו על אנשים רבים בארץ גם ברעיונות וגם בשׂפה. לשירים רבים יש מנגינה וגם הצעירים שרים אותם עד היום.
מה אתם חושבים: למה שירי רחל כל כך פופולריים?

ד) חזרו למכתב האהבה ב-15 א). המכתב הוא דוגמה למכתב 'מלא רחל'. מצאו את חלקי השירים במכתב.

Go back to the love letter at (א 15. It is an example of a letter "full of רחל".
Find the allusions to רחל's poetry in it.

ה) ספרו וכתבו על אומן שהשפיע עליכם.

Tell of an artist whose work you find particalarly inspiring.

סטודנטים מהאוניברסיטה העברית ליד הקבר של רחל, אפריל 2000.

16. אל יאללה, ביי!

מתנה עם הקדשה

הקדשות על הספר "שירת רחל":

לרחל,
של רחל
מרחל

לדינה,
תודה שנתת לי להניח את הראש
העייף.
תודה שהקשבת לי.
דני

לציפי שלי,
יד אביב בקשר הלה
ובלב - אושר שלו
אבי

לדויד ולטל,
אורי קוראים לו - אורי שלכם!
מזל טוב
שולה

ליוסי,
אנחנו צריכים ללמוד לקבל את הטוב
כקבל את הרע.
מצטערים מאוד וכואבים איתך.
כל החברים

1) איזה שירים אתם "פוגשים" בהקדשות האלה?

2) כתבו הקדשות לספרים אחרים.

17. א-פרופו

שירה

- הי, מה נשמע?
- טוב. מה קורה?
- הכול טוב, אבל אני ממש רץ.
- לאן?
- אני הולך לפסטיבל שירים.
- מי שר?
- לא שרים. קוראים.
- תגיד, זה מעניין לשבת ולשמוע אנשים קוראים את השירים שלהם?
- אני פשוט אוהב שירים! יש לי המון ספרי שירה בבית.
- אני באמת לא מבין מה אתה מוצא בשירה. אני מתחיל לקרוא את הבית הראשון של שיר, ואני לא מבין את הקשר בין מילה למילה. אני לא מבין מה הוא רוצה לומר לי. זה יותר מדיי באוויר... תגיד, אתה גם כותב?
- אה... אפשר לומר שאני משורר מתחיל.
- כל הכבוד! מאין באים לך הרעיונות? איך אתה מוצא את החרוזים?
- אין לי מושג. תגיד, גם ספרות יפה אתה לא אוהב?
- ספר זה משהו אחר. ספרים - אני קורא המון. אני מתחיל לקרוא ואני מייד מבין על מי מדברים, מה רוצים לומר. יש רעיון, יש התחלה ויש סוף.
- אתה גם כותב סיפורים?
- אה... אני אפילו לא סופר מתחיל...

? המחיזו שׂיחה דומה על מוזיקה קלסית ופּוֹפּ / על אומנות מודרנית וגְרָפִיקָה.

מילים:

בַּיִת ז. (בשיר) • חָרוּז ז. (בשיר) • מְשׁוֹרֵר - מְשׁוֹרֶרֶת נ. • סִפְרוּת יָפָה נ. • אֵין לְ... מוּשָׂג • יוֹתֵר מִדַּיי

לכל מילה יש שם

א) **קראו את המשפטים וציינו לאיזה חלק דיבר: שם עצם (ש"ע), שם תואר (ש"ת) או פועל (פ') שייכת המילה החסרה במשפט.**

Read the sentences and think about the part of speech required to complete the sentence: noun, adjective or verb. Write it above the word.

דוגמה: נוח היה איש טוב וְ ישר. (ש"ת)

1) זאת התחלת החודש ולכן לא רואים את ה ---.
2) השוטר לא --- את האיש כי הוא רץ מהר.
3) "בראשית --- אלוהים את השמים ואת הארץ."
4) הלכנו לְ--- וראינו סרט מצוין.
5) ה--- בין ישׂראל לירדן עובר ליד יריחו.
6) אהבה היא --- חזק.
7) אפשר להיכנס, הבית ---.
8) אבא חזר היום מחו"ל וְ--- לילדים הרבה מתנות.
9) אתמול לא ירד גשם והשמים היו כחולים-כחולים. אבל היום אני כבר רואה --- אחד בשמים.
10) בדגל של סין יש --- אחד.
11) עוד לא --- פיתרון לבעיית האוזון בעולם.
12) זה סיפור ---. הוא קרה באמת.

ב) א ב ג ד ה ו ז ח ט י כ ל מ נ ס ע פ צ ק ר ש ת

לפניכם 13 מילים. סדרו אותן לפי סדר אלפביתי (כולל סדר אלפביתי פנימי).

Arrange the following words in alphabetical order (including the inner-alphabetical order).

בָּרָא אֲמִיתִּי רֶגֶשׁ פָּתוּחַ נִמְצָא גְּבוּל יָרֵחַ קוֹלְנוֹעַ כּוֹכָב תָּפַס

דֶּשֶׁא צַדִּיק עָנָן

ג) **מצאו את משמעות המילים במילון ושבצו אותן במשפטים המתאימים בתרגיל 18א).**
שימו לב: כל המילים האלה הן המילים החדשות בשיעור הבא.

Look these words up in the dictionary and use them to complete the.yltcerroc secnetnes
Please note: these are the new words of the following lesson.

האוצר הלשוני
Summary of Topics

א. אוצר המילים
Vocabulary

פעלים / Verbs

אָסַף, לֶאֱסוֹף	gather
בִּישֵׁל, לְבַשֵׁל	cook
דָאַג, לִדְאוֹג (ל...)	take care / worry
הִשְׁפִּיעַ, לְהַשְׁפִּיעַ (על)	to influence
הִתְגַעְגֵעַ, לְהִתְגַעְגֵעַ (ל...)	miss ("I miss you")
הִתְחַבֵּא, לְהִתְחַבֵּא (ל...)	hide
חִיכָּה, לְחַכּוֹת (ל...)	wait
טִיפֵּל, לְטַפֵּל (ב...)	look after/ take care of
מָכַר, לִמְכּוֹר	sell
נִגְמַר, לְהִיגָמֵר	end
נִזְכַּר, לְהִיזָכֵר (ב...)	remember (something)
נִיגֵן, לְנַגֵן (ב...)	play (an instrument)
שָׁתַק, לִשְׁתוֹק	be silent

שונות / Miscellaneous

אַף פַּעַם	never
בַּחוּץ	outside
בִּמְקוֹם	instead
בְּקִיצוּר	to sum up / in short
כְּפִי שֶ...	as
לְבַד תה"פ	alone
מַמָש	really / real
נ.ב. (נזכרתי בדבר/בסוף)	p.s.
עוֹד לֹא	not yet

שמות עצם / Nouns

אַגָס ז.	pear
אוֹמָנוּת נ.	art
אוֹשֶׁר ז. ר.ס.	happiness / joy
אֶמְצַע ז.	middle
בֵּית קְבָרוֹת ז.	cemetery
גָמָל ז.	camel
דֶקֶל ז.	palm tree
הַקְדָשָׁה נ.	dedication (on a book)
מַחְשָׁבָה נ.	thought
מַעְדֵר ז.	hoe
סִיבָּה נ.	reason
עֲבוֹדָה נ.	term paper
פְּסַנְתֵר ז.	piano
קוֹל ז. קוֹלוֹת	voice
קֶטַע ז.	section / excerpt
שָׂדֶה ז. שָׂדוֹת	field
שַׁחֶפֶת נ.	tuberculosis
שִׁיטָה נ.	method
שִׁירָה נ. ר.ס.	poetry

שמות תואר / Adjectives

בּוֹדֵד, בּוֹדֵדָה	lonely
חַקְלַאִי, חַקְלָאִית	agricultural
מְשׁוּתָף, מְשׁוּתֶפֶת	common /shared
רַךְ, רַכָּה	soft

ב. נושׂאים לשוניים — Grammatical topics

צורות:
- נטיית מילת היחס - על

דוגמה: *עליי*

תחביר:
- פעולה הרגלית — Habitual Action

דוגמה: *כל בוקר היינו קמים ב-6:00.*

- משפטים סתמיים בהווה, בעבר ובעתיד — Impersonal Sentence

דוגמה:

כדאי (*היה* / *יהיה*) *לקחת סוודר.*

שונות:
- אותו + (ה) ש"ע

דוגמה: *אותו הספר*

מילון:
- חלקי הדיבר - ש"ע, ש"ת, פועל — Parts of Speech: noun, adjective, verb
- סדר אותיות הא"ב

ג) הערות לשוניות — Grammatical notes

1) אפשר לשנות את מקום הפועל **היה** או **יהיה** ולומר: היה אפשר או אפשר היה, אסור יהיה או יהיה אסור, לא היה צריך או לא צריך היה, וכו'.

The location of the verbs **היה** and **יהיה** is not predetermined, it either before or after the word **אפשר, צריך, אסור** etc.; i.e. it is possible to say either יהיה אסור or אסור יהיה, לא היה צריך or לא צריך יהיה, היה אפשר or אפשר יהיה.

שיעור 2

1. **משפטים שמניים (יש / אין) בעתיד:** **Nominal Sentence - future**

עבר	הווה	עתיד
(לא) היה (לא) הייתה (לא) יהיו	יש / אין	**(לא) יהיה** **(לא) תהיה** **(לא) יהיו**

מַה־שֶּׁהָיָה הוּא שֶׁיִּהְיֶה (קהלת א 9)

דוגמה: בבניין החדש יהיה בית קפה קטן, תהיה ספרייה גדולה ויהיו כיתות יפות ונוחות.

בניין חדש באוניברסיטה העברית, ירושלים 2001

א) ארבע עונות - סתיו, חורף, אביב, קיץ 

כתבו מה היא העונה לפי תיאורי מזג האוויר בארץ.

Write the name of the seasons according to the weather descriptions in Israel, mentioned below:

דוגמה:

היום תהיה רוח קלה.
בערב יהיו ענני גשם. ← סתיו
מחר יהיה מזג אוויר טוב.

1) בעוד יומיים יהיה שלג.
הבוקר תהיה רוח חזקה. ----
בלילה יהיו טמפרטורות נמוכות.

2) בשבוע הבא לא יהיו גשמים.
בימים הקרובים תהיה שמש נעימה. ----
השבוע יהיה מזג אוויר חמים.

3) מחרתיים יהיה חַמְסִין קשה.
הבוקר לא תהיה רוח. ----
בשבת יהיו שמים כחולים.

צורת הזוגי		Dual Form
שָׁעָה	-	**שְׁעָתַיִים**
יוֹם	-	**יוֹמַיִים**
חוֹדֶשׁ	-	**חוֹדְשַׁיִים**
שָׁנָה	-	**שְׁנָתַיִים**
וכן:		
מָחָר	-	**מָחֳרָתַיִים**
פַּעַם	-	**פַּעֲמַיִים**

(1

ב) **אמרו מה יהיה מזג האוויר מחר בשתי הערים לפי הנתונים האלה:**

Talk about the weather in these two cities (Be'er Sheva & Rome) according to the following data:

באר שבע:
טמפרטורות גבוהות / חמסין / שמש חזקה

רומא:
גשם / עננים רבים / אין שמש / רוחות חזקות

ג) **כתבו משפטים דומים על ארבע עונות השנה במקום אחר בעולם.**

Write similar sentences about the four seasons, in some other part of the world.

השתמשו במילים: יהיה, תהיה, יהיו use the words:

דוגמה: לונדון: אחר יהיה גשם כל היום.

2. יום פתוח

ירדן: נועה, אני הולכת מחר ליום פתוח בבית הספר לקולנוע.

נועה: אני לא מאמינה! החלטת שאת הולכת ללמוד שם?

ירדן: אני חושבת שכן. אולי גם את רוצה לבוא?

נועה: מה יהיה שם?

ירדן: תהיה הרצאה של ראש בית הספר על עתיד הקולנוע הישראלי.

נועה: מה, תהיה רק הרצאה אחת וזהו?

ירדן: לא. יהיו גם פגישות עם התלמידים מכל הכיתות, ויהיה סרט של תלמידי בית הספר על חיי הלילה של תל אביב.

נועה: מה יהיה אחר כך? יהיה עוד משהו?

ירדן: זהו. אני חושבת שזה הכול.

נועה: טוב, אני באה.

1) מה יהיה ביום הפתוח בבית הספר לקולנוע?

2) המחיזו שיחה דומה על יום פתוח בבית ספר אחר: למוזיקה לריקוד, לציור וכו'.

3. **השלימו את הקטע בעזרת: *יהיה, תהיה, יהיו*.**

ימים של שלום

הינה באים ימים של שלום. עכשיו הכול יהיה נהדר:
לא יהיו מלחמות. לא יהיה צבא. לא --- חיילים, אבל אז גם לא --- סלֶנג של חיילים. ברדיו --- רק חדשות טובות, ולא --- סודות למדינות. --- גבולות פתוחים, ולכן --- יותר מקומות יפים לטיולים. --- יותר כסף בעולם, ולכן --- יותר כסף לבתי ספר טובים; --- הרבה אוניברסיטאות, --- יותר תרופות, ולכן אולי לא --- כל כך הרבה אנשים חולים בעולם. --- הרבה גנים ציבוריים וחופי ים נקיים. --- יותר זמן לטייל, לשיר ולאהוב. --- הרבה תינוקות שׂמחים, ואולי לא --- אנשים עצובים. תהיה שׂמחה גדולה, והכול יהיה טוב!

1) מה אתם חושבים, מתי זה יהיה - מחר? מחרתיים? בשבוע הבא? בשנים הקרובות? למה?

4. הַדָּבָר֙ אֲשֶׁ֣ר חָזָ֔ה יְשַׁעְיָ֖הוּ בֶּן־אָמ֑וֹץ עַל־יְהוּדָ֖ה וִירוּשָׁלָֽםִ׃ וְהָיָ֣ה ׀ בְּאַחֲרִ֣ית הַיָּמִ֗ים נָכ֨וֹן יִֽהְיֶ֜ה הַ֤ר בֵּית־יְהוָה֙ בְּרֹ֣אשׁ הֶהָרִ֔ים וְנִשָּׂ֖א מִגְּבָע֑וֹת וְנָהֲר֥וּ אֵלָ֖יו כָּל־הַגּוֹיִֽם׃
(ישעיהו ב 1)

2) **כתבו קטע על ימים טובים בעתיד.** Write a passage about the good days of the future.

השתמשו בשמות העצם: Use the nouns:

רחובות, תינוקות, ציפורים, עצים, פרחים, גנים, חנויות

ובתארים: יפה, טוב, נהדר and the adjectives:

בְּרֵאשִׁית בָּרָא ...

מה לברוא מתי?

5. **אמרו משפטים בעזרת המילים: יהיה, תהיה, יהיו** Say sentences out loud,using the words:

לַיְלָה	לֵילוֹת
יָם	יַמִּים
יוֹם	יָמִים

1) **ביום הראשון**

אור

דוגמה: ביום הראשון יהיה אור.

חושך
~~אור~~
לילה
יום

חושך

לילה

יום

2) **ביום השני**

ים גדול וכחול למטה
שמים כחולים למעלה

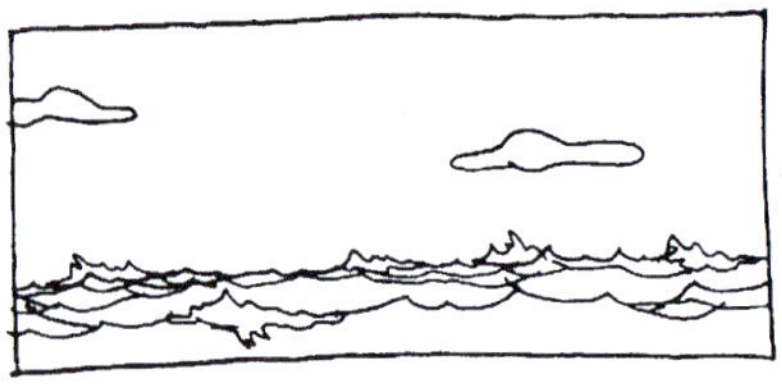

3) **ביום השלישי**

אדמה על הארץ
ימים ליד כל ארץ
דשא ירוק
צמחים, עצים ופרחים

4) **ביום הרביעי**

שמש צהובה וחמה
ירח קטן ויפה
כוכבים נחמדים בשמים
חודשי השנה, חגים ושנים

5) **ביום החמישי**

דגים בים
ציפורים בשמים
חיות בטבע

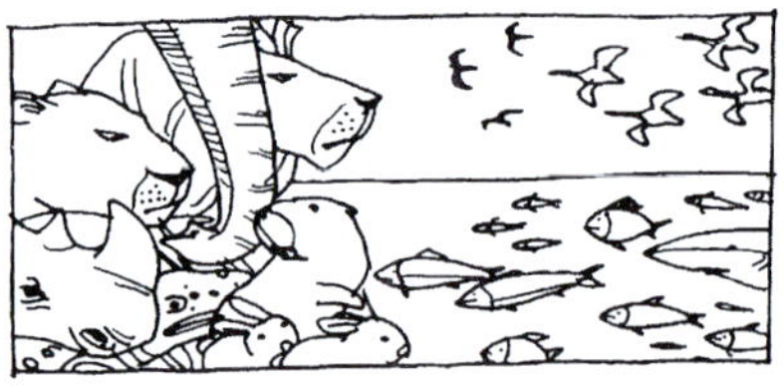

6) **ביום השישי**

חיות בית
אדם
אישה

וַיַּרְא אֱלֹהִים אֶת־כָּל־אֲשֶׁר עָשָׂה וְהִנֵּה־טוֹב מְאֹד (בראשית א 31)

7) בשבת

אוכל טוב, שירי שבת ועיתון גדול של סוף השבוע...

6. כתבו בעתיד:

דוגמה: יש שביתה באוניברסיטה.

תהיה שביתה באוניברסיטה.

1) יש שם הרבה מסעדות טובות.

2) אין פה שקט.

3) בספרייה אין ספרים ישנים.

4) ליד הבית יש גן קטן, אבל אין פרחים בגן.

5) בבית הספר החדש יש שיטה מיוחדת ללמד מוזיקה.

6) בדיסק החדש יש שירים נהדרים, אבל חבל שאין שירים בעברית.

7) בבית הזה יש תמיד קולות שׂמחה של ילדים.

8) בשיעור היסטוריה אין בחינות, יש רק עבודות.

9) בספר יש תרגילים מעניינים.

10) בתאטרון יש החודש הצגות נהדרות.

11) בבית הכנסת המרכזי יש כל ערב הרצאות על יהדות.

12) בחיים אין הרבה סיפורים משעממים.

13) יש סיבה למסיבה!

7. לוח מודעות

אמרו לפי המודעות מה יהיה, תהיה, יהיו בשבת הקרובה.

According to the ads below, say what will be **יהיה, תהיה, יהיו** on the following Saturday .

קונצרט לגיטרה
שבת 21.11
בשעה 20:30
במרכז המוזיקה

מרתון פסטיבל סרטי אנימציה
סינמטק חיפה מוצאי שבת
משבע עד שתים עשרה בלילה

ערב עם פסיכולוג
הורים וילדים
יום חמישי 6:00
בבית הספר "שקד"

הרצאה
חיי נצח - למי?
הגיהינום וגן העדן ביהדות
משה אהרוני
בֵּית הִלֵּל, יום שבת
ב-10:00 בבוקר

טיול על חומות ירושלים
בשבת בשעה 12:00
המדריך: דוד בן שלמה

שיעור תורה : ספר בראשית
בית הכנסת "אוהל חנה" רחוב יהודה 15
המורה: הרב פרופסור ממן
כל יום שבת ב-10:30

דוגמה: במוצאי שבת, בשעה שמונה וחצי בערב יהיה קונצרט לגיטרה במרכז הקהילתי.

8. מילון

"עִבְרִיתִיזְם"

בעברית יש מילים משׂפות אחרות: לפעמים המילים נשארות כמו שהן. (1)
לפעמים הן מקבלות סיומת עברית (2) ויש גם מילים עבריות עם סיומת לועזית. (3)

Hebrew contains several words from other languages: some retain their original form (1). Some take Hebrew suffixes (2). Some Hebrew words have foreign suffixes (3).

(1)	msi ☐	=	☐ אִיזְם	-	אִידֵאָלִיזְם
(2)	ive ☐	=	☐ יוִי/ת (יבִי/ת)	-	פָּסִיבִי
	ic ☐	=	☐ י	-	קְלָסִי
	y ☐	=	☐ יָה	-	דֶמוֹקְרַטְיָה
	tion ☐	=	☐ צְיָה	-	אִינְפוֹרְמַצְיָה
(3)	קִיבּוּצְנִיק				
	דַוְקָאִיזְם				

מספר המילים הלועזיות בעברית מוגבל, ואי אפשר להפוך כל מילה לועזית למילה עברית.

א) כתבו ליד כל מילה לועזית את הקטגוריה הלשונית שהיא שייכת אליה.

Next to each foreign word write the grammatical category to which it belongs.

שם עצם=ש"ע שם תואר=ש"ת זכר=ז. נקבה=נ. יחיד=י. רבים=ר.

noun=ש"ע adjective=ש"ת masculine=ז. feminine=נ. singular=י. plural=ר.

ש"ע ז.י. ש"ע נ.י. ש"ת נ.י.

דוגמה: הקיבוץ הוא אוטוֹפְּיָה פַנְטַסְטִית.

1) בסמינר דיברו על אִידֵאָלִים סוֹצְיָלִיסְטִיים ועל אִידֵאוֹת הוּמָנִיסְטִיוֹת.

2) הקיבוצניקים האמינו בקוֹמְבִּינַציה צִיוֹנִית של קוֹמוּנִיזְם וסוֹצְיָלִיזְם.

3) חברי הקוֹמוּנָה היו אנשים אִידֵאלִיסְטִיים וקצת נָאִיבִיים ורוֹמַנְטִיים.

ב) איזה משפט (א. או ב.) מתאים יותר לנאמר במשפטים הפותחים?

Choose the alternative that best states the ideas of the sentences.

דוגמה: הוא בחור אגואִיסְטִי והאִינְטֶרֶסִים שלו אֶגוֹצֶנְטְרִיים.
הוא פסימי וציני הוא מאמין בנִיהִילִיזְם אובייקטיבי ובשוֹבִניזְם.

א. הבחור הזה מקבל הרבה קוֹמְפְּלִימֶנְטִים.

ⓑ. זה בחור פְּרוֹבְּלֶמָטִי.

1) האִינְפְלַצְיָה המוֹנִיטָרִית יחד עם הלִיבֶּרָלִיזְם הקַפִּיטָלִיסְטִי הם הסיבה לרֶגוּלַצְיָה הפִינַנְסִית, שהיא המוֹדֶל האִידֵאָלִי לסֶקְטוֹרִים רבים.

א) הסִיטוּאַצְיָה הסְפֶּצִיפִית היא לא פּוֹזִיטִיבִית ולא קוֹנְסְטְרוּקְטִיבִית.

ב) הסִינְתֶזָה בין שני האֶלֶמֶנְטִים הצליחה.

2) הסוציולוגיה והפסיכולוגיה התחילו עם הביולוגיה המודרנית והדַרְוִוינִיזְם הפְּרַגְמָטִי. יחד איתן קמו הפילוסופיה ההומניסטית והזואולוֹגְיָה הַמָטֶרְיָאלִיסְטִית.

א) זה חלק מטֶקְסְט היסטורי.

ב) זה חלק מתֵאוֹרְיָה פִּיזִיקָלִית.

9. א) **קראו את הקטע "יהיה נייר או לא יהיה". בכל מקום שיש כוכבית הוסיפו את ההשלמה המתאימה מן הקטעים שאחריו.**

Read the following passage. Wherever there is a star, use one of the completion - sentences provided after the passage.

יהיה נייר או לא יהיה?

הנייר "נולד" בסִין לפני אלפיים שנה בערך. בתנ"ך אין המילה נייר כי לא היה אז נייר. אנשים כתבו על אבנים ועל פָּפִּירוּסים. המילה נייר בשפות ההוֹדוּ-אֵירוֹפִּיות באה משם הצמח פָּפִּירוּס.*

בזמן המשנה "נולדה" בעברית המילה נייר, כי אז התחילו לכתוב על ניירות. מאז ועד היום אנשים לא הפסיקו להשתמש בנייר - בבית בעבודה ובהרבה מקומות אחרים. *

בשנות השבעים של המאה העשרים אמרו הנביאים המודרניים, שבשנת אלפיים כבר לא יהיה נייר, יהיו רק מחשבים מודרניים ובמחשבים יהיה הכול. *

אבל העתיד כבר כאן. אנחנו כבר במאה ה-21 ואנשים לא מפסיקים להשתמש בנייר; העולם ממשיך לקנות נייר. *

היום אנחנו צריכים יותר ויותר נייר, כי בעזרת המחשב אנחנו כותבים מהר יותר והרבה יותר; לכן גם בשנות ה-2000 יש בעולם יותר נייר. *

לא הפסקנו להשתמש בנייר גם בעולם של המחשבים, כי לקרוא במחשב זה לא כמו לקרוא בספר. יחד עם זה, ביותר ויותר מקומות עבודה מודרניים הפסיקו להשתמש בנייר. *

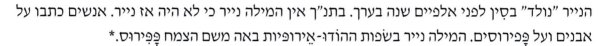

אבל גם העובדים במקומות העבודה המודרניים: בהַיי-טֶק, באוניברסיטאות ובמקומות אחרים לא רוצים לחיות 24 שעות ביום רק עם המחשב. בערב הם רוצים לשבת בבית בשקט ולקרוא משהו.*

אז עכשיו אנחנו מבינים שלא כל הדברים של הנביאים המודרניים נכונים;

הקטעים להשלמה:

1) קנדה, פינלנד וארצות אחרות ממשיכות להשתמש במיליוני עצים כל שנה. מהעצים האלה הן עושות נייר ושולחות אלפי טון של נייר לכל מקום בעולם.

2) באנגלית אומרים paper, בצרפתית אומרים papier, בספרדית papel, בגרמנית papier ובלטינית papyrus.

3) לא יהיו ספרים בספריות, לא יהיו מודעות פרסומת, לא יהיו פתקים על הדלת ולא יהיו מברקים ומכתבים.

4) במקומות האלה אין ניירות על השולחן, וגם לא בארונות. אנשים לא שולחים יותר מכתבים עם מעטפה ובול; הם מתכתבים רק בדואר אלקטרוני.

5) הם רוצים לקרוא עיתון או ספר ולהרגיש את הנייר. הם שׂמחים לקבל מכתבים ולקרוא אותם, לכתוב ולשלוח כרטיסי ברכה בדואר; כרטיסי ברכה על נייר, ולא רק ברכה וירטואלית באי-מייל.

6) פעם היו על שולחן העבודה שלושה או ארבעה מכתבים בסוף יום העבודה; היום בהרבה מקומות יש שלושים או ארבעים מכתבים על השולחן, ומאות ניירות בפח האשפה.

7) יש נייר למכתבים ונייר למתנות, נייר למחברות ונייר לספרים ולעיתונים, יש נייר לשירותים ונייר למשׂרדים.

ב) **השלימו כרצונכם את הקטע.** Complete the following passage as you wish.

10. אל יאללה, ביי!

מה יהיה?

- יהיה טוב, ועוד איך!
- מה שיהיה - יהיה!
- מכל זה - משהו טוב כבר לא יהיה!
- אני באמת לא יודע מה יהיה!
- יהיה טוב! אני בטוח שמה שלא יהיה - יהיה לטובה!
- יהיה בסדר!

אמרו אילו משפטים אופטימיים ואילו פסימיים וסדרו אותם מטוב לרע.

11. *א-פרופו*

משׂרד

- הי, מה נשמע? מה קרה?
  את נראית נורא.
- אני עובדת כמו חמור.
- עובדת? חשבתי שאת לומדת ריקוד או משהו כזה.
- לא. היו לי בעיות ברגל אז חזרתי לעבוד במשׂרד.
- שוב עם כל הניירות?
- לא, לא בדיוק. זה משׂרד של עורכי-דין. די מעניין, אבל יש המון לחץ בעבודה.
  אני עובדת כל היום עם המחשב ולא רואה אנשים בכלל.
- תגידי, מה עם האח שלך? איפה הוא?
- גם הוא עובד כמו משוגע.
- מה, הוא איש מחשבים? חשבתי שהוא למד משפטים.
- הוא החליט להיות עשיר, ובמקצוע כמו מחשבים עושׂים יותר כסף,
  אז הוא מתכנת.
- איזה לחץ! מה יהיה איתכם?
- אני יודעת?! יהיה טוב...

? המחיזו שׂיחה דומה עם בחורה שלומדת יוגה.

מילים:

• חֶבְרָה נ. • לַחַץ ז. • מִקְצוֹעַ ז. מִקְצוֹעוֹת • מִשְׁפָּטִים ז. ר. • מְתַכְנֵת ז. • עוֹרֵךְ דִין ז. • כְּמוֹ חֲמוֹר! •

12. קצת יחס, בבקשה!

נטיית מילת היחס - אֵצֶל

	ז.	ז./נ.	נ.
י.		אֶצְלִי	
	אֶצְלְךָ		אֶצְלֵךְ
	אֶצְלוֹ		אֶצְלָהּ
ר.		אֶצְלֵנוּ	
	אֶצְלְכֶם		אֶצְלְכֶן
	אֶצְלָם		אֶצְלָן

א) אצל מי?

חנן: חנה, אולי את יודעת איפה הספר שלי?

חנה: אצלי.

חנן: אצלך?

חנה: בתיק שלי.

חנן: איזה מזל! תודה. אבל למה לא אמרת לי שהוא אצלך? חיפשׂתי אותו כל הבוקר.

חנה: אה...

חנן: תגידי, מה נשמע אצל רינה?

חנה: יופי! הכול בסדר אצלה. למה אתה שואל?

חנן: כי הזמנתי אותה למסיבה אצלי, והיא אמרה שהיא לא יכולה לבוא.

חנה: לא סיפרת לי שיש אצלך מסיבה.

חנן: אז עכשיו אני מספר לך: מחר בשמונה אצלי בבית.

חנה: אתה מזמין אותי למסיבה, או רק מספר לי עליה?

חנן: בטח שאני מזמין אותך! יהיה כֵּיף!

חנה: בסדר, בסדר - במסיבות אצלך תמיד כֵּיף! מה להביא?

חנן: ...

סיימו את השׂיחה.

ב) ענו לפי השׂיחה:

1) איפה הספר של חנן?

2) מה שלום רינה?

3) מה חנה עושׂה מחר בשמונה בערב?

ג) **המחיזו שׂיחה בין חנה לבין רינה יום אחרי המסיבה. רינה לא הייתה במסיבה.**

רינה: טילפנתי אתמול כל הערב ולא הייתה אצלך תשובה.

חנה: כן. הייתי במסיבה.

רינה: אצל מי?

---

13. כמו תמיד

השלימו את השׂיחות בעזרת המילה אצל בנפרד או בנטייה:

1) - איפה הייתם כל הערב? חיפשׂנו אתכם בלי סוף.

- היינו --- משפחת כוהן.

- מה עשׂיתם ---?

- כמו תמיד. דיברנו על המצב.

2) - רותי, אולי המעיל שלי ---?

- לא, הוא לא ---. אבל אולי הוא --- דני? אולי שכחת אותו בבית שלו.

- לא, המעיל לא ---, כבר שאלתי אותו. כמו תמיד הוא אמר שהוא לא יודע.

3) - שׂרה ורחל, מה קורה --- כל ערב? כל ערב יש --- קונצרט? אני לא יכול לישון!

- לא חשבנו ששומעים --- את המוזיקה שלנו. באמת סליחה, יוסי, אנחנו ממש מצטערות.

- כמו תמיד...

4) - אני לא יכול לנסוע להרצאה באוניברסיטה, כי המכונית לא ---.

- איפה היא?

- --- יעקב, הבן שלי.

- כמו תמיד...

5) - חנה, מה נשמע ---?

- --- הכל בסדר.

- את באה למסיבה?

- --- מי יש מסיבה?

- --- רוני. כמו תמיד.

14. פרסומות

רק אצלנו מכנסי ג'ינס ב-100 ש"ח!

אצל איפוס בחדר
כל מוצאי שבת
שירי ארץ ישראל הישנה

רוצה ללמוד לנגן - רק אצלנו במוזיקלכל!

אצל שבתאי - אוכל ישראלי אמיתי!

כתבו עוד שתי פרסומות לחנות או למלון. השתמשו ב- אצל בנפרד ובנטייה.

Write two more ads for a store or a hotel. Use the word **אצל** as it is, or in declension.

לְעוֹלָם יְהֵא אָדָם יוֹדֵעַ אֵצֶל מִי הוּא יוֹשֵׁב, וְאֵצֶל מִי הוּא עוֹמֵד, וְאֵצֶל מִי הוּא מֵסֵב, וְאֵצֶל מִי הוּא מֵסִיחַ, וְאֵצֶל מִי הוּא חוֹתֵם שְׁטָרוֹתָיו.

(דרך ארץ זוטא ה)

ממש אהבה

אצלי הכול בסדר
ולא חשוב אם לא אמצא תשובה
אצלי הכול בסדר
היום כבר לא מתים מאהבה

בועז שרעבי

15. משפטי שייכות בעתיד

Possessive (**'have'**) Sentence - future

(לא) יהיה ל...	או:	**ל... (לא) יהיה**
(לא) תהיה ל...		**ל... (לא) תהיה**
(לא) יהיו ל...		**ל... (לא) יהיו**

א) בית החלומות

בבית החלומות שלי יהיו לי המון כלבים. תהיה לי עז בחצר.
יהיו לי שם כמה תרנגולות ויהיה לי גם תרנגול אחד.
לכל החיות יהיו אצלי חיים נהדרים!

1) של מי בית החלומות הזה ומה יהיה אצלו?

2) ספרו וכתבו מה יהיה בבית החלומות שלכם.

ב) אמרו לפחות שישה משפטים מן הטבלה. Make up at least six sentences from the following table.

	לי	חיים טובים
	לך	סיבה להיות שׂמח
	לך	שכנים נחמדים
(לא) יהיה	לו	קול חזק
	לה	אהבה גדולה
	לנו	עבודה מעניינת
(לא) תהיה	לכם	אושר אמיתי
	לכן	הרבה כסף
	להם	חיים נהדרים
(לא) יהיו	להן	גינה ליד הבית
	למשה	בעיות קשות
	לשולה ולשלומית	בית גדול
	למשפחת מזרחי	כרטיס לקונצרט
	ל...	חיות בבית

דוגמה: *למשפחת מזרחי יהיו שכנים נחמדים.*

16. יהיה טוב!

א) כתבו מה אומרים נשיא האוניברסיטה, ראש הממשלה וראש העיר.

Write down what the President of the University, the Prime Minister and the Mayor are saying.

1) מה רוצים סטודנטים באוניברסיטה?

שיעורים מעניינים.
מורים טובים.
ספרייה גדולה.
בחינות קלות.
שיעורים רק מ-10:00 בבוקר.
כיתות לא גדולות.

המשיכו את דבריו של נשיא האוניברסיטה.

פתחו אוניברסיטה חדשה. נשיא האוניברסיטה החדשה מדבר עם הסטודנטים ומבטיח להם ש...:

דוגמה: *אני מבטיח שיהיו לכם שיעורים מעניינים.*

2) מה רוצה עולה חדש?

עבודה טובה.
מקום טוב לגור.
שכנים נחמדים.
קשרים עם ישראלים.
רדיו וטלוויזיה בבית.

המשיכו את דבריו של ראש הממשלה.

ראש הממשלה החדש מבקר אצל משפחות של עולים חדשים.
הוא אומר: אני בטוח ש...

דוגמה: *אני בטוח שלכל עולה תהיה עבודה טובה.*

3) מה רוצים אנשים בעיר?

בתי ספר טובים.
מרכז ספורט חדש.
רחובות שקטים ונקיים.
מקומות עבודה טובים.
ספרייה גדולה לילדים.
דשא ופרחים בגנים הציבוריים.

המשיכו את דבריו של ראש העיר.

ראש העיר נפגש עם האנשים בעיר ואומר להם: אתם רוצים שבשנה הבאה יהיו לכם ...

דוגמה: *אתם רוצים שבשנה הבאה יהיו לכם בתי ספר טובים?*
אין בעיה, בשנה הבאה יהיו לכם בתי ספר יותר טובים.

ב) **אתם באים לפֵיָה מגשימת חלומות. המחיזו את השיחה ביניכם לבין הפיה. אתם אומרים מה אתם רוצים ומה אתם לא רוצים והיא מבטיחה לכם להגשים את החלומות, השתמשו ב-**

יהיה / תהיה / יהיו ל...

Role Play: You come to a fairy who can make your dreams come true. Create the dialogue between you and the fairy. You tell her what you want, and what you don't want and she promises to fulfeel your dreams. use: יהיה / תהיה / יהיו ל...

דוגמה: *- אני רוצה מכונית יפה ויקרה.*

- תהיה לך מכונית יפה ויקרה.

17. א) **קראו את ההורוסקופים. הוסיפו בין המשפטים את המילה אבל, בכל מקום שאפשר.**

דוגמה: לא יהיה לך זמן השבוע לחשוב על שום דבר כי תהיה לך הרבה מאוד עבודה. יהיו לך בעיות פיננסיות לא פשוטות, ***אבל*** ביום חמישי יהיו לך תשובות כמעט לכל הבעיות!

יהיו לך אורחים מחוץ לארץ.
לא יהיה לך זמן ולא יהיה לך כוח לטייל איתם.
יהיו לך ימים קשים בעבודה.
תהיה לך תקווה לסוף שבוע טוב ונעים.
בתיבת הדואר יהיה לך מכתב מחבר רחוק.

יהיו לך הרבה שיעורי בית,
ותהיה לך בחינה גדולה השבוע.
יהיה לך סוף שבוע נהדר!

תהיה לך פגישה חשובה השבוע.
יהיו לך בעיות בעיניים. הבעיות לא יהיו נוראות.
במשפחה יהיו לך רק מסיבות ושׂמחות.
ביום שלישי, בשעה שלוש, יהיו לך שלוש חדשות טובות משלושה מקומות.

יהיו לך תוכניות לטייל בסוף השבוע.
יהיו לך כאבים חזקים.
כדאי יהיה ללכת לרופא - תהיה לך שׂיחה חשובה איתו.
תהיה לך הודעה מיוחדת בטלפון!

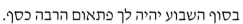

יהיה לך שבוע משעמם. יהיה לך מזל גדול.
יהיו לך בעיות עם המכונית. לא כדאי למכור אותה.
בסוף השבוע יהיה לך פתאום הרבה כסף.
לא כדאי לך לקנות את כל העולם - צריך לחשוב טוב מה לעשות עם הכסף!

לא יהיה לך רגע שקט השבוע.
יהיו לך צרות גדולות עם השכנים.
יהיה לך ערב רומנטי ויפה.
לא תהיה לך בעיה לדבר על חתונה.
לא כדאי לרוץ...

יהיה לך טיול מעניין עם חברים לעבודה.
יהיו לך ויכוחים קשים עם החברים האלה.
כדאי ללכת לכל מסיבה בעיר.
באחת המסיבות תהיה לך פגישה עם בחורה מיוחדת!

ב) בואו נאמר שאלה היו הורוסקופים של "השבוע האחרון".... קראו שוב בזוגות את ההורוסקופים ואמרו אם ההורוסקופ היה "נכון או לא נכון".

Let's say that these were this week's horoscope forecasts. Read the horoscope with another student and say if they are (true or false) נכון/לא נכון.

דוגמה: תלמיד א': *יהיו לך הרבה מאוד שיעורי בית השבוע.*

תלמיד ב': *לא נכון. לא היו לי הרבה שיעורי בית.*

או: נכון. באמת היו לי הרבה שיעורי בית.

ג) כתבו עוד שלושה "הורוסקופים" לשלושה חברים בכיתה, לקרובי משפחה או לאנשים מפורסמים.

18. א) העולמות הבאים במסורת היהודית

בדתות רבות מוצאים את הרעיון של העולם הבא - העולם אחרי המוות. בתקופת התנ"ך האמינו, שהעולם הבא הוא עולם שחור ונורא, והעולם הזה, עולם החיים, הוא העולם הטוב.

אחרי תקופת התנ"ך, בתקופת בית המקדש השני, האמינו, שאחרי המוות יש חיים יותר טובים. אז התחילה התקווה לחיים אידאליים אחרי המוות. החיים האלה יהיו כמו החיים של אדם וחווה בגן עדן. מאז התחילו להאמין שרק לאנשים הטובים ולצדיקים יהיה מקום בגן עדן. יהיה שם אור כל הזמן, אור אלוהים. לצדיקים יהיה מקום קרוב לאלוהים, למשה ולתורה. לרשעים יהיה מקום אחר - הגיהינום. בגיהינום יהיו חיים נוראים, ותהיה שם אש חזקה כל הזמן.

יחד עם האמונה בגן עדן ובגיהינום היו גם אמונות על הימים הטובים לעתיד לבוא. כבר בתנ"ך אנחנו קוראים שבעתיד לא יהיו עמים, לא יהיו מדינות ולא יהיו מלחמות; יהיה שלום בין כל האנשים ובין כל החיות.

במשנה ובתלמוד יש סיפורים ואגדות על הימים האלה: לצדיקים יהיה בית מיוחד, סוכה גדולה ויפה. בסוכה יהיו תמיד ארוחות גדולות עם לחם, בשׂר ויין. גם המים יהיו מיוחדים; אלה יהיו מֵי רפואה מירושלים. על כל העצים יהיו פירות מתוקים וטובים כל יום ויום בשנה. לכל אישה יהיה תינוק חדש כל יום.

בעתיד לבוא לא יהיה מוות, ולאנשים יהיו חיי נצח אידאליים.

גֵיהִנּוֹם לָרְשָׁעִים גַּן עֵדֶן לַצַּדִּיקִים (עירובין, י"ט ע"א)

גן עדן

גיהינום

ב) **ענו על השאלות:**

1) מה אומרים בקטע על גן העדן ועל הגיהינום?

2) מסיפורים על החיים האידיאליים אחרי המוות אפשר ללמוד על ההווה הפחות טוב. כתבו על ההווה הזה.

דוגמה: *בהווה החיים לא אידאליים.*

ג) וַיִּטַּע יהוה אֱלֹהִים גַּן בְּעֵדֶן מִקֶּדֶם וַיָּשֶׂם שָׁם אֶת־הָאָדָם אֲשֶׁר יָצָר׃ וַיַּצְמַח יהוה אֱלֹהִים מִן־הָאֲדָמָה כָּל־עֵץ נֶחְמָד לְמַרְאֶה וְטוֹב לְמַאֲכָל וְעֵץ הַחַיִּים בְּתוֹךְ הַגָּן וְעֵץ הַדַּעַת טוֹב וָרָע׃ (בראשית ב 8-9)

"עץ הדעות" 1989, מירה רקנאטי,
האוניברסיטה בהר הצופים

? מה הקשר בין התיאור בתנ"ך של גן העדן ובין תיאורי העולמות הבאים ביהדות המובאים בקטע?

How are the descriptions of the Garden of Eden and the description of the Afterlife in Judaism related?

ד) **איך אומרים גן עדן וגיהינום בשׂפה שלכם?**

ה) **אילו סיפורים אחרים ביהדות ובדתות אחרות אתם מכירים על גן העדן ועל הגיהינום?**

What other stories about Heaven and Hell (in Jewish and other religions) do you know?

ו) **כתבו מכתב של איש או אישה מגן העדן או מהגיהינום: מה יש ומה אין בגן עדן, ומה עושׂים שם כל יום.**

Write a letter from a righteous person in Heaven. He/She describes what there is / isn't in Heaven, and what he/she does every day.

דוגמה: *אני בגן עדן. זה מקום נהדר - כמו בספר בראשית. יש פה הרבה עצי פרי ויש פה מים בכל מקום.*

19. ## אל יאללה, ביי!

גן עדן או גיהינום

א) ענו על השאלות בעזרת הביטוי גן עדן (= נהדר, פַּנְטַסְטִי, מצוין) או בעזרת הביטוי גיהינום (=נורא, רע מאוד, קָטַסְטְרוֹפָלִי) והסבירו את התשובות.

שאלות:

- איך הייתה החופשה?
- איך היה המלון?
- איך בעבודה החדשה?
- איך בבית החדש?
- איך זה לגור עם עוד שני סטודנטים בדירה אחת?
- איך החיים?

דוגמה: - איך שם?

- גן עדן. יש פה נופים לא מהעולם הזה. וכל האנשים ממש צדיקים. הם מסבירים לך כל דבר ועוזרים לך תמיד. אני חושב שאני נשאר פה לנצח!

או:

- איך שם?
- פשוט נורא פה. בחיים שלי לא הייתי מאמין שיכול להיות מקום כל כך נורא. אין מים. אין פירות טריים. אף אחד לא רוצה לדבר איתך. אני מוכן לחזור הביתה בכל רגע. גיהינום זה גן עדן ליד המקום הזה!

ב) הוסיפו עוד שאלות כרצונכם, שאלו חברים בכיתה ובקשו מהם לענות עליהן.

Add more questions, ask the other students in the class and ask them to answer the questions.

20. **ענן ביד** / ע. הלל

כל הילדים כבר הלכו מזמן לישון, ורק אני לא הסכמתי ללכת לישון. לא רציתי אפילו ללבוש את הפִּיגָ'מָה ולשכב במיטה. למה? אף אחד לא הצליח להבין למה. לא שוּלָה המטפלת, אימא של יעל, לא רִבקה, אימא של אורי ואפילו לא בנימין, אבא שלי. אבא שלי אף פעם לא הבין דברים כאלה.

אז קראו לחברה הטובה שלי, לחַוָּה, אימא של מִיכָה ואַמְנון. איתה יכולתי לדבר על הכול, והיא לא הייתה אומרת כמו אבא שלי: זה שום דבר!

באה חווה ושאלה :

"הילל שלי, מה זה? למה אנחנו לא רוצים ללכת לישון? מה?"

"לא יכולים." הסברתי לה.

"למה לא יכולים?" שאלה.

"את רואה חווה, שאני לא יכול ללבוש את הפיג'מה, כי היד שלי סגורה."

"כן, אני רואה. אבל מי סגר לך את היד?"

"אני סגרתי." הסברתי לה בסבלנות.

"אתה סגרת יפה. ולמה סגרת?"

"כי תפסתי ענן והוא כל הזמן רוצה לצאת מהיד שלי. אבל אני צריך אותו אצלי."

חשבה חווה וחשבה, ואז אמרה: "יש לי רעיון. אתה יכול לשׂים את הענן בארון. שם הוא יכול לישון בשקט. ואז גם אתה יכול ללכת למיטה."

"טוב," אמרתי "אבל את צריכה לסגור את הארון חזק-חזק."

"בסדר." אמרה חווה.

"אבל עם מפתח." אמרתי.

"טוב." אמרה חווה.

פתחתי את היד והיא לקחה את הענן לאט...לאט... הלכה לארון, שׂמה אותו שם, וסגרה את הארון במפתח. "לילה טוב, ענן." אמרתי לו, לבשתי פיג'מה והלכתי לישון מאושר.

בבוקר עמדה חווה ליד המיטה שלי ואמרה: "יש לי משהו חשוב להילל שלי."

"אני יודע מה, ענן!"

"הינה הענן," אמרה - "אבל אתה צריך לשמור על הענן טוב טוב, כי הוא כל הזמן רוצה לחזור לעננים, החברים שלו בשמים."

"בטח!" אמרתי.

לקחתי את הענן וסגרתי את היד. זה הָיָה קצת קשה להיות עם יד סגורה כל הזמן, והיד קצת כאבה לי. אחר כך קראו לנו לארוחת בוקר. אכלתי לחם ושתיתי קָקָאוֹ עם סוכר, הדבר הכי טוב בעולם. שתיתי ושתיתי עוד ועוד. ולא הרגשתי איך הענן יצא לי מהיד והלך לו...

(לפי: תכלת וקוצים)

כתבו שיר על הענן שהלך.

Summary of Topics — האוצר הלשוני

Vocabulary — א. אוצר המילים

פעלים / Verbs

create	בָּרָא, לִבְרוֹא
bring	הֵבִיא, לְהָבִיא
be found	נִמְצָא, לְהִימָּצֵא
catch	תָּפַס, לִתְפּוֹס

שמות תואר / Adjectives

real	אֲמִיתִי, אֲמִיתִית
a bit warm	חָמִים, חֲמִימָה
closed	סָגוּר, סְגוּרָה
open	פָּתוּחַ, פְּתוּחָה

שונות / Miscellaneous

at	אֵצֶל
in the next (year, week)	הַבָּא/הַבָּאָה/הַבָּאִים/הַבָּאוֹת (בשנה..., בשבוע,...)
such	כָּזֶה, כָּזֹאת, כָּאֵלֶּה
down	לְמַטָּה
Saturday evening (the end of the Sabbath)	מוֹצָאֵי שַׁבָּת
the day after tomorrow	מָחֳרָתַיִים

שמות עצם / Nouns

fire	אֵשׁ נ. אִשִּׁים
border	גְּבוּל ז. גְּבוּלוֹת
hell	גֵּיהִינּוֹם ז. ר.ס.
grass	דֶּשֶׁא ז.
notice	הוֹדָעָה נ.
lecture	הַרְצָאָה נ.
heat wave	חַמְסִין ז.
yard	חָצֵר נ., חֲצֵרוֹת
moon	יָרֵחַ ז.
star	כּוֹכָב ז.
billboard / notice board	לוּחַ מוֹדָעוֹת ז.
guide	מַדְרִיךְ ז., מַדְרִיכָה נ.
death	מָוֶות ז. ר.ס.
key	מַפְתֵּחַ ז. מַפְתְּחוֹת
paper	נְיָיר ז. נְיָירוֹת
eternity	נֶצַח ז.
secret	סוֹד ז. סוֹדוֹת
taberancle ,Succa, booth,	סוּכָּה נ.
people /nation	עַם ז.
cloud	עָנָן ז.
garbage can	פַּח אַשְׁפָּה ז.
righteous person/"saint"	צַדִּיק ז., צַדִּיקָה נ.
bird	צִיפּוֹר נ. צִיפּוֹרִים
cinema	קוֹלְנוֹעַ ז. ר.ס.
feeling	רֶגֶשׁ ז., רְגָשׁוֹת
wind	רוּחַ נ.
wicked	רָשָׁע ז.
baby	תִּינוֹק ז. תִּינוֹקוֹת
hope	תִּקְוָוה נ.

ב. נושׂאים לשוניים

Grammatical topics

צורות: • נטיית מילת היחס - אצל

דוגמה: אצלי

• צורת הזוגי

Dual Form

דוגמה: יומיים

תחביר: • משפטים שמניים (יש/אין) בעתיד

Nominal Sentence - future

דוגמה: בערב יהיה שלג.

• משפטי שייכות בעתיד

Possessive ('have') Sentence - future

דוגמה: יהיו לנו שכנים טובים.

מילון: • "עבריתיזם" - לועזית בעברית

Foreign words in Hebrew

ג. הערות לשוניות

Grammatical notes

1) הזוגי בעברית קיים בעיקר באיברי גוף: ידיים, רגליים, שיניים, וכו'.
יש גם צורת זוגי, במילות זמן כמו: יומיים, שבועיים, שנתיים. כמו כן קיים הזוגי בכמה מילים נוספות, כמו: נעליים ומכנסיים. אי אפשר לבנות אותו אוטומטית מכל שם עצם.

The dual form exists in Hebrew mainly in names of body parts such as: ידיים, רגליים, שיניים
The dual form also appears in words indicating time, such as: יומיים, שבועיים, שנתיים
and a few other words such as: נעליים ומכנסיים
This form cannot be derived automatically from every noun.

שיעור 3

1. **משפטי לוואי** **Relative Clause**

א) **הבחורות** מטיילות ברחוב. ב) **הבחורות** עובדות בספרייה.
הבחורות, שמטיילות ברחוב, עובדות בספרייה.

א) אני מסתכל ב**ילדים**. ב) ה**ילדים** משׂחקים ברחוב.
אני מסתכל ב**ילדים, ש**משׂחקים ברחוב.

1) השם הזהה מושמט בפסוקית הלוואי.
2) במשפט מורכב כותבים פסיק בין המשפט הראשי ובין המשפט הטפל.

1) The identical noun is omitted in the relative clause.
2) There is a comma between the main and subordinate clauses in a complex sentence.

א) הרכלן בבית קפה

דני: אתה רואה את הבחור שאוכל עוגה?

חנן: מי? הצעיר שמדבר עם הבלונדינית?

דני: לא, הבחור שלובש מכנסיים קצרים וחולצה לבנה.

חנן: הוא יושב על יד האיש שקורא עיתון?

דני: כן, ואתה רואה את הבחורה שיושבת על יד החלון?

חנן: האישה שכותבת משהו?

דני: לא, על יד האישה שכותבת, יושבת בחורה ששותה קפה. נכון?

חנן: כן. אני רואה.

דני: אז הבחורה ליד החלון, זאת ששותה קפה, והבחור שיושב שם, זה עם המכנסיים הקצ־רים, היו פעם חברים.

חנן: באמת?! מה אתה אומר?!

כמה אנשים יש בבית הקפה?

ב) **ספרו על האנשים שיושבים בבית הקפה.**

דוגמה: בחור אחד לובש מכנסיים קצרים וחולצה לבנה.

ג) **המחיזו דיאלוג דומה על התלמידים בכיתה.**

2. מכתבי תודה

קראו את מכתבי התודה וענו על השאלות:

א. חיה, תודה רבה על סל השוקולד ששלחת לי! אין כמו השוקולד שעושים בשְוויץ!
עוד לא שמעתי על הפגישה, שהייתה ביום שני אצלכם בבית.
אני "מת" לדבר איתך.

להת',
חי

1) מה חיה שלחה לחי?

2) איפה עושים את השוקולד הטוב?

3) איפה ומתי הייתה הפגישה?

ב. מיכל, תודה רבה! אני כל כך מאושר עם הסוודר החדש שקנית לי. הבחורות, שלומדות איתי כבר אמרו לי שהן עוד לא ראו סוודר כל כך יפה, ואני יודע שהן לא משקרות אף פעם. לא לכל אחד יש חברה שיודעת מה לקנות לחבר שלה!

המון נשיקות, ולהתראות בשבת,
מיכאל

1) מה מיכל קנתה למיכאל?

2) מי נתן קוֹמְפְּלִימֶנְטִים למיכאל?

ג. דניאלה, תודה ! תודה ! תודה !

הדיסק ששלחת לי ליום ההולדת פשוט נהדר! אני ממש לא יודע איך לומר לך כמה אני שׂמח! אני כל כך אוהב את הסוֹנָטָה לפְּסַנְתֵר שיש בדיסק.

מיליון תודות,
דני

1) מה דניאלה נתנה לדני?

2) למה היא קנתה לו מתנה?

3) מה יש בדיסק?

? כתבו שני מכתבי תודה קצרים על מתנות שקיבלתם.

.3 א) אמרו את שני המשפטים כמשפט אחד, הוסיפו ש... ופסיקים (,):

Combine the two simple sentences into one complex sentence, use ...ש - and add commas:

דוגמה: א) האיש יושב על יד רינה. ב) הוא גר בצפת.

האיש, שיושב על יד רינה, גר בצפת.

1) א) הצעירים באו למסיבה במוצאי שבת. ב) הצעירים רקדו כל הערב.

2) א) פרופסור אֱלול מלמד פִיזִיקָה. ב) הוא נתן הרצאה על הכוכבים.

3) א) השכן שׂנא אותי בהתחלה. ב) הוא אוהב אותי עכשיו יותר מכולם.

4) א) אני רוצה לקנות את המעיל. ב) ראיתי את המעיל בחנות הבגדים בעיר.

5) א) איפה המפתח? ב) נתת לי אתמול.

6) א) אתמול המנהל נפגש עם התלמידים. ב) התלמידים חזרו מהטיול בנגב.

7) א) היום אנחנו הולכים לקולנוע. ב) הקולנוע נמצא קרוב למרכז העיר.

8) א) אפשר לקבל את הבולים? ב) הבולים היו על המעטפה הגדולה.

9) א) שמעתי את השיר החדש. ב) השיר מספר על אהבה גדולה.

10) א) אני פוחד מהכלב. ב) הכלב יושב ליד הדלת הפתוחה.

11) א) המלון נמצא בעיר העתיקה. ב) המלון סגור עכשיו.

12) א) שׂמתי את הנייר בפח אשפה. ב) מצאתי את פח האשפה בחצר.

13) א) הוא סיפר לי סוד. ב) כל השנים הוא שמר את הסוד בלב.

14) א) אלה סימני הגבול. ב) הגבול היה פה בתקופת התנ"ך.

ב) כתבו עוד שלושה זוגות משפטים וחברו כל זוג למשפט.

4. "בצלאל" של בּוֹרִיס שַׁץ

בּוֹרִיס שַׁץ, שהיה אומן יהודי מפורסם, נולד בשנת 1866 בְּלַאטְבִיָּה שבמזרח אירופה. בשנת 1906 הוא עלה לארץ ופתח בארץ ישׂראל בית ספר גבוה לאומנות. הוא החליט לקרוא לבית הספר שלו "בצלאל", כמו השם של בונה המשכן. בצלאל היה השם של האומן העברי הראשון, שבנה לבני ישׂראל מִקדש בּמִדבר, בדרך מִמִּצְרַיִם לארץ ישׂראל.

שמואל בן-דוד: דף השער לסידרת גלויות, אוסף מוזאון ישראל.

רְאֵה קָרָאתִי בְשֵׁם בְּצַלְאֵל בֶּן־אוּרִי בֶן־חוּר לְמַטֵּה יְהוּדָה׃
וָאֲמַלֵּא אֹתוֹ רוּחַ אֱלֹהִים בְּחָכְמָה וּבִתְבוּנָה וּבְדַעַת וּבְכָל־מְלָאכָה׃
לַחְשֹׁב מַחֲשָׁבֹת לַעֲשׂוֹת בַּזָּהָב וּבַכֶּסֶף וּבַנְּחֹשֶׁת׃
וּבַחֲרֹשֶׁת אֶבֶן לְמַלֹּאת וּבַחֲרֹשֶׁת עֵץ לַעֲשׂוֹת בְּכָל־מְלָאכָה׃ (שמות לא 2)

שץ רצה לפתוח בית ספר לאנשים, שרצו ללמוד אומנות ולעבוד עם אומנים אחרים. הוא חלם גם לבנות חברה אוּטוֹפִּית של אומנים אידאליסטים שחיפשׂו דרך חדשה בחיים.

בשנה הראשונה למדו בבצלאל 28 תלמידים. אלה היו צעירים, שלמדו אומנות כללית ואומנות יהודית. הם חיפשׂו את הסגנון העברי הארץ ישׂראלי. בסגנון העברי הזה אנחנו רואים גם את המזרח וגם את המערב: נופים, עצים וחיות של המזרח התיכון יחד עם טכניקות וסגנונות ציור אירופאיים. הם בנו ביחד אומנות ארץ ישׂראלית חדשה שעד היום קוראים לה סגנון בצלאל.

בצלאל לא היה רק בית ספר, זה היה גם מקום עבודה. בבצלאל עבדו תֵּימָנִים שעשׂו עבודות מכסף ומזהב, נשים מִפָּרַס ומִכּוּרְדִיסְטָן שעשׂו שטיחים, אנשים שכתבו ספרי תורה ועוד.

חנוכייה, עבודת בצלאל.

בעבודות בצלאל יש הרבה סמלים יהודיים כמו מנורה, אריה, מגן דוד וספר תורה; יש ציורים של אנשים מפורסמים מסיפורי התנ"ך כמו מֹשֶׁה, יַעֲקֹב וְרָחֵל, רוּת, דָּוִד וְגָלְיָת. יש ציורים לפי פסוקים מן התנ"ך, ויש גם ציורים של מקומות מפורסמים בארץ: הַכֹּותֶל הַמַּעֲרָבִי, חומת ירושלים, חוף יפו, קבר רחל, בתים בצפת ומקומות רבים אחרים. הרבה אנשים קנו את העבודות של בצלאל - את החנוכיות והמזוזות, את ספרי התורה והשטיחים, את הציורים ואת הכלים המיוחדים.

שץ בנה גם את מוזאון בצלאל. הוא אסף דברי אומנות יהודיים מכל העולם, ופתח בירושלים מוזאון לאומנות יהודית. מוזאון ישׂראל שנמצא בירושלים, והוא היום מוזאון גדול ומפורסם בעולם, התחיל במוזאון בצלאל הקטן.

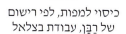

היום בצלאל הוא בית ספר גבוה לאומנות ואלפי סטודנטים לומדים שם.

כיסוי למפות, לפי רישום של רַבָּן, עבודת בצלאל

? השם בצלאל הוא שם של מִסְפַּר דברים. מה הם?

א) השלימו לפי הקטע על מי מדברים.

ב) אמרו את שני המשפטים כמשפט אחד. הוסיפו פסיקים (,) ו-ש....

דוגמה: א) *בוריס* היה אומן יהודי מפורסם. *הוא* נולד ב-1866.

ב) *בוריס שץ, שהיה אומן יהודי מפורסם, נולד ב-1866.*

שולחן עבודת דמשק, מראה מלמעלה, עבודת בצלאל

1) --- 'נולד' ממוזיאון בצלאל. — הוא היום מוזאון גדול בירושלים.

2) ה--- עשׂו עבודות מכסף ומזהב. — עלו מתימן.

3) --- היה האומן העברי הראשון. — בנה מקדש במדבר.

4) --- היה בית ספר קטן לאומנות. — הוא היום בית ספר גבוה לאומנות בישׂראל.

5) ה--- באו מפרס ומכורדיסטן. — הם עשׂו שטיחים.

6) ה--- למדו אומנות כללית ויהודית. — חיפשׂו סגנון עברי ארצישׂראלי.

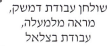

ג) מה אומרים על הדברים האלה בקטע:

1) מנורה, אריה, מגן דוד;

2) מֹשֶׁה, יעקב ורחל, דוד וגלית;

3) חוף יפו, חומת ירושלים, קבר רחל;

4) שטיחים, ציורים של נופי המזרח, כלים מיוחדים;

5) 1866, 28, 1906,

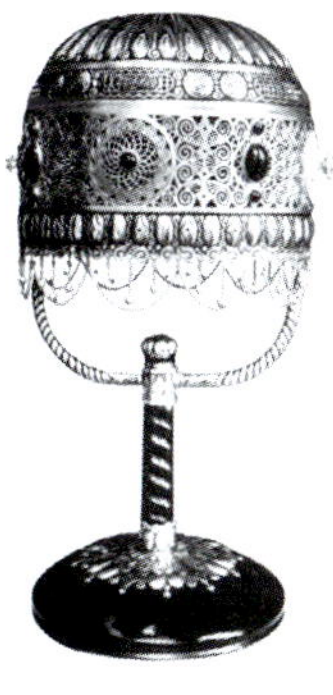

מנורה, עבודת בצלאל

5. בניית בית המקדש

הקָדוֹשׁ בָּרוּךְ הוּא אמר למשה: "לך אמור לו, לבונה המִשְׁכָּן, עשׂה לי משכן, ארון וכלים."

מִשְׁכָּן=מקדש

הלך משה והָפַך את סדר העבודה ואמר לו: "עשׂה כלים, ארון ומשכן".

מנהגו של עולם=כך עושׂים

ענה לו בונה המשכן: משה רַבֵּנוּ, הרי מִנְהָגוֹ של עולם הוא שאדם בונה בית, ורק אחר כך מכניס ושׂם לתוך הבית כלים, ואתה אומר לי עשׂה כלים וארון ומשכן? וכלים שאני עושׂה לאן אני אַכְנִיס אותם?

אני שמעתי שהקדוש ברוך הוא אמר לך: בהתחלה עשׂה משכן, ורק אחרי כן עשׂה ארון וכלים.

אמר לו משה: אתה היית בְּצֵל אֵל ושמעת וידעת מה אמר לי הקדוש ברוך הוא.

לבונה המשכן קראו בצלאל כי הוא היה בצל אל ושמע מה אמר הקדוש ברוך הוא למשה: קודם המשכן, ואחר כך הארון והכלים. (ב"ר, נ"ה)

?

1) איך מסבירים במדרש את השם בצלאל?

2) במדרש לא מסבירים למה משה הפך את הסדר.
מה אתם חושבים: למה משה הפך את הסדר?

6. הילד הזה הוא אני / יהודה אטלס

אֲנָשִׁים זָרִים
שֶׁאֲנִי בִּכְלָל לֹא מַכִּיר -
מִמְּקוֹמוֹת אֲחֵרִים
וְגַם פֹּה מֵהָעִיר -
הָיִיתִי רוֹצֶה
שֶׁיֵּדְעוּ כּוּלָם
שֶׁיֵּשׁ יֶלֶד
אֶחָד בָּעוֹלָם
וְהַיֶּלֶד הַזֶּה
הוּא
אֲנִי.

?

1) מי זה "אני" בשיר?

2) מה אתם רוצים שכולם יֵדעו?

7. שבצו ליד כל מילה המסומנת בכוכב את המשפט המתאים מן הרשימה למטה, הוסיפו את המילית שֶ... ופסיקים (,) במקומות הנכונים.

Insert the correct sentences from the list below into the following passage, next to the words marked by an asterisk. Use the prefix ...שֶ.

דגל ישראל

בשנת 1897 היה הקוֹנְגְרֶס הציוני הראשון. מכל העולם באו לקונגרס יהודים * חברי הקונגרס והֶרְצֶל * דיברו על מדינת היהודים. הם חשבו על עתיד המדינה היהודית * וגם על הדגל שלה.

הרצל חשב על דגל בצבע לבן * עם שבעה כוכבים *.

דוד ווֹלְפסון * חשב שלעם היהודי יש סמל - הטַלית; "היהודים מתפללים עם טלית" - אמר וולפסון - והטלית * צריכה להיות הדגל של המדינה היהודית.

חברי הקונגרס קיבלו את הרעיון שלו: דגל לבן עם שני פסים כחולים ובאמצע מגן דוד *.

(לפי: ספר הקונגרס לציון 25 שנה לקונגרס היהודי הראשון, ירושלים, תר"פ)

המשפטים להשלמה:

1) (הם) רצו לבנות מדינה יהודית.
2) (היא) תהיה בארץ ישראל.
3) היה אחד האנשים המרכזיים בקונגרס.
4) הם סמל לשבע שעות עבודה בשבוע.
5) גם הוא סמל יהודי עתיק.
6) (הוא) היה ראש הקונגרס.
7) היא סמל יהודי בן אלפיים שנה.
8) הוא סמל של תקווה לחיים החדשים.

דוגמה: מכל העולם באו לקונגרס יהודים, *שרצו לבנות מדינה יהודית.*

מה אתם חושבים על הדגל של ישראל? המחיזו ויכוח בין וולפסון, הרצל ומישהו שחושב על דגל אחר.

וריאציות על דגל ישראל, ד. יורש

8. פרקו את משפטי הלוואי לשני משפטים לפי סדר הזמנים. 1)= קודם בזמן 2) = השני בזמן

שימו לב: במשפטי הלוואי לפעמים החלק הראשון הוא הקודם בזמן, ולפעמים החלק השני.

Break each sentence into two, keeping the time sequence:
1) = chronologically first and 2) = chronologically second.

מן העיתון

דוגמה: המיליונר, שמכר את התמונה במיליון ש"ח, קנה אותה במאה אלף ש"ח.

א) המיליונר קנה את התמונה במאה אלף ש"ח.

ב) המיליונר מכר את התמונה במיליון ש"ח.

1) הצעירים, שעברו את הגבול, רצו לבקר באתרים היסטוריים בירדן.

2) הרופא, שנתן תרופה לא נכונה לחולה, לא חזר לעבודה.

3) חברי הקיבוץ, שחזרו מטיול באפריקה, שכחו את המזוודות במלון.

4) ראש הממשלה ביקש להיפגש עם השׂרים, שעזבו את הממשלה.

5) עובדי הסָפָארִי ברמת-גן שלחו לגן החיות בלונדון את הפיל, שנולד בסָפָארִי.

6) שני הילדים, שיצאו מן הבית לפני שלושה ימים, הגיעו לבית סבתא בשלום.

7) שׂר החוץ הנורבֶגי, שביקר השבוע בישראל, למד לפני עשׂר שנים בארץ.

8) ד"ר לֵוין ופרופסור כוהן, ששפטו את מנהל בית הספר, נפגשו היום עם עיתונאים.

9) הכינרת, שהייתה מלאה במים לפני שנה, הגיעה לקַו האדום.

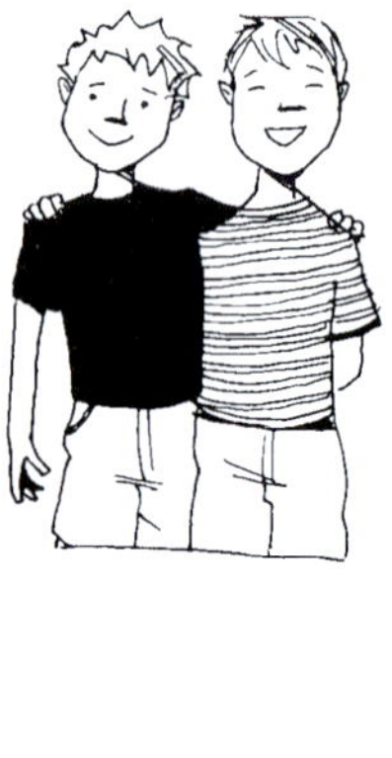

ציורים של שלום מצפת

9. א) שלום מצפת

הצייר הישׂראלי המפורסם יוֹסֶל בֶּרְגְנֶר, שגר בצפת בשנות ה-60, סיפר איך הוא פגש את שלום מצפת. יום אחד הוא טייל ברחובות צפת וראה בחנויות שם צעצועי ילדים מיוחדים; על הצעצועים הקטנים היו ציורים קטנים ויפים מאוד. יוסל ברגנר רצה לדעת מי האיש שצייר על הצעצועים האלה. הוא חיפש ומצא את שָׁלוֹם מוֹשְקוֹבִיץ, איש צפתי שנולד בשנת 1890. שלום היה שען, ולכן כולם קראו לו: שלום זַיְיגֶער-מָאכֶער= שלום בונה השעונים. יוסל ברגנר חשב ששלום צריך להפסיק לעבוד ולהתחיל לצייר, וכך היה: שלום, שהיה כבר איש זקן, התחיל לצייר על נייר בצבעי מים, וכל הציורים שלו היו על סיפורים מן התנ"ך.

לשלום, שאהב וחי את התנ"ך, היה סגנון מיוחד: הוא צייר את האנשים כאילו הם חיים בהווה או בעבר הקרוב מאוד: כל היהודים בציורים הם כמו יהודי צפת החֲרֵדִים, והנשים לובשות בגדים של התחלת המאה העשׂרים באירופה.

שלום מצפת לא למד אומנות ולא הכיר את סגנונות הציור בעולם. הוא צייר מהלב כמו ילד, בסגנון נאיבי ופשוט מאוד ובצבעים רבים. ליד כל אדם בציור הוא כתב את הפסוקים מהתורה שמספרים את הסיפור התנ"כי עליו. בתמונות של שלום כל הצבעים נקיים וחזקים, וצבע לא "נפגש" בצבע. שלום בנה תמונה אֶסְתֶטִית, שׂמחה ויפה, שלא שומרת על חוקים של סגנון אחד באומנות.

הציורים של שלום מסבירים את הסיפור התנ"כי בהומור, באהבה ובאמונה גדולה.

1) הציורים של שלום מצפת פופולריים. למה?

2) המחיזו את הפגישה הראשונה בין יוסל ברגנר לביו שלום מצפת.

ב) **אילו אנשים קונים את הציורים של שלום מצפת, ואילו אנשים לא קונים אותם: סמנו "כן" או "לא" ליד כל משפט ואמרו את כל המשפט.**

What sort of people would buy the paintings by שלום from צפת and what sort would not: Mark כן or לא next to every sentence and say the sentences out loud.

דוגמה: *אנשים שאוהבים רק ציורים אבסטרקטיים לא קונים את הציורים של שלום מצפת.*

1) אנשים שמחפשים תמונות בסגנון מודרני.

2) אנשים שאוהבים את סיפורי התנ"ך.

3) אנשים שאוהבים תמונות בשחור לבן.

4) אנשים שאוהבים ציורים פשוטים וְנָאִיבִיים.

5) אנשים שרוצים ציורים עצובים וּפֶּסִימִיסְטִיים.

6) אנשים שמחפשים סמלים ורעיונות בכל ציור.

7) אנשים שאוהבים רק תמונות נוף.

10. מילון

אותיות השימוש **Particles**

ש ששששבבבלללמממההההווו...

א) **לפניכם חמישה משפטים. כל המילים במשפט מתחילות באותה אות. לפעמים האות היא חלק מן המילה ולפעמים היא אות שימוש וצריך להשמיט אותה כדי למצוא את המילה במילון.**

סמנו את אותיות השימוש.

In the following five sentences the words begin with the same letter. Sometimes the letter is part of the word and sometimes it is a particle. That particle must be dropped to locate the word in the dictionary. Circle the particles.

דוגמה: בתיה באה במכונית בבוקר.

1) לא לקחנו לחם לטיול.

2) הורי הילד הקטן הולכים הביתה.

3) שלום שמואלי שנח שלושה שבועות שלח שיר שלום.

4) מלכה ממרוקו מרגישה מצוין!

5) ויכוח: וידאו וטלוויזיה ואולי וידאו ומחשב?

ב) **לפניכם שלטי הפגנה - תרגמו וציינו איך מצאתם כל מילה במילון.**

Translate the following picket signs; specify how you found each word in the dictionary.

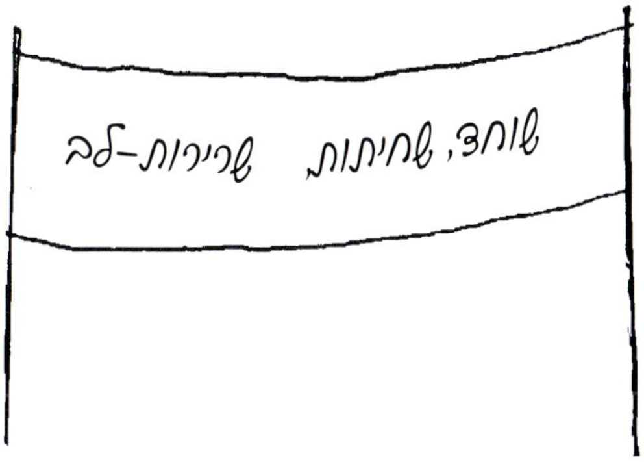

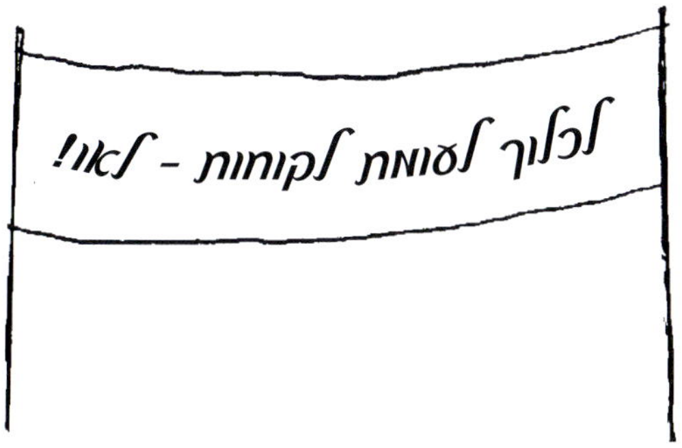

ג) **הוסיפו עוד משפט משלכם לכל שלט.** Add a sentence of your own to each sign.

11. קראו פסוקים אחדים מספר קהלת פרק א' והשוו לקהלת המודרני ב"אז יאללה, ביי":

Read several verses from the first chapter of the book of Ecclesiastes (קהלת) and compare them to the modern version.

מתוך: קהלת פרק א'

דִּבְרֵי קֹהֶלֶת בֶּן־דָּוִד מֶלֶךְ בִּירוּשָׁלָם: הֲבֵל הֲבָלִים אָמַר
קֹהֶלֶת הֲבֵל הֲבָלִים הַכֹּל הָבֶל: מַה־יִּתְרוֹן לָאָדָם בְּכָל־עֲמָלוֹ
שֶׁיַּעֲמֹל תַּחַת הַשָּׁמֶשׁ: דּוֹר הֹלֵךְ וְדוֹר בָּא וְהָאָרֶץ לְעוֹלָם
עֹמָדֶת:

כָּל־הַנְּחָלִים הֹלְכִים אֶל־הַיָּם וְהַיָּם אֵינֶנּוּ מָלֵא אֶל־מְקוֹם
שֶׁהַנְּחָלִים הֹלְכִים שָׁם הֵם שָׁבִים לָלָכֶת:

מַה־שֶּׁהָיָה הוּא שֶׁיִּהְיֶה וּמַה־שֶּׁנַּעֲשָׂה הוּא שֶׁיֵּעָשֶׂה וְאֵין
כָּל־חָדָשׁ תַּחַת הַשָּׁמֶשׁ:

אֵין זִכְרוֹן לָרִאשֹׁנִים וְגַם לָאַחֲרֹנִים שֶׁיִּהְיוּ לֹא־יִהְיֶה לָהֶם
זִכָּרוֹן עִם שֶׁיִּהְיוּ לָאַחֲרֹנָה:

12. *אז יאללה, ביי!*

קוהלת המודרני

גם כן חיים!

חיים... גם כן חיים... אני לא מבין למה כל זה...
למה צריך לחפשׂ את הטוב? הכול רע. אין תקווה!
כולם באים מאותו מקום והולכים לאותו מקום.

אנחנו באים מאֵיפשֶׁהו והולכים לאָנְשֶׁהו... מָתַישׁו באים לעולם, ומָתַישׁו יוצאים מהעולם.
אוכלים ושותים, ואֵיכְשֶׁהו עושים פה-שם משֶׁהו, ובֵינְכָּה הכל חוזר, ואף אחד לא זוכר...
כי הכול לא משֶׁהו ובכלל לא חשוב למישֶׁהו, כי הכל או **שׁ**.. או **שׁ**.. סת---ם!

13. א-פרופו

גם כן חיים!

- גברת כהן? בוקר טוב. טלפנתם להודיע שהטלוויזיה התקלקלה. מה קרה?
- טוב שבאת. התנור התקלקל, המקרר מת וגם מכונת הכביסה לא עובדת.
  אני ממש לא יודעת מה קרה היום. כל המכשירים ביחד. איזה ייאוש!
- בואי נראה אחד-אחד. תגידי, הייתה הפסקת חשמל?
- אני לא יודעת. אולי. לא הייתי בבית רוב היום. רק בערב ראיתי שהמכשירים בבית לא בסדר.
- טוב. אני חושב שאני יודע. יכול להיות שהדלקתם יותר מדיי מכשירים ביחד וזאת הייתה הבעיה. עכשיו, בואי נראה מה הבעיה עם הטלוויזיה.
- אני לא מצליחה לעבור מתחנה לתחנה.
- הינה, אני רואה. פשוט כמה חלקים פה התקלקלו. תיקנתי, ואני חושב שעכשיו זה יהיה בסדר. יש עוד משהו?
- לא. באמת תודה רבה. כל הכבוד. עשיתָ הכול כל כך מהר.
- אין בעד מה. זה התפקיד שלי, לא?
- כמה אני משלמת לך?
- מאתיים ש"ח. את תמיד יכולה לטלפן לחנות. הינה מספר הפֶּלֶאפוֹן שלנו.

? המחיזו שׂיחה דומה בין איש מחשבים לבעל מחשב שהתקלקל.

מילים:

• אֵין בְּעַד מָה! • בּוֹא נִרְאֶה • הִתְקַלְקֵל, לְהִתְקַלְקֵל • יֵיאוּשׁ ז. • מְכוֹנַת כְּבִיסָה נ. •
• מַכְשִׁיר ז. • מְקָרֵר ז. • תַּנּוּר ז. • תִּיקֵן, לְתַקֵּן •

14. קצת יחס, בבקשה!

נטיית מילת היחס - מ... / מן

	ז.	ז./נ.	נ.
י.		מִמֶּנִּי	
	מִמְּךָ		מִמֵּךְ
	מִמֶּנּוּ		מִמֶּנָּה
ר.		מֵאִיתָּנוּ (מִמֶּנּוּ)	
	מִכֶּם		מִכֶּן
	מֵהֶם		מֵהֶן

כאשר שם העצם מיודע אפשר להשתמש בשתי הצורות: **מֵהַ**... ו**מִן הַ**...

מ... יכול להיות לפני שם עצם עם או בלי **ה**...

מ... may precede a noun with or without **ה**...

דוגמות:

- אני בא מן השיעור.
- אני בא מהשיעור של פרופסור כהן.
- אני בא משיעור מעניין.

א) ממנה או ממנו?

היא: נו, מה אתה אומר? שמעתי ממך כל כך הרבה דברים חכמים, דוגמות מהספרות, ואני עוד לא יודעת מה אתה רוצה ממני.

הוא: הינה בקיצור מה שאני חושב: אלוהים ברא את האישה מן האדם. היא נולדה ממנו. ולכן, הנשים באות אחרי הגברים: הן נולדו מהם.

היא: זה נכון שחווה נולדה מאדם, אבל ממנה נולדו אחר כך כל בני האדם. אנחנו בונות את המשפחה, ולכן מאיתנו מתחיל הכול.

הוא: אבל בלי אדם האישה לא הייתה באה לעולם. וחוץ מזה, את יודעת, היא גם הייתה קצת שקרנית.... ולכן יש אנשים שחושבים, שהנשים צריכות לקבל מאיתנו את הכול ולדעת שהן במקום השני.

היא: אני לא מסכימה עם הרעיון ואפילו שׂונאת אותו. אנחנו לא צריכות לשמוע לכם או לבקש מכם כל דבר, ובטח לא להרגיש שאתם תמיד הכי טובים.

הוא: אבל אנחנו דואגים לכן ושומרים עליכן, ולכן אנחנו צריכים לקבל מכן כל מה שאנחנו רוצים.

היא: מה למשל?

הוא: תה חם עם סוכר, בבקשה. אני יכול לבקש את זה ממך?

היא: בטח. ואני רוצה קפה חם בלי סוכר, בבקשה. אני יכולה לבקש את זה ממך?!

מה אתם חושבים היא נתנה לו את התה, או הוא נתן לה את הקפה, או... ?

ב) המחיזו שׂיחה בין זוג שמאמין ש "זכר ונקבה ברא אותם": הנשים והגברים שווים.

15. השלימו את נטיית המילה **מן** בצורה הנכונה בהודעות שיונתן ורינה השאירו זה במשיבון של זה:

Complete the messages יונתן and רינה left each other on their answering machines, using the appropriate declension of the word מן.

טלפונים 'מדברים'

1) יונתן: הי, רינה ויוסי. מה שלומכם? רינה, יש לי משהו קטן לבקש ---. את יכולה לטלפן הערב?

2) יונתן: רינה, נו... לא שמעתי ---. זה ממש חשוב. בבקשה!

3) רינה: ביקשת --- לטלפן. אני מנסה לתפוס אותך כבר כמה שעות ואתה לא בבית. מה קורה?

4) יונתן: מחר בערב אני עושה מסיבה לחבר'ה. הזמנתי את האח שלך, אבל לא קיבלתי --- תשובה. מה זה, הוא מתחבא ---? צָ'או.

5) רינה: מה אתה רוצה ---? מאין אני צריכה לדעת?! אני לא חושבת שהאח שלי מתחבא ---. הוא נורא אוהב מסיבות, ואוהב גם אותך. וחוץ מזה - מה איתי? אתה לא מזמין גם אותי למסיבה?

6) יונתן: איזו שאלה?! אתם החברים הכי טובים שלי. לא חשבתי שאני צריך לבקש --- לבוא. בטח שאתם באים. מחר ב-9:00 אצלי!

ממש אהבה!

אין לי חוץ ממך כלום.
לצאת ביחד למרכז המסחרי.
(רמי קליינשטיין)

Summary of Topics

האוצר הלשוני

Vocabulary

א. אוצר המילים

פעלים
Verbs

הִכְנִיס, לְהַכְנִיס	admitted / put in
שִיקֵר, לְשַקֵר	lie
שָׂנָא, לִשְׂנוֹא	hate
שָפַט, לִשְפּוֹט	judge

שמות עצם
Nouns

אוֹמָן ז., אוֹמָנִית נ.	artist
הַקָדוֹש בָּרוּךְ הוּא ז.	Blessed Be His Name (God)
חוֹק ז., חוּקִים	law
מָגֵן דָוִד ז.	Star of David
מִזְרָח ז. ר. ס.	east
מַעֲרָב ז. ר. ס.	west
מְנַהֵל ז.	manager / boss
נְשִיקָה נ.	kiss
סִגְנוֹן ז. סִגְנוֹנוֹת	style
סַל ז.	basket
סִפְרוּת נ.	literature
פַּס ז.	stripe
פָּסוּק ז.	verse
צֵל ז.	shadow
צַעֲצוּעַ ז.	toy
רַכְלָן ז.	gossip
שַקְרָן ז.	liar

שונות
Miscellaneous

חוּץ מ...	except / apart from
כְּאִילוּ	as if

שמות תואר
Adjectives

חֲרֵדִי, חֲרֵדִית	pious (ultra-orthodox Jew)
מָלֵא, מְלֵאָה	full

ב. נושׂאים לשוניים
Grammatical topics

צורות: • נטיית מילת היחס - מ... / מן

דוגמה: **ממנו**

תחביר: • משפטי לוואי — Relative Clause

דוגמה: *חשבתי כל הערב על הדברים שאמרת לי.*

מילון: • אותיות השימוש (ב..., ה..., ו..., ל..., מ..., ש...) — Particles

שיעור 4

1. אני ואתה

אם אני - אני, מפני שאני - אני, ואתה - אתה, מפני שאתה - אתה,
אז אני - אני, ואתה - אתה.

אבל אם אני - אני, מפני שאתה - אתה, ואתה - אתה, מפני שאני - אני,
אז אתה לא אתה, ואני לא אני.

(לפי: מרטין בּוּבֶּר, אור הגנוז)

א) **סמנו את המשפט הקרוב ביותר לדברי בּוּבֶּר:**

1) צריך לאהוב כל אדם.
2) אין אני ואתה ; יש אנחנו.
3) כל אדם הוא עולם מיוחד.
4) אני ואתה כמו כולם.

ב) **אתם מסכימים עם הדברים של בובר? הסבירו למה כן או למה לא.**

מילות קישור של סיבה

Causal Conjunction and Causal Clause

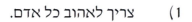

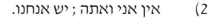

משפט + **בִּגְלַל** + שם עצם
או:
בגלל + שם עצם + משפט

דוגמות:

אנחנו עייפים **בגלל** העבודה הקשה.
או:
בגלל העבודה הקשה אנחנו עייפים.

משפט + **מִפְּנֵי שֶ... / כִּי** + משפט
או:
מפני ש...+ משפט + משפט

דוגמות:

אנחנו עייפים, **מפני ש**עבדנו קשה.
או:
מפני שעבדנו קשה, אנחנו עייפים.

המילה **כי** לא יכולה להופיע בהתחלת משפט.

The word כי does not open a causative sentence.

רחובות בצפת

2. א) צפת הכחולה

צפת, שנמצאת בצפון הארץ היא עיר עתיקה מאוד עם היסטוריה ארוכה, מעניינת ומיוחדת. כבר לפני מאות שנים עלו יהודים רבים לצפת ובנו שם קהילות דתיות ובתי כנסת. במשך השנים הייתה צפת לאחד המרכזים החשובים של המִיסְטִיקָה והַקַבָּלָה היהודית. רבנים גדולים גרו בצפת ולימדו בעיר, וכתבו שם ספרות מוּסָר דתית.

בתקופות שונות היו בצפת קבוצות יהודיות, שהאמינו שהמשיח יבוא לצפת, אם כולם יהיו שומרי מצוות ותלמידי חכמים.

לצפת יש עוד שמות: בגלל האמונה בקבלה קוראים לצפת עיר הַמְקוּבָּלִים; מפני שהיא נמצאת בגליל, קוראים לה העיר הגלילית, ומפני שלבתים רבים בעיר יש צבע כחול, קוראים לצפת העיר הכחולה. יש סיפורים שמסבירים למה הצבע הכחול הוא הצבע של צפת.

זקני צפת אומרים: "צפת היא עיר כחולה, מפני שהיא השער לשמים."

רופאים בצפת סיפרו שהבתים בצפת כחולים, כי אנשי צפת לא אוהבים זבובים: "הזבובים מחפשים לכלוך, אבל בורחים מהצבע הכחול, ולכן אנשי צפת צבעו את כל הבתים בכחול."

יש גם סיפור הִיסְטוֹרִי-רוֹמַנְטִי על הצבע הכחול של צפת: שְׁלֹמֹה מוֹלְכוֹ היה יהודי עשיר ומפורסם מִפּוֹרְטוּגָל. הוא חי במאה ה-16. הוא הגיע לצפת ופגש שם בחורה צעירה ויפה. מולכו התאהב בבחורה, אבל היה צריך לחזור לפורטוגל. הוא שלח לה הרבה מכתבי אהבה, ובאחד מן המכתבים הוא כתב לה בגעגועים רבים: "אני רוצה לחזור לצפת בגלל שלושה דברים: בגלל השמים הכחולים של העיר, בגלל הבתים הכחולים של העיר ובגלל העיניים הכחולות שלך!"

(לפי: דרך ארץ, עירית זהרוני)

מה הוא הצבע של צפת ולמה?

ב) **סמנו נכון/ לא נכון לפי הקטע:**

1. בצפת כתבו ספרי מוסר. נכון/ לא נכון
2. לצפת קוראים העיר הכחולה בגלל צבע הבתים. נכון/ לא נכון
3. לצפת יש צבע כחול בגלל אמונה דתית. נכון/ לא נכון
4. יהודים רבים באו לצפת בגלל הצבע הכחול. נכון/ לא נכון
5. יש הרבה זבובים בצפת, מפני שהזבובים אוהבים את הצבע הכחול. נכון/ לא נכון
6. שלמה מולכו עזב את צפת, מפני שהבחורה התחתנה. נכון/ לא נכון
7. הבחורה אהבה את שלמה מולכו בגלל העיניים הכחולות שלו. נכון/ לא נכון
8. שלמה מולכו רצה לחזור לצפת בגלל הצבע הכחול. נכון/ לא נכון
9. המכתבים של שלמה מולכו היו מלאי אהבה לבחורה הצפתית. נכון/ לא נכון

3. **סמנו את ההשלמה הלא הגיונית והוסיפו עוד השלמה נכונה לכל משפט:**

Underline the incorrect completion and add a correct completion to every sentence.

דוגמה: **בגלל האינפלציה**

א. לא שומרים כסף בבנק.
ב. מדברים כל הזמן על כסף.
ג. יודעים בדיוק את המחירים של כל דבר.
ד. מחפשים מה לעשות בכסף.
ה. תמיד יש בתיק הרבה כסף.
ו. המחירים עולים מיום ליום.

1) **עכשיו קר בחוץ, ולכן**

א. כולם יושבים בבית.
ב. מרגישים שהקיץ מגיע.
ג. צריך לסגור חלונות.
ד. אני לובש מעיל.
ה. בחנויות הבגדים רואים הרבה סוודרים.

2) **לא הלכנו להצגה, מפני ש...**

א. שמענו שהיא מצוינת.

ב. לא היו כרטיסים.

ג. הייתה לנו תוכנית אחרת.

ד. היינו חולים.

ה. פתאום באו אורחים מחוץ לעיר.

3) **אין חשמל, ולכן**

א. אי אפשר לשלוח פַקְס.

ב. אני לא יכול לעבוד עם המחשב.

ג. אין מים חמים.

ד. אנחנו מדליקים נרות.

ה. השמש עולה כל בוקר.

4) **בגלל הטלוויזיה**

א. לא יוצאים מהבית.

ב. לא מדברים עם חברים ולא מקשיבים להם.

ג. עובדים הרבה יותר שעות ביום.

ד. הולכים פחות לסרטים.

ה. יודעים מה קורה בעולם.

5) **אמרתי לה "מזל טוב", מפני ש...**

א. היא מתחתנת.

ב. נולד לה נכד.

ג. יש לה בחינה גדולה היום.

ד. היא קיבלה תפקיד חדש.

ה. הם עברו לדירה חדשה.

6) **בגלל השביתה**

א. המשׂרד סגור.

ב. לא לומדים.

ג. מזג האוויר נעים.

ד. אין הרצאות באוניברסיטה.

ה. הפקידים לא באו לעבודה.

7) **קנינו דירה בקומה העשירית והאחרונה, מפני ש...**
א. רצינו לראות את הנוף היפה.
ב. היה לנו חלום לגור בבית קטן בכפר.
ג. לא רצינו שכנים למעלה.
ד. הדירה שם הייתה זולה יותר.
ה. שם לא שומעים את הרעש ולא רואים את הלכלוך.

8) **אני בטוח שיהיה טוב, ולכן**
א. אני שׂמח.
ב. לא צריך לדאוג.
ג. אין תקווה.
ד. אפשר לשיר ולרקוד.
ה. לא כדאי להיות עצובים עכשיו.

9) **הוא אמר לי "בהצלחה", כי**
א. הלכתי לבחינה.
ב. הרגשתי לא טוב.
ג. הלכתי לרופא ופחדתי מאוד.
ד. חיפשׂתי עבודה.
ה. התחלתי ללמוד באוניברסיטה.

10) **הם שׂונאים אותנו, ולכן**
א. הם נותנים לנו נשיקה.
ב. הם לא דואגים לנו.
ג. הם מתווכחים איתנו על כל שטות.
ד. הם רוצים לברוח מאיתנו.
ה. הם מתחבאים מאיתנו.

4. **א)**

איפה צפת?

בגליל.

איפה הגליל?

בצפון ישׂראל.

איפה ישראל?

ממערב לירדן.

איפה ירדן?

מדרום לסוריה.

איפה סוריה?

ממערב לאירן.

שׂוחחו בדרך דומה על מקומות אחרים בעולם.

> כְּרְחֹק מִזְרָח מִמַּעֲרָב (תהלים ק"ג 12)

ב) **הסתכלו במפת ישׂראל ואמרו:**

- תל אביב נמצאת מדרום ל...
- ים המלח נמצא ממזרח ל...
- באר שבע נמצאת מצפון ל...
- קרית שמונה נמצאת מצפון ל...

ג) **אמרו משפטים דומים על מקומות אחרים במפה.**

5. ## מילון

חפשׂו במילון את משמעות המילים האלה וחשבו מה הקשר שלהן לכיווני הרוחות.

Look up the following words in the dictionary, and think about how they are related to the Four Winds.

1) מַצְפּוּן ז.

2) מַעֲרִיב ז.

3) זָרַח, לִזְרוֹחַ פ.

4) אִיבֵּד אֶת הַצָּפוֹן, לְאַבֵּד את הצפון ס. פ.

6. ## קצת יחס, בבקשה!

נטיית המילה - בִּגְלַל:

	ז.	ז./נ.	נ.
י.		**בִּגְלָלִי**	
	בִּגְלָלְךָ		**בִּגְלָלֵךְ**
	בִּגְלָלוֹ		**בִּגְלָלָהּ**
ר.		**בִּגְלָלֵנוּ**	
	בִּגְלַלְכֶם		**בִּגְלַלְכֶן**
	בִּגְלָלָם		**בִּגְלָלָן**

קראו "צד" אחד של שיחת הטלפון והשלימו את השאלות של ה"צד" השני.

Read this one sided telephone conversation and complete the appropriate questions of the other side.

בגלל מי?

- רצינו לטייל ביחד, אבל בסוף לא יצאנו לטיול.

דוגמה: בגלל מי לא יצאתם לטיול?

- בגלל מי? - אני ממש לא יודע...
- - - -
- יוֹרָם? לא. זה ממש לא בגללו. הוא בא בזמן, עם סל גדול מלא דברים טובים, והסכים לקחת במכונית שלו עוד אנשים.
- - - -
- בגלל שוּלָה? לא, מה פתאום?! זה ממש לא היה בגללה. היא דאגה לאוכל ולתוכנית.
- מה קרה?
- יצאנו למכונית ומייד חזרנו הביתה עם כל האוכל. ואז התחיל ויכוח גדול, שנמשך שעה.
- - - -
- אני? לא, אני לא התווכחתי. גָּדִי ושְׁמוּלִיק אמרו לרינה ולחנה שהכל בגללן.
- - - -
- הם אמרו להן כל מיני דברים כמו, "זה הכול בגללכן! לא עשיתן שום דבר לפני הטיול."
- - - -

- הן? הן ממש צחקו וחשבו שזה שטויות! "אתם ממש שקרנים" הן אמרו.

- - - -

- בטח שהן גם אמרו להם: זה הכול בגללכם! הן גם אמרו, שהם בכלל לא רצו לצאת לטיול.

- - - -

- גדי ושמוליק? הם רצו לגמור את הוויכוח ואמרו: אתן יודעות מה? מספיק לשפוט כל הזמן אחד את השני. אנחנו לא בסדר. הכול בגללנו. בפעם הבאה יהיה יותר טוב.

- - - -

- אם אני מאמין שיהיה טוב? אני יודע?! יכול להיות שכן, ויכול להיות שלא... בדבר אחד אני בטוח: מספיק עם בגללי, בגללך ובגללם.

7. השלימו את המשפטים בעזרת המילה בגלל בנפרד ובנטייה.

1) המלצרים פה עובדים כל כך לאט. --- לא באים הרבה אנשים למסעדה.

2) הוא כל הזמן דיבר. --- לא יכולנו לשמוע מה אמרו בטלוויזיה על מזג האוויר.

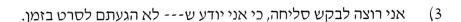

3) אני רוצה לבקש סליחה, כי אני יודע ש--- לא הגעתם לסרט בזמן.

4) --- הרכלן הטיפש הזה, רותי לא מדברת איתי יותר.

5) רותי, שכחת שיש היום פגישה? --- החלטנו להיפגש הערב ולא מחר, ועכשיו את לא באה. מה קרה?

6) דויד ואבי, מספיק להתווכח על כל דבר. --- אנחנו לא זזים.

7) הצמחים לא גדלים --- הצל. הם צריכים אור.

8) --- יצאנו מוקדם, כי היא אוהבת לנסוע בשעות הבוקר.

9) חנה ורותי, --- אין לי מים חמים. התקלחתן כל כך הרבה זמן, וגמרתן את כל המים החמים.

ממש אהבה

איך בגללך לילה לא לילה,
איך בגללך אני למעלה למטה,
איך בגללך כלום לא הולך.
(אריק איינשטיין)

8. **כי איתך** / יונה וולך

כִּי אִיתְךָ זֶה רַק בִּגְלַל שֶׁאֲנִי אוֹהֶבֶת. כִּי אִיתְךָ זֶה רַק בִּגְלַל שֶׁאֲנִי רוֹצָה.
כִּי אִיתְךָ זֶה לֹא בִּגְלַל שֶׁאֲנִי חַיֶּיבֶת. כִּי אִיתְךָ זֶה רַק בִּגְלַל שֶׁאֲנִי רוֹצָה.

כִּי אִיתָךְ זֶה רַק בִּגְלַל שֶׁאֲנִי רוֹצֶה. כִּי אִיתָךְ זֶה רַק בִּגְלַל שֶׁאֲנִי אוֹהֵב.
כִּי אִיתָךְ זֶה לֹא בִּגְלַל שֶׁאֲנִי חַיָּיב. כִּי אִיתָךְ זֶה רַק בִּגְלַל שֶׁאֲנִי רוֹצֶה.

1) השיר של יונה וולך הוא שיר על אהבה חופשית ואמיתית. כתבו שיר הפוך - על אהבה שהיא חובה. החליפו את מקומם של "לא" ו"רק".

This poem is about a free and true love. Write the opposite poem in which love is an obligation. Interchange the words "לא" and "רק".

2) בשיר מופיעה המילה **בגלל** ואחריה **ש...** + משפט. כמו בעברית מדוברת. כתבו את השיר בעברית תקנית.

In the poem after the word בגלל there is ...ש + a sentence.
This is a form used in colloquial Hebrew.
Write the poem in standard Hebrew.

9. טלפון לדודה חנה בחיפה

חנן: הלו?! דודה חנה?

חנה: שלום חנן. מה נשמע? מתי **תבוא** לבקר את הדודה שלך ולחבק אותה קצת?

חנן: אני באמת לא יודע. יש לי כל כך הרבה עבודה. אבל אולי את **תבואי** לבקר את המשפחה שלך בתל אביב?

חנה: אני באמת רוצה **לבוא** לתל אביב. אני חושבת ש**אבוא** השבוע.

חנן: נו, אז **תבואי**.

חנה: זה לא **תבואי** זה **תבואו**.

חנן: **תבואו**? מצוין! גם דוד חיים **יבוא** איתך? נהדר!

חנה: כן. **נבוא** באוטובוס מחיפה.

חנן: לא. מה פתאום באוטובוס? דני ורינה נוסעים לחיפה ביום רביעי, והם יכולים לקחת אתכם בערב לתל אביב.

חנה: יופי! מתי הם **יבואו** לקחת אותנו?

חנן: אני לא יודע. אני צריך לדבר איתם. יש להם שיעור שנמשך עד חמש או עד שש אחרי הצהריים. אחרי השיעור זה בסדר?

חנה: מאה אחוז! מחמש אנחנו מוכנים! תודה רבה חננצ'יק...

היום *
הבוקר
הערב
הלילה
השבוע
החודש
השנה

* בעברית מדוברת:
היום בבוקר,
היום בערב ...

מי יבוא לתל אביב? מאין? מתי? איך?

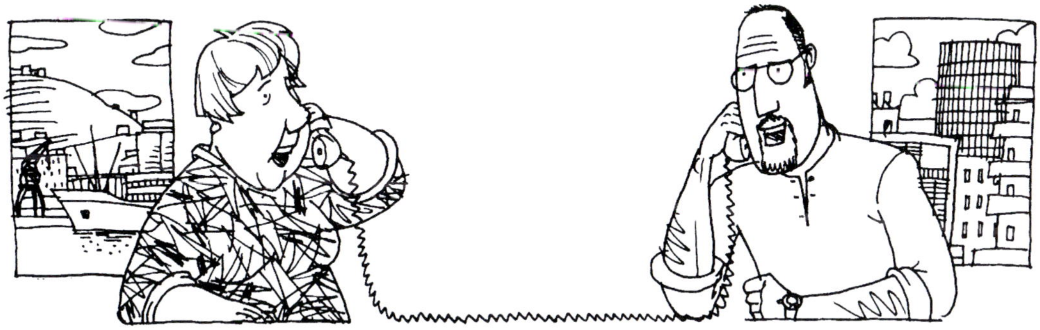

10. כתבו את שם הגוף הנכון:

אתם תבואו. --- אבוא. ---/--- תבוא.

--- נבוא. --- תבואי. --- יבואו. --- יבוא.

11. **בניין קל (פָּעַל), גזרת ע"ו, זמן עתיד**

לָגוּר

	ז.	ז./נ.	נ.	ז.	ז./נ.	נ.
י.		**אָגוּר**			**אָ□וּ□**	
	תָגוּר		**תָגוּרִי**	**תָ□וּ□**		**תָ□וּ□ִי**
	יָגוּר		**תָגוּר**	**יָ□וּ□**		**תָ□וּ□**
ר.		**נָגוּר**			**נָ□וּ□**	
		תָגוּרוּ			**תָ□וּ□וּ**	
		יָגוּרוּ			**יָ□וּ□וּ**	

וכך גם: לָקוּם, לָרוּץ, לָנוּחַ, לָזוּז, לָמוּת

וכן: לָשִׁיר, (אָשִׁיר, תָשִׁיר... יָשִׁירוּ) לָשִׂים (אָשִׂים, תָשִׂים... יָשִׂימוּ)

בזמן עתיד ובזמן עבר בדרך כלל לא אומרים את שם הגוף אלא בגוף שלישי: הוא, היא, הם, הן.
כאשר רוצים להדגיש את הדובר, מוסיפים את שם הגוף גם בגוף ראשון ושני.

Usually in past and future tenses only third person sing. and plural are used. First and second persons sing. and plural are used only for emphasis.

השלימו את הפועל בזמן עתיד:

דוגמה: היום קמנו מוקדם. מחר *נקוּם* מאוחר.

1) לא קמתי בשבע, ולכן לא באתי לשיעור. מחר --- מוקדם ו --- לשיעור

2) אתמול הוא בא בערב. בשבוע הבא הוא --- בבוקר.

3) עד עכשיו רצנו קרוב לבית, אבל החלטנו שממחר --- מסביב לפַּארְק.

4) לפני שנה טסתי כמה פעמים בלילה. בשנה הבאה --- רק ביום.

5) את לא נחה במשך השבוע, לכן בשבת הבאה --- הרבה.

6) עד עכשיו שרת עם כולם. אולי סוף-סוף --- לנו סולו?

7) היא בדרך כלל שׂמה את הפרחים על הפסנתר. אבל הערב היא --- אותם על השולחן.

8) אין לי מקום לעמוד. למה אתם לא זזים? אולי --- קצת ויהיה גם לי קצת מקום?

9) בשנה שעברה גרתם בדירה קטנה. בשנה הבאה --- בדירה גדולה.

12. קראו את השׂיחה והשלימו את התשובות של דודה רבקה. השתמשו בפעלים המסומנים בזמן עתיד.

Read the dialogue and complete Aunt רבקה's answers. Use the underlined verbs in the future tense.

טלפון לדודה רִבְקָה בניו יורק

חנן: הלו?! דודה רבקה?

רבקה: חנן? שלום.

חנן: דודה רבקה, שלום. מה שלומך? אני מטלפן כי בחודש הבא יהיה לְרוֹן בַּר מִצְווה, ואנחנו מזמינים אותך. נכון שאת יכולה לבוא?

רבקה: *כן, בטח! אבוא שבוע לפני הבר מצווה. בסדר?*

חנן: בטח. את יודעת שאת יכולה לגור אצלנו, נכון?

רבקה: ---

חנן: אבל, דודה רבקה, עכשיו את צריכה לרוץ ולקנות כרטיסים לישׂראל, כי אין הרבה זמן עד הנסיעה.

רבקה: ---

חנן: דודה רבקה, אנחנו לא צריכים שום דבר מאמריקה. את צריכה לשׂים במזוודה רק את המינימום. אני חושב שאת אפילו לא צריכה לקחת מזוודה. יש הכול בארץ!

רבקה : ---

חנן: את יודעת שאת צריכה לנוח לפני הטיסה. זאת טיסה ארוכה.

רבקה: ---

חנן: דודה רבקה, רק רגע, הילדים רוצים לדבר איתך. רָן, רִינָה ורוֹנֵן ורָנִי ורְנָנָה ורוֹנִית ורִינַת ורוֹן. ילדים, בואו לבקש מה שאתם רוצים מדודה רבקה, אבל מהר...

1) מה אתם חושבים: מה ביקשו הילדים מדודה רבקה? המחיזו את סוף שיחת הטלפון.

2) המחיזו את הפגישה בשדה התעופה בין דודה רבקה והמשפחה.

13. א) המשיח יבוא לירושלים

"בעיר הזאת אפשר להאמין שהמשיח יבוא כל רגע" - אומרים הירושלמים. אולי הם אומרים כך מפני שירושלים היא עיר קדושה וחשובה מאוד לשלוש דתות. ירושלים חשובה גם בגלל העבר וההיסטוריה שלה וגם בגלל האמונות המִיסְטִיוֹת בקשר לעתיד.

ביהֲדוּת, בנַצְרוּת ובאִיסְלַם יש מסורות שמספרות שהמשיח יבוא קודם לירושלים ואחר כך לכל העולם.

הינה שלושה סיפורים על שלושה אתרים 'משיחיים' בירושלים:

מסביב לירושלים יש חומה עתיקה. בחומה יש שבעה שערים פתוחים ושער אחד סגור, "שער הרחמים". לפי האמונה הדתית, השער הזה יהיה סגור עד שהמשיח יבוא. "אז," אומרים, "יקומו המתים לתחייה והשער יהיה פתוח" לכן יש הרבה קברים מסביב לחומת העיר העתיקה וליד שער הרחמים. אנשים רבים האמינו במשיח ורצו להיות האנשים הראשונים שיקומו לתחייה.

למתים בנו קברים מסביב לחומת העיר העתיקה ולמשיח בנו בית מיוחד בתוך העיר החדשה של ירושלים. בשנת 1981 באו מבוּכָרָה שבאַסְיה שני יהודים עשירים - אֱלִישע יהוּדָיוֹף וישׂראל חֵפֶץ. הם בנו בירושלים בית גדול ויפה בסגנון מיוחד, כמו ארמון. "לארמון הזה" - אמרו - "יבוא המשיח וכאן הוא יגור". עד היום אפשר לראות את הבית הגדול והנהדר הזה בשכונת הבּוּכרים, אחת השכונות הראשונות בירושלים.

בירושלים חי זוג מיוחד שעלה לישראל מארצות הברית, מיכה ושׁוֹשַנָה הֲרָרִי. הם בונים כלי נגינה תנכ"יים למשיח שיבוא. הם מאמינים שבירושלים ישירו לו שירים כמו ששרו בבית המקדש. הם בונים את כלי הנגינה לפי ציורים של כלי נגינה על מטבעות ובמוּזָאִיקוֹת עתיקות.

שער, קברים,
ארמון וכלי נגינה.
מה הקשר שלהם
למשיח?

ארמון המשיח בשכונת הבוכרים בירושלים

ב) **ענו על השאלות בעזרת מפני ש...**

1) למה שער הרחמים סגור עכשיו?

2) למה בנו את הקברים מסביב לחומת ירושלים?

3) למה בנו ארמון גדול בירושלים?

4) למה מיכה ושושנה הררי בונים כלי נגינה שהם כמו כלי נגינה עתיקים?

ג) **כתבו לפי הקטע כותרות עיתונים על ביקור המשיח בירושלים.**

דוגמה: שער הרחמים פתוח.

ילדי ירושלים ישירו שם היום.

שער הרחמים, ירושלים

14. מילון

ימי המשיח

א) **ציינו את הערך המילוני של כל פועל, ומצאו במילון את משמעותו.**

Indicate the lexical form of each verb and find its meaning in the dictionary.

לנוס / לדון / לנום / לחול /

ב) **לפניכם מדבקות לקראת ביקור המשיח. במדבקות חסרים הפעלים.**
שבצו את הפעלים במשפטים המתאימים:

These stickers are without verbs.

Complete the stickers with the appropriate verbs.

1) כל מחלה וכל צרה --- מירושלים!

2) אַל --- על המשיח, עד שיגיע למקומו!

3) הלילה אף אחד לא . . . ! המשיח מגיע!

4) מחר . . . היום הגדול - המשיח מגיע!

15.

	ז.י.	נ.י.	ז./ נ.ר
ציווי Impevative	(אתה) **קוּם!**	(את) **קוּמִי!**	(אתם/ן) **קוּמוּ!**
	□ וּ □	□ וּ □ִ י	□ וּ □ וּ
ציווי שלילי Negative Imperative	**אַל תָּקוּם!**	**אַל תקוּמִי!**	**אַל תָּקוּמוּ!**
	אַל תָּ □ וּ □	**אַל תָּ** □ וּ □ִ י	**אַל תָּ** □ וּ □ וּ

וכך גם: זוּז! רוּץ! טוּס! שִׂים! בּוֹא!

16. אִישׁ אֶחָד אָמַר

אֶל הַכֶּלֶב שֶׁלּוֹ:

אַתָּה בָּא אוֹ לֹא?

אָז הוּא בָּא אוֹ לֹא!

(שיר רחוב)

בוא, בואי, בואו + עתיד = let's (do)

דוגמות: בוא נשים את האוכל על השולחן!

בואי נשיר יחד!

בואו נזוז הביתה!

17. אל יאללה, בי"!

אנ'לא שם, ולא בא לי להיות בריא.

א) כתבו את הערך המילוני של כל ביטוי ואת מילת היחס המצטרפת אליו.

Write down the dictionary definition of these phrases.

1) אני אבוא לשחק כדורגל, רק אם **יבוא לי.**

2) אנחנו קונים לו במתנה כרטיס לבריכה. אני בטוח שהוא "**ימות**", על המתנה הזאת.

3) הוא **לא ישים על** מה שהרופא יאמר לו. הוא לא ישים על שום דבר.

4) ביום שני פותחים שוב את מרכז הטניס בשכונה. בטח כולם "**יטוסו**" לשם.

5) אוף! **עד שהוא יזוז....** הוא אמר שהוא ירוץ איתי הערב מסביב לשכונה, אבל תמיד צריך לחכות לו, נו!

ב) התאימו כל ביטוי (בְּ-א) להגדרה המילונית שלו.

Match the phrases (in **א**) with their dictionary definitions (brought below).

דוגמה: בא ל... = הוא רצה.

--- = הוא לא עבד מהר.

--- = הוא התרגש.

--- = הוא בא, הגיע מהר.

--- = לא אכפת ל...

18. א-פרופו

בריאות

- היי, המון זמן לא ראיתי אותך. את נראית נהדר!
- תודה על המחמאה, גם את נראית יפה.
- מה את עושה, שאת נראית כל כך טוב?
- אני הולכת לחדר כושר שלוש פעמים בשבוע. אני גם הולכת כל ערב מסביב לשכונה. ככה בשביל לשמור על כושר. וזה גם טוב למצב הרוח. וחוץ מזה, אני בבריכה לפחות שלוש פעמים בשבוע וגם עברתי לאוכל צמחוני. אני לא אוכלת בשׂר וזה פנטסטי!
- מה את אומרת?! גם אני חשבתי להפסיק לאכול את כל הזבל הזה, אבל זה נורא קשה.
- תשמעי, אני חייבת לרוץ, אבל בואי נדבר על זה פעם...

? המחיזו שׂיחה דומה בין שני גברים.

מילים:

זֶבֶל ז. • חַיָּב, חַיֶּבֶת • כּוֹשֶׁר ז. • מַחְמָאָה נ. • מַצַּב רוּחַ ז. • נִרְאֶה, נִרְאֵית • צִמְחוֹנִי, צִמְחוֹנִית ש"ת

19. קראו את הקטע והשלימו את המילים החסרות:

כָּחוֹל וּתְכֵלֶת

התכלת והכחול הם צבעים עתיקים: הם קרובים זה לזה. צבע התכלת הוא צבע כחול עם קצת צבע --- .

המילה --- לא נמצאת בתנ"ך, רק המילה תכלת. החוקרים לא יודעים בדיוק מה היה הצבע הזה. יודעים שצבע התכלת היה צבע הבגדים של אנשים --- מאוד; המלך והאנשים הקרובים לו בארמון לבשו בגדי תכלת. בתנ"ך במגילת אסתר אנחנו קוראים:

וּמָרְדֳּכַי יָצָא מִלִּפְנֵי הַמֶּלֶךְ בִּלְבוּשׁ מַלְכוּת תְּכֵלֶת וָחוּר וַעֲטֶרֶת זָהָב גְּדוֹלָה (אסתר ח 15)

בצבע התכלת משתמשים עד היום לציצית, שהיא החוטים בארבעה הצדדים של הטלית:

דַּבֵּר אֶל־בְּנֵי יִשְׂרָאֵל וְאָמַרְתָּ אֲלֵהֶם וְעָשׂוּ לָהֶם צִיצִת עַל־כַּנְפֵי בִגְדֵיהֶם לְדֹרֹתָם וְנָתְנוּ עַל־צִיצִת הַכָּנָף פְּתִיל תְּכֵלֶת: (במדבר טו 38)

התכלת היא סימן למזג אוויר יפה, לצבע השמים השקטים של יום יפה בלי ---.
אחד ממשׂרדי הפרסומת בישראל כתב פרסומת לירושלים: 3000 שנה של תכלת ב --- !

בפוֹלְקְלוֹר יש לכחול מקום חשוב; הערבים צובעים את הבתים שלהם בכחול, כי הם --- שהשׂטן בורח מהצבע הכחול. השׂטן חושב שהכחול הוא השמים, ובשמים יושב אלוהים, ולכן הוא מייד עוזב את המקום.

הצבע הכחול היה כבר בציורים עתיקים --- אלפי שנים. הכחול הוא אחד משלושת ה--- החשובים, יחד עם אדום וצהוב. בהרבה --- הצבע הכחול הוא סמל לרגשות ולמחשבות ולפעמים גם לרעיונות פילוסופיים. לפִּיקָאסוֹ, למשל, הייתה תקופה כחולה, ואז הוא --- הכול בכחול: בתים, אנשים, הרים ועוד.

מָרְדְּכַי אַרְדוֹן, צייר ישׂראלי מפורסם, עלה לישׂראל ממזרח אירופה. הוא סיפר שבימים הראשונים שלו בארץ הוא לא --- את הצבע הכחול של הים ושל השמים. הוא חשב שזה צבע קר. הוא חיפשׂ את הצבעים החמים של אירופה, למשל את הצבע החום של ה--- ושל ההרים. אבל לאט לאט הוא למד לאהוב את הצבע הכחול של ארץ ישׂראל.

אבל לא רק ב --- יש יחס מיוחד לצבע הכחול. האומן הנורווגי בְּיוֹרְן אֶלְווֹנֶס החליט לצבוע בכחול עד שנת 2003 את כל ה --- שלו, סְוורְטְלַנְד. הוא צובע את כל הבתים והרחובות, השערים והדלתות. רק את הים ואת השמים הוא לא צריך לצבוע. בשנת 2003 תהיה כל העיר כמו תמונת אומנות אחת גדולה, ונשאר רק לחכות לקוֹנֶה.

(לפי: העיר בכחול, עיתון הארץ, דצמבר 1999)

כתבו על צבע אחר במסורת, בפולקלור ובאומנות.

Summary of Topics

האוצר הלשוני

Vocabulary

א. אוצר המילים

פעלים / Verbs

escape	בָּרַח, לִבְרוֹחַ
argue	הִתְוַוכֵּחַ, לְהִתְווֹכֵּחַ
hug	חִיבֵּק, לְחַבֵּק
last	נִמְשַׁךְ, לְהִימָּשֵׁךְ
color, paint	צָבַע, לִצְבּוֹעַ

שמות עצם / Nouns

bar-mitzva	בַּר מִצְוָוה ז.
health	בְּרִיאוּת נ.ר.ס.
missing / longing	גַּעֲגוּעִים ז.ר.
south (south of)	דָּרוֹם ז. (מִדָּרוֹם ל...)
fly	זְבוּב ז.
string / thread	חוּט ז.
dirt / filth	לִכְלוּךְ ז.ר.ס.
morality / ethics	מוּסָר ז.ר.ס.
map	מַפָּה נ.
Cabbalist	מְקוּבָּל ז.
Messiah	מָשִׁיחַ ז.
dwelling, tabernacle	מִשְׁכָּן ז. מִשְׁכְּנוֹת
musical instrument	כְּלִי נְגִינָה ז.
fringe (zizith)	צִיצִית נ.
north (north of)	צָפוֹן ז. (מִצָּפוֹן ל...)
Kabala	קַבָּלָה נ.ר.ס.
grave / tomb	קֶבֶר ז.
floor	קוֹמָה נ.
compassion / pity	רַחֲמִים ז.ר.
noise	רַעַשׁ ז.
devil	שָׂטָן ז.
resurrection / revival	תְּחִיָּה נ.ר.ס.

שמות תואר / Adjectives

ready	מוּכָן, מוּכָנָה
former	קוֹדֶם, קוֹדֶמֶת

שונות / Miscellaneous

if	אִם
because of	בִּגְלַל
all saorts	כָּל מִינֵי
because of	מִפְּנֵי שֶׁ...

ב. נושׂאים לשוניים

Grammatical topics

צורות: • נטיית המילה - בגלל

דוגמה: *בגללי*

פועל: • בניין קל (פָּעַל), גזרת ע"ו, זמן עתיד

דוגמה: *אָגוּר*

• בניין קל (פָּעַל) גזרת ע"ו, ציווי וציווי שלילי

Imperative & Negative Imperative

דוגמות: *קוּם! אַל תָּקוּם!*

תחביר: • מילות קישור של סיבה

Causal Conjunction and Causal Clause

דוגמה: *הוא שׂמח בגלל העבודה.*

הוא שׂמח, מפני שיש לו עבודה.

שונות: • בּוֹא, בּוֹאִי, בּוֹאוּ + פועל בזמן עתיד

דוגמה: *בואו נשיר יחד.*

מילון: • פעלים בבניין קל, גזרת ע"ו.

פסק זמן 2

תרגילי אוצר מילים

1. סמנו בעיגול מה לא שייך במשמעות.

Circle the word that does not belong:

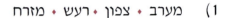

דוגמה: גיטרה • פסנתר • (תחייה) • קלרינט

1) מערב • צפון • רעש • מזרח

2) דשא • שׂדה • צמח • לכלוך

3) ציפור • זבוב • צעצוע • גמל

4) צדיק • אגס • תפוח • דקל

5) כוכב • ירח • שטות • ענן

6) חמסין • נעים • חוק • קר

7) מפני ש... • אבל • כי • בגלל

8) למטה • חצות • אתמול • ערב

9) סגנון • מוסר • ציור • צבע

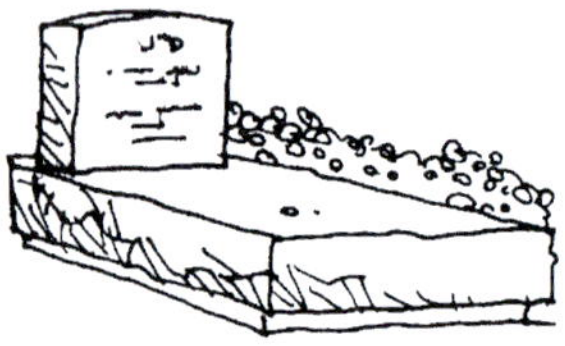

10) היום הבא • מחר • לפני שבועיים • מחרתיים

11) משכן • קבר • סוכה • שׂדה

12) ירח • כוכב • ציפור • ענן

13) חקלאי • רופא • קרוב • אומן

14) תינוק • מורה • מדריך • מנהל

2. **התאימו את המילים בצד ימין להגדרות בצד שׂמאל.**

Match the definitions on the right with the words on the left.

1)	צעצועים	א.	לא בצד
2)	הרצאה	ב.	אלוהים
3)	גיהינום	ג.	איש שמדבר על אנשים אחרים
4)	סגור	ד.	עובד בשׂדה
5)	רכלן	ה.	נקי
6)	משותף	ו.	בלי אנשים אחרים
7)	חקלאי	ז.	בין שתי מדינות
8)	לבד	ח.	של כולם
9)	משכן אלוהים	ט.	לשם עוברים האנשים הרעים אחרי המוות
10)	זמר	י.	נותנים אותה לאנשים שאוהבים
11)	סוד	יא.	מה שמרגישים למישהו רחוק, שאוהבים אותו
12)	פסנתר	יב.	אדום, ירוק, כחול, חום...
13)	כאילו	יג.	חושבים שזה נכון אבל זה לא כך
14)	שקרן	יד.	לא פתוח
15)	געגועים	טו.	שיעור: מישהו מדבר והתלמידים מקשיבים
16)	באמצע	טז.	איש רע מאוד
17)	מפתח	יז.	מה שלא מספרים לאחרים
18)	הקדוש ברוך הוא	יח.	כלי נגינה
19)	תקופה	יט.	מקדש
20)	צבעים	כ.	דברים לא חכמים ולא חשובים
21)	רשע	כא.	המקצוע שלו - לשיר
22)	בלי לכלוך	כב.	איש שלא אומר אמת
23)	שטויות	כג.	ילדים אוהבים לשׂחק איתם
24)	גבול	כד.	פותחים איתו את הדלת
25)	נשיקה	כה.	זמן בהיסטוריה

3. **כתבו את ההפך.** **Write the opposites of the following words.**

1) רעש ---
2) צל ---
3) אותו דבר ---
4) אוהב ---
5) אתמול ---
6) קריר ---
7) סָגוּר ---
8) קרוב ---
9) עתיד ---
10) זָכָר ---
11) תמיד ---
12) ביחד ---
13) אמת ---

4. **בנו משפטים מן המילים.** **Make up complete sentences from these words.**

1) אצל / הקרוב / אהיה / בשבת / חברים / בקיבוץ /
2) של / יִצְחָק רַבִּין / הקבר / נמצא / בהר הֶרְצֵל /
3) אמצע שנות הארבעים של המאה העשׂרים / אומנות / לא / שהקולנוע / הוא / עד / חשבו /
4) והנהג / המזוודות / חיכה / את / הנוסעים / כל / לאוטובוס / הכניסו / בסבלנות /
5) התחבאו / האנשים / בתקופת / במערה / המלחמה / הגבול / ליד /
6) הרצאה / אתמול / מעניינת / סגנון / על / הציור / שמעתי / הישׂראלי /
7) חמסינים / לפני / היו / החקלאים / ולכן / עצובים / היו / שנה / קשים /
8) לי / אני / קרים / קר / שׂונאת / במים / בחורף / להתרחץ / כי /
9) יותר / תקווה / יש / לעתיד / לנו / טוב /

5. ספרות ומוסר

בשנים האחרונות יוצאים יותר ויותר ספרים על ספרים. הספרים האלה בודקים את האומנות בספרות. הם מדברים על הַאַסְפֶּקְטִים הָאֶסְתֶטִיים של הספרות, אבל הם לא מדברים על המוסר, על האמת ועל השקר בספרות. החוקרים שמדברים על האנשים בספרות הם כמו רכלנים: הם מרכלים על הרגשות של האנשים בסיפורים ועל הסודות שלהם: מי אוהב את מי, מי שׂונא את מי וְכוּלֵי. בדרך כלל הם לא שואלים אם האנשים האלה עשׂו דבר נכון או לא נכון.

שאלות מוסריות בספרות הן לא שאלות פּוֹפּוּלָרִיוֹת. אנחנו אוהבים יותר לדבר ולחשוב על היפה ועל הלא יפה. אנחנו פחות מוכנים לדבר על הנכון והלא נכון, על הטוב ועל הרע. בכל שׂיחה על מוסר שופטים את המחשבות או את הדברים שאנשים עושׂים או רוצים לעשׂות. אנחנו בדרך כלל בורחים מהשאלות האלה וחושבים שהן גדולות מדיי, ושאי אפשר לענות עליהן. אבל זה לא נכון. המוסר הוא לא רק קונפליקט, שעולה במצבים דרמטיים בין משפחות, בין אנשים או בין מדינות במלחמה. הבעיה המוסרית היא תמיד בין חברים ובני משפחה, בין חברי אותה קבוצה או בין עובדים במקום אחד.

א.ב. יהוֹשֻע, סופר מפורסם בישׂראל, חושב שהמוסר הוא חלק מהיחסים בין אנשים. הספרות מספרת על יחסים בין אנשים, ולכן היא מטפלת גם בשאלות מוסריות. א.ב. יהושע חושב שצריך לדבר על ספרים ולשפוט את האנשים בספרים. הוא לא רוצה רק להבין את האנשים. הוא רוצה גם לחשוב ולהחליט אם הם עשׂו דבר נכון ומוסרי, או לא. הוא מאמין שאם אנשים יהיו מוכנים לשפוט את האנשים בסיפורים, יהיה לספרות העתיקה ולספרות החדשה כוח להשפיע עלינו, ואז החברה תהיה יותר מוסרית ויותר טובה.

(לפי: א.ב. יהושע - כוחה הנורא של אשמה קטנה, 1999)

1) מה אתם חושבים על הדברים של א.ב. יהושע?

2) מה התפקיד של הספרות בחברה, לפי א.ב. יהושע?

6. ארבעה אנשים סיפרו על סרטים שהם ראו. קראו את דבריהם ואמרו מי דיבר על הבעיות המוסריות בסרט, ומי דיבר על האסתטיקה של הסרט?

סרטים טובים, סרטים רעים

1) "זה סרט מצוין! אף רגע לא היה לי משעמם! התרגשתי כל כך בסרט! הדִיאָלוֹגִים כל כך חזקים וכל רגע קורה שם משהו חדש. רואים נופים נהדרים ותמונות של מלחמה, כאילו זה באמת."

2) "אני חושבת שאני מבינה למה היא לא אמרה את האמת. היא לא רצתה לספר לו שהוא מאוד חולה, אבל אני לא מסכימה עם מה שהיא עשׂתה. אני חושבת שצריך לומר את האמת בכל מצב, ולא לשקר כדי לעזור למישהו אחר. אתה לא יכול לדעת, מה טוב לאדם אחר."

3) "אני דווקא לא אהבתי את האיש הזה בסרט. הוא כאילו איש טוב, אבל לא באמת. נכון שהוא שמר על החוק, אבל לא תמיד לשמור על החוק זה הדבר הנכון. האח שלו לא הצליח לצאת מהמדינה בזמן בגללו, והוא מת. אז זה איש טוב? לא אהבתי את האיש, אבל אני חושב שזה סרט מצוין - סרט עם הרבה מחשבות ורעיונות. כדאי לראות!"

4) "הסרט הזה מספר על חיים במקום רחוק. ראיתי את הסרט והרגשתי מה זה להיות בודד בלי אנשים קרובים. גם אני עברתי ימים קשים כאלה ותקופות כאלה של געגועים. איזה סרט! זאת אומנות!"

המחיזו שני מונולוגים נוספים על אותו סרט: האחד אֶסְתֵטִי והשני מוּסָרִי.

7. א) קראו את הקטע והשלימו את המילים החסרות.

השֶקֶר

בבית ובבית הספר לימדו אותנו, ששקר הוא דבר רע ושאסור ---. יש מדרש אגדה שמסביר שהמילה אמת היא נכונה, כי סדר ה --- שלה הוא נכון: אָלֶף בהתחלה, מֵם באמצע ותָיו בסוף. המילה --- לא טובה ולא נכונה, כי סדר האותיות במילה הוא לא לפי סדר האלף-בית. באלף-בית העברי 'שין' באה אחרי 'קוף' ואחרי 'ריש'.

ב--- כל האנשים משקרים. רק למשקרים כְּרוֹנִיים אנחנו קוראים שקרנים.

פרופסור אָדִיר כֹּהֵן מאוניברסיטת חיפה עשׂה --- רבים על השקר בארץ ובעולם, ומצא דברים מעניינים. הוא מצא למשל, שאנשים בישׂראל חושבים שהפוליטיקאים הם השקרנים הכי גדולים, העיתונאים קצת פחות והשופטים, לפי הישׂראלים, מדברים אמת.

פרופסור כהן חושב שלא כל השקרים ---. למשל, יש שקרים לְבָנִים; הוא אומר: "שקר לבן הוא שקר טוב. זה לא שקר של ממש; אנחנו משקרים שקר לבן, כי אנחנו חושבים על מישהו אחר ורוצים לעזור לו להרגיש יותר טוב. זה שקר של 'שלום בית', ולכן אנחנו מבינים אותו ומקבלים אותו בסליחה."

פרופסור בָּלַבָּן, פילוסוף מאוניברסיטת חיפה, לא --- עם פרופסור כהן. הוא חושב שאי אפשר לדבר על שקרים 'טובים' ועל שקרים 'רעים'. הוא אומר שצריך לדבר על השקרנים ולא על השקר, כי כל שקר הוא רע. יש --- מָנִיפּוּלָטִיבִיים, שמשתמשים באנשים אחרים, ויש אנשים שמשקרים כי הם רוצים --- לאנשים אחרים.

הפּוֹלִיטִיקָאִים, למשל, לא מפסיקים לשקר. הם אומרים שהם משקרים, כי הם רוצים לשמור על 'שלום מדינה'. לפעמים אנחנו מאמינים להם, כי הם אומרים את הדברים שגם אנחנו ---.

אז הינה דִילֶמָה מוסרית:

למה לומר את ה--- ולא לשקר, אם הפוליטיקאים משקרים, וכל כך מצליחים בחברה?!

(לפי: דפנה לוי-ינוביץ, עיתון הארץ, מאי 1999)

1) הוסיפו לקטע את האמרות האלה במקומות המתאימים והוסיפו כרצונכם מילות קישור.

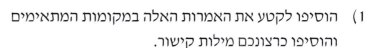

א. מִדְּבַר שקר תִּרְחָק. (תרחק=תלך רחוק) (שמות, כג 7)

ב. אוֹמֵר לרשע צדיק אתה. (משלי, כ"ד 24)

ג. צדיק ורע לו - רשע וטוב לו. (על פי ברכות ע"א)

ד. לַשֶּׁקֶר אין רגליים.

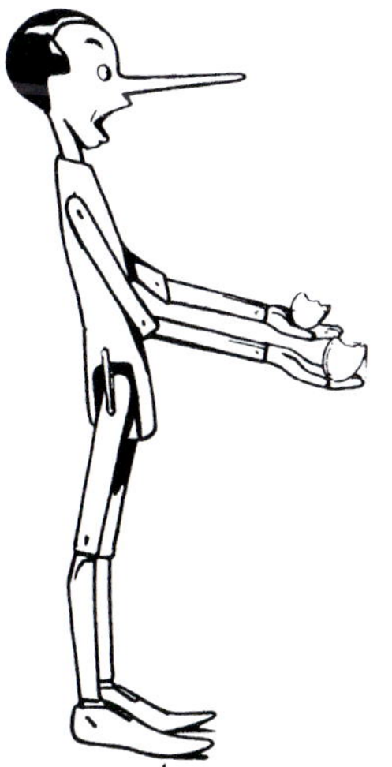

איורי פינוקיו - אטיליו מוסינו

ב) **מה אתם חושבים: האם לפעמים מותר וצריך לשקר, או שתמיד אסור לשקר?**

ג) **ספרו שלושה סיפורים. שניים - אמת, ואחד - שקר. בקשו מהאחרים לנחש מהו הסיפור הלא אמיתי.**

Tell three stories of which two are true and one false. Ask the other students to guess which one is the false story.

8. **השלימו את מילות היחס בנפרד או בנטייה.**

1) בנימין ואני יוצאים בשבוע הבא לחופשה. אנחנו חושבים שנשׂים את הילדים אצל הדודה --- בתל אביב. אני יודעת, שרק כך אנחנו ממש נחים. גם בשנה שעברה הם היו --- . היא טיפלה בילדים באהבה והם היו מאושרים ---.

(של) (אצל) (עם)

2) - יעקב, אתה חושב שגם בשנה הבאה נגור בירושלים --- דויד וחנה? (אצל)

- אני באמת לא יודע. מצד אחד נעים לי להיות --- ו--- התאהבתי בעיר: הם ממש מכירים --- כמו שאתה מכיר את הבית שלך, והם יודעים --- כל כך הרבה. מצד שני אני קצת פוחד ---.

(אצל, בגלל) (את) (על) (מן)

- ממי? מירושלים?

- כן. יש בעיר הזאת משהו מיוחד, ואני לא תמיד מבין מה הוא.

3) - אימא, אני בבית של יוסי. בסדר?

- מה אתה עושׂה שם? אתה לומד ---? (עם)

- אני משׂחק --- יוסי. הוא מתחבא ---, ואני צריך לחפשׂ --- בכל הבית. (עם, מן, את)

- אבל דני, הבטחת --- לגמור את כל שיעורי הבית, אתה זוכר? (ל...)

- כן, אל תדאגי ---, לא שכחתי את שיעורי הבית. אנחנו רוצים לעשׂות --- אחרי הצהריים. אני אהיה בבית --- עד הערב ואלמד --- גם לבחינה.

(ל...) (את, של) (אצל)

4) - רינה, חלמתי --- הלילה. (על)

- ---? מה פתאום? (על)

- אני לא יודע. חלמתי שאני לוקח --- לטיול באפריקה ואנחנו מטיילים בג'ונגל גדול. יש שם הרבה חיות ואני שומר ---, כי את קצת פוחדת ---. (את) (על, מ...)

- מעניין. אני דווקא ישנתי טוב ולא פחדתי משום דבר! אף חיה לא באה לבקר --- בלילה... (את)

9. א) **ילד** / ריאד ביידס   מערבית: גדעון שילה

הילד בא ועמד ליד החנות שלי. הוא שָׂם על הארץ סל מלא תבלינים ומכר אותם. בערב הוא היה הולך, ואיש לא ידע מאין בא ולאן הוא הולך. שאלתי אותו איפה הכפר שלו, אבל הוא אמר שהוא לא יודע איפה הוא גר. שאלתי אותו על ההורים שלו, אבל הוא אמר שאין לו הורים, והוא בודד. הוא לבד בעולם הזה. שאלתי אותו על עוד ועוד דברים, אבל לא קיבלתי תשובה. ביקשתי ממנו לעמוד בצל החנות שלי, כי לא רציתי שיעמוד כל היום בשמש.

סיפרתי עליו לכל האנשים, שבאו לחנות שלי, וגם הם התחילו לקנות ממנו דברים. לאט לאט ראיתי אותו שָׂמֵחַ יותר. כל יום ראיתי עוד ועוד סימנים של שִׂמחה. הוא גם התחיל לברך אותי לשלום, ושאל מה שלום האישה והילדים. תמיד אמרתי לו שטוב.

בצהריים, בזמן האוכל, הייתי מזמין אותו לאכול איתי. הוא אכל, ואני הסתכלתי עליו כי רציתי לראות מה מיוחד בילד הזה. אבל לא מצאתי. הוא תמיד שתק. לאט לאט הוא גם נכנס לחנות, לא רק בזמן האוכל.

קראתי לו אֲנִיס ואהבתי אותו מאוד. האישה שלי כעסה שאני נותן לו כל כך הרבה דברים. אבל אני הרגשתי שכך צריך וכך עשׂיתי.

בזמן האחרון לא הלכתי הרבה לחנות. האישה שלי הייתה הולכת, ואני הייתי נח בבית. גם הילדים שלנו באו לעזור לה. לפעמים באתי לחנות באמצע היום וראיתי שאניס עוזר לה בחנות. הסל שלו היה בחוץ, והוא היה בתוך החנות, עוזר לאישה שלי. שׂמחתי מאוד. גם היא הייתה מאושרת.

פחות ופחות הלכתי לחנות. בערב, האישה שלי הייתה חוזרת הביתה עייפה ושותקת. יושבת ליד השולחן ואוכלת. ערב אחד אמרה לי: "אניס כבר לא ילד." לא אמרתי דבר. היא חיכתה לשמוע ממני משהו, אבל אני שתקתי.

ערב אחד לפני סוף היום הלכתי לחנות. רוב החנויות כבר היו סגורות. ובחנות שלי, בתוך החנות, הם עמדו, קרובים זה לזה. אניס והיא. הם לא שׂמו לב שאני שם. אחר כך הם הסתכלו עליי, הסתכלו בשעון ואמרו שצריך לסגור את החנות ולחזור הביתה לאכול ארוחת ערב.

הם יצאו, ואני נשארתי לעמוד ליד הסל.

(מתוך: קצרצרים, 1999)

? נסו לתופֵף את הקצב של הסיפור - מהיר? איטי? ...

Try to drum the beat of the story - Is it fast? Slow?

ב) **ספרו זה לזה מה אתם חושבים: איפה קרה הסיפור הזה, מה שמות האיש והאישה, איך הם חיו, מתי זה היה?**

.10 מילון

דווקא יש מילה חדשה אחת בפסק זמן זה:

דַוְוקָא !

מצאו את משמעות המילה במילון. בקשו משלושה דוברי עברית לומר לכם משפטים עם המילה "דווקא". כתבו את המשפטים.

שיעור 5

1. **אין חדש!**

* - מה יהיה במסיבה?
- נרקוד, נפגוש חברים, ... כמו תמיד!

* - מה יהיה בשיעור?
- נכתוב תרגילים, נבדוק תרגילים, נמסור תרגילים... כרגיל.

* - מה יהיה בשישי - שבת?
- נסגור את השבוע, נגמור את כל העיתונים, תמיד אותו דבר, לא?!

בניין פעל, גזרת השלמים, זמן עתיד - אפעול
לִסְגּוֹר

	ז.	ז./ נ.	נ.	ז.	ז./ נ.	נ.
		אֶסְגּוֹר			**אֶ□□וֹ□**	
י.	**תִסְגּוֹר**		**תִסְגְּרִי**	**תִ□ְ□וֹ□**		**תִ□ְ□ְ□ִי**
	יִסְגּוֹר		**תִסְגּוֹר**	**יִ□ְ□וֹ□**		**תִ□ְ□וֹ□**
		נִסְגּוֹר			**נִ□ְ□וֹ□**	
ר.		**תִסְגְּרוּ**			**תִ□ְ□ְ□וּ**	
		יִסְגְּרוּ			**יִ□ְ□ְ□וּ**	

וכך גם: לִמְכּוֹר, לִזְכּוֹר, לִרְקוֹד, לִשְׁמוֹר, לִמְסוֹר, לִבְדוֹק, לִגְמוֹר, לִכְתוֹב, לִשְׁקוֹל, לִפְגּוֹשׁ

כתבו או אמרו את המשפט בעתיד, ואחר כך כתבו או אמרו אותו בעתיד בגופים הנתונים:

דוגמה: סגרתי את הדלת. *אסגור את הדלת.* (אתה / את / הן)

- *תסגור את הדלת!*
- *תסגרי את הדלת!*
- *הן יסגרו את הדלת!*

1) היא תמיד זוכרת את יום ההולדת שלי. (הם / הן / את)

2) המורה לא בדקה את שיעורי הבית. (אני / אתן / הוא)

3) היא רקדה כל הערב. (הוא / את / אנחנו)

4) הערב אנחנו פוגשים חברים. (היא / הם / אתם)

5) מסרתי למורה את העבודה. (הוא / אני / היא)

6) הוא כתב את מספר הטלפון. (אנחנו /אתה / אני)

7) הוא שמר לי מקום? (הם / אתה / היא)

8) הוא מוכר תפוזים בשוק. (היא / את / אנחנו)

9) הכלב הזה שוקל מאה קילו. (הפילה / המזוודות /הספרים)

10) היא מוסרת לי ד"ש מהבית. (אתה / הוא / הן)

11) גמרתי לכתוב את העבודה. (אתן / הוא / אנחנו)

12) היא אף פעם לא מכרה צעצועים. (אני / אתן / הן)

2. א) מי יבוא ללמוד מה?

ד"ר רוֹנִי אֲבִירָם מאוניברסיטת בן גוריון בבאר שבע חושב שהאוניברסיטאות של היום לא מתאימות לסטודנטים שבאים ללמוד. הוא מסביר: "יש באוניברסיטה שלוש קבוצות של סטודנטים ובכל קבוצה יש סטודנטים שונים: קַרְיֶירִיסְטִים, אקדמאים ומחפשׂים. לכל קבוצה צריך להתאים מסלול לימודים מיוחד, והיום יש רק מסלול אחד לכולם. ד"ר אבירם מסביר איך צריך לבנות את שלושת המסלולים:

מסלול א'

בקבוצה הראשונה יהיו סטודנטים שרוצים "לעשות כסף". האוניברסיטה "תמכור" להם את התואר הראשון או השני, והם יגמרו מהר מאוד את הלימודים. בקבוצה הזאת ילמדו מקצועות כמו רפואה, כלכלה וחקלאות.

הסטודנט במסלול הזה לא יכתוב עבודות מחקר גדולות. הוא גם לא יפגוש את המורים שלו אחרי ההרצאות. הוא יזכור מה שלמד, יכתוב בבחינה מה שהמורה אמר, המורה יבדוק את הבחינה, ימסור את הציון לתלמיד - וזה הכול. מי שנכשל - יחזור על הקורס.

? מהו, לפי דעתכם, השם המתאים למסלול זה: מהאוניברסיטה לאוניברסיטה / מהאוניברסיטה לחשבון הבנק / מהאוניברסיטה לחברה ולאדם / שם אחר?

הסבירו למה בחרתם בשם הזה.

ב) **אמרו את הפסקה השנייה בקטע בזכר, רבים (הסטודנטים... המורים...).**

3. **בניין פעל, גזרת השלמים, פה"פ גרונית, זמן עתיד**

	לַעֲזוֹר			לַחְשׁוֹב			לַהֲרוֹג		
	ז.	**ז./נ.**	**נ.**	**ז.**	**ז./נ.**	**נ.**	**ז.**	**ז./נ.**	**נ.**
י.		אֶעֱזוֹר			אֶחְשׁוֹב			אֶהֱרוֹג	
	תַעֲזוֹר		תַעַזְרִי	תַחְשׁוֹב		תַחְשְׁבִי	תַהֲרוֹג		תַהַרְגִי
	יַעֲזוֹר		תַעֲזוֹר	יַחְשׁוֹב		תַחְשׁוֹב	יַהֲרוֹג		תַהֲרוֹג
ר.		נַעֲזוֹר			נַחְשׁוֹב			נַהֲרוֹג	
		תַעַזְרוּ			תַחְשְׁבוּ			תַהַרְגוּ	
		יַעַזְרוּ			יַחְשְׁבוּ			יַהַרְגוּ	

וכך גם: לַחְלוֹם, לַחְזוֹר, לַחְקוֹר, לַעֲזוֹב, לַעֲבוֹד, לַעֲבוֹר, לַעֲמוֹד, לַעֲצוֹר

אמרו / כתבו את המשפטים בעתיד ואחר כך בגופים הנתונים:

1) תמיד חלמתי על בית בהרים. (הם / היא / את)

2) לא חשבנו הרבה - עזבנו, וזהו! (אני / אתן / הוא)

3) היא עוזרת לכולם. (אתה / את / הן)

4) אני עובד משש עד שש. (היא / הם / אתם)

5) אתם חוקרים את צמחי המדבר. (הוא / אני / היא)

6) אנחנו עומדים ליד הטלפון הציבורי. (את / אתם / אני)

7) הוא לא הורג אפילו זבוב. (הוא / את / אנחנו)

8) חנה, מתי חזרת הביתה? (יוסי / דויד ורותי / דינה ודן)

9) אני עוברת ליד החנות כל בוקר. (אנחנו / אתה / הוא)

10) הם עומדים שעות בתור. (אני / הן / את)

11) אנחנו עוצרים ליד השׂדות. (שושנה / אבי ודני / אימא ואבא)

12) היא עוזרת להם עם הילדים. (סבתא / סבא / סבא וסבתא)

4. א) מסלול ב'

במסלול השני יהיו סטודנטים שרוצים קַרְיֶירָה אַקָדֶמִית. המקצועות במסלול הזה יהיו מקצועות מיוחדים כמו מוּזִיקוֹלוֹגְיָה, שׂפות עתיקות, גֶנֶטִיקָה או מדע הדתות. הסטודנטים יחשבו על דברים שמעניינים אותם ויחקרו אותם. המורים יעזרו לסטודנטים בקבוצות קטנות ויעבדו איתם על המחקר שלהם. התלמידים לא יעזבו את המסלול הזה אחרי התואר הראשון. הם יעברו מתואר לתואר ויגמרו את הלימודים עם תואר דוקטור.

מהו, לפי דעתכם, השם המתאים למסלול זה: מהאוניברסיטה לאוניברסיטה / מהאוניברסיטה לחשבון הבנק / מהאוניברסיטה לחברה ולאדם / או שם אחר? הס בירו למה בחרתם בשם הזה.

ב) אמרו את הקטע בזכר יחיד (הסטודנט... המורֶה...).

5. פתקים

שחזרו את ארבע שיחות הטלפון שבעקבותיהן נכתבו פתקים אלה.

Reconstruct the telephone calls from which these notes were written.

דוגמה:

גלי, רן אומר שהגעגועים "הורגים" אותו. הוא מוסר שהוא יכתוב לך מכתב ארוך הערב ושהוא יחזור מהודו בחודש הבא.

חנן

שיחת הטלפון: - הלו? אפשר לדבר עם גלי?

- היא לא בבית. אפשר למסור לה משהו?

- כן. מדבר רן. תגיד לה בבקשה שהגעגועים הורגים אותי. תגיד לה גם שאני אכתוב לה הערב מכתב ארוך, ושאחזור מהודו בחודש הבא. בסדר?

- כן. בסדר גמור.

דני, אמא אומרת, שתסגור את כל החלונות בערב ושתעזור לאבא לנקות את הבית - יש המון לכלוך במטבח. היום היא תגמור לעבוד מאוחר מאוד.

רותי

אבי מוסר, שהוא יעבוד היום רק חצי יום. הוא מבקש, שבדרך לחתונה תעברו בבקשה, לקחת אותו.

יוסי

ד"ר לוין, הכלב של דני חולה, והוא מבקש שתבדוק אותו מחר. מתי אתה יכול? אחר הצהריים אפגוש את דני בשיעור באוניברסיטה, ואני אמסור לו את התשובה שלך.

מיכל

דינה, חנה מתיאטרון ירושלים מוסרת, שהם ישמרו לך את הכרטיס בקופה של התיאטרון עד 8:00.

ירון

6. **בניין פעל, גזרת השלמים, עה"פ ולה"פ גרוניות, זמן עתיד - אפעַל**

לִשְׁמוֹעַ

	ז.	ז./ נ.	נ.	ז.	ז./ נ.	נ.
		אֶשְׁמַע			אֶ□ְ□ַ□	
י.	תִשְׁמַע		תִשְׁמְעִי	תִ□ְ□ַ□		תִ□ְ□ְ□ִי
	יִשְׁמַע		תִשְׁמַע	יִ□ְ□ַ□		תִ□ְ□ַ□
		נִשְׁמַע			נִ□ְ□ַ□	
ר.		תִשְׁמְעוּ			תִ□ְ□ְ□וּ	
		יִשְׁמְעוּ			יִ□ְ□ְ□וּ	

וכך גם: □ח□ לִבְחוֹר, לִצְחוֹק, לִפְחוֹד

□□ח לִשְׁכּוֹחַ, לִפְתּוֹחַ, לִשְׁלוֹחַ, לִשְׂמוֹחַ

□ע□ לִכְעוֹס, לִצְעוֹק

□□ע לִצְבּוֹעַ

□א□ לִשְׁאוֹל, לִדְאוֹג

□□א לִקְרוֹא, לִמְצוֹא

□ה□ לִנְהוֹג

וכן: לִלְמוֹד, לִלְבּוֹשׁ, לִשְׁכַּב

7. **משפטי תנאי קיים בעתיד**

Condition Clauses in futre tense

אם + פועל בעתיד + פועל בעתיד

דוגמה: **אם** תשלח לי את המכתב עכשיו, אפתח את המחשב ואקרא אותו מייד.

מאמ אהבה

אִם רק תבואי בחמש,
אתן לך פרח!

(אריק איינשטיין)

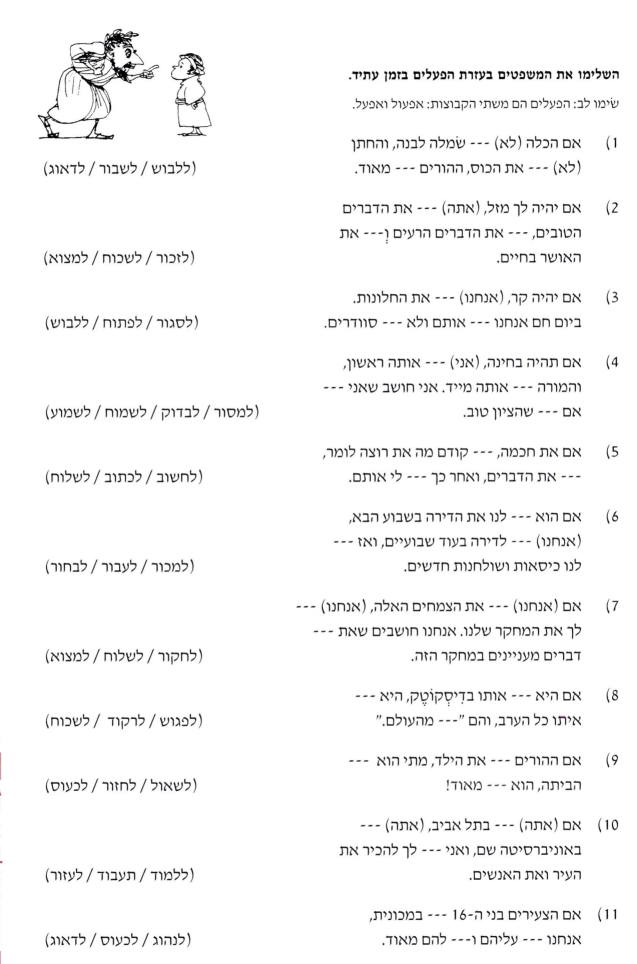

השלימו את המשפטים בעזרת הפעלים בזמן עתיד.

שימו לב: הפעלים הם משתי הקבוצות: אפעול ואפעל.

1) אם הכלה (לא) --- שׂמלה לבנה, והחתן (לא) --- את הכוס, ההורים --- מאוד. (ללבוש / לשבור / לדאוג)

2) אם יהיה לך מזל, (אתה) --- את הדברים הטובים, --- את הדברים הרעים וְ--- את האושר בחיים. (לזכור / לשכוח / למצוא)

3) אם יהיה קר, (אנחנו) --- את החלונות. ביום חם אנחנו --- אותם ולא --- סוודרים. (לסגור / לפתוח / ללבוש)

4) אם תהיה בחינה, (אני) --- אותה ראשון, והמורה --- אותה מייד. אני חושב שאני --- אם --- שהציון טוב. (למסור / לבדוק / לשמוח / לשמוע)

5) אם את חכמה, --- קודם מה את רוצה לומר, --- את הדברים, ואחר כך --- לי אותם. (לחשוב / לכתוב / לשלוח)

6) אם הוא --- לנו את הדירה בשבוע הבא, (אנחנו) --- לדירה בעוד שבועיים, ואז --- לנו כיסאות ושולחנות חדשים. (למכור / לעבור / לבחור)

7) אם (אנחנו) --- את הצמחים האלה, (אנחנו) --- לך את המחקר שלנו. אנחנו חושבים שאת --- דברים מעניינים במחקר הזה. (לחקור / לשלוח / למצוא)

8) אם היא --- אותו בדִיסְקוֹטֶק, היא --- איתו כל הערב, והם "--- מהעולם." (לפגוש / לרקוד / לשכוח)

9) אם ההורים --- את הילד, מתי הוא --- הביתה, הוא --- מאוד! (לשאול / לחזור / לכעוס)

10) אם (אתה) --- בתל אביב, (אתה) --- באוניברסיטה שם, ואני --- לך להכיר את העיר ואת האנשים. (ללמוד / תעבוד / לעזור)

11) אם הצעירים בני ה-16 --- במכונית, אנחנו --- עליהם ו--- להם מאוד. (לנהוג / לכעוס / לדאוג)

8. א) **מסלול ג'**

לקבוצה השלישית יבוא הסטודנט המחפש. הסטודנט במסלול הזה ישכח שיש ציונים ובחינות. הוא ילמד ב"ראש גדול", כי הוא ישאל שאלות גדולות. הוא יפתח את הספרים הקלסיים מהתנ"ך ועד איינשטיין, ויקרא אותם שוב ושוב, כי הוא רוצה להבין ולא רק לקבל תואר. הסטודנט במסלול השלישי יבחר ללמוד מקצועות כמו מתמטיקה והיסטוריה, פיזיקה ופסיכולוגיה, דתות ומדע המדינה. הוא לא ימצא מקום עבודה עם תואר ראשון במקצועות האלה, ואולי גם לא עם תואר שני, אבל הוא ילמד לחשוב. גם פה הלימודים יהיו לפעמים במשך הרבה שנים, ובמסלול הזה לא יהיו סטודנטים נכשלים. כל סטודנט ילמד לפי הרצון שלו, לא תהיה קנאה בין הסטודנטים. זה יהיה מסלול חופשי ופתוח.

? מה הוא, לפי דעתכם השם המתאים למסלול זה: מהאוניברסיטה לאוניברסיטה / מהאוניברסיטה לחשבון הבנק / מהאוניברסיטה לחברה ולאדם / או שם אחר? הסבירו למה בחרתם בשם הזה.

ב) **אמרו את הקטע בנקבה יחיד (סטודנטית... מורה...)**

ג) **מה ימצא הסטודנט במסלול ג' שאין במסלול א' או ב'?**

ד) **כתבו: מה אתם רוצים ללמוד באוניברסיטה, באיזה מסלול ולמה.**

9. **אמרו לפחות שמונה משפטים הגיוניים מן הטבלה.**

Use the sentence parts below - one from each column - to make up at least eight coherent sentences.

1) אם לא תחזור בזמן,	נשלח לו מתנה.
2) אם יחקרו את האֶיידְס,	אשבור את הדלת של הארון.
3) אם יהיה שלום בעולם,	אולי ימצאו תרופה למחלה.
4) אם תצחק הרבה,	ההורים ידאגו לך מאוד.
5) אם נעבור לגור בעיר הגדולה,	תלמד הרבה מילים חדשות.
6) אם נזכור את יום ההולדת שלו,	תהיה תמיד בריא.
7) אם נרקוד כל הלילה,	יהיה לנו לאן ללכת כל ערב.
8) אם תקרא כל בוקר עיתון בעברית,	לא יהיה לנו כוח לקום בבוקר.
9) אם אמצא פטיש,	לא יהיו יותר מלחמות.

דוגמה: אם אמצא פטיש, אשבור את הדלת של הארון.

10. **משפטי תנאי קיים** **The Conditional (Real Condition)**

דוגמות: אם את רוצה לבוא איתנו, תטלפני עד 8:00 ונבוא לקחת אותך.

אם החלטת לנסוע, תזמיני כרטיסים מה שיותר מהר.

במשפטי תנאי קיים מביעים אפשרות וסיכוי בעתיד, בעבר או בהווה. הפעלים במשפטי תנאי קיים מופיעים פעמים תכופות בעתיד, אבל יש גם הרבה מקרים שאחרי המילה 'אם' יש פועל בזמן הווה או בזמן עבר, או שם פועל.

Conditional clause states a possibility or chance in the future, in the past or in the present. Real conditional clause often appear in the future tense, but in many cases after the word אם there will be infinitive, present or past tense.

סמנו את המשפט הקרוב (מבין השניים) למשפט הראשון.

Underline the alternative closest to each of the sentence.

דוגמה: יוסי: דני, אם נסעת לים המלח, למה לא אמרת לי?

א) גם יוסי רצה לנסוע לים המלח.

ב) יוסי לא רצה לנסוע לים המלח.

1) אם אתה רוצה לעשׂות כסף, אתה צריך לעבוד קשה.

א) אנשים עשירים עבדו קשה בחיים שלהם.

ב) אנשים עשירים לא עבדו קשה בחיים שלהם.

2) רינה: אבי, אם עשׂיתי לך משהו רע, אני מבקשת סליחה.

א) רינה מצטערת.

ב) רינה לא מצטערת.

3) אם שברת, שילמת.

א) צריך לשבור.

ב) לא כדאי לשבור.

4) אם למדת, תעבור את הבחינה.

א) מי שלומד, מצליח.

ב) מי שלא לומד, לא מצליח.

5) אבא: דני, אם מחפשׂים, מוצאים.

א) אבא: דני, לא חיפשׂת מספיק.

ב) אבא: דני, לא כדאי לחפשׂ.

6) אם לעבוד, אז למה פה?

א) כדאי לעבוד פה.

ב) לא כדאי לעבוד פה.

11. השלימו את הפעלים החסרים בשלט. Insert the missing verbs in the signs.

אם אתה מדבּר - שומעים אותך!
אם אתה צועק - ____ אותך!
אם אתה מחייך - ____ אותך!

12. הסבירו: **אִם אֵין קֶמַח - אֵין תוֹרָה, אִם אֵין תוֹרָה - אֵין קֶמַח.** (אבות ג׳ י״ז)

13. הַשֵּׁינָה

עד המאה העשרים חשבו החוקרים שבזמן השינה אנשים לא עושים שום דבר, לא חושבים ולא מרגישים מה קורה להם.

רק לפני כשישים שנה מצאו החוקרים שגם בזמן השינה אנשים מרגישים מה קורה מסביב, ובזמן החלום העיניים זזות. חוקרים אלה חשבו שאם אדם יכול לזוז, לחלום ולהרגיש בזמן השינה, הוא יכול גם ללמוד. ובאמת יש סטודנטים, שבלילה לפני הבחינה, פותחים טֵייפּ עם ההרצאות של המורה, ושוכבים לישון. הם מאמינים שאם הם ישמעו את הטֵייפּ בזמן השינה, הם ילמדו טוב את כל החומר לבחינה בלי לעבוד קשה.

אבל היום יודעים שאי אפשר ללמוד בזמן השינה. הרעיון שאנשים יכולים ללמוד בזמן שינה הוא אמונה ולא אמת מדעית. אנשים אמרו שהם למדו בזמן השינה, אבל הם רק חשבו שהם ישנים; הם נחו וסגרו את העיניים, אבל הם לא ישנו באמת.

אם כך איך אפשר להסביר את האמונה שאפשר ללמוד בזמן השינה?

החוקרים בשנות ה-2000 חושבים, שאם אנחנו לומדים משהו ואחר כך הולכים לישון, אנחנו זוכרים טוב יותר, כי אין אינפורמציה אחרת שמפריעה לנו לזכור מה שלמדנו. לכן טוב ללמוד, אחר כך להפסיק ולנוח, אולי גם לישון קצת, ורק אז להתחיל ללמוד משהו חדש.

(על פי שיחות על שינה וחלימה, פרץ לביא)

אז למה הישראלים קוראים לזה טֵייפּ ולא רְשַׁמְקוֹל?

אמרו מה נכון לפי הקטע: אפשר או אי אפשר ללמוד בזמן השינה?

14. א) אילו הצעות נכונות ואילו לא נכונות? - אמרו נכון/לא נכון לפי הקטע.

Which suggestions are correct, and which are not? Say נכון/לא נכון according to the passage.

1) גם אם תשימו את הספרים ואת המחברות מתחת לכרית, לא תזכרו את הכול בבחינה.

2) אם תלמדו לפני השינה, תשכחו הכול עד הבוקר.

3) אם לא תלמדו ותשכבו לישון עם טייפ, לא תזכרו שום דבר בבוקר.

4) אם תחשבו על הבחינה בזמן השינה, לא תחלמו.

5) אם תלמדו לבחינה בהיסטוריה ואחר כך תקראו ספר פילוסופיה, תשכחו חלק ממה שלמדתם בהיסטוריה.

6) אם תלמדו לבחינה בהיסטוריה ואחר כך תנוחו, תזכרו טוב יותר בבחינה.

7) אם תשמעו מוזיקה נעימה בזמן השינה, תזכרו את כל החומר לבחינה.

8) אם תזכרו את כל החומר בערב ותשכבו לישון, לא תשכחו את הכול בזמן השינה.

9) אם תחלמו חלום טוב, תכתבו בחינה טובה, ואם תחלמו חלום רע, לא כדאי לכם ללכת לבחינה...

ב) איזו אינפורמציה אתם רוצים לומר לטייפ שלכם בערב ולזכור בבוקר?

ג) אילו דרכים יש לכם לזכור את החומר לבחינה?

15. כתבו: 1) אם אמצא מיליון דולר ברחוב...
2) אם לא יהיו יותר בחינות...
3) אם תהיה בעולם רק שפה אחת...
4) אם אוהבים מישהו מכל הלב...

מאז אהבה

אני לא יודע
אם את יודעת לאהוב אותי

יהודה פוליקר

16. אל יאללה, ביי!

השלימו את שם הפועל בסוף הקטע.

חוכמת תלמידים:

אם לומדים יותר - שוכחים יותר!
אם שוכחים יותר - יודעים פחות!
אם יודעים פחות - שוכחים פחות!
אם שוכחים פחות - יודעים יותר!
אז למה --- ?

כתבו על: חוכמת הורים, חוכמת מנהלים או חוכמת חיות.

17. א-פרופו

חוכמה

- דרכון בבקשה וכרטיסים. לאן זה?
- לטוּרְקִיָּה.
- תשׂימו את המזוודות כאן. כמה מזוודות יש לכם?
- שלוש מזוודות ושני תיקים.
- הן שוקלות יותר ממה שמותר. אתם צריכים לשלם על כל קילו.
- טוב, אולי אפשר לקחת למטוס מזוודה אחת, את הקטנה יותר? ואולי גם את התיקים?
- אני לא בטוחה שמותר.
- תגידי, מתי צריך לעלות על המטוס?
- אתם כבר תשמעו שמודיעים.
- בינתיים אפשר ללכת לדְיוּטִי פְרִי. נכון?
- כן. אין בעיה. הי, רק רגע, נדמה לי שמודיעים שאתם צריכים לעלות.

כל הנוסעים בטיסה מספר 502 לטורקיה מתבקשים לעלות על המטוס בשער מספר שמונה.

המחיזו שיחה דומה בתחנת רכבת, בתחנת אוטובוס או בתחנת מוניות.

מילים:

בֵּינְתַיִים • דַּרְכּוֹן ז. • הוֹדִיעַ, לְהוֹדִיעַ • מוֹנִית נ. • נִדְמֶה ל... ש...

18. **מילון**

סיומות שמות עצם בנקבה

Suffixes of a Noun in the Feminine

למילים בנקבה בעברית יש כמה סיומות אופייניות.

רבים		יחיד
נשיקוֹת	-	נשיקָה
ציצִיוֹת	-	ציצִית
מחברוֹת	-	מחברֶת
צלחוֹת	-	צלחַת
שטוּיוֹת	-	שטוּת

רבים	יחיד
□וֹת	□ָ ה
□ִיּוֹת	□ִ ית
□וֹת	□ֶ ת
□וֹת	□ַ ת
□ וּיּוֹת	□ וּת

א) מצאו את משמעות המילים האלה.
שׂימו לב: המילים ברשימה מופיעות בצורת הרבים ויש לחזור לצורת היחיד כדי למצוא אותן במילון.

Find the meaning of the words in the list in the dictionary.
Please note: The words appear in their plural form.
Return to the singular to find them in the dictionary.

תכליות • קלטות • סכנות • כריות • שפעות • רשימות • תרבויות • עוזרות • תנועות •
טעויות • מפיות • טבעות • כתובות • משמעויות • מחבתות • כפיות • ציציות

ב) שבצו את המילים במשפטים המתאימים ואחר כך אמרו כל משפט בצורת הרבים.

Complete the sentences with the appropriate words and say every sentence in its plural form out loud.

דוגמה: יהודי לא יכול להתפלל בלי *ציצית*.
יהודים לא יכולים להתפלל בלי *ציציות*.

□ָ ה - □וֹת

1) אני לא יכול לזכור מה לקנות בלי --- של הדברים.

2) אתה לא יכול ללמוד לרקוד, בלי לעשׂות את ה --- שהמורה אומר לך.

3) אי אפשר לטייל בלי לשׂים לב ל --- שבדרך ולבדוק טוב כל מקום.

4) אני לא יכולה לישון בלי --- מתחת לראש.

5) אי אפשר לאכול את העוגה הזאת בלי --- ובלי ---.

6) אי אפשר להחליט על דרך חיים בלי ---.

7) אתה לא יכול לשלוח מכתב בלי --- עליו.

ִ□ית - ִ□יות

8) אני לא יכולה לסדר את הבית לבד, בלי --- שעובדת איתי.

9) הוא לא יכול לבדוק את הווידאו בלי לשים --- ולראות שהווידאו עובד.

ֶ□ת - □ות

10) אוף! אני לא יכולה לעבור את החורף בלי --- קשה?!

11) היא לא רוצה להתחתן בלי --- יקרה מזהב על היד שלה.

12) אתה לא יכול לעשות סְטֵייק טוב בלי --- טובה, שמן טוב ותבלינים טובים.

ַ□ת - □ות

13) אדם לא יכול להכיר חברה בלי להבין את ה --- שלה.

14) אני לא יכול ללמוד מילה בלי להבין את ה --- שלה.

□וּת - □וּיות

15) אי אפשר ללמוד בלי לעשות --- קטנה. אנחנו לא מלאכים!

טָעוּת לְעוֹלָם חוֹזֶרֶת!

19. *קצת יחס, בבקשה!*

נטיית המילה - בִּשְׁבִיל

	ז.	ז./נ.	נ.
		בִּשְׁבִילִי	
י.	**בִּשְׁבִילְךָ**		**בִּשְׁבִילֵךְ**
	בִּשְׁבִילוֹ		**בִּשְׁבִילָהּ**
		בִּשְׁבִילֵנוּ	
ר.	**בִּשְׁבִילְכֶם**		**בִּשְׁבִילְכֶן**
	בִּשְׁבִילָם		**בִּשְׁבִילָן**

א) הכול בשביל הילדים

היא: אני אומרת לך: הם פשוט מלאכים, הורים אִידֵאָלִיִים. יש להם ארבעה ילדים והם עושׂים את הכול בשבילם! הילדה הגדולה מוזיקלית מאוד אז הם חיפשׂו בשבילה את המורה הכי טוב בעיר. הבת הקטנה לא כל כך בריאה, ורק באמריקה יש רופא שיכול לעזור לה. הם נסעו לאמריקה רק בשבילה.

הוא: נו, טוב. גם ההורים שלי עשׂו בשבילי הרבה דברים, וגם ההורים שלך עשׂו בשבילך כל מה שהיה צריך.

היא: אולי, אבל לא כמו ההורים האלה. למשל, הבן הקטן שלהם משוגע על טרקטורים. הם נסעו לאנגליה והביאו שלושים טרקטורים שונים בצבעים נהדרים. רק בשבילו. גם הוא וגם הבן הגדול שלהם אוהבים דגים. הם בנו בשבילם אַקְוָוריוּם גדול מלא דגים. והבנות - הן אוהבות לקרוא. הם בנו בשבילן ספרייה - עוד לא ראית ספרייה כזאת. ההורים שלך לא עשׂו בשבילך דברים כאלה.

הוא: הם עשׂו בשבילנו מה שהם היו יכולים לעשׂות. לא היה להם כסף, ולכן הם לא באו כל יום ושאלו אותי מה עוד אנחנו יכולים לעשׂות בשבילך. אבל אני לא חושב שהם היו הורים פחות טובים...

1) מה אתם חושבים על ההורים האלה?
2) המחיזו שׂיחות בין ההורים האלה לילדים.

ב) כתבו: מה אתם חושבים: מה ההורים צריכים לעשׂות בשביל הילדים שלהם, ומה הילדים צריכים לעשׂות בשביל ההורים שלהם.

ממש אהבה

האהבה שלי שקשה בשבילכם,
היא טובה בשבילי,
אז אני לא נותן לה ללכת.
(עברי לידר)

20. השלימו את המשפטים בעזרת המילה בשביל בנפרד או בנטייה.

1) - סִיגָל, הבאתי פרחים, ספרים ואהבה. הכול ---. אני מחכה כבר שעות לראות אותך.
--- אני מוכן לחכות אפילו כל היום!

2) - מתוק שלי, סבתא קנתה את הצעצוע הזה --- ו--- האחות הקטנה שלך.
- גם הפטיש הזה --- ?
- לא. הפטיש הזה --- אבא, לעבודות הבית.

3) בבית החדש שלנו יש הרבה מקום. בנינו חדר מיוחד לסבא ולסבתא. בנינו --- גם שירותים מיוחדים ואמבטיה גדולה.

4) - למה לא לקחת את העבודה הזאת? את נולדת לתפקיד הזה.
- תעזוב, זה ממש לא ---!

5) המורה: כדאי לכם ללמוד לבחינה. הבחינה הזאת היא לא --- , אני כבר יודע את החו־מר. היא --- . חשוב מאוד לחזור על כל החומר, ובמיוחד על מילת היחס בשביל...

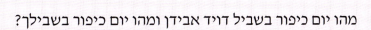

21. מַהוּ יוֹם כִּיפּוּר בִּשְׁבִילִי / דויד אבידן

אֲנִי תָמִיד בְּיוֹם כִּיפּוּר שֶׁלִי.
כָּל עֶשֶׂר שָׁנִים צָרִיךְ אָדָם לְהַחְלִיט,
אִם הוּא רוֹצֶה לִחְיוֹת אֶת עֶשֶׂר הַשָּׁנִים הַבָּאוֹת.
בְּעֶצֶם, כָּל יוֹם צָרִיךְ אָדָם לְהַחְלִיט,
אִם הוּא רוֹצֶה לִחְיוֹת אֶת הַיּוֹם הַבָּא.
אֲפִילוּ כָּל דַקָּה צָרִיךְ אָדָם לְהַחְלִיט,
אִם הוּא רוֹצֶה לִחְיוֹת אֶת הַדַקָּה הַבָּאָה.
אָז מַהוּ יוֹם כִּיפּוּר בִּשְׁבִילִי?
יוֹם כִּיפּוּר הוּא כָּל יוֹם.

? מהו יום כיפור בשביל דויד אבידן ומהו יום כיפור בשבילך?

Summary of Topics | האוצר הלשוני

Vocabulary | **א. אוצר המילים**

פעלים / Verbs

הִפְרִיעַ, לְהַפְרִיעַ	disturb
חִייֵּךְ, לְחַייֵּךְ	smile
מָסַר, לִמְסוֹר	give / hand
נִכְשַׁל, לְהִיכָּשֵׁל	fail
צָעַק, לִצְעוֹק	shout

שונות / Miscellaneous

בִּמְהִירוּת תה"פ	quickly
בְּסֵדֶר גָמוּר	fine ("that's fine")
בִּשְׁבִיל	for
כְּ...	as / like
כָּרָגִיל	as usual

שמות עצם / Nouns

אַמְבַּטְיָה נ.	bathtub
חוֹכְמָה נ.	wisdom
חוֹמֶר ז.	material
כַּלְכָּלָה נ.ר.0	economics
כָּרִית נ.	pillow
מַלְאָךְ ז.	angel
מַסְלוּל ז.	course / path
מִקְצוֹעַ ז. מִקְצוֹעוֹת	subject/profession
עִנְיָין ז.	interest
פַּטִּישׁ ז.	hammer
צִיּוּן ז.	grade / mark
קִנְאָה נ.	envy
רָצוֹן ז. רְצוֹנוֹת	will, wills
שֵׁינָה נ.ר.0	sleep
תוֹאַר ז. תְּאָרִים	degree / title , degrees

ב. נושׂאים לשוניים — Grammatical topics

צורות: פועל:
- בניין פָּעַל, גזרת השלמים, זמן עתיד - אפעוֹל
  דוגמה: יִרְקוֹד
- בניין פָּעַל, גזרת השלמים, פה"פ גרונית, זמן עתיד
  דוגמה: יַחְשוֹב
- בניין פָּעַל, גזרת השלמים, עה"פ ו-לה"פ גרוניות, זמן עתיד - אפעל
  דוגמה: יִשְׁאַל
- נטיית מילת היחס - בשביל
  דוגמה: בשבילי

תחביר:
- משפטי תנאי קיים — The Conditional (Real Condition)

דוגמות: אם תבוא מאוחר, הם ידאגו לך.
אם סגרת, שילמת.
אם לומדים, יודעים.

מילון:
- סיומות שמות עצם בנקבה — Suffixes of a Noun in the Feminine

שיעור 6

בְּרֵאשִׁית בָּרָא אֱלֹהִים אֵת הַשָּׁמַיִם וְאֵת הָאָרֶץ: (בראשית א 1)

1. למה ברא אלוהים את העולם ב"ב"?

"ב" סגורה מאחור, סגורה למעלה, סגורה למטה ורק לפנים היא לא סגורה. כך אנחנו - אסור לנו לשאול מה למעלה, מה למטה ומה מאחור, מה היה פעם. מותר לשאול רק על מה שֶׁלְּפָנִים, על מה שיהיה בעתיד, מן הרגע שהעולם התחיל. (ב"ר, א)

ספרו מדמיונכם סיפור על אות אחרת: **ש** או **י** או **ס** או ...

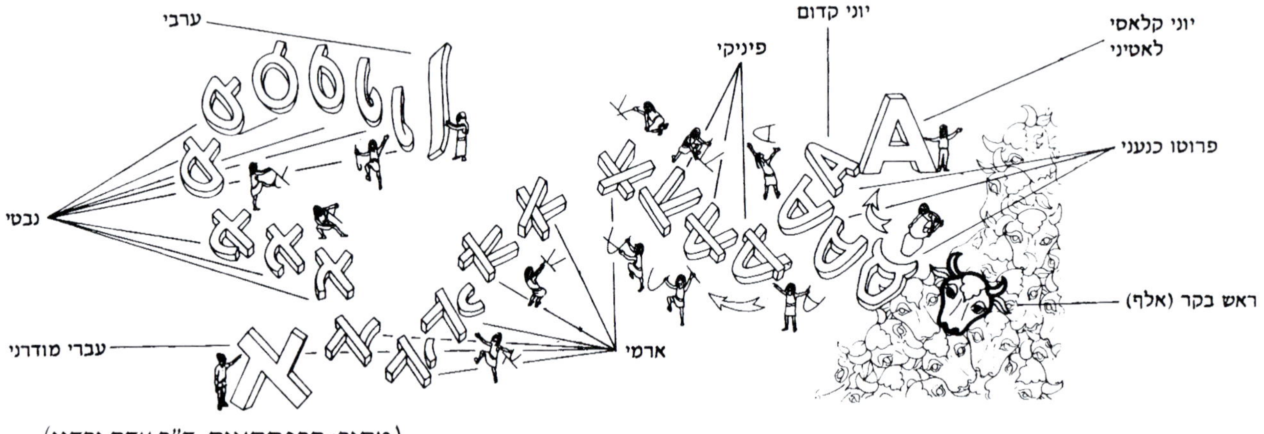

(מתוך: הרפתקאות, ד"ר עדה ירדני)

2. האָלֶף-בֵּית

בעבר הרחוק כתבו בציורים על אבנים, על קירות ועל פַּפִּירוּסִים, למשל ציירו רגל, 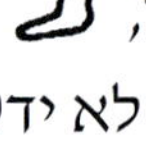 יד,  עין  או ראש 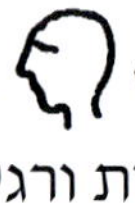. בני האדם ציירו רק מה שהם ראו - עצמים ותנועות. הם לא ידעו איך לצייר מחשבות, רעיונות ורגשות.

האלף-בית לא נולד ביום אחד. החוקרים לא יודעים בדיוק איפה ומתי התחילו להשתמש באלף-בית. הָאַרְכֵאוֹלוֹגִים שבדקו כתובות עתיקות, חושבים שההיסטוריה של האלף-בית מתחילה בכתב של הַפֵּנִיקִים, עם שחי בצוֹר ובצִידוֹן, (היום באיזור דרום לְבָנוֹן) לפני שלושת אלפים שנה ונעלם במשך השנים.

באלף-בית הפניקי כל אות הייתה ציור של דבר, שהתחיל באות הזאת. למשל האות אלף הייתה ציור של שוֹר, כי המילה שור בפניקית מתחילה באות א'. האות בית הייתה ציור של בית, כי המילה בית בפניקית מתחילה באות ב' (כמו בעברית).

לוח גזר

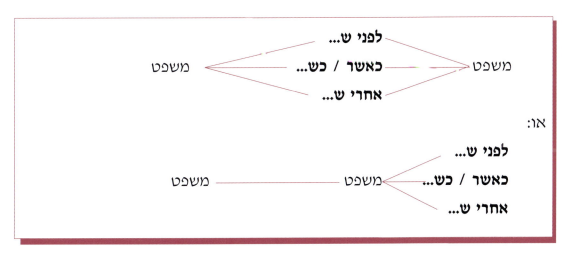

העִברים קיבלו את האלף-בית הפניקי וכתבו עברית באותיות פניקיות. בלוח גֶזֶר מהעיר גזר משנת 1000 לפני הספירה, יש רשימה של חודשי השנה, וליד כל חודש מה עושים החקלאים בחודש הזה. בלוח הזה המילים הן עבריות והאותיות פניקיות.

הָאֲרָמִים קיבלו את האלף-בית הפניקי וכתבו ארמית באותיות פניקיות. מהכתב הזה נולדו גם הכתב הערבי וגם הכתב העברי של היום. האותיות של הכתב העברי של היום הן לא כמו הכתב העברי העתיק.

גם היְוָנִים השתמשו באלף בית הפניקי. אחרי שנים למדו אותו הרומאים מהיוונים וכך נולד הכתב הלָטִינִי. (לפי: הרפתקאות, ד"ר עדה ירדני)

?

1) אמרו נכון או לא נכון:
כל האותיות של השפות האירופיות של היום נולדו מכתב הציורים הפֵּנִיקִי.

2) כתבו בכתב הציורים הפניקי את המילה "בא".

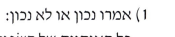

3. **משפטי זמן** Temporal **(time) Clause**

משפט — **לפני ש...** / **כאשר / כש...** / **אחרי ש...** — משפט

או:

לפני ש... / **כאשר / כש...** / **אחרי ש...** — משפט — משפט

דוגמאות:

עבדתי בבנק, **לפני ש**נסעתי לחוץ לארץ. או: **לפני ש**נסעתי לחוץ לארץ, עבדתי בבנק.

4. **לפי הקטע "האלף-בית", השלימו בעזרת המילים: לפני ש... / אחרי ש... / כש... / את המשפטים האלה:**

Complete the sentences using the words: לפני ש... / אחרי ש../כש... according to the excerpt.

1) אנשים כתבו בציורים על הקירות, --- ידעו את האלף-בית.

2) בארץ ישראל כתבו באותיות פניקיות, --- היה אלף-בית עברי.

3) --- אנשים התחילו להשתמש באלף-בית, הם הפסיקו לכתוב בציורים.

4) --- נולד האלף-בית, אנשים היו יכולים לכתוב רגשות ורעיונות.

5) בהתחלת ההיסטוריה של האלף-בית, --- האלף בית של היום נולד, כל אות הייתה התחלה של מילה אחרת.

6) אנשים כתבו על פַּפִּירוּסִים--- הם השתמשו באלף-בית.

7) --- הארכאולוגים מצאו את לוח גזר, הם ראו שבארץ ישראל השתמשו באלף-בית הפניקי לפני 3000 שנה.

8) הרומאים למדו את האלף-בית,--- היוונים כבר ידעו אותו.

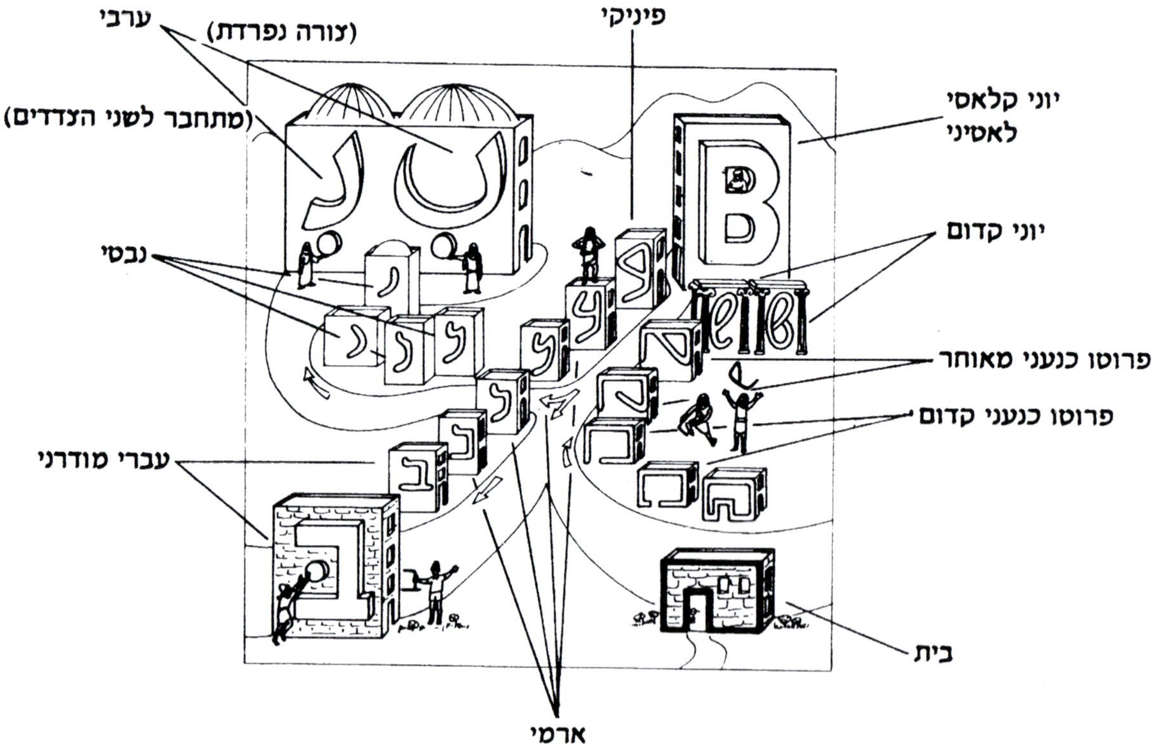

(מתוך: הרפתקאות, ד"ר עדה ירדני)

.5 **תָּמִיד** / יהודה אטלס

תָּמִיד
כְּשֶׁנּוֹתְנִים לִי סָלָט -
אֲנִי רוֹצֶה מָרָק.
כְּשֶׁנּוֹתְנִים לִי מָרָק -
אֲנִי רוֹצֶה קְצִיצָה.
כְּשֶׁנּוֹתְנִים קְצִיצָה -
אֲנִי רוֹצֶה תַּפּוּחֵי אֲדָמָה.
רַק כְּשֶׁנּוֹתְנִים לִי שׁוֹקוֹלָד -
אֲנִי רוֹצֶה שׁוֹקוֹלָד.

(מתוך: הילד הזה הוא אני)

?

כתבו שיר עִם כְּשֶׁ...

תמיד כשנותנים לי...

.6 **סמנו את המשפט החוזר על האינפורמציה של המשפט הראשון:**

Underline the sentence that repeats the information given in the first sentence.

דוגמה: קודם אכלנו במסעדה, ואחר כך הלכנו לסרט.

1) כשאכלנו במסעדה, ראינו סרט.

2) הלכנו לסרט, אחרי שאכלנו במסעדה.

3) אחרי הסרט אכלנו במסעדה.

4) לפני שאכלנו במסעדה, הלכנו לסרט.

א) **בקיץ 2000 טיילתי באירופה, ודויד שמר על הבית שלי.**

1) כשטיילתי באירופה, דויד שמר על הבית שלי.

2) לפני שטיילתי באירופה, דויד שמר על הבית שלי.

3) כשדויד טייל באירופה, שמרתי על הבית שלו.

4) דויד שמר על הבית שלי, אחרי שהוא טייל באירופה.

ב) **בשמונה בבוקר, כשאני רץ, יש מוזיקה קלסית בַּרַדְיוֹ.**

1) אני לא רץ, כשיש מוזיקה קלסית ברדיו.

2) אני רץ, אחרי שיש מוזיקה קלסית ברדיו.

3) אני גומר לרוץ, כשהמוזיקה הקלסית מתחילה.

4) אני רץ, כאשר יש מוזיקה קלסית ברדיו.

ג) **הוא נסע לאמריקה באוֹגוּסְט וחזר הביתה ליום ההולדת שלו בְּסֶפְּטֶמְבֶּר.**

1) ביום ההולדת שלו הוא נסע לאמריקה.

2) הוא חזר מאמריקה אחרי יום ההולדת שלו.

3) הוא נסע לאמריקה לפני יום ההולדת שלו.

4) הוא היה באמריקה ביום ההולדת שלו.

ד) **בשנת 2000 למדתי באוניברסיטה, ובשנת 2001 כבר לימדתי שם.**

1) ב-2001 התחלתי ללמוד באוניברסיטה.

2) ב-2001 לימדתי באוניברסיטה, ושנה אחת קודם למדתי שם.

3) עשׂר שנים לפני שהייתי מורה, הייתי סטודנט באוניברסיטה.

4) אחרי שלימדתי שנה, חזרתי ללמוד באוניברסיטה.

ה) **התחלתי לחפשׂ דירה בקיץ, ורק עכשיו, בסתיו, מצאתי דירה יפה.**

1) מצאתי את הדירה כמה חודשים אחרי שהתחלתי לחפשׂ.

2) לפני שנה מצאתי את הדירה.

3) גרתי בדירה מהקיץ, ועכשיו אני מחפשׂ דירה אחרת.

4) מהקיץ עד הסתיו לא חיפשׂתי דירה.

7. א) **יֶרַח דבש**

רינה: תמי, היית כל כך יפה בחתונה! מה את עושׂה פה? לא נסעתם לירח דבש? מתי אתם טסים?

תמי: אחרי שנקבל את הכרטיסים.

רינה: ומתי תקבלו את הכרטיסים?

תמי: אחרי שנשלם.

רינה: ומתי תשלמו?

תמי: אחרי שנסדר את הוִויזָה.

רינה: ומתי תסדרו את הוויזה?

תמי: אחרי שנדבר עם סוכן הנסיעות.

רינה: ומתי תדברו עם סוכן הנסיעות?

תמי: אחרי שתהיה לנו תוכנית ברורה לאן אנחנו רוצים לנסוע.

רינה: רגע, רגע, מתי אתם טסים?

תמי: מחר בבוקר.

מה אתם חושבים: מה אמרה רינה לתמי אחרי שהיא שמעה שהם טסים מחר?

ב. **הפכו את הסיפור מן הסוף להתחלה.** Turn the story over from the end to the beginning.

דוגמה: *תהיה להם תוכנית ברורה לאן הם רוצים לנסוע, לפני שהם ידברו עם סוכן הנסיעות. הם יסדרו את הוויזה...*

8. **בניין פיעל, גזרת השלמים, זמן עתיד**

לְסַדֵּר

	ז.	ז./נ.	נ.	ז.	ז./נ.	ז.
י.		**אֲסַדֵּר**			אֲ□ַ□ֵ□	
	תְּסַדֵּר		**תְּסַדְּרִי**	תְ□ַ□ֵ□		תְ□ַ□ְ□ִי
	יְסַדֵּר		**תְּסַדֵּר**	יְ□ַ□ֵ□		תְ□ַ□ֵ□
ר.		**נְסַדֵּר**			נְ□ַ□ֵ□	
		תְּסַדְּרוּ			תְ□ַ□ְ□וּ	
		יְסַדְּרוּ			יְ□ַ□ְ□וּ	

וכך גם: לְקַבֵּל, לְבַשֵּׁל, לְטַיֵּיל, לְצַיֵּיר, לְשַׁלֵּם, לְחַפֵּשׂ, לְנַגֵּן, לְדַבֵּר, לְבַקֵּשׁ, לְשַׂחֵק, לְסַפֵּר, לְבַקֵּר, לְשַׁקֵּר, ובשורשים בני ארבע אותיות: לְטַלְפֵּן, לְתַרְגֵּם, לְצַלְצֵל

א) השלימו את הטבלה.

אני	אתה	את	הוא	היא	אנחנו	אתם/אתן	הם/הן
אשלם	---	---	---	---	---	---	---
---	תשקר	---	---	---	---	---	---
---	---	תציירי	---	---	---	---	---
---	---	---	ינגן	---	---	---	---
---	---	---	---	תבקש	---	---	---
---	---	---	---	---	נשׂחק	---	---
---	---	---	---	---	---	תטייל	---
---	---	---	---	---	---	---	יתרגמו

ב) אמרו את הפועל לפרסם בכל הגופים בעתיד ומצאו את משמעותו במילון.

9. אמרו/כתבו את המשפטים הבאים בעתיד:

1) הם --- את החדר, לפני שהמשפחה --- אצלם. לסדר / לבקר

2) (את) --- את הציון בהיסטוריה, אחרי ש--- עם המורה. לקבל / לדבר

3) היא --- לארוחת הערב, לפני שכולם --- . לבשל / לבוא

4) אתם --- לה את החדשות, רק כשהיא --- להבין את המצב. לספר / לבקש

5) הצֶ'לָן --- את הסוֹנָטָה , אחרי שהוא --- מי כתב אותה ומתי. לנגן / לספר

6) (אתן) --- ליד הים, כשאנחנו --- את ארוחת הצהריים. לטייל / לבשל

7) האוֹמן --- את הילדה ברחוב, רק אחרי שההורים שלה --- לו. לצייר / לשלם

8) היא --- מכונית, רק אחרי שהיא --- את המשׂכורת הראשונה שלה. לחפש / לקבל

9) לפי התוכנית של מסיבת סוף השנה אנחנו --- לפני שהיא ---. לנגן / לדבר

10) כש--- עם הפקידה, --- ממנה את מספר הטלפון של הרופא. לדבר / לבקש

11) אם האיש שגנב --- ולא --- סליחה, ישפטו אותו גם על השקר. לשקר / לבקש

10. א) **לאן? להודו!**

אימא: לאן?

חן: להודו.

אבא: למה הודו?

חן: שם לא נשלם הרבה על מקום לישון ועל אוכל. פשוט נטייל חודשים ארוכים בנופים נהדרים, נבקר במקומות מיוחדים, ונשכח מהעולם.

אימא: מתי?

חן: בעוד שבוע. אני רק אסדר ויזה, אקבל כמה כתובות חשובות מחברים. וזהו.

אבא: איך אתם יודעים לאן לנסוע? איך נוסעים באזורים האלה? ברכבת? באוטובוס?

חן: אני ממש לא יודע. החברים שהיו שם, יספרו לי לאן כדאי לנסוע, וגם איך מגיעים ממקום למקום.

אימא: איך נדבר איתך? אנחנו 'נמות' מגעגועים!

חן: מה את דואגת?!

צעירים מטיילים

ב) **המשיכו את השׂיחה בעזרת הפעלים בעתיד:**
לבשל, לחפש, לשלם, לנגן

Continue the conversation using the following verbs in the present tense:

דוגמה: אבא: איפה אתם חושבים לאכול?
חן: *נבשל משהו, אל תדאגו.*

אבא: ואיפה אתם רוצים לישון?
חן: ---
אבא: מה עם כסף? מה אתם לוקחים איתכם - דולרים? רוּפִּיוֹת?
חן: ---
אבא: למה אתה לוקח גיטרה?
חן: ---

ג) **כתבו לפי שׂיחות א) וב) על התוכניות של חן לפי סדר כרונולוגי.**

חן יסדר את הוויזה, - - - ובסוף הטיול הוא יחזור הביתה.

11. כַּמָּה טוֹב שֶׁבָּאתָ הַבַּיְתָה / יענקלה רוטבליט

כַּמָּה טוֹב שֶׁבָּאתָ הַבַּיְתָה,
כַּמָּה טוֹב לִרְאוֹת אוֹתְךָ שׁוּב.
סַפֵּר מַה נִּשְׁמַע, סַפֵּר,
סַפֵּר אֵיךְ הָיָה.
לָמָּה לֹא שָׁלַחְתָּ גְּלוּיָה?

כַּמָּה טוֹב שֶׁבָּאתָ הַבַּיְתָה
קְצָת רָזֶה, אֲבָל מַה זֶּה חָשׁוּב.
עָשִׂיתָ חַיִּים, עָשִׂיתָ דְּבָרִים,
רָאִיתָ קְצָת צְבָעִים אֲחֵרִים.

אַח, כַּמָּה שֶׁטּוֹב אַתָּה כָּאן,
כַּמָּה שֶׁטּוֹב אַתָּה כְּבָר כָּאן.

כַּמָּה טוֹב שֶׁבָּאתָ הַבַּיְתָה,
בַּיִת זֶה אוֹמֵר כְּבָר הַכֹּל.
הָיָה לְךָ חַם, הָיָה לְךָ קַר,
אַתָּה עַכְשָׁיו יוֹתֵר מְאוּשָּׁר.

אָז, כַּמָּה טוֹב שֶׁבָּאתָ הַבַּיְתָה
כְּאִילוּ שֶׁיָּצָאתָ, יָצָאתָ רַק אֶתְמוֹל.
הַכֹּל פֹּה נִשְׁאַר אוֹתוֹ הַדָּבָר,
אַתָּה עַכְשָׁיו יוֹתֵר מְבוּגָּר.
כֵּן, יוֹתֵר מְבוּגָּר.

אַח, כַּמָּה שֶׁטּוֹב אַתָּה כָּאן,
כַּמָּה שֶׁטּוֹב אַתָּה כְּבָר כָּאן.

כַּמָּה טוֹב שֶׁבָּאתָ הַבַּיְתָה
בֶּאֱמֶת חָשַׁבְתָּ עָלַיי.
כַּמָּה טוֹב שֶׁבָּאתָ, שֶׁבָּאתָ הַבַּיְתָה
כַּמָּה טוֹב שֶׁבָּאתָ אֵלַיי
כֵּן, שֶׁבָּאתָ אֵלַיי.

?
1) בשיר יש שלושה חלקים. על מי ואל מי כל חלק מדבר?
2) מה אתם חושבים: איפה היה האיש, שעכשיו חזר הביתה?

12. א) מה הם מחפשׂים שם?

אפשר לפגוש את הישׂראלים בכל מקום בעולם: בהרי הִימָלָיָה, בג'וּנְגְלִים של בְּרָזִיל, על הקִילִימַנְגָ'רוֹ באפריקה ובכפרים קטנים בפִינְלַנְד. אחרי שהצעירים הישׂראלים גומרים את הצבא, הם מחפשׂים עבודה. הם עובדים קשה, עד שיש להם מספיק כסף לנסיעה. אחרי שנה הם יוצאים לעולם הגדול עם תרמיל גב קטן. בתרמיל יש כמה חולצות פשוטות, מכנסי ג'ינס, שׂק שינה ופנקס עם רשימת כתובות ומספרי טלפון.

אחרי חודש, כאשר ההורים כבר דואגים, הם מתחילים לקבל מכתבים עם בולי דואר מיוחדים ממקומות מעניינים. אחרי חודשיים או שלושה מקבלים ההורים גלויות קצרות עם מעט מילים והרבה רגש. אחר כך - שום דבר. רק דרישות שלום מחברים שפגשו אותם בטיול.

האופנה של טיולים ארוכים בעולם הגדול התחילה בישׂראל בשנות השמונים של המאה העשׂרים.

מה מחפשׂים הצעירים הישׂראלים?

צעירים רבים אומרים שהם רוצים לבקר במקומות רחוקים, מעניינים וזולים. הם מחפשׂים מקומות בלי תיירים, אבל גם שם הם תמיד פוגשים ישׂראלים אחרים שבאו כבר קודם. צעירים אחרים אומרים שהם רוצים להבין את הקשר שלהם למדינה ולמשפחה, לפני שהם בונים בית בישׂראל.

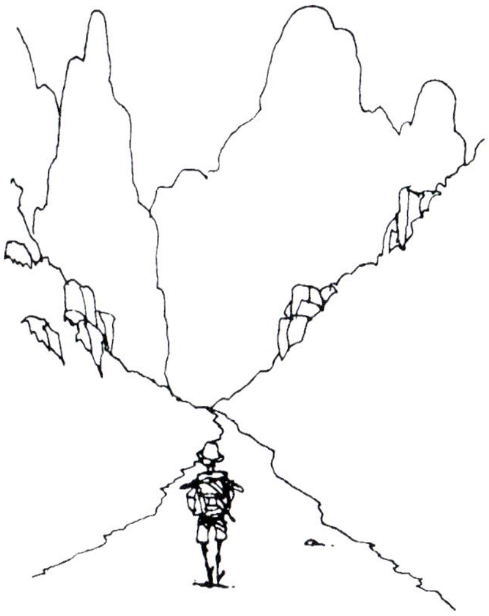

הפסיכולוגים חושבים שהצעירים הישׂראלים רוצים קצת חופש, לפני שהם מתחילים את החיים. הם רוצים אולי לברוח מה"כפר" הקטן שלהם, מישׂראל.

ואולי הם פשוט נוסעים, מפני שכולם נוסעים?

אחרי כמה חודשים, ולפעמים אחרי שנה או שנתיים, הם חוזרים הביתה עם הרבה סיפורים ותמונות מעולם אחר. הם חוזרים עייפים, חכמים יותר ואולי כבר לא כל כך פְּרוֹבִינְצְיָאלִיִּים.

? מה אתם חושבים על אופנת הטיולים?

ב) **ענו על השאלות לפי הקטע:**

1) מה עושׂים הצעירים הישׂראלים מיד אחרי הצבא?

2) מתי הם יוצאים לעולם הגדול?

3) לאן הם רוצים לנסוע, אחרי שיש להם מספיק כסף?

4) מה הם שׂמים בתרמיל, לפני שהם יוצאים?

5) אחרי כמה זמן מקבלים ההורים מכתב?

6) כמה זמן מטיילים הצעירים בחוץ לארץ?

7) אילו מקומות מחפשים הצעירים כשהם נוסעים לחוץ לארץ?

8) מה הצעירים רוצים לעשות, לפני שהם בונים בית?

9) את מי הם פוגשים, כשהם באים למקומות רחוקים?

10) למה הישראלים נוסעים לחו"ל אחרי הצבא?

ג) כתבו לפי שלוש התמונות, גלויות או מכתבים של צעיר או צעירה מהתחלת הטיול, מאמצע הטיול ומסוף הטיול באחת הארצות האֶקְזוֹטִיוֹת.

(2

(1

(3

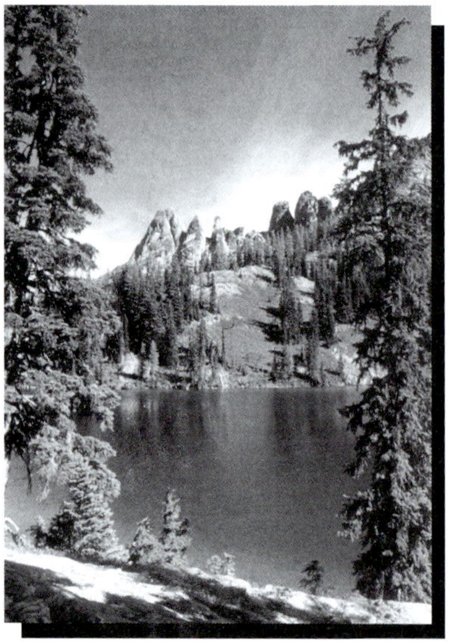

ד) שׂוחחו ביניכם על עוד מקומות בעולם, שאופנתי לנסוע לשם אחרי הלימודים או אחרי הצבא. לאן? עם מי? לכמה זמן? ספרו על עצמכם או על אנשים אחרים.

Discuss other places in the world where going abroad after college or military service is a trend. Where to? With whom? For how long? Tell about yourselves or about other people.

13. תַּיָּר פְּנִים / יהונתן גפן

קוֹמָה שְׁלִישִׁית אֵצֶל נוּרִית בְּרָמַת גָּן,
כָּאן סוֹף-סוֹף נִרְאֶה הָעוֹלָם כְּמוֹ רָמַת גָּן.
וְאַל תְּסַפְּרוּ לִי שֶׁבְּעַרְבוֹת הַפַּמְפַּס שֶׁל
אַרְגֶּנְטִינָה מְעַנְיֵין יוֹתֵר וְאַל תַּגִּידוּ
שֶׁבִּכְפָרִים שֶׁל תַּאִילַנְד מִתְרוֹצְצוֹת יְלִידוֹת
יָפוֹת יוֹתֵר. הָיִיתִי שְׁנָתַיִים בְּאַנְגְּלִיָּה
וְשָׁבוּעַ בְּפָרִיס וַאֲנִי יוֹדֵעַ שֶׁרַק בַּקּוֹמָה
הַשְּׁלִישִׁית שֶׁל נוּרִית נִרְאֶה הָעוֹלָם
כְּמוֹ רָמַת גָּן.

בחרו באפשרות הנכונה לדעתכם והשלימו את המשפט:
Choose the correct answer and complete the sentence:

1. השיר אומר שטוב בבית כי...
2. השיר אומר שרע בבית כי...

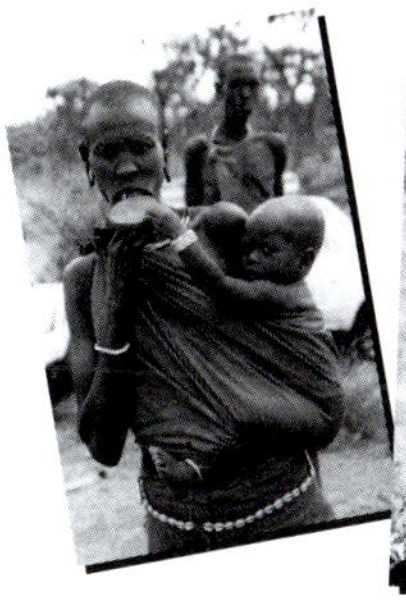

14. מילון

א) גלויות מהדרך

1) די - נמאס לי להיות כל כך רחוק! רציתי להיות פה שנה אבל אני חוזר מחר! הגעגועים גדולים!

2) זהו! זה השבוע האחרון של הטיול שלנו! אנחנו חוזרים אחרי שנה בעולם הגדול - כמו בתוכנית שלנו!

3) החלטתי לא לנסוע לנְיוּ-זִילַנְד. אני עייף ואין לי כסף! כל הכסף שלי נעלם! איזה ייאוש!

4) היה טוב וטוב שהיה! אני ברכבת, בדרך לעיר הגדולה - והביתה!

5) עד עכשיו הטיול נהדר! אנחנו רואים נופים פַנְטַסְטִיִים. אני יושב עכשיו מול הר מלא שלג! אנחנו פוגשים אנשים נחמדים. אנחנו גרים בבתים בכפרים קטנים ואוכלים עם האנשים כאן. יש בעיה עם המים - המים פה לא נקיים ויש הרבה לכלוך. אנחנו גם חולים לפעמים. אבל לא לדאוג - אני בסדר!

ב) **פיעל עתיד**

כתבו את הערך המילוני של כל פועל מהפעלים האלה ומצאו את משמעות הפעלים במילון.

Write down the dictionary entry of every one of these verbs and find its meaning.,

• יסיימו • ~~תסכמי~~ • נבטל • תתארו • אקצר •

דוגמה: המילה - תסכמי.

הערך המילוני - סיכם / סִכֵּם = summarize, sum up

ג) **התאימו את הכותרות לגלויות מהדרך (ב-14א).** Write the appropriate title for every postcard.

• הוא ~~מסכם~~ את הטיול.
• הוא מתאר את הטיול.
• הוא מקצר את הטיול.
• הוא מבטל טיול למקום אחד.
• הוא מסיים את הטיול.

דוגמה: גלויה 2 - *הוא מסכם את הטיול.*

15. קצת יחס, בבקשה!

נטיית מילת היחס - בְּלִי = בלעדי

	ז.	ז. / נ.	נ.
		בִּלְעָדַי	
י.	**בִּלְעָדֶיךָ**		**בִּלְעָדַיִךְ**
	בִּלְעָדָיו		**בִּלְעָדֶיהָ**
		בִּלְעָדֵינוּ	
ר.	**בִּלְעֲדֵיכֶם**		**בִּלְעֲדֵיכֶן**
	בִּלְעֲדֵיהֶם		**בִּלְעֲדֵיהֶן**

מה אני בלעדיכם!

חברים יקרים, תודה רבה על מסיבת יום ההולדת הנהדרת שעשיתם לי. קודם כול, תודה רבה שחשבתם על המסיבה בשבילי - בלעדיי. איתי זה בטח לא היה הולך! אני רוצה לומר לכל אחד ואחד תודה מיוחדת. לחנה, אשתי, שבלעדיה אין לי שׂמחה בחיים - תודה רבה. תודה רבה לשני הילדים שלי: אוֹרית - בלעדייך אני מרגיש כמו חצי;
וְגל - בלעדיך אני מרגיש כמו החצי השני... ככה זה עם הילדים: הם אולי יכולים לחיות בלעדינו, אבל אנחנו לא יכולים לחיות בלעדיהם. אני רוצה לומר תודה למֹשֶה, שהוא כמו אח בשבילי. בלעדיו אני איש בודד, ואיתו אני מרגיש מה זה חבר אמת.
תודה רבה לכל הדודות שלי. בלעדיכן אני צריך לחשוב על החיים כמו איש מבוגר. איתכן אני יכול להמשיך לחשוב שאני עדיין ילד.
ולבסוף, אני רוצה לומר תודה לאימא ולאבא שלי: בלעדיכם לא הייתי עומד פה ואומר תודה.

?

1) קראו את הטקסט ברגש רב!

2) אמרו את דברי התשובה של אחד המשתתפים במסיבה.

ממש אהבה

כי בלעדייך בחוץ אפור ובחדר קר
וזה כואב.
כי בלעדייך - אותה המחשבה.
(אייל גולן)

16. השלימו את מילת היחס בלי בנפרד או בנטייה (=בלעדי).

1) הרבה אנשים לא באו להרצאה בזמן, והפרופסור התחיל את ההרצאה --- . כאשר הם הגיעו הם שאלו אותו: למה התחלת את ההרצאה --- ?

הפרופסור לספרות לא כעס, הוא רק אמר בשקט: התחלתי את ההרצאה --- כי הגיע הזמן. אני מוכן להמשיך אותה איתכם. שבו בשקט, בבקשה.

2) ילדות שלנו,
אנחנו בפריז. יושבים מול האַיְפֶל. כל כך יָפֶה פֹּה, רק חבל לנו שאנחנו פה --- . מה אתן עושות בבית --- ? אנחנו קונים לכן הרבה מתנות ושולחים עכשיו הרבה נשיקות.
אבא ואימא.

3) הם לא רצו ללכת איתו לראות סרט בקולנוע, אז הוא הלך --- .

4) אני כל כך אוהב את רותי. אני מרגיש ש--- אין לי חיים. אבל היא אף פעם לא אמרה לי שהיא לא יכולה--- . כמה שהייתי רוצה לשמוע אותה אומרת: דניאל, אני לא יכולה --- !

5) הוא נכשל בתפקיד החדש, כי --- מקצוע ו--- רצון אי אפשר להצליח.

6) החבר של חנה נעלם, ו--- החיים שלה קשים ועצובים.

7) תבואו בבקשה למסיבה. --- המסיבה לא תהיה אותו דבר.

8) אם לא אבוא בזמן, תטוסו --- ואני אבוא מחר.

9) אני לא יכולה לגור בבית --- אמבטיה.

מַמָּשׁ אהבה

כי אַת הנשמה...
בלעדייך
אני חצי בן אדם
(ליאור נרקיס)

17. קראו והשלימו את המילים החסרות:

שְׂפַת הגוף

כאשר אדם מדבר לא רק ה--- זז, כל הגוף שלו זז ו'מדבר'. אַנְתְרוֹפּוֹלוֹגִים, סוֹצְיוֹלוֹגִים וּפְסִיכוֹלוֹגִים חקרו את התנועות של האדם כאשר הוא מדבר; לתנועות האלה קוראים החוקרים שְׂפַת הגוף.

שְׂפת הגוף מספרת לנו על היחסים בין אנשים: מתי אדם רוצה להיות --- לאדם אחר, ומתי הוא רוצה להיות רחוק.

שְׂפת הגוף אומרת לנו מה האדם באמת --- - אם הוא שָׂמח או עצוב. לפי שְׂפת הגוף, אנחנו גם יכולים לדעת אם אדם מתרגש מאוד או פוחד. סַמִי מוֹלְכוֹ מאוֹסְטְרִיָה חושב ששְׂפת הגוף אומרת לנו גם מתי אדם משקר; יש סימנים לשקר ב--- הידיים והראש.

החוקרים מדברים על שְׂפת הגוף בתרבויות שונות. למשל, איך 'מדבר' הגוף בפגישה ראשונה עם אנשים שלא --- קודם. בתרבויות המזרח הרחוק כמו ב--- וביַפָּן אומרים 'שלום' ו'נעים מאוד' וזזים קצת; לא עומדים קרוב ולא נוגעים אחד בשני. בדרום אמריקה אנשים מחבקים זה את זה ונותנים נשיקה כבר ב--- הראשונה.

החוקרים חושבים שכל אדם יכול ללמוד מה לעשׂות עם הידיים שלו, אילו תנועות לעשׂות עם הראש כדי להשפיע על האנשים ש--- אותו. לכן יש היום בתי ספר ומורים מיוחדים לשְׂפת הגוף. פוליטיקאים, אנשי טלוויזיה, מנהלים ומורים שרוצים --- מה אומרת שְׂפת הגוף שלהם, הולכים לבתי ספר לשְׂפת הגוף. שם הם יכולים גם ללמוד איך לא לומר דבר אחד במילים, ודבר אחר ב---. אולי כדאי לכל אחד מאיתנו ללכת לבתי הספר האלה, כי לפי החוקרים שְׂפת הגוף של אדם משפיעה על הקשרים שלו עם אחרים. אנשים מחליטים אם אדם חם או קר, ואנשים אוהבים או לא אוהבים אדם, גם לפי מה שהפה --- וגם לפי מה שה--- אומר.

(לפי: שְׂפת הגוף, פרופ' סמי מולכו)

?

כתבו מכתב של מישהו שמטייל בעולם הגדול ומספר על שְׂפות הגוף שהוא ראה בתרבויות שונות.

18. אל יאללה, ביי!

חם וקר

מצאו את משמעויות הביטויים במילון.

- חם.
- חם לי!
- יש לי חום!
- איש חם.

- קר.
- קר לי!
- מה הקור הזה?!
- איש קר.

19. א-פרופו

חום וקור

- שלום דוקטור.
- בוקר טוב. מה שלומך?
- ככה. אני לא יודע מה יש לי. אני כבר שבוע מצונן ולא מפסיק להתעטש.
- אתה גם משתעל?
- קצת. אבל הגרון לא כואב לי.
- אני רואה שהעיניים שלך אדומות. זה כבר הרבה זמן?
- אדומות? באמת? לא שׂמתי לב לעיניים. הייתי בטוח שזאת סתם שפעת, אבל זה לא עובר.
- יש לך חום?
- לא ממש. לפעמים בערב יש לי חום נמוך.
- תגיד, יש לך בבית כלב או חתול?
- כן, יש לי חתול, למה?
- אני חושב שיש לך אָלֶרְגִיָה לחתולים.
- אז מה עושׂים?
- אתה צריך להחליט: או להישאר עם החתול או עם האלרגיה, תלוי את מי אתה אוהב יותר.

? המחיזו שׂיחה אחרת אצל רופא עיניים או אצל אורתוֹפֵּד. בסוף השׂיחה הרופא אומר: אני חושב שאתה צריך משקפיים. / אני חושב שאתה צריך נעליים יותר נוחות.

מילים:

גָּרוֹן ז׳, גְּרוֹנוֹת • הִתְעַטֵּשׁ, לְהִתְעַטֵּשׁ • הִשְׁתַּעֵל, לְהִשְׁתַּעֵל • חָתוּל ז׳ • סְתָם • תָּלוּי בְּ...

.20 מילון

מיליות : ב... ה... ו... כ... כש... ל... מ... ש...

Particles

דוגמה: **כְּשֶׁ**הוא אוכל בשׂר, הוא אוכל רק בשׂר **כָּשֵׁ**ר!

א) כתבו את הערך המילוני של כל מילה ונסו להבין את המשפט.

ב) ליד כל משפט סמנו ☺ או: ☹

1) כשלנו בבית המלון בכפר, לא היו שם מים ולא שתינו. לכן, כשלנו כשטיפסנו על הר הקרח.

2) בחלק השני של הסימפוניה לויולות יש מנגינה משכרת.

3) ורדים ורודים עם לילך מתקתק - כשי לך!

4) יש לו כשרון שחזור מעולה.

5) בלבול, שגיאות מוזרות, כישלון ודאי!

.21 **כְּשֶׁ** / מאיר ויזלטיר

כְּשֶׁהָיִיתִי בֶּן עֶשְׂרִים וְ... כְּשֶׁהָיִיתִי בֶּן עֶשְׂרִים?
הָיִיתָ? וַדַּאי שֶׁהָיִיתָ. אַתָּה לֹא מַאֲמִין?
אַתָּה הָיִיתָ, הוּא הָיָה וְהִיא הָיְתָה.
הַכֹּל הָיָה, אַתֶּם הֱיִיתֶם.
כְּשֶׁהֱיִיתֶם, הֱיִיתֶם.
רְאִיתֶם.
אַתָּה זוֹכֵר, כְּשֶׁרָאִיתִי... אָמַרְתִּי לְךָ, תִּרְאֶה אֲנִי רוֹאָה...
זֶה הָיָה מָתַי?
זֶה הָיָה. הָיִינוּ מְטַיְּלִים, הָיִינוּ אוֹמְרִים.
לְפָנַי.
אָז.
כְּשֶׁ. אַתָּה זוֹכֵר כְּשֶׁ?
כְּשֶׁמָּה? שׁוּם דָּבָר. וְלֹא חָשׁוּב מָה. לֹא חָשׁוּב מָה.
אָז. כְּשֶׁהָיָה.
כְּשֶׁאָמַרְתִּי.
אַתָּה זוֹכֵר אָז, כְּשֶׁאָמַרְתִּי
מָה יִהְיֶה אֲנִי פּוֹחֶדֶת.
אַתָּה זוֹכֵר, כְּשֶׁאָמַרְתִּי, מָה יִהְיֶה, אֲנִי פּוֹחֶדֶת?

? מי המדברים ועל מה הם מדברים?

Summary of Topics — האוצר הלשוני

Vocabulary — א. אוצר המילים

פעלים / Verbs

גָּנַב, לִגְנוֹב	steal
נָגַע, לָגַעַת/לִנְגוֹעַ (בְּ...)	touch
נֶעֱלַם, לְהֵיעָלֵם	disappear
צִלְצֵל, לְצַלְצֵל	ring, call
תִּרְגֵּם, לְתַרְגֵּם	translate

שמות תואר / Adjectives

בָּרוּר, בְּרוּרָה	clear / obvious

שונות / Miscellaneous

בִּלְעֲדֵי	without
כְּשֶׁ... / כַּאֲשֶׁר	when
לְפָנִים	in front
מֵאָחוֹר	from behind
נִמְאָס לְ...	fed up with...

שמות עצם / Nouns

אוֹפְנָה נ.	trend / fashion
אֵזוֹר ז.	area
יֶרַח דְּבַשׁ ז.	honey moon
כְּתָב ז.	writing
כְּתוֹבֶת נ.	address/inscription
מַשְׂכּוֹרֶת נ.	salary
עֶצֶם ז.	object
פִּנְקָס ז.	note pad
רַכֶּבֶת נ.	train
רְשִׁימָה נ.	list
שׁוֹר ז.	bull
שַׂק שֵׁינָה ז.	sleeping bag
תַּרְמִיל גַּב ז.	backpack
תְּנוּעָה נ.	movement

ב. נושאים לשוניים — Grammatical topics

צורות: פועל: • בניין פיעל, גזרת השלמים, זמן עתיד.

דוגמה: *יסדר*

• נטיית מילת היחס - **בלי=בלעדי**

דוגמה: *בלעדי*

תחביר: • משפטי זמן — Temporal (time) Clause

דוגמה: *עבדתי, לפני שנסעתי לחו"ל.*

מילון: • פעלים בבניין פִּיעֵל, זמן עתיד

• מיליות: ב..., ה..., ו..., כ..., כש..., ל... מ..., ש... — Particles

שיעור 7

1. **לִהְיוֹת** בזמן עתיד

	ז.	ז./ נ.	נ.
י.		אֶהְיֶה	
	תִּהְיֶה		תִּהְיִי
	יִהְיֶה		תִּהְיֶה
ר.		נִהְיֶה	
		תִּהְיוּ	
		יִהְיוּ	

אֶהְיֶה אֲשֶׁר אֶהְיֶה (שמות ג 14)

א) **כו--- לם יהיו שם!**

רותי: הי, דינה, מה נשמע? תהיי מחר בערב בבית?

דינה: כן.

רותי: גם חנן יהיה? כבר המון זמן לא ראינו אתכם, אז חשבנו לבוא לבקר אצלכם, בסדר?

דינה: בשׂמחה. עד שמונה אהיה בעבודה, ואחר כך חנן יבוא לקחת אותי הביתה. רק רגע, אני רוצה לשאול את חנן, אם הוא יהיה מחר בערב בבית.

(לחנן): חנן, תהיה מחר בערב בבית?

חנן: אם אני אהיה בבית?! בטח, כל הערב. לאן יש לי ללכת?!

דינה: (לרותי) נהיה בבית מתשע בערך.

רותי: תגידי, חנן יהיה מחר בספרייה?

דינה: כן. הוא נפגש שם עם איש מחשבים שעוזר לו עם המחשב. הם יהיו בספרייה כל היום. הפגישות שלהם תמיד נמשכות שעות. למה?

רותי: אז אולי הוא יכול לקחת לי ספר מהספרייה?

דינה: כן, אין בעיה. איזה ספר את צריכה?

רותי: "יהיה טוב". זה ספר חדש בפסיכולוגיה.

דינה: בסדר גמור. אני מייד אומרת לו.

רותי: תודה רבה! אז תהיו בבית מ-9:00, נכון?

דינה: כן, בכֵּיף! תבואו, נפטפט, נקשקש...יהיה נחמד!

? כמה אנשים יהיו בבית של חנן ודינה מחר בתשע ערב?

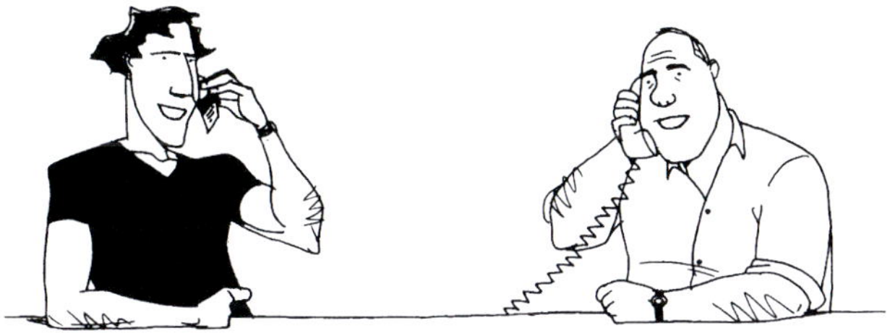

ב) ספרו על היום של דינה, חנן ורותי כאילו זה היה אתמול: דינה הייתה בעבודה עד שמונה...

Tell the story of the day of רותי, חנן, דינה as if it were yesterday. דינה was at work until eight o'clock.

ג) כתבו לפי השׂיחה מי הנושׂא בכל משפט.

Write according to the dialogue who is the subject in each sentence.

דוגמה: יהיו מחר בבית מתשע. ***דינה וחנן***

1) אהיה בבית מחר כל הערב.

2) יהיו בספרייה כל היום.

3) תהיה בעבודה עד שמונה.

4) יהיו בבית של חנן ודינה מחר בערב.

ד) המחיזו את הסיפור כשהמדברים הם שני בחורים : דני וחנן.

Role play: dramatize the story with two young men - דני and חנן as the speakers.

.2 אמרו או כתבו בעתיד:

דוגמה: הכתובת שלה תמיד בפנקס הכתובות שלי.

הכתובת שלה תהיה תמיד בפנקס הכתובות שלי.

1) את בריאה.

2) אתם במרכז העניינים.

3) אתה ארכאולוג מצוין.

4) הילדים עייפים מאוד בגלל החום.

5) אתם איתנו?

6) היא לא מורה, היא אומנית.

7) חשבנו שאתן בקונצרט.

8) המוזאון סגור כל החודש.

9) מתי את אצל רוני?

10) אני לא ראש הממשלה.

11) הן הסטודנטיות הכי טובות.

12) אני תמיד בארץ.

13) זה סרט פְּרוֹבוֹקָטִיבִי.

14) אתה אומן גדול ומפורסם.

15) כשהוא בבית, את לא עצובה.

16) את שלי לָנֶצַח!

17) כתב היד שלו אף פעם לא ברור.

18) בלי שַׂק השינה ותרמיל הגב אני לא אני.

19) כשהוא שם, אני פה, וכשהוא פה אני שם.

3. **בניין פעל, גזרת ל"י, זמן עתיד**

לִקְנוֹת

	ז.	ז./נ.	נ	ז.	ז./נ.
י.	אֶקְנֶה		אֶ☐ְ☐ֶה		
	תִקְנֶה	תִקְנִי	תִ☐ְ☐ֶה		תִ☐ְ☐ִי
	יִקְנֶה	תִקְנֶה	יִ☐ְ☐ֶה		תִ☐ְ☐ֶה
ר.	נִקְנֶה		נִ☐ְ☐ֶה		
	תִקְנוּ		תִ☐ְ☐וּ		
	יִקְנוּ		יִ☐ְ☐וּ		

וכך גם: לִשְׁתּוֹת, לִרְאוֹת, לִרְצוֹת, לִבְנוֹת

א) **אמרו או כתבו את שם הגוף.**

דוגמה: *אני* אשתה.

1) --- יהיו.

2) --- תבני.

3) --- תראו.

4) --- אקנה.

5) --- תרצו.

ב) **השלימו את הטבלה בכל הגופים בעתיד.**

אני	אתה	את	הוא	היא	אנחנו	אתם/אתן	הם/הן
אשתה	---	---	---	---	---	---	---
---	תקנה	---	---	---	---	---	---
---	---	תראי	---	---	---	---	---
---	---	---	יהיה	---	---	---	---
---	---	---	---	תרצה	---	---	---
---	---	---	---	---	נבנה	---	---
---	---	---	---	---	---	תחיו	---
---	---	---	---	---	---	---	יבכו

ג)   **אמרו את כל הפעלים בתרגיל 3 ב) בצורת הערך המילוני שלהם.**

דוגמה: אשתה = שתה

Say all the verbs in exercise (ב 3 as they would appear in the dictionary.

ד)   **הפועל האחרון בתרגיל 3 ב) הוא פועל חדש. מצאו את משמעותו במילון.**

The last verb in (ב 3 is a new verb. Find its meaning in the dictionary.

בניין פעל, גזרת ל"י, פה"פ גרוניות, זמן עתיד

- בפעלים המתחילים ב-**ע** שומעים בעתיד □ַ□ֲ כמו בשם הפועל, חוץ מגוף ראשון יחיד:
□ֶ□ֱ - אֶעֱשֶׂה, תַּעֲשֶׂה...

Verbs beginning with the letter **ע** are conjugated with an **a** vowel □ַ□ֲ except for first person singular: □ֶ□ֱ.

- בפעלים המתחילים ב-**ח** שומעים בעתיד □ֶ□ְ או □ֶ□ֱ - אֶחְלֶה, תֶּחְלֶה...

Verbs beginning with the letter **ח** are conjugated with an **e** vowel □ֶ□ְ or □ֶ□ֱ.

ה)   **אמרו או כתבו בעתיד:**

כל ה... כבוד!

דוגמה: עניתי על כל השאלות.   *אענה על כל השאלות.*

1) עשית את כל שיעורי הבית.

2) רצינו לקנות את כל הרהיטים שבחנות.
3) הם שתו את כל המיץ.
4) משפחה אחת בנתה את כל הבניינים באזור.
5) בירח הדבש ראיתם את כל המקומות באיטליה!
6) בתחילת הטיול הן חלו בכל המחלות שבעולם, אבל אחר כך הן היו בריאות.
7) הייתן בכל המסיבות בעיר.

8) אני קונה את כל השמלות בחנות.
9) הוא רואה את כל הסרטים בסינמטק.
10) בסוף הסימסטר כל התלמידים ברמה ב' עולים לרמה ג'.

ו)   **הוסיפו כרצונכם ביטוי מתאים לכל משפט, למשל: איזה יופי! איזה יֵיאוּש! כל הכבוד!**

4. בתנ"ך וגם היום – ל"י בכל מקום

עד סוף המאה ה-19 יהודים רבים לא האמינו שאפשר
לבנות מדינה יהודית. ב-1898 בקונגרס היהודי הראשון,
אמר בנימין זאב הרצל לחברי הקונגרס וליהודים בכל
העולם: **"אם תרצו, אין זו אַגָּדָה".**

בשנות העשרים שרו החלוצים שבנו את
תל אביב:
"מי יבְנֶה, יבְנֶה בַּיִת בְּתֵל אָבִיב?
אֲנַחְנוּ הַחֲלוּצִים נִבְנֶה אֶת תֵּל אָבִיב!"

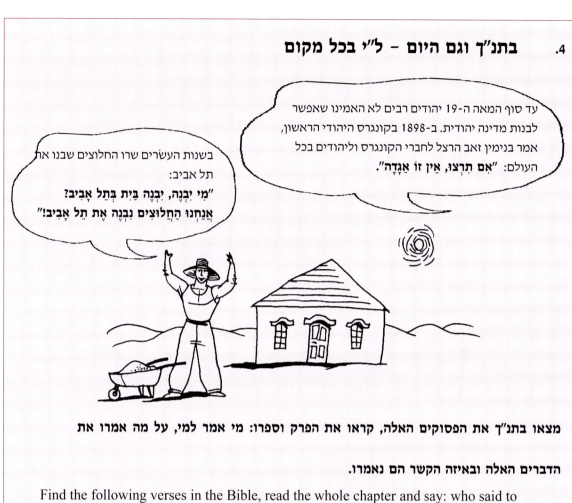

מצאו בתנ"ך את הפסוקים האלה, קראו את הפרק וספרו: מי אמר למי, על מה אמרו את

הדברים האלה ובאיזה הקשר הם נאמרו.

Find the following verses in the Bible, read the whole chapter and say: who said to
whom, what were they talking about, and in what context were they said.

וַאֲנִי אֶהְיֶה לָהֶם לֵאלֹהִים בֶּאֱמֶת וּבִצְדָקָה: (זכריה ח 8)

דוגמה: הנביא זכריה אומר שאם את דברי אלוהים
אז היאים הטובים לעתיד לבוא.

מִי-יַעֲלֶה בְהַר-יְהוָה וּמִי-יָקוּם בִּמְקוֹם קָדְשׁוֹ: (תהילים כד 3)

| הישר=הנכון |

אִישׁ הַיָּשָׁר בְּעֵינָיו יַעֲשֶׂה (שופטים יז 6)

וַיֹּאמְרוּ תְּנוּ-לָנוּ מַיִם וְנִשְׁתֶּה (שמות יז 2)

| נבון=חכם |

לֵב נָבוֹן יִקְנֶה-דָּעַת (משלי יח 15)

כִּי הָאָדָם יִרְאֶה לַעֵינַיִם וַיהוָה יִרְאֶה לַלֵּבָב (שמואל א' טז 7)

וְהַכֶּסֶף יַעֲנֶה אֶת-הַכֹּל (קהלת י 19)

5. מילון

בניין פעל, גזרת ל״י

א) כתבו את הערך המילוני של כל פועל ומצאו את משמעות הפעלים.

Write down the dictionary entry of the following verbs and find out their meanings.

לדחות   לשחות   לטעות   לְצַפּוֹת   לתלות

ב) שבצו את הפעלים במשפטים:

Complete the sentences using the verbs:

הכול מותר - חופש לילדים!

1) אם הוא רוצה, הוא יכול --- בים באמצע החורף.

2) הוא יכול --- בחדר שלו כל תמונה וכל פּוֹסְטֶר שהוא רוצה.

3) מותר לו --- בכל סרט טלוויזיה, או בכל סרט קולנוע שהוא רוצה.

4) אם הוא לא רוצה לעשות היום שיעורי בית, הוא יכול --- אותם למחר.

5) אם הוא לא יודע, מותר לו ---. אף אחד לא מלאך.

ג) כתבו: הכול אסור - אין חופש לילדים!

6. קצת יחס, בבקשה!

נטיית המילה - כְּמוֹ

	ז.	ז./נ.	נ.
י.	כָּמוֹךָ כָּמוֹהוּ	כָּמוֹנִי	כָּמוֹךְ כָּמוֹהָ
ר.	כְּמוֹכֶם כְּמוֹהֶם (כְּמוֹתָם)	כָּמוֹנוּ	כְּמוֹכֶן כְּמוֹהֶן (כְּמוֹתָן)

אֵין־כָּמוֹךָ בָאֱלֹהִים ׀ אֲדֹנָי (תהלים פ״ו 8)

א) **אין כמוני?**

הוא לא מאושר כי הוא חושב תמיד שהדשא של השכן ירוק יותר. הוא רוצה להיות כמו מישהו אחר.

יש לו שכן חכם ומוצלח, אז הוא רוצה להיות חכם ומוצלח כמוהו. לחברים שלו יש הרבה כסף, אז הוא רוצה להיות עשיר כמוהם. האישה שלו תמיד שׂמחה והוא אומר: "למה אני לא שׂמח כמוה?! למה אני לא יכול לומר לה: תלמדי אותי איך להיות מאושר כמוך. אף אחד לא עצוב כמוני" הוא אומר וכמעט בוכה.

זוג צעיר ונחמד גר ליד הבית שלו, והם תמיד צוחקים ומאושרים. הוא אומר להם: "אוי, כמה שאני רוצה להיות כמוכם."

ב) **המשיכו את הסיפור בצורת שׂיחה.**
Continue the story as a dialogue:

יום אחד הוא פגש איש שאמר לו:

- בוקר טוב מר "אין כמוך"!
- כמוני? אני לא מאמין...
- כן. אני רוצה להיות כמוך! ...

7. א) **השלימו את המילה כמו בנפרד או בנטייה.**

1) נַרְקִיס חושב שאף אחד לא יכול להיות ---. הוא הכי יפה, הכי חכם, הכי נחמד.

2) רינה לומדת כל נושׂא במהירות. גם אני ---, לומדת הכול מהר, אבל אני גם שוכחת הכול במהירות.

3) הכתב הסיני הוא לא --- הכתב היפני.

4) אתם מצליחים מאוד ו"עושׂים הרבה כסף"; כולם רוצים להיות ---.

5) - יוסף, אתה תמיד צוחק ומאושר. קשה להיות --- מה הסוד שלך?

6) למה הם יכולים לבחור ואנחנו לא? אנחנו רוצים להיות --- אזרחים שווים במדינה חופשית.

7) --- באמריקה, גם בישׂראל, האופנה האחרונה מגיעה מפָּרִיז.

8) - יהודית, באמת תודה על הכול. עזרת לי מאוד. אין ---!

ב) **לפניכם שני פסוקים מן התנ"ך. מצאו אותם בתנ"ך, חשבו ואמרו באילו מצבים יומיומיים אומרים אותם.**

Below are two verses from the Bible. Find them in the Bible and think under what everyday circumtances we would use them.

וְאָהַבְתָּ לְרֵעֲךָ כָּמוֹךָ (ויקרא יט, 18) — רעך= הרע שלך= החבר שלך

כָּמוֹנִי כָמוֹךָ וּכְעַמְּךָ עַמִּי (דברי הימים ב׳ יח, 3) — כעמך = כמו העם שלך

מאי אהבה

אין כמוה! מי יודע זאת כמוני!
ואין כבר כוח שייקח אותה ממני.
(רמי קליינשטיין)

ג)

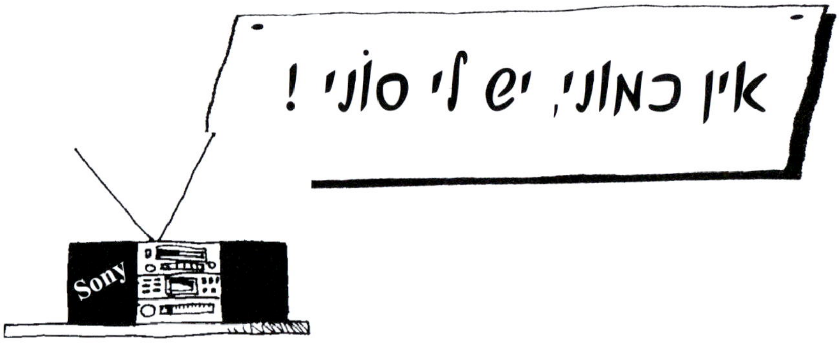

אמרו עוד שלושה משפטים דומים כפרסומות.

8. אל יאללה, ב"י!

כזה כאילו מה-זה דירה

תְּשמעִי קֶטַע: אז-ככה, ראיתי מה-זה דירה! וכאילו -דיברתי עם הבעל בית -כזה - וככה - והוא אמר לי כמה הוא רוצה כאילו לחודש, והדירה מה-זה -יפה... -ככה -ממש -כמו - משהו... ממש- חבל-על-הזמן-כזה... מה-אני-יגיד-לך?! אני מה-זה רוצה אותה.

1) את מי או את מה היא רוצה?

2) אמרו קטע דומה על דירה שאתם לא רוצים.
שימו לב: אפשר להגיד בדיוק אותו דבר ולהחליף בטקסט רק את המילים: **רוצה** ו**יפה**.

9. א-פרופו

דירה

- תשמעי, איזה ייאוש! אין לי איפה לגור.
- למה, לא קיבלת חדר במעונות?
- לא. אתמול טלפנו והודיעו לי שלא אקבל חדר במעונות כי להורים שלי יש דירה בעיר.
- ממש חוצפה! אבל מה אתה דואג?! יש המון דירות באזור.
- כן, אתמול כבר הייתי בשלוש דירות, אבל אף אחת לא מצאה חן בעיניי, וחוץ מזה יש לי בעיה. יש לי כלב והוא עושה המון לכלוך ורעש.
- זאת באמת בעיה נורא קשה לשׂכור דירה, אם יש לך כלב או חתול.
- דווקא בעל בית אחד כן הסכים, אבל שׂכר הדירה היה בשמים.
- תשמע, אתה יכול לגור אצלנו עד שתמצא חדר.

המחיזו שיחה בין בעל בית לסטודנט בעל כלב.

מילים:

הֵינְתָיִים • בַּעַל בַּיִת ז. • חוּצְפָּה נ. • מָצָא חֵן בְּעֵינַיי... • מְעוֹנוֹת ז.ר. • שָׂכַר, לִשְׂכּוֹר • שְׂכַר דִירָה

.10 דרך האיווי (פעלים מודליים)

לרצות (עבר, הווה, עתיד) **ש...**
לבקש (עבר, הווה, עתיד) **ש...**
+ משפט בעתיד

דוגמות:

- אוהבי הטבע **רוצים** שלא יהרגו את החיות.
- ההורים **רוצים** שהילדים יקראו יותר ספרים.
- המנהל **ביקש** שהעובדים יבואו בזמן לעבודה.
- הרופא **מבקש** שהמבקרים ישמרו על שקט בבית החולים.

אחרי פעלי רצייה כמו **לרצות** ו **לבקש**, הפועל במשפט המושא הוא בעתיד, אם הנושא במשפט המושא לא זהה לנושא במשפט העיקרי.

In object clauses following request verbs, such as לרצות and לבקש, the future tense is used. In these sentences the subject of the clause is different from the subject of the main sentence.

דוגמה: אני רוצה שאתה תבוא. = אני רוצה, ואתה תבוא.

אם הנושא זהה, משתמשים בשם הפועל.

When the same person reappears, the verb in the clause is used in its infinitive form.

דוגמה: אני רוצה לראות את כל העולם. = אני רוצה, ואני אראה.

א) השלימו את הפועל בצורה הנכונה:

דוגמה: המחנכים רוצים ***שנלמד*** היסטוריה יהודית - על העם ועל התרבות שלנו! (ללמוד)

1) המחנכים רוצים, שההורים שלנו --- לנו על ההיסטוריה של המשפחות שלהם. (לספר)

2) המחנכים רוצים, שכל תלמיד --- איך לבנות עולם טוב יותר בעתיד. (לחשוב)

3) המחנכים רוצים, שהחברה לא --- על השגיאות שעשׂו בעבר. (לחזור)

4) המחנכים רוצים, שגם אתם --- איך חיו בעבר ואיך חיים היום. (לראות)

5) המחנכים רוצים, שכולם --- איך עם ישׂראל שמר על התרבות שלו כל השנים. (ללמוד)

ב) כתבו: למה ללמוד פילוסופיה, ביולוגיה או שׂפות אחרות?

11. יד ושם

בְּמַאי 1953, חמש שנים אחרי שקמה מדינת ישׂראל, החליטה הכנסת לבנות מוזאון ומוסד מדעי למחקר השואה - "יד ושם".

השם של האתר הוא לפי פסוק מספר ישעיה:

וְנָתַתִּ֨י לָהֶ֜ם בְּבֵיתִ֤י וּבְחוֹמֹתַי֙ יָ֣ד וָשֵׁ֔ם ט֖וֹב מִבָּנִ֣ים וּמִבָּנ֑וֹת שֵׁ֤ם עוֹלָם֙ אֶתֶּן־ל֔וֹ אֲשֶׁ֖ר לֹ֥א יִכָּרֵֽת׃
(ישעיהו נ"ו 5)

ראשי המדינה רצו שאזרחי ישׂראל והתיירים שבאים לישׂראל, יזכרו את ששה מיליון היהודים שנהרגו בשואה, וילמדו על הקהילות היהודיות שהיו באירופה לפני השואה.

הם רצו שיהיה בישׂראל מוסד שיחקור את השואה, ויאסוף אינפורמציה על יהודי הגיטאות ועל קבוצות הפַּרְטִיזָנִים שנלחמו בנאצים. חוקרי השואה רצו לבנות ספרייה שתאסוף את כל שמות האנשים שנהרגו בשואה ותשמור על תעודות ומכתבים שנמצאו במקומות שונים.

הם רצו גם שאנשים יספרו על "חסידי אומות העולם" - אנשים לא יהודים שעזרו ליהודים בתקופת השואה. הם ביקשו מאנשים שישלחו ל"יד ושם" כל אִינְפוֹרְמַצְיָה שיש להם על המלחמה ועל אנשים שהיו באירופה בשנות המלחמה.

אחת השאלות המרכזיות שעומדת עד היום לפני ראשי "יד ושם" היא איך להסביר ואיך ללמד את השואה. האם אנחנו רוצים שהצעירים ילמדו על השואה ויראו את המחנות, את הגיטאות, את הפרטיזנים ואת המתים בתמונות ובסרטים, או שאנחנו רוצים שהם גם יכירו את החיים היהודיים באירופה שהיו באירופה לפני השואה?

אנדרטת הקרון, משה ספדי, יד ושם, ירושלים

שאלה אחרת היא איך לבנות את הקשר בין השואה לבין מדינת ישׂראל. מנהלי "יד ושם" שואלים מה היא המטרה של "יד ושם": האם אנחנו רוצים שהמבקרים ב"יד ושם" יחשבו רק על המשמעות האוּנִיבֶרְסָלִית והמוסרית של השואה, או שהם יחשבו גם על הציונות ועל המדינה היהודית, שקמה אחרי השואה?

ב"יד ושם" יש הרבה מאוד יצירות אומנות על השואה: סרטים, הצגות, תאטרונים, פסלים וציורים. גם כאן עולה שאלה מעניינת וחשובה - האם האומנות יכולה לספר וללמד על השואה, ואיך אפשר לבנות פסל יפה, לצייר ציור אֶסְתֵטִי או לכתוב הצגה ואפילו מצחיקה על נושׂא כל כך נורא?

(לפי: ירושלים וכל נתיבותיה בעריכת אייל מירון)

? מה הן התשובות שלכם לשאלות בטקסט?

בקעת הקהילות החרבות, יד ושם, ירושלים

א) הקטע מספר על המטרות של "יד ושם": מה אנשים רצו וביקשו שיהיה ב"יד ושם" בעתיד. המוסד קם ואלפי אנשים מבקרים שם כל חודש. כתבו על "יד ושם" בהווה. אמרו בזמן הווה את כל המשפטים שהם בקטע בזמן עתיד:

This excerpt tells about the goals of "יד ושם" : How did people envisage the future of "יד ושם"? Since this institution was established, thousands of people have been visiting it every month. Write about "יד ושם" in the present. Turn all future tense sentences in the excerpt into the present tense:

דוגמה: שורה 5: ראשי המדינה רצו שאזרחי ישׂראל והתיירים שבאים לישׂראל, יזכרו את ששה מיליון היהודים שנהרגו בשואה.

ב"יד ושם" זוכרים את ששה מיליון היהודים שנהרגו בשואה.

ב) כתבו את דעותיהם של אנשים שונים בקשר לתפקידים ולמטרות של "יד ושם" כמו בדוגמא:

Write down different people's opinions about the functions and the goals of "יד ושם". Use the following model:

דוגמה: - *"אני חושב שלא צריך לשים פסלים וציורים ב"יד ושם", כי לפי דעתי אסור לספר בדרך אומנותית ואסתטית על השואה."*

- *"אני חושב שצריכים להיות הרבה פסלים ותמונות ב"יד ושם", כי לפי דעתי האומנות היא עוד דרך להבין את הטרגדיה הנוראה."*

ד) חפשו אינפורציה בספרים או במחשב על אחד מ"חסידי אומות העולם" - אוסקר שינדלֶר, ראול וַלֶנְבֶּרְג או מישהו אחר וכתבו עליו או עליה.

Find more information (in books or internet) about the World Righteous People - Oscar Schindler, Raoul Wallenberg or anyone else and write a few lines about him/her.

12. כָּתוּב בְּעִיפָּרוֹן בַּקָּרוֹן הֶחָתוּם / דָּן פַּגִּיס

כָּאן בַּמִּשְׁלוֹחַ הַזֶּה
אֲנִי חַוָּה
עִם הֶבֶל בְּנִי
אִם תִּרְאוּ אֶת בְּנִי הַגָּדוֹל
קַיִן בֶּן אָדָם
תַּגִּידוּ לוֹ שֶׁאֲנִי

?
מה אתם חושבים:
מה רצתה חַוָּה לומר?

13. יַאנוּש קוֹרְצַ'אק - פרק א': על ילדים ועל חינוך

- הילד הוא אדם. צריך לכבד את האדם הטוב ואת האדם הרע.
- אם תכבד את הילד הטוב, הוא יעזור לך. אם תכבד את הילד הרע, הוא לא יהיה רע.
- כמה שעות ילד צריך לישון? כמה שהוא ישן.
- אסור למחנך לומר: "קראתי הרבה ספרים על ילדים. אני כבר יודע". ילד אי אפשר "לקרוא". אנחנו פוגשים ילד פעם אחת, שנייה, שלישית, עשירית, וגם אז אנחנו לא יודעים הרבה, כי הילד הוא עולם גדול ורחב.
- ילד אחד הוא עולם אחד גדול. שני ילדים - שלושה עולמות: עולם אחד לכל ילד ועולם שלישי של שני הילדים יחד. שלושה ילדים הם שבעה עולמות. בכולם יש שׂמחה ויש עצב, חברים ומשפחה, משׂחקים ומלחמות קטנות. כאשר יש עשׂרה ילדים או עשׂרים ילדים, הם יחד כל כך הרבה עולמות.

(מתורגם מפולנית לפי: יאנוש קורצ'אק, איך לאהוב ילדים)

1) מה אתם לומדים על יאנוש קורצ'אק מהדברים שהוא כתב - במה הוא מאמין? מה הוא רוצה?

2) הסתכלו בצילום של הפסל "יאנוש קורצ'אק והילדים".

מה מן הדברים שקורצ'אק אמר אתם רואים בפסל הזה?

איזה עוד דברים אתם רואים בפסל?

יאנוש קורצ'אק והילדים, בוריס סקצאק,
יד ושם, ירושלים

פרק ב': חיי יאנוש קורצ'אק

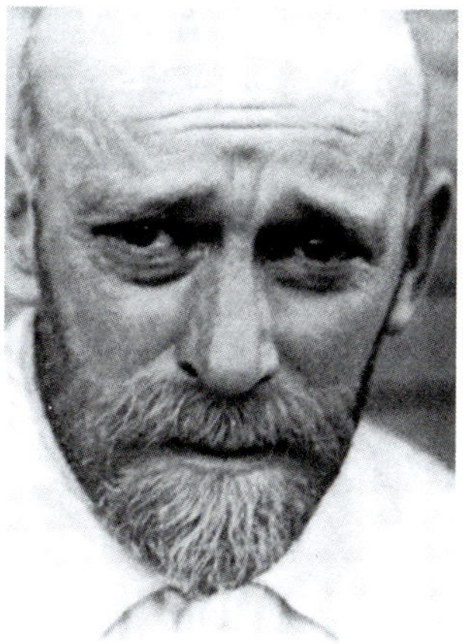

יאנוש קורצ'אק 1942-1878

יאנוש קורצ'אק היה רופא, סופר ומחנך. הוא נולד בשנת 1878 בוורשה שבפולין. השם שלו היה ד"ר הֶנְרִיק גוֹלְדְשְׁמִידְט, אבל בעולם מכירים אותו כיאנוש קורצ'אק, כי זה היה השם הספרותי שלו. הוא למד רפואה בוורְשָה וכתב ספרי ילדים ומאמרים בשאלות חינוכיות. בשנות העשרים הוא היה מנהל של בתי יְתוֹמִים (=בתים לילדים שההורים שלהם מתו) לילדים יהודים ופולנים. הוא עבד אז גם כרופא וגם כמחנך, והיה גם מדריך במחנות קיץ לילדים יהודים ופולנים. הוא אהב במיוחד את עבודת החינוך ודיבר על נושׂאי חינוך ברדיו הפולני ובמקומות רבים בעולם. הוא היה מפורסם בפולניה וכולם ידעו מי זה "הרופא-המחנך".

באמצע שנות השלושים, כשהיָמִין האַנְטִישֵמִי התחזק בפולין, התקרב יאנוש קורצ'אק לקבוצות ציוניות וגם ביקר פעמיים בארץ ישׂראל. הוא רצה להכיר את החינוך בישׂראל, ובמיוחד בקיבוצים. הוא חשב לעלות לישׂראל, אבל התגעגע לילדים שלו וחזר לבית היתומים בוורשה. ליאנוש קורצ'אק לא הייתה משפחה, ולא היו לו ילדים משלו; כל הילדים חשבו שהוא כמו אבא שלהם, והיתומים שנשארו אחרי המלחמה אומרים עד היום: "אנחנו ילדי קורצ'אק".

בזמן מלחמת העולם השנייה, כשקורצ'אק ניהל בית יתומים יהודי בוורשה, הוא ידע שהנאצים רוצים לשלוח את הילדים למחנה המוות בטְרֶבְּלִינְקָה. הנאצים אמרו לו שהוא יכול להישאר בוורשה ולהמשיך לחיות שם מפני שהוא איש חשוב, ושהוא לא צריך ללכת עם הילדים אל המוות; אבל הוא לא הסכים שהילדים הקטנים יהיו לבד במחנה, והחליט ללכת איתם בדרך האחרונה אל המוות.

אף אחד לא נשאר בחיים לספר על הרגעים האחרונים של יאנוש קורצ'אק ושל הילדים שלו בטרבלינקה, אבל אנשים זוכרים את התמונה של קורצ'אק עם הילדים בדרך לתחנת הרכבת. היום יש בטרבלינקה 17,000 אבנים לכל הקהילות היהודיות שנעלמו בשואה, ועוד אבן אחת ליאנוש קורצ'אק ולילדים שלו.

(לפי: יאנוש קורצ'אק, דיוני הקונגרס הבינלאומי, במלאת מאה שנים להולדתו)

כתבו מכתב לחברים שלכם שנוסעים לבקר בפולין. אתם מבקשים מהם לצלם את האבן של יאנוש קורצ'אק בטרבלינקה. אתם מספרים להם על יאנוש קורצ'אק ולמה התמונה של האבן חשובה לכם.

Write a letter to your friends going on a visit to Poland. Ask them to photograph Yannush Korchak's memorial stone in Treblinka. Tell them about Yannush Korchak, and why the photo of the stone is important to you.

15. יאנוש קורצ'אק – פרק ג': על ילדים ועל חינוך

קורצ'אק כתב הרבה על בעיות חינוך ועל הקונפליקטים של כל מחנך. הוא כתב על התפקיד הקשה של המחנך וענה לשאלות של מורים ומחנכים, סיפר על דברים שקרו לו כשהוא עבד במחנות קיץ או בבית היתומים, ועל פגישות שהיו לו עם ילדים. הינה כמה מהרעיונות של קורצ'אק בסגנון המיוחד שלו:

- למחנך: תהיה מי שאתה. תחפשׂ את הדרך ותִלמַד מי אתה, רק כשתרצה להבין את הילדים. אתה לא צריך לחשוב מה צריך להיות. אתה צריך לחשוב מה אתה יכול להיות. אתה צריך להיות דוגמה, רק בדברים שאתה יכול להיות דוגמה.

- המטרה של החינוך היא לתת לילד לגדול, להיות מבוגר. צריך לתת לילד לרצות, לבקש, ואת אלה אפשר לתת רק בחופש אבל בחופש עם גבולות.

- אנחנו רוצים שהילדים יעזרו לנו, שישמרו על השקט, שלא ישׂחקו כל היום, שלא ירוצו, שלא ידברו, שילמדו, שיהיו רציניים - למה?
כי אנחנו יודעים מה טוב? אנחנו רוצים שהילדים יעשׂו מה שאנחנו אומרים להם - כי אנחנו חושבים שהם לא יודעים מה טוב.
באמת כך?
האם אנחנו רוצים שהם יוזיו טוֹבים, רק מפני שאנחנו ביקשנו, שהם יהיו כמו שאנחנו רוצים?

- יש ילד שרוצה שנדבר איתו, שנשאל אותו מה שלומו. ואחר רוצה שנעזוב אותו, שלא נתקרב, שרק נעבור ליד, לא נעצור... איך אנחנו יכולים לדעת מה הילד רוצה?

(מתורגם מפולנית לפי: כתבים פדגוגיים, זכות הילד לכבוד, איך לאהוב ילדים)

האנדרטה לזכר הנספים במחנות, נדור גליד, יד ושם, ירושלים

א) **אמרו את המשפטים וסמנו לפי הקטע כן או לא ליד כל משפט:**

מה קורצ'אק רצה?

1) קורצ'אק רצה שהמחנך ישמע את הילד. כן / לא

2) קורצ'אק רצה שהמחנך לא יאמר לילד מה לעשׂות. כן / לא

3) קורצ'אק רצה שהמחנך יהיה כמו חבר של הילד. כן / לא

4) קורצ'אק רצה שהמחנך יעזור לילד להבין מי הוא, ומה הוא רוצה. כן / לא

5) קורצ'אק רצה שהמחנך יְלַמֵּד את הילד מה היא הדרך הנכונה בחיים. כן / לא

6) קורצ'אק רצה שהמחנך יכיר כל ילד וילד. כן / לא

7) קורצ'אק רצה שהמחנך יכבד את הילדים כאנשים שווים. כן / לא

8) קורצ'אק רצה שהמחנך יעשׂה מה שהילדים רוצים. כן / לא

9) קורצ'אק רצה שהמחנך יהיה כמו חבר של הילד. כן / לא

10) קורצ'אק רצה שהמחנך יהיה תמיד דוגמה נכונה וטובה לילדים. כן / לא

ב) **ספרו על מורה או על מחנך שהשפיעו על החיים שלכם.**

Tell about a teacher and educator that influenced your life.

1) **בניין פעל, גזרת פ"א, זמן עתיד**

לאהוב: אוֹהַב, תֹאהַב, תֹאהֲבִי, יֹאהַב, תֹאהַב, נֹאהַב, תֹאהֲבוּ, יֹאהֲבוּ

וכך גם: לוֹמַר: אוֹמַר, תֹאמַר,...

לֶאֱכוֹל: אוֹכַל, תֹאכַל...

2) **הפועל לְהַכִּיר, בניין הפעיל, גזרת פ"נ**

הִכִּיר - מַכִּיר - אַכִּיר

3) **הפועל לְהָבִין, בניין הפעיל, גזרת ע"ו**

הֵבִין - מֵבִין - אָבִין

וכך גם: לְהָקִים, לְהָכִין, לְהָבִיא.

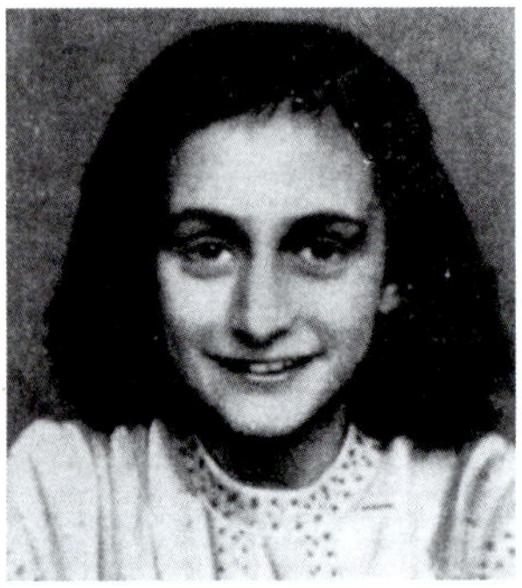

16. אָנָה פְרַנְק

נולדה בגֶרמניה 1929. מתה באוֹשְׁוִויץ 1944.

א) **כתבו את קורות החיים של אנה פרנק לפי אנציקלופדיות או מקורות אחרים.**

Write the life story of אנה פרנק using encyclopedias and other sources.

ב) **מתוך היומן של אנה פרנק** מהולנדית: ש. שניצר

כולנו חיים, אבל אנחנו לא יודעים למה ומה המטרה של החיים. כולנו חיים במטרה להיות מאושרים. איש איש חי את החיים שלו. אבל החיים שלנו דומים. אנחנו למדנו בבתי ספר טובים, אנחנו יכולים ללמוד, אנחנו יכולים להגיע למשהו. יש לנו הרבה סיבות לחשוב על אושר. אבל - אנחנו צריכים לעבוד כדי להגיע לאושר - לעשׂות את הטוב, לא להפסיק לעבוד. זה לא דבר קל. נעים לא לעבוד, אבל כשעובדים מרגישים טוב יותר.

אני לא יכולה להבין אנשים שלא אוהבים לעבוד. פִּיטֶר הוא לא כזה, אבל הבעיה היא שאין לו מטרה בחיים. הוא חושב שהוא טיפש ושאין לו כוח להגיע למשהו. הוא לא מרגיש את האושר כשנותנים לאנשים משהו. את זה אני לא יכולה ללמד אותו.

מה היא מטרת החיים, לפי אנה פרנק, ואיך אפשר להגיע למטרה הזאת?

רכבת משׂא עם אנשים, בדריק הופמן, טרזין, 1942, נרצחה ב-19 באוקטובר 1943 באושוויץ.
מתוך הספר "אין פרפרים פה"

Summary of Topics / האוצר הלשוני

Vocabulary / א. אוצר המילים

פעלים / Verbs

הִתְחַזֵּק, לְהִתְחַזֵּק	gather strength
חִינֵּךְ, לְחַנֵּךְ	educate
כִּיבֵּד, לְכַבֵּד	respect
נֶהֱרַג, לְהֵיהָרֵג	be killed
פִּטְפֵּט, לְפַטְפֵּט	babble
קִשְׁקֵשׁ, לְקַשְׁקֵשׁ	prattle

שמות עצם / Nouns

אֶזְרָח ז.	citizen
חָלוּץ ז.	pioneer
יְצִירָה נ.	creation / piece
לוֹחֵם ז.	warrior / fighter
מַאֲמָר ז.	article
מוֹסָד ז. מוֹסָדוֹת	institution / establishment
מְחַנֵּךְ ז.	educator
מַטָּרָה נ.	goal / objective
נוֹשֵׂא ז.	subject
עֶצֶב ז. ר.ס.	sadness
פֶּסֶל ז.	sculpture statue
צִיּוֹנוּת נ.ר.ס	ionismZ
שְׁגִיאָה נ.	mistake / error
שׁוֹאָה נ.	Holocaust
תַּרְבּוּת נ.	culture

שמות תואר / Adjectives

מוּצְלָח, מוּצְלַחַת	successful
רָחָב, רְחָבָה	wide
שָׁוֶה, שָׁוָה	equal

שונות / Miscellaneous

בִּמְיוּחָד תה"פ	especially
הַאִם? מילת שאלה	Is it?
לְפִי דַעְתִּי, לְדַעְתִּי	in my opinion

ב. נושׂאים לשוניים

Grammatical topics

צורות: פועל: • הפועל **להיות**, זמן עתיד

דוגמה: *יִהְיֶה*

• בניין פָּעַל, גזרת ל"י, זמן עתיד

דוגמה: *יִקְנֶה*

• בניין פָּעַל, גזרת ל"י, פה"פ גרונית, זמן עתיד

דוגמה: *יַעֲשֶׂה, יֶחְלֶה*

• נטיית מילת היחס - כְּמוֹ

דוגמה: *כָּמוֹנִי*

תחביר: • דרך האיווי (פעלים מודליים) — Verbs in the Subjunctive

דוגמה: *אני מבקש שתהיו בשקט!*

מילון: • פעלים בבניין פָּעַל, גזרת ל"י

שיעור 8

1. **תיאור תכלית** **Final Adverb**

משפט + **כְּדֵי** + שם פועל

דוגמאות:

- שמענו חדשות **כדי** לדעת מה קורה בארץ ובעולם.
- שמענו בחדשות מה יהיה מזג האוויר **כדי** להחליט אם יוצאים מחר לטיול.
- שמענו חדשות **כדי** לדעת אם השביתה נגמרה.

כיפה אדומה

- סבתא, למה יש לך עיניים כל כך גדולות?
- **כדי** לראות אותך.
- ולמה יש לך אזניים כל כך גדולות?
- **כדי** לשמוע אותך.
- ולמה יש לך פה כל כך גדול?
- **כדי** ...

השלימו את המשפט של הסבתא ואמרו מה היא עשׂתה.

2. **סמנו את ההשלמה הלא-נכונה, הלא-הגיונית:** Underline the incorrect, illogical completion:

דוגמה: **אני לומד היסטוריה כדי**

1) להבין את העבר.
2) לחשוב מה יהיה.
3) לראות מאין באנו.
(4) ללמד פיזיקה ומתמטיקה.

א) **הדלקנו אש כדי**

1) לבשל תפוחי אדמה ובצלים.

2) לצלם את השמש.

3) לקרוא לאנשים לעזור לנו.

4) להכין בשר על האש.

ב) **הילדים התקרבו לשולחן המורה כדי**

1) לראות את הספר שלו.

2) להדליק אש בחוץ.

3) לשאול אותו שאלות.

4) לבקש ממנו משהו.

ג) **רק הילדים נכנסו לים. ההורים עמדו קרוב לים כדי**

1) לראות מה קורה.

2) לשמור על הילדים.

3) להתרחץ בים.

4) לצלם אותם.

ד) **אספנו את כל הבגדים הישנים שלנו כדי**

1) לתת אותם.

2) לזרוק אותם.

3) לקנות אותם.

4) למכור אותם.

ה) **אנחנו נוסעים לקיבוץ כדי**

1) להשתתף בחגיגות.

2) לבקר את המשפחה.

3) להיות בטקס בר המצווה של בן הדוד שלנו.

4) לראות את העיר.

ו) **לקחתי את הכוס מן השולחן בשתי ידיים כדי**

1) לקחת עוד כוס ביד השנייה.

2) לשמור על הכוס.

3) לשׂים את הכוס במקום אחר.

4) לשתות לאט לאט.

ח) **חיפשׂתי מספריים כדי**

1) לגזור את העיתונים.
2) לפתוח את המעטפה.
3) להדליק אש.
4) להכין תמונה מניירות קטנים.

3. א) **בן שלוש לאותיות**

חלק א' - טֶקֶס החַלַקֶה

ילד בן 3 בטקס החלקה

אש גדולה, מוזיקה חסידית ואלפי גברים בבגדים שחורים רוקדים ושרים. הנשים עומדות מרחוק ולא משתתפות בריקודים; הן מסתכלות על הגברים שרוקדים ועל האש הגדולה. גברים רבים לוקחים את הילדים על הכתפיים ורוקדים איתם. לילדים יש בגדים שחורים ויפים. לכל הילדים יש שֵׂער ארוך מאוד, ועל הראש יש להם כיפה גדולה. הילדים מסתכלים בעיניים גדולות על הרוקדים, והרבה ילדים בוכים וקוראים לאימא.

הילדים בני השלוש באים עם ההורים לכפר מֵירוֹן, שנמצא ליד צפת. הם באים בלַ"ג בָּעוֹמֶר, חג של יום אחד באמצע האביב, לטקס ה"חַלַקֶה". כל ילד חרדי בן שלוש עובר את הטקס הזה. בטקס הזה גוזרים בפעם הראשונה את השׂער של הילד בן השלוש.

אחרי שעות ארוכות של ריקודים לוקח האב מספריים וגוזר את השׂער של הילד. הוא זורק את השׂער לאש או שומר אותו בתוך הסידור למזל טוב.

אחרי הטקס הילדים בני השלוש הם כבר לא תינוקות, ולא דומים יותר לילדות. הם כמו גברים צעירים עם פנים רציניים, שׂער קצר ופיאות ארוכות.

חסידים מכל הארץ מגיעים לטקס במירון. מקום הטקס הוא ליד הקבר של רבי שִׁמְעוֹן בַּר יוֹחַאי. החסידים מדליקים נרות ליד הקבר, מתפללים ומבקשים ברכה מהצדיק.

מאחד הסיפורים במשנה יכולים ללמוד על הקשר בין רבי שמעון בר יוחאי לבין טקס החלקה: לפי הסיפור, רבי שמעון בר יוחאי נכנס למערה כדי להתחבא מהרומאים; הרומאים דרשו מהיהודים לגדל את השׂער, לגזור את הפיאות ולהתנהג כמוהם.

חַלַקֶה - בערבית: לגזור את השׂער

? מה עושים בטקס החלקה?

ב) ילד מספר מה הוא זוכר מן הטקס במירון - התאם את המשפטים בעזרת המילה כדי.

A boy tells what he remembers of the ritual in מירון - match the sentences using the word כדי.

1. נסענו כל הלילה למירון		לראות מה שלומי.
2. אבא לקח מספריים		לבקש ברכה ולהתפלל.
3. כולם אספו עצים		להשתתף בטקס החלקה.
4. כולם הלכו לקבר רבי שמעון בר יוחאי	**כדי**	להדליק את האש הגדולה.
5. אמא שלי עמדה והסתכלה		לשמור עליו.
6. אבא שלי שם את השֵׂער שלי ב'סידור'		לגזור את השֵׂער שלי.

דוגמה: נסענו כל הלילה למירון כדי להשתתף בטקס החלקה.

טקס החלקה, הר מירון

4. א) **חלק ב' - פרֵידה מן האם**

בחברות שונות בעולם יש טקסים מיוחדים כאשר אדם עובר מסטטוס לסְטָטוּס: מתינוק שרק נולד - לילד, מילד - למבוגר, מרווק - לנשׂוּי וגם מחַי - לְמֵת. הטקסים היהודיים החשובים הם: בְּרִית מִילָה, בַּר מִצְוָוה, חֲתוּנָּה וּלְוָויָה. בשלושת הטקסים הראשונים יש פרידה איטית מן האם: ברית המילה היא הטקס הראשון - הילד עדיין קטן מאוד אבל האם כבר צריכה להתחיל להיפרד ממנו. בטקס בר המצווה הוא מתחיל להתפלל עם הגברים ומעכשיו הוא כבר לא יכול לעמוד ליד האם בבית הכנסת. בחתונה הוא יוצא עם האב מן הבית, נפרד מן האם ועובר לבית חדש עם אשתו.

גם טקס החַלָּקָה שובר את היחסים המיוחדים בין האם לילד. בגיל שלוש הילד כבר מבין מה קורה. הוא מבין שמעכשיו הוא צריך להיפרד מאימא ולהתקרב לאבא. מעכשיו הוא לובש בגדים של גבר ויש לו פֵּיאות. מעכשיו הוא מתחיל ללמוד ב"חדר", (כיתה לבנים שמתחילים לקרוא בתורה ולכתוב את האלף-בית). מגיל שלוש עובר הילד לעולם הגברים: לחדר, אחר כך לתלמוד-תורה, משם לישיבה קטנה ולבסוף לישיבה גדולה.

(לפי: מאמר של יורם בילו בעיתון הארץ)

1) **אתם צלמים. אילו תמונות הייתם מצלמים מטקס החלקה? - תארו חמש תמונות מרכזיות.**

You are a photographer. What photos would you take of the חלקה ritual? Describe the five main photos.

2) **תארו את הרגשות בטקסים היהודיים.**

Describe the feelings in the Jewish rituals.

השתמשו במילים: פוחד / עצוב / דואג / שמח /

הרוקדים במירון ראובן רובין

ב) **ספרו זה לזה על טקס משמעותי וחשוב בחיים שלכם.**

5. משפטי תכלית — Final Clause

משפט + **כדי ש...** + משפט בעתיד

דוגמה: הדלקנו את האור, כדי שהם יראו אותנו.

במשפטי תכלית (**כדי ש...**), הפועל הוא בעתיד, אם הנושא במשפט התכלית אינו זהה לנושא במשפט העיקרי. אם הנושא זהה, משתמשים ב**כדי** + שם הפועל.

In final clauses (clauses of purpose), the verb is in the future, if the person is switched between the noun clause and the secondary clause. If the person is the same, the infinitive is used.

מצאו את ההשלמות הנכונות לפי הקטע "פרידה מן האם":

Find the correct completions according to the passage.

1) נותנים לילד שוקולד,		היא לא תראה את הילד.
2) מבקשים מן האמא לעמוד מרחוק,	**כדי ש...**	הוא לא יבכה.
3) גוזרים לילד את השֵׂער,		הוא יתחיל ללמוד תורה.
4) האב לוקח את הילד ל"חדר",		הוא יהיה כמו גבר קטן.

6. א) שבצו את המילה הנכונה: כדי או כדי ש...

עֲקֵדַת יִצְחָק

אלוהים אמר לאברהם לקחת את יצחק בנו וללכת לארץ המוֹרִיָּה --- להקריב אותו. אברהם יצא מוקדם בבוקר --- להגיע למקום הרחוק. הוא לקח איתו עצים --- להדליק אש. יצחק שאל את אברהם איפה השֶׂה ומה הם הולכים להקריב. אברהם אמר שהם יכירו את המקום ויראו אותו מרחוק. הוא אמר כך, --- יצחק לא יפחד.

אברהם ויצחק הגיעו אל המקום שאלוהים אמר לאברהם, אבל אז קרא מלאך אלוהים לאברהם שלא יהרוג את בנו.

עקדת יצחק, ג.דוֹרֶה, 1866 G. Doré

מה אתם חושבים: למה אלוהים אמר לאברהם ללכת לארץ המוריה ולהקריב את יצחק?

ענו על השאלה בעזרת המילים: כדי / כדי ש...

ב) **שבצו את המילה הנכונה: מפני ש... , כדי או כדי ש...**

אדם וחווה בגן עדן, ציור אתיופי

אָדָם וְחַוָּה

אלוהים אמר לאדם ולחווה לא לאכול מעץ הדעת, --- ביום שהם יאכלו מפרי העץ הם ימותו. הנָחָש הבטיח לאישה שהיא לא תמות; הוא אמר לה את זה --- היא תאכל מן הפרי.

חווה אכלה מן הפרי. היא אמרה לאדם שכדאי לו לאכול מפרי עץ הדעת --- לדעת טוב ורע. היא רצתה, שגם אדם יאכל מן הפרי --- לא להיות לבד.

אדם פחד לאכול, --- אלוהים אמר לו לא לאכול מפרי העץ, אבל הוא אכל. באותו רגע ראו אדם וחווה שאין להם בגדים, ולקחו עָלִים --- להכין מהם בגדים. אלוהים חיפשׂ את אדם בכל מקום, --- הוא כעס עליו. אדם וחווה ברחו והתחבאו, --- אלוהים לא ימצא אותם.

אדם אמר לאלוהים שהוא אכל מן הפרי, --- האישה ביקשה ממנו לאכול; חווה אמרה שהיא אכלה --- הנחש ביקש ממנה לאכול. אחר כך היא נתנה לאדם לאכול, --- גם הוא יראה מה טוב ומה רע.

אלוהים אמר לאדם ולחווה לצאת מגן עדן, --- הם לא יאכלו גם מעץ החיים, --- מי שאוכל מעץ החיים חי לנצח.

וַיְהִי אַחַר הַדְּבָרִים הָאֵלֶּה וְהָאֱלֹהִים נִסָּה אֶת־אַבְרָהָם וַיֹּאמֶר
אֵלָיו אַבְרָהָם וַיֹּאמֶר הִנֵּנִי׃ וַיֹּאמֶר קַח־נָא אֶת־בִּנְךָ אֶת־
יְחִידְךָ אֲשֶׁר־אָהַבְתָּ אֶת־יִצְחָק וְלֶךְ־לְךָ אֶל־אֶרֶץ הַמֹּרִיָּה
וְהַעֲלֵהוּ שָׁם לְעֹלָה עַל אַחַד הֶהָרִים אֲשֶׁר אֹמַר אֵלֶיךָ׃

(בראשית כ"ב 1-3)

עקדת יצחק, לפי ציורי קיר בכנסיית סן פאולו, רומא, המאה החמישית לספירה

7. א) לפניכם קטעים מן המדרש על יצחק ועל שׂרה. חשבו על הדמיון ועל ההבדל בין טקס החלקה ובין המדרשים על הסיפור המקראי.

Below are excerpts from the מדרש about יצחק and שרה. Think about the similarities and differences between the חלקה ritual and the מדרשים about the biblical story of the the binding of Issac for sacrifice.

אחרי שאלוהים אמר לאברהם לקחת את יצחק חשב אברהם בליבו ואמר: מה אעשׂה? אם אני אגיד לשׂרה, היא לא תיתן לי לקחת את יצחק. ואם לא אספר לה, ואגנוב אותו, היא תדאג ותמות מדאגה.

מה עשׂה? אמר לשׂרה: הכיני לנו מַאֲכָל וּמִשְׁתֶּה ונשׂמח היום. אמרה לו: מה יום מִיּוֹמַיִּים ולמה השׂמחה? אמר לה: זקנים כמונו, נולד לנו בן ולא נשׂמח? הלכה והֵכִינָה אוכל.

בארוחה אמר לה: את יודעת, כשהייתי בן שלוש שנים הכרתי את בּוֹרְאִי, את אלוהים, ונער זה גדל ואני לא מחנך אותו. יש רק מקום אחד רחוק ממנו מְעַט, ששם מחנכים את התינוקות. אני אלך איתו לשם. אמרה לו: קח אותו לשלום.

"וישְׁכֵּם אַבְרָהָם בַּבּוֹקֶר" - ולמה בבוקר? אמר: כדי ששׂרה לא תחזור ממה שאמרה ותיתן לי ללכת עם יצחק. אמר: אצא כשהיא יְשֵׁנָה; ועוד, שלא יראו אותנו בני אדם.

• • •

(בדרך) אמר יצחק: אם בחר בי (אלוהים) -אני נותן את נַפְשִׁי לו. אבל אני מצטער על אימי.

• • •

אמר לו יצחק (לאברהם): אבא, תעשׂה מהר מה שאתה צריך לעשׂות ואת הָאֵפֶר תיתן לאימא. כל פעם שאימא תראה את הָאֵפֶר היא תחשוב: זה בני שאבא שלו שָׁחַט אותו.

• • •

אמר לו יצחק לאברהם: אבא! בבקשה, אל תספר לאימא שהרגת אותי כשהיא עומדת על בור, או כשהיא עומדת על הגַג, כדי שלא תִיפּוֹל ותמות.

• • •

כשאברהם עָקַד את יצחק, הלך הַשָּׂטָן לשׂרה, והוא כמו יצחק. כשראתה אותו אמרה לו: בני! מה עשׂה לך אבא? אמר לה: אבא לקח אותי על הרים, וירד איתי לַעֲמָקִים, עד שעלינו לראש הר אחד גבוה, והוא בנה מִזְבֵּחַ וסידר עצים וְעָקַד אותי על המזבח ולקח סַכִּין לִשְׁחוֹט אותי - אבל הַקָּדוֹשׁ בָּרוּךְ הוא אמר לו: "אַל תִּשְׁלַח יָדְךָ".
השׂטן עוד לא גמר לדבר ושׂרה מתה.

(לפי תנח' וירא)

8. **מתוך: תָּנָ"ךְ תָּנָ"ךְ אִיתָּךְ וּמִדְרָשִׁים אֲחֵרִים** / יְהוּדָה עַמִּיחַי

שְׁלוֹשָׁה בָּנִים הָיוּ לְאַבְרָהָם וְלֹא רַק שְׁנַיִם.
שְׁלוֹשָׁה בָּנִים הָיוּ לְאַבְרָהָם, יִשְׁמָעֵאל, וְיִצְחָק וְיִבְכֶּה.
אַף אֶחָד לֹא שָׁמַע עַל יִבְכֶּה, כִּי הוּא הָיָה הַקָּטָן
וְהָאָהוּב שֶׁהָעֳלָה לְעוֹלָה בְּהַר הַמּוֹרִיָּה.
אֶת יִשְׁמָעֵאל הִצִּילָה אִמּוֹ הָגָר, אֶת יִצְחָק הִצִּיל הַמַּלְאָךְ,
וְאֶת יִבְכֶּה לֹא הִצִּיל אַף אֶחָד. כְּשֶׁהָיָה קָטָן
קָרָא לוֹ אָבִיו בְּאַהֲבָה יִבְכֶּה, יִבְךְ, יֶבְךְ הַקָּטָן
וְהֶחָמוּד שֶׁלִּי. אֲבָל הוּא הִקְרִיב אוֹתוֹ בָּעֲקֵדָה.
וּבַתּוֹרָה כָּתוּב הָאַיִל, אֲבָל זֶה הָיָה יִבְכֶּה.
יִשְׁמָעֵאל לֹא שָׁמַע שׁוּב עַל אֵל בְּכָל יָמָיו.
יִצְחָק שׁוּב לֹא צָחַק בְּכָל יָמָיו
וְשָׂרָה צָחֲקָה רַק פַּעַם אַחַת וְלֹא הוֹסִיפָה.
שְׁלוֹשָׁה בָּנִים הָיוּ לְאַבְרָהָם,
יִשְׁמַע, יִצְחָק, יִבְכֶּה,
יִשְׁמָעֵאל, יִצְחָקאֵל יִבְכֶּה-אֵל.

רצפת בית כנסת בבית אלפא
המאה השישית לספירה

1) איך י. עמיחי מסביר בשיר את השמות: ישמעאל ויצחק?

2) מי הוא "יבכה" ולמה זה שמו?

9. **ציווי - בניין פעל, גזרות פ"י ו-פ"נ**

לָשֶׁבֶת

ז. (אתה)	**נ.** (את)	**ר.** (אתם, אתן)	**ז.** (אתה)	**נ.** (את)	**ר.** (אתם, אתן)
שֵׁב!	**שְׁבִי!**	**שְׁבוּ!**	□ֵ□	□ְ□ִי	□ְ□וּ

וכך גם: לָצֵאת - צֵא!, לָתֵת - תֵּן!, לָרֶדֶת - רֵד!
כמו במשקל אפעל: לִנְסוֹעַ - סַע!, לָדַעַת - דַּע!

יש פעלים בשורשים אחרים הנוטים באותה דרך:
לָלֶכֶת - לֵךְ!, לָקַחַת - קַח!
There are verbs in other roots that are conjugated in the same way:

10. א. **מאז ועד היום בפ"י ובפ"נ**

עברית מקראית

ללכת: לֶךְ־לְךָ מֵאַרְצְךָ וּמִמּוֹלַדְתְּךָ (בראשית יב 1)

לקחת: וַיֹּאמֶר קַח־נָא אֶת־בִּנְךָ אֶת־יְחִידְךָ אֲשֶׁר־אָהַבְתָּ אֶת־יִצְחָק (בראשית כב 2)

לשון חכמים

לשבת: **שֵׁב** וְאַל תַּעֲשֶׂה - עָדִיף ! (עירובין ק)

לדעת: **דַּע** מֵאַיִן בָּאתָ וּלְאָן אַתָּה הוֹלֵךְ (אבות ג' א')

לצאת: כָּל מַה שֶׁיֹּאמַר בַּעַל הַבַּיִת - עֲשֵׂה , חוץ מ"**צֵא**" ! (פס' פ"ו)

עברית מודרנית

לתת: **תֵּן** לִי - וְאֶתֵּן לְךָ !

לנסוע: **סַע** בְּשָׁלוֹם !

סלנג

לרדת: **רֵד** מִזֶּה !

ב. **צוו על חברים בכיתה מה לעשות בעזרת הפעלים האלה ובדקו שהם עושים מה שביקשתם.**

11. **שִׁיר יְלָדִים** / פניה ברגשטיין

בּוֹא אֵלַי פַּרְפַּר נֶחְמָד

שֵׁב אֶצְלִי עַל כַּף הַיָּד.

שֵׁב, תָּנוּחַ, אַל תִּירָא,

וְתָעוּף בַּחֲזָרָה.

? אמרו את השיר אל זוג פרפרים.

12. א) **בניין פָּעַל, גזרת פ"י, זמן עתיד**

לָשֶׁבֶת

	ז.	ז./נ.	נ.	ז.	ז./נ.	נ.
י.		אֵשֵׁב			אֵ ◻ֵ ◻	
	תֵּשֵׁב		תֵּשְׁבִי	תֵּ ◻ֵ ◻		תֵּ ◻ְ ◻ִ י
	יֵשֵׁב		תֵּשֵׁב	יֵ ◻ֵ ◻		תֵּ ◻ֵ ◻
ר.		נֵשֵׁב			נֵ ◻ֵ ◻	
		תֵּשְׁבוּ			תֵּ ◻ְ ◻ וּ	
		יֵשְׁבוּ			יֵ ◻ְ ◻ וּ	

וכך גם: לָצֵאת, לָרֶדֶת, לָלֶכֶת, ובמשקל אפעל: לָדַעַת

ב) **בניין פָּעַל, גזרת פ"נ, זמן עתיד**

לָתֵת

	ז.	ז./נ.	נ.	ז.	ז./נ.	נ.
י.		אֶתֵּן			אֶ ◻ֵ ◻	
	תִּיתֵּן		תִּיתְּנִי	תִּ י ◻ֵ ◻		תִּ י ◻ְ ◻ִ י
	יִיתֵּן		תִּיתֵּן	יִ י ◻ֵ ◻		תִּ י ◻ֵ ◻
ר.		נִיתֵּן			נִ י ◻ֵ ◻	
		תִּיתְּנוּ			תִּ י ◻ְ ◻ וּ	
		יִיתְּנוּ			יִ י ◻ְ ◻ וּ	

וכך גם במשקל אפעַל: לָקַחַת, לִנְסוֹעַ

ג) **אמרו את הפועל לָלֶדֶת בזמן עתיד, כתבו את נטייתו ומצאו את משמעותו במילון.**

ד) **אמרו את הפועל לִנְגּוֹעַ (לָגַעַת) בזמן עתיד, כתבו את נטייתו ומצאו את משמעותו במילון.**

13. השתמשו בפעלים המסומנים וכתבו אותם בעתיד:

Use the underlined verbs and write them in the future tense.

דוגמה: <u>יצאתי</u> בערב הקר לזרוק את הניירות, כדי שהיא לא **תצא** בקור הזה.

1) - את רק בת 12. אנחנו <u>נוסעים</u> איתך כדי שלא --- לבד בלילה.

2) היא לא <u>לקחה</u> את העיתון מתיבת הדואר בבוקר, כדי שאני --- אותו בצהריים, כאשר אחזור מהעבודה.

3) היא <u>יוצאת</u> במהירות וסוגרת את הדלת, כדי שהכלב לא --- מהבית.

4) - אנחנו <u>נותנים</u> לך כסף, כדי ש(אתה) --- אותו לדודה חנה.

5) - כשאתה <u>יורד</u> למטה, תבדוק בבקשה אם יש דואר כדי, שאנחנו לא --- במיוחד.

6) אמרתי שאני לא רוצה <u>לדעת</u> מתי הם עושים לי מסיבה, כדי שלא --- מי בא ומי לא.

7) הילדים <u>ישבו</u> על השטיח, כדי שאימא שלהם --- על הספה.

8) בתשע בערב אמרתי "לילה טוב" לילדים ו<u>הלכתי</u> לישון, כדי שגם הם --- לישון מוקדם.

14. אֲנִי רוֹצֶה תָמִיד עֵינַיִים / נָתָן זַךְ

אֲנִי רוֹצֶה תָמִיד עֵינַיִים כְּדֵי לִרְאוֹת
אֶת יְפִי הָעוֹלָם וּלְהַלֵּל אֶת הַיוֹפִי
הַמּוּפְלָא הַזֶּה שֶׁאֵין בּוֹ דוֹפִי וּלְהַלֵּל
אֶת מִי שֶׁעָשָׂה אוֹתוֹ יָפֶה לְהַלֵּל
וּמָלֵא, כָּל כָּךְ מָלֵא, יוֹפִי .

ממה פוחד נתן זך ולמה?

וְאֵינֶנִּי רוֹצֶה לְעוֹלָם לִהְיוֹת עִיוֵּור לְיָפִי
הָעוֹלָם כָּל עוֹד אֲנִי חַי. אֲנִי אֲוַותֵּר
עַל דְבָרִים אֲחֵרִים אֲבָל לֹא אוֹמַר דַּי
לִרְאוֹת אֶת הַיוֹפִי הַזֶּה שֶׁבּוֹ אֲנִי חַי
וְשֶׁבּוֹ יָדַיי מְהַלְּכוֹת בְּאוֹמֶץ, וְלֹא פָּחוֹת
מִכֵּן, בְּסַבְלָנוּת, סַבְלָנוּת בְּלִי דַּי .

וְלֹא אֶחְדַּל מֵהַלֵּל. כֵּן. לְהַלֵּל לֹא אֶחְדַּל.
וּכְשֶׁאֶפּוֹל, עוֹד אָקוּם - וְלוּ רַק לְרֶגַע - שֶׁלֹּא יֹאמְרוּ
הוּא נָפַל. אֶלָּא הוּא קָם עוֹד לְרֶגַע לְהַלֵּל
בְּעֵינַיִים אַחֲרוֹנוֹת
אֶת שֶׁלְּהַלֵּל לֹא יֶחְדַּל.

15. **שבצו את הפעלים האלה בעתיד במשפטים האלה:**

לתת / לרדת / לנסוע / לצאת / לשבת / לדעת / ללכת / לקחת /

1) שאלנו את נהג המונית מתי הוא יבוא לקחת אותנו, כדי שלא --- למטה לפני הזמן.

2) לא נכנסתי איתה לחנות. עמדתי ליד הדלת, כדי שהיא --- מהר משם.

3) לא סיפרנו לו שהזמַנו מקומות במסעדה, כדי שהוא לא --- שמכינים לו מסיבה.

4) קניתי ליוסי מילון קטן, כדי שלא --- כל יום את המילון הגדול לכיתה.

5) קנינו דירה לא רחוק מבית הספר, כדי שהילדים --- לבית הספר ברגל.

6) הן יקומו, כדי שהאיש הזקן ---.

7) דנה צלצלה היום ליוסי, כדי שהוא --- לה את הכתובת החדשה שלו.

8) לקחתי את הילדים במהירות לתחנת האוטובוס, כדי שהם --- באוטובוס הראשון.

16. קצת יחס, בבקשה!

נטיית מילת היחס - בְּ...

	ז.	ז./נ.	נ.
י.		**בִּי**	
	בְּךָ		**בָּךְ**
	בּוֹ		**בָּהּ**
ר.		**בָּנוּ**	
	בָּכֶם		**בָּכֶן**
	בָּהֶם		**בָּהֶן**

דוגמות:
- היא הסתכלה בי ואני הסתכלתי בה - ו...
- כשאני עובר ליד הגן, אני תמיד נזכר בך.

פרופסור מוֹרָלִי

פרופסור מורלי ראה בסטודנטים שלו את עתיד הפילוסופיה והמוּסָר. הוא האמין בהם והיה מוכן לשבת איתם הרבה שעות ביום. לפעמים שמעו אותו אומר לסטודנט, שקיבל ציון מצוין בבחינה: "אני רואה בך פרופסור כבר עכשיו!"

הרבה שנים אחרי שהסטודנטים גמרו ללמוד אצלו, הם נזכרו בו שוב ושוב. הם ראו בו לא רק מורה. הם ראו בו גם מחנך וגם מדריך מוסרי, והיו באים לבקר אותו. הבית שלו היה מיוחד כָּמוֹהוּ. זה היה בית קטן, של שני חדרים והיו בהם ספרים על כל הקירות.

ליד הבית הייתה גינה קטנה. הרבה פעמים ישבו בה הסטודנטים, ופרופסור מורלי היה מדבר איתם. "כולנו בני אדם" - הוא היה אומר - "לי אסור להשתמש בכם, ולכם אסור להשתמש בי. אנחנו רק יכולים להשפיע זה על זה. וזה מה שאני עושה כשאני מלמד ומחנך."

? מה היה בו, בפרופסור מוֹרָלִי, שכולם אהבו אותו?

17. השלימו את המשפטים בעזרת מילת היחס בְּ... בנפרד או בנטייה.

1) שלֹמה אהוב על כולם, ואני לא מבינה מה יש ---, שכולם אוהבים אותו.

2) ברגע שרוֹמֵיאוֹ ראה את יוּלְיָה, הוא התאהב --- והיא התאהבה ---.

3) רצינו להיות בוועדת הטיולים והספורט, אבל אף אחד לא בחר ---.

4) הם נכשלו בכל הבחינות, אני חושבת שהם נכשלו ---, כי הם לא מבינים את שיטת הבחינה הזאת.

5) האנשים שנשארו בארץ אחרי חוּרְבַּן בית המקדש השני, התחבאו במערות רחוקות ליד ירושלים. הם לפעמים גרו --- כמה שנים.

6) המכונה הזאת לא בסדר. אסור להשתמש --- !

7) מחנך טוב לא נלחם --- תלמידים שלו, הוא מאמין --- ו---כוחות שלהם.

8) אני נזכר --- ימים היפים של הטיול המשותף שלנו.

9) אף פעם לא הבנתי אותה, אבל היה --- משהו מיוחד.

מאמ אהבה

האם להיות בן מאוהב
כשאני עצוב עכשיו,
והחלון מראה לי סתיו.
(אביב גפן)

18. א) **מה היא תַרְבּוּת**

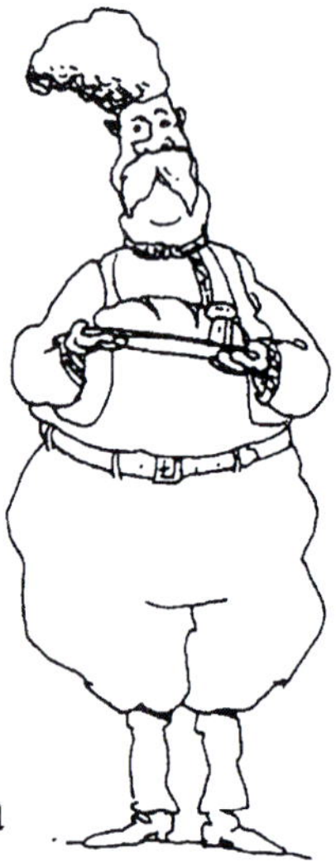

פרופסור אָסָא כָּשֵר, שמלמד פילוסופיה באוניברסיטת תל אביב, דיבר עם עיתונאים על תרבות יהודית ועל תרבויות אחרות.

הוא הסביר את הקשר בין תרבות לבין דרך חיים. לפי דעתו יש שתי דרכים להיכנס לתרבות. דרך אחת היא הדרך הקלה: אדם נולד בתרבות ולומד אותה, כמו שהוא לומד את השׂפה מההורים, מהמשפחה ומהמורים שלו. בדרך השנייה, הקשה, אדם עובר מתרבות אחת לתרבות אחרת. אז הוא לומד אותה לאט בעבודה רבה, כמו שלומדים שׂפה חדשה.

כדי להיות בן-תרבות צריך ללמוד, להכיר ולדעת ארבעה דברים ראשוניים בתרבות:

א. מנהגים - כל אדם רואה את המנהגים בתרבות שלו ומבין את המשמעות שלהם. אדם מתרבות אחרת לא תמיד מבין את המשמעות של המנהגים האלה. "למשל" - מספר פרופסור כשר - "לפני שנה הייתי בכפר קטן ביוּגוֹסְלַבְיָה. כשבאנו לכפר, האנשים נתנו לנו לחם ומלח; אכלנו את הלחם עם המלח, אבל לא ידענו מה המשמעות של המנהג הזה."

ב. פילוסופיה - לכל תרבות יש פילוסופיית חיים מיוחדת. כל אדם רואה את העולם דרך ה'משקפיים' של התרבות שלו. למשל, לכל תרבות יש יחס שונה לחיים ולמוות.

ג. עֲרָכִים - לכל תרבות יש ערכים פחות חשובים וערכים יותר חשובים. האדם לומד ומכיר את הערכים של התרבות שלו. למשל, בתרבות המערבית החופש הוא ערך חשוב מאוד; אבל בתרבויות אחרות יש סדר ערכים שונה והחופש הוא לא בראש הרשימה.

ד. מסורת - כשבני אדם חיים בתרבות אחת, הם בונים יחד את המנהגים, את היחס שלהם לעולם ואת הערכים החשובים להם; זאת המסורת התרבותית. כל בן-תרבות יודע שהוא חלק ממסורת עם עבר, הווה ועתיד, והוא מקווה שגם הילדים שלו יגדלו במסורת הזאת.

(לפי עיתון ירושלים, ערב ראש השנה תשמ"ט, 1988)

תנו דוגמות לארבעת ה"דברים הראשוניים" בתרבות שאתם מכירים.

ב) **סמנו נכון/לא נכון לפי הקטע:**

1) אדם שנולד לתוך תרבות לומד אותה כמו שלומדים שָׂפה חדשה. נכון / לא נכון

2) אנשי הכפר ביוגוסלביה נתנו לחם ומלח בלי להבין את המשמעות של המנהג. נכון / לא נכון

3) היחס למתים ולמוות הוא חלק מפילוסופיית החיים המיוחדת בכל תרבות. נכון / לא נכון

4) החופש הוא ערך חשוב מאוד בכל התרבויות. נכון / לא נכון

5) לפי פרופסור אָסָא כָּשֵׁר, בכל תרבות הילדים בונים מסורת חדשה. נכון / לא נכון

6) הערכים החשובים משותפים לבני אותה תרבות. נכון / לא נכון

ג) **תארו את טקס החלקָה לפי "ארבעת הדברים הראשוניים בכל תרבות."**

19. לוח מודעות

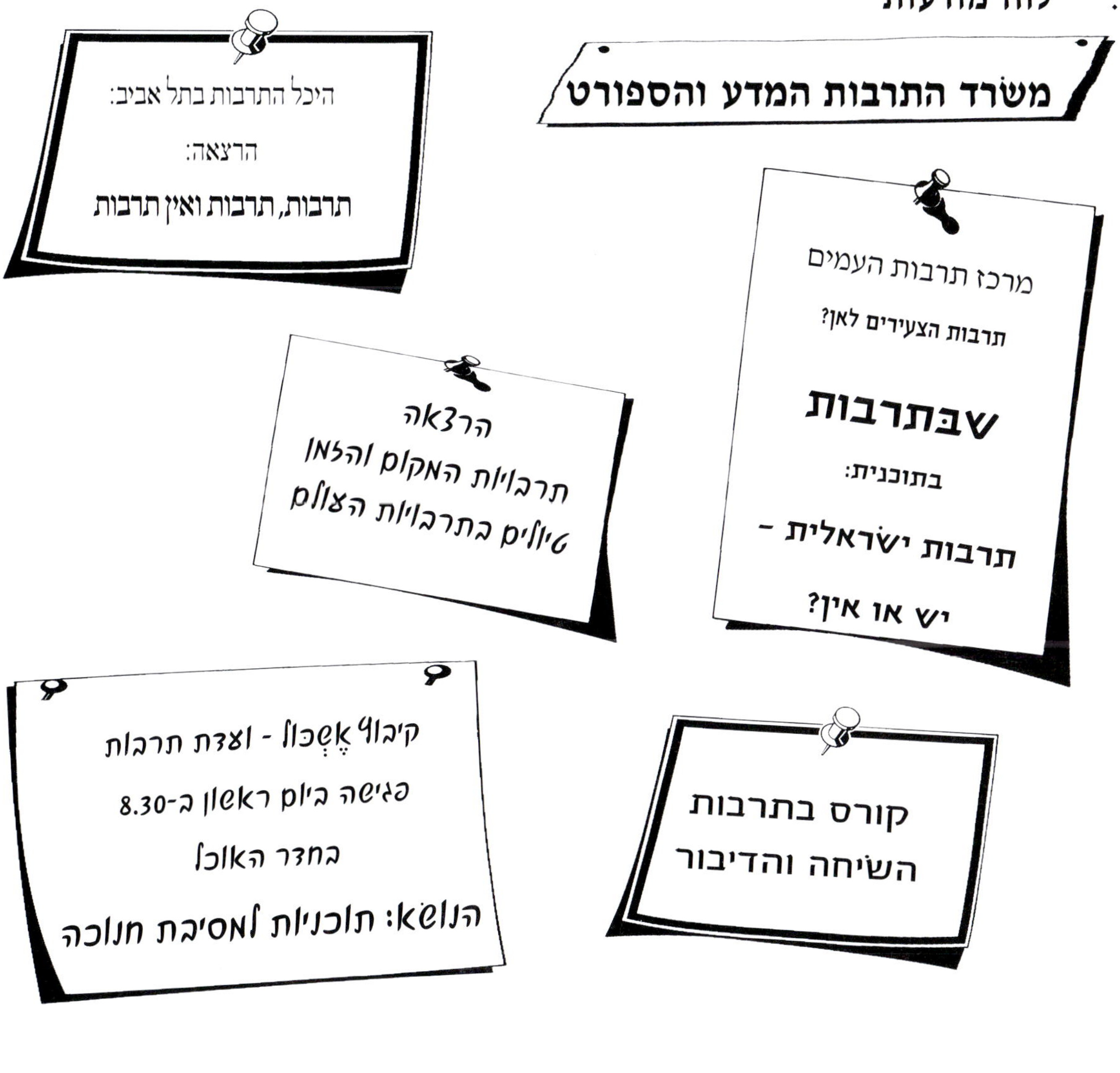

20. אל יאללה, ביי!

ערב תרבותי

- חברֶה, ועדת תרבות החליטה שהערב מְדַסְקְסִים מה זה תרבות.
- מז'תומרת?! כל אחד והתרבות שלו.
- לא בדיוק. יש אנשים שיש להם תרבות, ויש אנשים שאין להם שום תרבות. הם חיים ברחוב, והם ממש לא תרבותיים.
- אז למה אומרים תרבות רחוב?
- אני לא יודע. לפי דעתי ברחוב לא יכולה להיות תרבות.
- חברֶה, תראו כמה אתם אין לכם תרבות. סתם צועקים ומקשקשים - זאת תרבות זאת?!
- מי שמדבר. אפשר לחשוב שאתה יודע מה זה תרבות.
- נו, די. מה עם התוכנית של הערב? אנחנו צריכים לדבר על תרבות. אז - יאללה...

א) **המחיזו שׂיחה דומה על נושׂא אחר כמו:**

מה היא אמונה, או מה הם ערכים.

ב) **התאימו את הביטויים לאיורים:**

- תרבות הגוף
- בן תרבות
- חדר תרבות
- צמח תרבות
- תַרְבּוּתְנִיק
- יצא לתרבות רעה

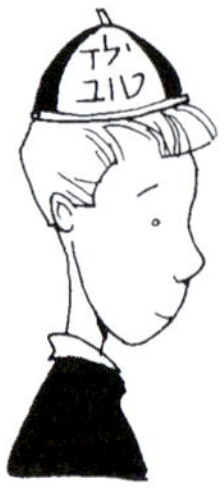

21. א-פרופו

תרבות

- לאן מתחשק לך לצאת לבלות הערב?
- לא יודעת. מה בא לך?
- אולי לקולנוע? אומרים שיש סרט הונגרי חדש עם שׂחקנים מצוינים.
- מאה אחוז.
- אני רץ לקנות כרטיסים. ניפגש בקופה.

• • •

- שני כרטיסים רחוק ובאמצע, בבקשה.
- מצטער, נגמרו הכרטיסים. יש לי רק בצד, בשורה שישית.
- טוב, נו. אם באנו כבר באנו... אומרים שזה סרט מצוין.
- נו, החלטתם?
- אפשר לשלם בוויזה או בצ'ק?
- לא, רק במזומן.
- טוב, אז כמה עולים שני כרטיסים?
- שבעים שקלים.
- הינה, תודה.

? המחיזו שׂיחה דומה על מקום בילוי אחר.

מילים:

• בִּילָה, לְבַלּוֹת • הִתְחַשֵּׁק, לְהִתְחַשֵּׁק לְ... • מְזוּמָן ז. • קוּפָּה נ. • שׁוּרָה נ. •

.22 מילון

סמיכות - או לא סמיכות?

	ז.	ז.ר.	נ.	נ.ר.
	חָתוּל	חֲתוּלֵי	חֲתוּלַת	חֲתוּלוֹת
סמיכות:	☐ 0	☐ֵ י	☐ַ ת	☐ וֹת
אבל:		כְּלִי	בֵּית	סִפְרוּת

א) כתבו מתחת לכל מילה מסומנת את הערך המילוני שלה ותרגמו את כל המשפט.

ב) סמנו את המסקנה הנכונה א או ב.

a) Write the dictionary entry below each underlined word and translate the sentence.

b) Circle the correct conclusion **א** or **ב**.

1) התפתחות הקשרים בין האנשים בכפרים הקטנים פתרה את בעיית הבדידות
של אנשים שגרים באזורים הרחוקים.
א. הייתה להם בעיה, ועכשיו אין להם בעיה.
ב. לא הייתה להם בעיה, ועכשיו יש להם בעיה.

2) בגלל סכנת המלחמה אנשים לא יצאו לעבודות התנדבות .
א. הם לא עובדים כי הם פוחדים.
ב. הם לא עובדים כי הם לא אוהבים לעבוד.

3) שינויי מזג האוויר משפיעים על אנשים
ועל ההתקשרויות החברתיות בין האנשים.
א. מזג האוויר יכול להיות סיבה להתנהגות אנשים.
ב. אין קשר בין מזג האוויר להתנהגות האנשים.

4) מעורבות חברתית ואכפתיות עוזרות להתקדמות הכלכלה.
א. לאנשים לא אכפת מה מצב הכלכלה.
ב. הכלכלה מתקדמת כשאנשים מעורבים.

5) עזרת המשפחה במציאת פתרונות לבעיות שונות חשובה בכל גיל.
א. המשפחה יכולה לעזור פעמים רבות.
ב. המשפחה אף פעם לא יכולה לעזור.

6) הוא התגרש מאשתו, והצטרף לקהילת מאמינים בחיים משותפים: הכול שייך לכולם.

א. הוא חי בקוֹמוּנָה.

ב. היא חיה בקומונה.

7) כלכלני המדינה המזדקנים עוד לא התרגלו למצב החדש, והם מתגעגעים לימים שעברו.

א. הכלכלנים חושבים שהמצב הישן היה טוב יותר.

ב. הכלכלנים מאמינים שהמצב החדש טוב.

שׂימו לב: המילים החדשות בתרגיל מופיעות באוצר המילים החדש של השיעור הבא, שיעור 9!

The new words in the exercise are in the vocabulary list of the next lesson, lesson 9!

א. אוצר המילים

Vocabulary

פעלים / Verbs

בָּכָה, לִבְכּוֹת	cry
גָּזַר, לִגְזוֹר	cut
דָּרַשׁ, לִדְרוֹשׁ	demand
הֵכִין, לְהָכִין	prepare
הִקְרִיב, לְהַקְרִיב	sacrifice
הִשְׁתַּתֵּף, לְהִשְׁתַּתֵּף (ב...)	participate
הִתְנַהֵג, לְהִתְנַהֵג	behave
הִתְקָרֵב, לְהִתְקָרֵב (ל...)	approach
זָרַק, לִזְרוֹק	throw
נִפְרַד, לְהִיפָּרֵד (מ...)	part from
צִילֵם, לְצַלֵּם	photograph
קִיוָּה, לְקַוּוֹת	hope
שָׁבַר, לִשְׁבּוֹר	brake

שמות עצם / Nouns

וַעֲדָה נ.	committee
כּוֹס נ. כּוֹסוֹת	glass
כִּיפָּה נ.	cap / skull cap
כָּתֵף נ. כְּתֵפַיִים	shoulder
לְוָויָה נ.	funeral
מִסְפָּרַיִים ז.ר.	scissors
מַשְׁמָעוּת נ.	meaning
מִשְׁקָפַיִים ז.ר.	glasses
נָחָשׁ ז.	snake
עָלֶה ז. עָלִים	leaf
סֵדֶר ז.	order
עֵרֶךְ ז. עֲרָכִים	value
פֵּיאָה נ.	side lock
פָּנִים ז.ר.	face
פְּרֵידָה נ.	farewell / parting

שמות תואר / Adjectives

אָהוּב, אֲהוּבָה	beloved
אִיטִי, אִיטִית	slow
חֲסִידִי, חֲסִידִית	hassidic
רִאשׁוֹנִי, רִאשׁוֹנִית	primary

שונות / Miscellaneous

בִּכְלָל	at all
דּוֹמֶה לְ...	similar to
כְּדֵי / כְּדֵי שֶׁ...	in order to
סִידּוּר	prayer book

צורות: פועל: • בניין פָּעַל, גזרות פ"י ופ"נ, ציווי

דוגמה: שֵׁב! סַע!

• בניין פָּעַל, גזרת פ"י, זמן עתיד

דוגמה: אֵשֵׁב

• בניין פָּעַל, גזרת פ"נ, זמן עתיד

דוגמה: אֶתֵּן

• נטיית מילת היחס - ב...

דוגמה: בִּי

תחביר: • תיאור תכלית — Final Adverb

דוגמה: שמענו חדשות כדי לדעת מה קורה בעולם.

• משפטי תכלית — Final Clause

דוגמה: הדלקנו את האור, כדי שיראו אותנו.

מילון: • צירוף סמיכות — Construct State

פסק זמן 3

תרגילי אוצר מילים

1. מצאו את ההשלמה המתאימה לכל משפט מתוך רשימת המילים.

שמות עצם: אלור / מספריים / מדריך / מחנך / משקפיים / פרידה / לוחם /
מילים / לוג / חוכאה / מטרה / מסלולים / פרק / ציונים / שינה /

פעלים: נצלם / חייק / בכה / קיווה לטוב / נכשל /

שמות תואר: איטי / שונה /

מילת שאלה: אתי /

1) מורה **ל**לימודים, כמו --- **ל**מוּסָר.

2) מסיבת כיתה **ל**תלמידים, כמו יֶרַח דְּבַשׁ **ל**--- .

3) --- **ל**ארץ, כמו חדר **ל**דירה.

4) --- **ל**טיול, כמו מורה **ל**שיעור.

5) כיתה **ל**תלמיד, כמו מלחמה **ל**--- .

6) מהיר **ל**---, כמו גבוה **ל**נמוך.

7) הרצאה **ל**קורס, כמו --- **ל**ספר.

8) עבודה **ל**יום, כמו --- **ל**לילה.

9) --- **ל**עיניים, כמו נעליים **ל**רגליים.

10) נזכר בגעגועים **ל**עבר, כמו --- **ל**עתיד.

11) --- **ל**הצליח, כמו עלה **ל**ירד.

12) נסע **ל**חזר, כמו --- **ל**פגישה.

13) --- **ל**רגש, כמו ראש **ל**לב.

14) עצוב **ל**שמח, כמו --- **ל**צחק.

15) --- **ל**כביש גדול, כמו שורות **ל**עמוד בספר.

16) אין **ל**יֵש, כמו --- **ל**נמצא.

17) דומה **ל**---, כמו למעלה **ל**למטה.

18) גזר **ל**---, כמו סגר **ל**מפתח.

19) כתב **ל**---, כמו צייר **ל**צבעים.

20) האם **ל**כן או לא, כמו --- **ל**היום, אתמול, מחר, או....

21) --- **ל**צחק, כמו דיבר **ל**צעק.

22) --- **ל**כדי, כמו סיבה **ל**כי.

23) פירות **ל**עץ, כמו --- **ל**בחינה.

2. בחרו בהשלמה הנכונה ושבצו אותה.

1) הוא עדיין לא יודע --- במילון.
(להתקרב / להתנהג / להשתמש / להתלבש)

2) ילדים קטנים אוהבים לשבת על --- אבא.
שם הם מרגישים בטוחים ורואים את העולם ---.
(כתפי / משקפי / אוזני / שיני) (מצד לצד / מלמעלה למטה / מלפנים לאחור / משׂמאל לימין)

3) קַיִן הרג את הֶבֶל בגלל ---.
(מחשבה / תנועה / אהבה / קנאה)

4) --- המילה מוּסָר לא תמיד ברורה.
(שגיאה / משמעות / ציונות / דוגמה)

5) --- מאדם אהוב תמיד קשה.
(שינה / פרידה / אמבטיה / פיאה)

6) קרובי המשפחה מחו"ל --- לפגוש את בני הדודים באביב הבא.
(הרגו / התאימו / זרקו / קיוו)

7) היא בחורה --- . היא עושׂה כל עבודה, ואפילו הכי פשוטה, במשך שעות.
(כרית / חסידית / חקלאית / איטית)

8) הכלב --- ואף אחד לא יודע איפה הוא.
אנחנו מקווים שהוא לא ---, ושהוא עדיין חי.
(נמשך / נמצא / נכנס / נעלם) (נהרג / נפגש / נדלק / נשאר)

9) בגלל המחלה שלו לא היה לו כוח אפילו לקום מן המיטה, אבל אחר כך הוא --- וחזר לעבודה.
(הפריע / תרגם / הכין / התחזק)

10) --- אמרו לך פעם, שיש לך עיניים מיוחדות?
(איזה / האם / לאן / ממי)

3. **מצאו את המשפט הקרוב ביותר למשפט הראשון.**

1) **יש לו תפקיד לא מעניין.**
א. העבודה שלו משעממת.
ב. העבודה שלו מיוחדת.
ג. העבודה שלו מוצלחת.
ד. העבודה שלו לא מוסרית.

2) **במאמר שלו יש הרבה שגיאות.**
א. בדברים שהוא כתב יש דברים לא רציניים.
ב. בדברים שהוא כתב יש דברים לא ברורים.
ג. בדברים שהוא כתב יש דברים לא נכונים.
ד. בדברים שהוא כתב יש דברים לא חכמים.

3) **הוא נכשל בכל המקצועות בבית הספר.**
א. הוא היה התלמיד הכי טוב.
ב. הוא אף פעם לא היה תלמיד רע.
ג. הוא לא הצליח בשום דבר.
ד. הוא קיבל ציונים גבוהים בבית הספר.

4) **המטרה שלנו דומה למטרה שלכם.**
א. יש לנו מטרות שונות.
ב. יש לנו אותה מטרה.
ג. יש לנו מטרה אחת משותפת.
ד. המטרה שלנו שווה יותר.

5) **התפקיד שקיבלתי לא היה ברור.**
א. קיבלתי את התפקיד שרציתי.
ב. לא הבנתי בדיוק מה התפקיד שלי.
ג. לא ידעתי למה קיבלתי את התפקיד.
ד. התפקיד שקיבלתי לא היה מתאים לי.

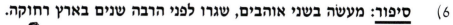

6) **סיפור: מעשׂה בשני אוהבים, שגרו לפני הרבה שנים בארץ רחוקה.**
א. זאת התחלה של אגדה.
ב. כך מתחיל מאמר בעיתון.
ג. כך מתחיל קטע מדעי.
ד. כך מתחילות החדשות ברדיו.

7) **הייתה שם אהבה, אבל נמאס לה מהקנאה שלו.**
א. היא רצתה להמשיך את הקשר איתו, אבל לו נמאס ממנה.
ב. בגלל הקנאה שלו היא לא רצתה להמשיך להיפגש איתו.
ג. הקנאה שלו הייתה קשורה ליחסים שלה עם החבר שלו.
ד. הסיבה ליחסים הרעים בין בני הזוג הייתה הקנאה שלה.

8) **אחרי שהוא נפרד מהאהובה שלו, הוא בכה כי הפרידה הייתה כואבת.**
א. הוא בכה, לכן היא נפרדה ממנו.
ב. הוא נפרד מהחברה שלו, אחרי שהוא בכה.
ג. הוא בכה, מפני שהוא נפרד מהחברה שלו.
ד. הוא בכה, כי האהובה שלו בכתה.

9) **היא נעלמה, אבל הוא המשיך לצלצל אליה, כי היה לו קשה בלעדיה. הוא קיווה שהיא תחזור להיות החברה שלו.**
א. הוא הפסיק לצלצל כשהוא הבין שהיא נעלמה.
ב. הוא אף פעם לא האמין שהם שוב יהיו ביחד.
ג. הוא חשב שהיא תחזור אליו, כשהיא תשמע שהיה לו קשה.
ד. היה לו קשה, כי היא צלצלה שוב ושוב.

10) **הם חזרו לחיות ביחד.**
א. הם לא נפגשו יותר.
ב. הם החליטו שאין עתיד ליחסים ביניהם.
ג. היא עזבה אותו.
ד. הם שוב חברים.

11) **כתבו שלושה משפטים לא נכונים ומשפט אחד נכון למשפט הזה:**
ואם הם לא מתו הם חיים עד היום באושר.

4. על הר החרמון

שְׂנִיר המטייל וחֶרְמוֹנָה המדריכה.

שׂניר: חרמונה, תגידי, אני רואה נכון? מה זה הכתף הלבנה שאנחנו רואים שם?

חרמונה: זה הר החרמון.

שׂניר: אני רואה נכון? שלג בישׂראל באמצע חודש אַפְּרִיל?

חרמונה: כן, זה הר גבוה מאוד: 4222 מטר, אז למה שלא יהיה למעלה שלג כל הזמן?

שׂניר: רגע, רגע, איפה אנחנו? אני צריך לעשׂות קצת "סדר" בגֵאוֹגְרַפְיָה שלי.

חרמונה: אנחנו בצפת, והחרמון נמצא מצפון מזרח לנו, בצפון רמת הגולן.

שׂניר: תגידי, אפשר להמשיך ממנו צפונה ?

חרמונה: אפשר, אבל אסור, כי קרוב לראש ההר עובר הגבול בין ישׂראל, לְבָנוֹן וסוּרְיָה. כל האזור שם הוא גבול בין שלוש מדינות. יש שם הרבה חיילים.

שׂניר: אני מבין, אבל מי יודע?! אולי בעוד שנה או שנתיים נראה על ההר גם תיירים. את יודעת, כאלה כמו בשְׁוֵויץ, עם תרמילי גב, שהולכים לסקי בחורף ולטיולים בקיץ.

חרמונה: אָמֵן!

שׂניר: תגידי, זה ממש מתאים לסקי? או שזה רק בגלל הקנאה של הישׂראלים בשוויצרים, שמישהו החליט לעשׂות פה אתר סקי?

חרמונה: מה פתאום?! זה ממש אתר סקי! בחורף רגיל יש מספיק שלג, ואפשר לעשׂות שם סקי אמיתי. ברור שזה לא כמו באירופה, אבל גם פה אפשר להגיע בחורף טוב לכמה מטרים של שלג.

שׂניר: בטח יש משם נוף לא רגיל.

חרמונה: משהו-משהו. עולים לשם ברַכֶּבֶל, שזאת רכבת כבלים, ואתה ב"צ'יק- צ'ק" למעלה. כדאי לך! יש שם למעלה פרחים בצבעים נהדרים. זה משהו לא רגיל. חלום של מקום.

שׂניר: שמעתי שהישׂראלים אוהבים מאוד את החרמון. אני לא מבין מה כל כך מיוחד בו?

חרמונה: תראה, הרבה מהמים של ישׂראל באים מההר הזה. אתה מבין, בישׂראל מים זה דבר יקר וחשוב. השלגים האלה נותנים כל כך הרבה מים.

שׂניר: תגידי, גם סוריה מקבלת מים מהשלגים של החרמון?

חרמונה: כן. בטח. הישׂראלים קוראים לחרמון העיניים של המדינה.

שׂניר: למה? כי הוא יפה?

חרמונה: לא. כי הוא גבוה. אפשר לראות ממנו את שלוש המדינות. גם ב-1967 וגם ב-1973 נלחמו קשה על המקום הזה.

שׂניר: מי נלחם עם מי?

חרמונה: סוריה וישׂראל.

שׂניר: איזה שֵׁם זה החרמון? ממה זה בא? מהתנ"ך?

חרמונה: בתנ"ך יש לו עוד שמות: שִׂרְיוֹן, שִׂיאוֹן וגם - תשמע טוב: שְׂנִיר.

שׂניר: שׂניר? מה את אומרת?! מעניין למה ההורים שלי החליטו לקרוא לי כך.

חרמונה: בערבית קוראים לו גם ההר הזקן וגם הר השלג. כי עם כל השלג הוא כמו סבא זקן, טוב וחכם.

שׂניר: וגם כמו שׂניר יפה וצעיר!

> **אִתִּי מִלְּבָנוֹן כַּלָּה אִתִּי מִלְּבָנוֹן תָּבוֹאִי תָּשׁוּרִי מֵרֹאשׁ אֲמָנָה**
> **מֵרֹאשׁ שְׂנִיר וְחֶרְמוֹן מִמְּעֹנוֹת אֲרָיוֹת מֵהַרְרֵי נְמֵרִים:** (שיר השירים ד 8)

כתבו לפי השׂיחה קטע אינפורמטיבי של כחמישה עשׂר משפטים על החרמון.

Write a fifteen sentence long informative passage about the חרמון according to the dialogue.

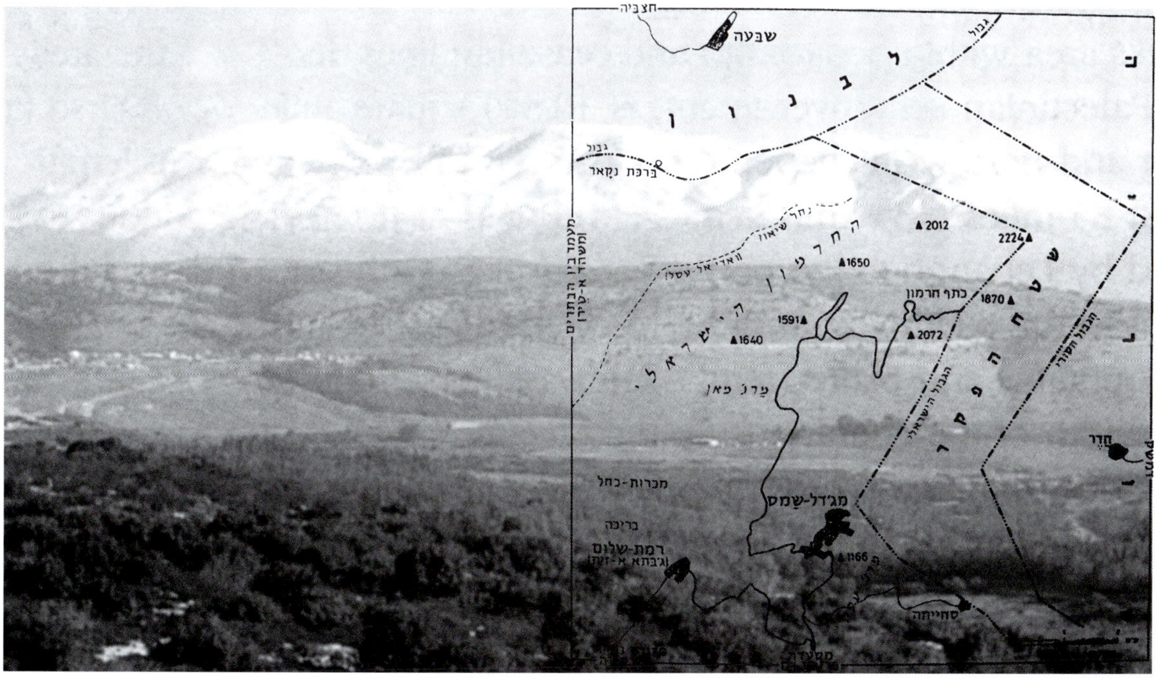

הר חרמון ומפת האזור

5. קראו את הקטע והשלימו את המילים החסרות לפי ההקשר.

אִ֣ישׁ יְהוּדִ֔י הָיָ֖ה בְּשׁוּשַׁ֣ן (אסתר ב 5)

הפסוק בספר אסתר "איש יהודי היה בשושן ושמו מרדכי בן יאיר בן שמעי בן קיש איש ימיני" (=איש ימיני=איש משבט בנימין) לא היה יכול להיות בספר מתקופת בית המקדש ה---. באותה תקופה, בימי בית ראשון, יהודי היה בן למשפחת יהודה או איש משבט יהודה, ולכן לא היה יכול להיות איש יהודי, שהוא משבט אחר למשל, משבט --- , כמו בפסוק בספר אסתר.

אחרי תקופת בית המקדש הראשון קיבלה המילה עוד --- : כל איש מבני ישׂראל היה יהודי, ולא חשוב מאיזה --- הוא.

בסוף תקופת הבית השני שוב "זזה" המילה וקיבלה עוד משמעות: לא רק ה---, השבט והעם. המילה יהודי היא מאז גם הדת והאמונה. מעכשיו יהודי הוא מי שנולד ל--- וְלדת.

בספר אסתר היה גם פועל בבניין התפעל, שבא מן השורש י.ה.ד. שם הפועל הוא: ---. משמעות הפועל הייתה לעבור מעם אחר לעם ה---.

היום משתמשים ב--- אחרת. אומרים "להתגייר" כשרוצים לומר שמישהו עובר אל הדת היהודית.

(לפי: פרופסור בר-אשר, לשוננו לעם טבת-שבט, תשנ"ט)

1) מה אתם חושבים: האם ההיסטוריה של המילה יהודי קשורה לוויכוח מיהו יהודי.

2) ספרו על מילה אחרת ש'זזה' ממשמעות למשמעות למשל - ישׂראל / תורה / חוֹמֶר.

מגילת אסתר עם ציורים, פירארה, איטליה, 1616

אבא לא הסכים לקנות לי בובה של בָּארְט סִימְפְּסוֹן. אמא כן רצתה, אבל אבא לא הסכים לי, אמר שלא צריך לעשׂות כל מה שאני רוצה ושאין לי כבוד לכסף, ושאם אני לא אלמד את זה כשאני קטן אז מתי אני כן אלמד?

"ילדים שקונים להם בובות של בארט סימפסון גדלים אחר כך להיות 'פּוּשְׁטָקִים' שגונבים", ולכן הוא קנה לי חזיר לא יפה מפּוֹרְצְלָן, ובגב שׂמים לו את הכסף. ועכשיו אני אגדל להיות בסדר ולא אגנוב.

פּוּשְׁטָק = (מרוסית) ילד רחוב

כל בוקר אני צריך עכשיו לשתות שוֹקוֹ, ואם אני שותה אני מקבל שקל, ואני מכניס את הכסף לגב של החזיר. כשלוקחים אותו שומעים את המטבעות של הכסף. כשבחזיר יהיו הרבה מטבעות והוא יהיה מלא, אז אני אקבל בובה של בארט על סְקֶייטבּוֹרְד. אבא אומר שזה מחנך.

החזיר דווקא נחמד. האף שלו קר כשנוגעים בו, והוא מחייך כשמכניסים את השקל וגם כשמכניסים רק חצי שקל. נתתי לו גם שם: אני קורא לו פֶּסַחְזוֹן על שם איש אחד, שפעם גר בתיבת הדואר שלנו, ואבא לא הצליח להוריד את השם שלו מהתיבה.

פסחזון הוא לא כמו הצעצועים האחרים שלי. הוא יותר שקט בלי אורות ובָּטָריוֹת. אני צריך לשמור עליו שלא ייפול מהשולחן למטה. "פסחזון, תזכור שאתה מפורצלן" אני אומר לו, כשאני רואה שהוא מסתכל למטה. והוא מחייך ומחכה שאני אוריד אותו מהשולחן. רק בשבילו אני שותה את השוקו כל בוקר, ואז אני מכניס את החצי שקל בגב שלו.

"אני אוהב אותך פסחזון" אני אומר לו אחרי זה, "פֶּיר, אני אוהב אותך יותר מאבא ואמא. ואני גם יאהב אותך תמיד, לא חשוב מה, אבל אל תיפול".

אתמול אבא בא, לקח את פסחזון מהשולחן והתחיל לשׂחק איתו. "לא, אבא", אמרתי "אתה עושׂה לפסחזון כאב בטן". אבל אבא המשיך: "הוא לא עושׂה רעש, אתה יודע מה זה אומר, יואבי? שמחר תקבל בארט סימפסון על סקייטבורד".

"יופי, אבא" אמרתי "רק בבקשה, אל תעשׂה כך. הוא לא מרגיש טוב".

אבא שׂם את פסחזון במקום והלך לקרוא לאמא. אחרי דקה הוא חזר עם אימא ביד אחת ועם פטיש ביד השנייה. "את רואה, ככה הוא למד להבין מה זה כסף, נכון יואבי?"

"בטח שאני יודע", אמרתי " אבל בשביל מה פטיש?" "זה בשבילך" אמר אבא ושׂם לי את הפטיש ביד. "אבל לאט-לאט" אמר אבא. אחרי כמה דקות נמאס לאבא והוא אמר: "נו, תשבור כבר את החזיר". "מה?" שאלתי "את פסחזון?" "כן, כן, את פסחזון, נו תשבור. עבדת קשה בשביל הבארט סימפסון".

פסחזון העצוב חייך כמו חזיר מחרסינה שמבין שזה הסוף שלו. "לא רוצה בארט סימפסון. מספיק לי הפסחזון." אמרתי.

"זה באמת בסדר. אני אשבור אותו בשבילך". אמר אבא ולקח ממני את הפטיש. הסתכלתי על העיניים של אימא ועל פסחזון המחייך וידעתי שהכול עליי, אם אני לא אעשׂה משהו הוא ימות. "אבא" קראתי, לפני שהוא הוריד את הפטיש על פסחזון. "מה יואבי?" שאל עם הפטיש באוויר, "אני רוצה עוד שקל בבקשה. תן לי עוד שקל ואני אשׂים בגב שלו. מחר, אחרי השוקו, ואז לשבור, מחר, אני מבטיח". "עוד שקל" אמר אבא "את רואה, הינה, הילד מבין".

אחרי שהם יצאו מהחדר לקחתי את פסחזון ובכיתי ובכיתי. ופסחזון לא אמר שום דבר רק זז קצת בידיים שלי. "אל תדאג. אני אשמור עליך".

בלילה, חיכיתי שאבא יגמור לראות טלוויזיה בסלון וילך לישון. ואז קמתי בשקט, בשקט עם פסחזון והלכנו והלכנו עד שהגענו לשׂדה. "חזירים מתים על שׂדות". אמרתי לפסחזון כששׂמתי אותו על האדמה. "יהיה לך טוב כאן". כשנגעתי באף שלו לשלום, הוא רק הסתכל, עצוב. הוא ידע שלא יראה אותי יותר.

(מתוך: געגועיי לקיסינג'ר)

1) הסיפור מספר בשקט על כאב גדול. מה הוא?

2) כתבו את הסיפור כאילו מישהו אחר מספר את הסיפור: פסחזון, האח של יואב או אימא של יואב.

שיעור 9

1. להיות בן למשפחה גדולה

מה זה אומר להיות בן/בת למשפחה גדולה?

להשתתף בשׂיחות של כולם על כולם.
להתרגש מן החדשות הטובות של כולם.
לשמוע על הבעיות של כולם ולהצטער.
להתחתן ולהזמין את כולם לחתונה.
להסתכל באלבומי התמונות, ולנסות לזכור את השמות של כולם.
להתקשר לכל אחד ביום ההולדת, ולומר מזל טוב.
להשתתף כמעט כל חודש בשׂמחות, ולהצטרף למתנה המשותפת.
להתנדב לבקר את החולים, ולעזור למי שצריך עזרה.
להזדקן עם כל תינוק חדש, ולהרגיש שאתה מתקרב לגיל של הדודות שלך.

? הוסיפו משפטים לפי המשפחה שלכם. Add sentences according to your own family.

א) אמרו מה זה אומר להיות בן למשפחה קטנה.

ב) המשיכו את דבריו של בן המשפחה הגדולה ב-1. ש"ברח לאי בודד".
השתמשו בפעלים בעתיד:

a) Tell how it feels to be a member of a small family.

b) Continue what member of the big family who "escaped to a desert island" said as in .1. Use the verbs in their future form.

דוגמה:

די, נמאס לי להכיר את כולם ושכולם מכירים אותי.
אני בורח לאי בודד. שם לא תהיה לי משפחה.
שם אני לא אשתתף בשיחות של כולם על כולם.
שם אני לא ... אֶתְ□ַ□ֵ□□

2. **בניין התפעל, גזרת השלמים, זמן עתיד**

לְהִתְרַגֵּשׁ

	ז.	ז./נ.	נ.	ז.	ז./נ.	נ.
י.		**אֶתְרַגֵּשׁ**			**אֶתְ**□ַ□ֵּ□	
	תִּתְרַגֵּשׁ		**תִּתְרַגְּשִׁי**	**תִּתְ**□ַ□ֵּ□		**תִּתְ**□ַ□ְּ□י
	יִתְרַגֵּשׁ		**תִּתְרַגֵּשׁ**	**יִתְ**□ַ□ֵּ□		**תִּתְ**□ַ□ֵּ□
		נִתְרַגֵּשׁ			**נִתְ**□ַ□ֵּ□	
ר.		**תִּתְרַגְּשׁוּ**			**תִּתְ**□ַ□ְּ□וּ	
		יִתְרַגְּשׁוּ			**יִתְ**□ַ□ְּ□וּ	

וכך גם: לְהִתְפַּלֵּל, לְהִתְחַתֵּן (עִם), לְהִתְקַשֵּׁר (עִם), (ל...), לְהִתְנַדֵּב (ל...), לְהִתְרַגֵּל (ל...), לְהִתְפַּתֵּחַ, לְהִתְגָּרֵשׁ (מ...), לְהִתְקָרֵב (ל...), לְהִתְרַחֵץ, לְהִתְנַהֵג, לְהִתְלַכְלֵךְ, לְהִתְחַזֵּק

וכן גם: לְהִתְגַּעְגֵּעַ (ל...)

בבניין התפעל יש לפעמים חילופי אותיות ושינויים באותיות:

In the התפעל construction sometimes letters switch places or there other changes. i.e.:

א. כשהאות הראשונה של השורש היא **שׁ** או **שׂ**:

When the first root-letter is **שׁ** or **שׂ**:

הִשְׁתַּמֵּשׁ, מִשְׁתַּמֵּשׁ, יִשְׁתַּמֵּשׁ, לְהִשְׁתַּמֵּשׁ. וכך גם: לְהִשְׁתַּתֵּף.

ב. כשהאות הראשונה של השורש היא **צ** הנטייה היא:

When the first root-letter is **צ** the conjugation is:

הִצְטָרֵף, מִצְטָרֵף, יִצְטָרֵף, לְהִצְטָרֵף. וכך גם: לְהִצְטַעֵר.

ג. כשהאות הראשונה של השורש היא **ס** הנטייה היא:

When the first root-letter is **ס** the conjugation is:

הִסְתַּכֵּל, מִסְתַּכֵּל, יִסְתַּכֵּל, לְהִסְתַּכֵּל.

ד. כשהאות הראשונה של השורש היא **ז** הנטייה היא:

When the first root-letter is **ז** the conjugation is:

הִזְדַּקֵּן, מִזְדַּקֵּן, יִזְדַּקֵּן, לְהִזְדַּקֵּן.

3. א) **השלימו את הטבלה בעתיד:**

אני	אתה	את	הוא	היא	אנחנו	אתם/אתן	הם/הן
אתרגש	---	---	---	---	---	---	---
---	תתחתן	---	---	---	---	---	---
---	---	תתנדבי	---	---	---	---	---
---	---	---	יתרגל	---	---	---	---
---	---	---	---	תתפתח	---	---	----
---	---	---	---	---	נסתכל	---	---
---	---	---	---	---	---	תשתמשו	---
---	---	---	---	---	---	---	יצטערו

ב) **אמרו את הפעלים להתחבק, להתנשק בזמן עתיד ונחשו את המשמעות של הפעלים.**

4. **קראו את הקטע הבא**
והשלימו את הפעלים בעתיד:

נסיעה מחו"ל לישׂראל ופגישה עם ה"מִשְׁפּוּחֶה"

כשתיסע ל"משפוחה" בישׂראל (אתה) --- מייד לחיי היומיום המלאים של כל (להצטרף)
בני המשפחה. יזמינו אותך לכל ארוחה גדולה ולכל השׂמחות. סבתא --- אם לא (להצטער)
תבוא לארוחת שבת אצלה. הדודות --- כל יומיים לדעת מה שלומך. הדוד ישאל (להתקשר)
אותך כל שבוע, מתי כבר (אתה) --- עם החברה שלך. בת הדודה הקטנה, תבקש (להתחתן)
ש(אתה) --- איתה על כל המחברות של בית הספר, כל פעם ש(אתה) --- בארוחה (להסתכל)
משפחתית אצלם. לאט לאט (אתה) --- לכל בני המשפחה ו--- (אתה) לסגנון (להשתתף, להתקרב)
השׂיחה שלהם. (להתרגל)

אחרי שנה, כשתחזור לחו"ל, (אתה) --- שוב לחיים שם, אבל (אתה) --- מאוד (להתרגל, להתגעגע)
לסגנון החיים ול"משפוחה" שלך בישׂראל.

? החליפו כל "אתה" ב"את" וקראו שוב את כל הקטע.

5. א) כלכלה ובְדידוּת - א'

פרופסור פאטנם מאוניברסיטת הַרְוָורְד הוא פילוסוף מפורסם. הוא כתב על הקשר בין היחסים החברתיים והאכפתיות של אנשים בחברה, לבין ההתפתחות הכלכלית של המדינה. לדעתו, כשאין קשרים חברתיים, וכשאנשים לא מעורבים במה שקורה במדינה, הכלכלה לא יכולה להתקדם ולהתפתח.

היום ברוב המדינות המערביות בעולם פחות ופחות אנשים משתתפים בבחירות, ולא אכפת להם מה קורה בממשלה או בעיר שלהם; הם לא מצטרפים לארגונים קהילתיים, לא מתנדבים לפעולות חברתיות ולא משתתפים בחיי הקהילה.

לפי מחקרים, אנשים פחות ופחות נפגשים עם שכנים ועם קרובי משפחה; אין להם שׂיחות ארוכות עם חברים, והם פותרים את רוב הבעיות שלהם לבד או עם אנשי מקצוע. במחקרים נמצא, שאנשים בעולם המודרני גם לא מאמינים לאנשים אחרים. בעולם לא חברתי כזה קשה יותר לפתור בעיות חברתיות, פוליטיות או כלכליות.

פרופסור פאטנם ביקש לדעת למה לרוב האנשים אין קשרים חברתיים. הוא מצא שיש לכך שתי סיבות חשובות: סיבה אחת היא הטלוויזיה: אנשים במערב מסתכלים בטלוויזיה ב-40% מן הזמן החופשי שלהם. סיבה אחרת היא שהמשפחה פחות חזקה בעולם המודרני: צעירים רבים לא מתחתנים ולא בונים משפחה. הרבה זוגות לא ממשיכים לחיות יחד ומתגרשים. אנשים שחיים לבד לא מעורבים בחיי החברה, ופחות אכפת להם מה קורה בחברה הגדולה.

פרופסור פאטנם אומר, שחשוב להיות מעורבים בחיי החברה: "אנחנו צריכים להתרגל לשינויים שקורים בעולם המודרני; אנחנו צריכים למצוא דרכים איך להתקרב לאנשים אחרים גם בעולם של טלוויזיה ושל הרבה אנשים בודדים" אומר פרופסור פאטנם.

(לפי: פרופ' פאטנם, עיתון הארץ, ינואר 1998)

ב) **השלימו את הפועל בעתיד בצורה הנכונה ואז סמנו את אחת המילים: פחות או יותר לפי דברי פרופסור פאטנם:**

Complete the sentences using the correct future form of the verb and then underline פחות or יותר according to פרופסור פאטנם.

דוגמה: הכלכלה ***תתפתח יותר*** אם אנשים יעבדו זה עם זה.

(להתפתח) פחות / יותר

1) --- אנשים --- באלף הבא.	פחות / יותר (להתחתן)
2) אם לא יהיה שינוי בעתיד, --- זוגות --- .	פחות / יותר (להתגרש)
3) חשוב ש --- אנשים --- לעבודות בקהילה.	פחות / יותר (להתנדב)
4) אם המצב בעתיד יהיה כמו המצב היום, אנשים --- --- לשכנים ולחברים שלהם ויהיו --- מעורבים בחיים הקהילתיים.	 (להתקרב) פחות / יותר פחות / יותר
5) החברה לא ---, אם בני אדם לא --- --- --- בארגונים חברתיים של הקהילה.	(להתקדם) (להשתתף) פחות / יותר
6) אם אנשים --- --- שעות בטלוויזיה הם --- --- לאנשים אחרים.	(להסתכל) פחות / יותר (להתקשר) פחות / יותר
7) אם האדם המודרני --- לשינויים בחברה, הוא יראה שהוא צריך להיפגש --- עם אנשים אחרים.	(להתרגל) פחות / יותר
8) הכלכלה --- רק אם לאנשים יהיה --- אכפת מה קורה במדינה.	(להתפתח) פחות / יותר

ג) **כתבו אם אתם מסכימים עם פרופסור פאטנם.**

ד) **סַפרו על האכפתיות, ועל הקשרים החברתיים בחברה ובארץ שאתם מכירים.**

6. בינוני פעול, בניין פָּעַל, גזרת השלמים — Passive Participle (Adjective)

ז.י.	נ.י.	ז.ר.	נ.ר.
סָגוּר	סְגוּרָה	סְגוּרִים	סְגוּרוֹת
□ָ□ו□	□ְ□ו□ָה	□ְ□ו□ִים	□ְ□ו□ות

כך גם: כָּתוּב, גָמוּר, עָסוּק, פָּתוּחַ, יָדוּעַ, שָמוּר, תָּפוּס, בָּדוּק.

בינוני פעול הוא שם תואר שנגזר לרוב מפועל בבניין פָּעַל.
The passive participle is an adjective that is usually derived from a verb in the פעל conjugation.

דוגמה: החנות סגורה.

גזירת הבינוני הפעול אינה אוטומטית - לא מכל פועל בבניין פעל אפשר לגזור את צורת שם הבינוני והפעול.
The derivation is not automatic - not every verb in the פעל conjugation has a passive participle adjective form.

א) איש עסוק

דני: אברהם, יש לך זמן?

אברהם: לא, אני מצטער, אני עובד קשה ועסוק כל הזמן.

דני: עובד? בפֶּסח? שום דבר לא פתוח, הכל סגור. איפה אפשר לעבוד?

אברהם: בבית. יש לי עבודת תרגום גדולה. אני צריך לתרגם שלושה סיפורים מרוסית לעברית.

דני: של מי הסיפורים?

אברהם: של סופר לא ידוע. הם כתובים בסגנון מיוחד, ויש בהם משהו שאני אוהב מאוד: הם בנויים כמו שאלות ותשובות.

דני: מעניין. מתי אתה צריך למסור את התרגום?

אברהם: זה צריך להיות גמור עד סוף החופשה.

דני: טוב, אז נתראה אחרי החופשה. בהצלחה!

אברהם: תודה, להתראות.

למה דני אומר לאברהם "בהצלחה"?

ב) סמנו נכון / לא נכון לפי השיחה:

שׂימו לב: בשׂיחה מופיעה צורת הפעול ובשאלות צורת הפועל.

1) אברהם **עוסק** בתרגום. נכון / לא נכון

2) דני ידע ש**סוגרים** את האוניברסיטה. נכון / לא נכון

3) לא **פותחים** את הספרייה בפסח. נכון / לא נכון

4) אברהם מתרגם סיפורים שמישהו **כתב** בעברית. נכון / לא נכון

5) כולם **יודעים** מי כתב את הסיפורים. נכון / לא נכון

6) האיש שכתב את הסיפורים, **בנה** אותם כמו שאלות ותשובות. נכון / לא נכון

7) אברהם צריך **לגמור** את העבודה עד סוף פסח. נכון / לא נכון

ג) אמרו וכתבו את צורת הפעול של הפעלים לשׂרוף (שׂרף) / לדחוף (דחף) מצאו את משמעותם במילון:

Say the passive participle form of these verbs out loud, and find their definition in the dictionary.

7. בינוני פעול, בניין פָּעַל, גזרת ל"י — Passive participle

ז.י.	נ.י.	ז.ר.	נ.ר.
בָּנוּי	בְּנוּיָה	בְּנוּיִים	בְּנוּיוֹת
□ָ□וּי	□ְ□וּיָה	□ְ□וּיִים	□ְ□וּיוֹת

וכך גם: קָנוּי, עָשׂוּי

א) **אמרו וכתבו את צורת הפעול של הפעלים לאפות (אפה) / לתלות (תלה) ומצאו את משמעותם במילון:**

Say the passive participle form of these verbs out loud, and find their definition in the dictionary.

ב) **שבצו את המלים בפעול לפי הפועל בפעל:**

Complete the sentences using the passive participle form according to verbs in the פעל conjugation.

דוגמה: המכתב עוד לא **גאור**. מתי **תגאור** את המכתב?

1) אי אפשר להיכנס כי הדלת ---. מי **סגר** את הדלת?

2) קר בחדר. החלון ---. למה **פתחו** את החלון?

3) אני רואה שאין לך זמן ואתה ---. במה אתה **עוסק** עכשיו?

4) הסיפור --- באנגלית. למה **כתבת** את הסיפור באנגלית ולא בעברית?

5) העוגה --- רק מחומרים טבעיים. איך **עשיתם** את העוגה?

6) - אי אפשר לשבת פה. המקום הזה ---.

- אתם יודעים אולי מי **תפס** אותו?

7) תכשיטים כאלה בדרך כלל --- בבנק. למה גם את לא **שומרת** אותם בבנק?

8) הבית שלכם --- מאבן מיוחדת מאוד. כמה זמן **בניתם** אותו?

9) זה לא שיר ---, איך **ידעתם** לשיר אותו?

8. אל יאללה, ביי!

אוי וַאֲבוֹי!

אני הרוס.

אני שבור.

אני גמור.

אני הרוג.

שיעור 9
עברית מן ההתחלה

9. א) כלכלה ובדידות בישראל - ב'

האם גם החברה הישׂראלית היא חברה של אנשים אִינְדִבִידוּאַלִיסְטִים, בודדים ואֶגוֹאִיסְטִיים או שהישׂראלים מעורבים יותר בחיי הקהילה ואִכפתיים?

עד לא מזמן הייתה החברה הישׂראלית ידועה כחברה של אנשים אכפתיים ומעורבים בחיי הקהילה. החיים הקשים בימים הראשונים של המדינה, המלחמות והצבא, השפיעו על החברה, שהייתה כמו משפחה גדולה: כולם מכירים את כולם, וכולם עוזרים לכולם.

עד היום אנשים שמגיעים לארץ לתקופות קצרות מרגישים שלישׂראלים יש קשרים חברתיים מאוד חזקים; בבית של הישׂראלי הדלת תמיד פתוחה לחברים, והיחסים בין בני אדם הם לא פוֹרְמָלִיִים; כשאתה צריך עזרה, תמיד מישהו יעזור לך - אתה אף פעם לא לבד.

למשפחתיות הזאת יש עוד צד: ממחקרים סוֹצְיוֹלוֹגִיִים עולה שפְּרוֹטֶקְצְיָה, (זאת אומרת, קשרים ב"חלונות הגבוהים"), עוזרת כמעט בכל דבר בישׂראל: אנשים מקבלים עבודה, קונים ומוכרים מכוניות ובתים, ומוצאים רופאים ותרופות בעזרת חברים.

אבל בשנים האחרונות מרגישים שינוי גם בחברה הישׂראלית. יש כמה סיבות לכך: הסיבה הראשונה היא שישׂראל היא חלק מן העולם המערבי: גם כאן מסתכלים הרבה בטלוויזיה בזמן הפנוי; גם כאן יש ילדים לאימהות לא נשׂואות או ילדים להורים גרושים; הישׂראלי החדש סגור יותר בבית, ועסוק יותר בענייני עבודה ומשפחה, לא כמו שהיה לפני חמישים, או ששים שנים.

הסיבה השנייה היא השינויים בתוך החברה הישׂראלית עצמה: המדינה גדלה מחברה של רבע מליון ישׂראלים בשנות ה-40, לחברה של שישה מיליון איש בשנת אלפיים. החברה הישׂראלית בנויה מקבוצות שונות: עולים מכל העולם, דתיים וחילוניים, ערבים ויהודים. בגלל כל הסיבות האלה הישׂראלים כבר פחות מוכנים לעזור, פחות מתנדבים לתפקידים חברתיים ופחות מעורבים בחיים הפוליטיים והקהילתיים.

אולי אחד מן הסימנים לשינויים בחברה הישׂראלית הוא הוויכוח, שהיה בכנסת, על "חוק הָעֶזְרָה". בקיץ 1998 רצו כמה חברי כנסת להחליט על חוק חדש, "חוק העזרה לַזוּלַת". לפי חוק זה כל אדם, שרואה אדם אחר מבקש עזרה, צריך לעזור לו. אם הוא לא יעזור, הוא ישלם הרבה כסף. הוא לא יהיה צריך לשלם, אם הוא לא עזר בגלל סכנת חיים. "חוק כזה" - אומרים הסוֹצְיוֹלוֹגִים - "הוא סימן של חברה גדולה ואִינְדִיבִידוּאָלִיסְטִית".

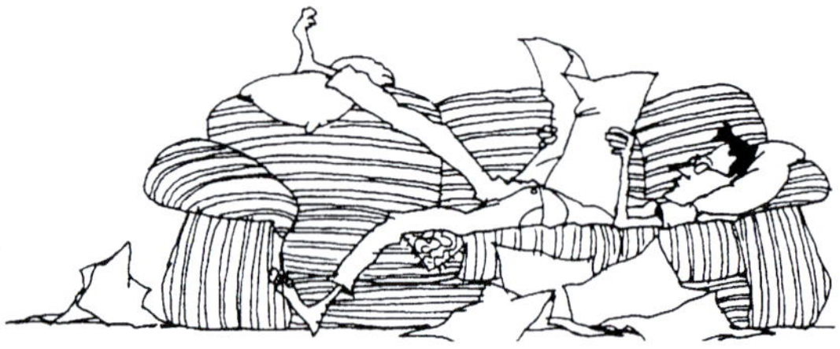

האם בחברה הישׂראלית צריך חוק כתוב כדי ללמֵד אנשים שצריך לתת עזרה?

(לפי: פרופ' פאטנם, עיתון הארץ, ינואר 1998)

? ישׂראל דומה למדינות אחרות בעולם המערבי וגם שונה מהן. תנו דוגמות לכאן ולכאן.

ב) **ענו על השאלות.**

שימו לב: בשאלות עוברים מצורת הפעול כפי שהיא בקטע, לצורת הפועל:

Answer the questions using the active instead of the passive form used in the questions.

דוגמה: "ישראל ידועה כ..." מה ידעו בעולם על החברה הישראלית ?

בעולם ידעו שישראל היא חברה של אנשים אכפתיים.

1) "הדלת פתוחה." למי הישראלי פתח את הדלת?

2) "הישראלי עסוק." במה הישראלי עוסק עכשיו?

3) "החברה הישראלית בנויה." מה בונה את החברה הישראלית?

4) "חוק כתוב." מי יכתוב את החוק החדש?

ג) **אתם מסכימים עם כותב המאמר? במה כן? במה לא?**

Do you agree with the writer's opinion. Say what you agree and disagree with?

10. הפועל לתת, זמן עבר

	ז.	ז./נ.	נ.
י.		נָתַתִּי	
	נָתַתָּ		נָתַתְּ
	נָתַן		נָתְנָה
ר.		נָתַנּוּ	
	נְתַתֶּם		נְתַתֶּן
		נָתְנוּ	

אז למה ילדים קטנים אומרים "נתנתי"?

מאמ אהבה

לתת את הנשמה ואת הלב
לתת כשאתה אוהב.
(בועז שרעבי)

11. א) **סדרו את התשובות מן האַכפתית ביותר (1) לפחות אכפתיות (4).**

Arrange the answers from the most “involved” to the least “involved”.

ב) **בחרו את המשפט המתאים לכם; משפט המתאר איך אתם חושבים שאתם תתנהגו במצב הזה, ואמרו אותו בעתיד בעזרת אם:**

Choose the sentence that reflects your attitude; a sentence that describes how you think you might behave in a similar situation. Use the future tense using the word אם.

שאלון - אכפת לי או לא אכפת לי

דוגמה: הייתה תאונה ברחוב, על יד הבית שלך.

א.
- שאלת אנשים שהיו שם, מה קרה. *3*
- רצת ולקחת את האנשים לבית החולים. *1*
- ישבת בבית, סגרת את הדלת ולא יצאת עד שהיה שקט. *4*
- טילפנת למשטרה וביקשת שיבואו. *2*

ב. *אם תהיה תאונה ברחוב, על יד הבית שלי, אטלפן למשטרה ואבקש שיבואו.*

1) ראובן ושמעון "רצו" לבחירות לעירייה. אתה חשבת שראובן לא מתאים, ושרק שמעון יכול להיות ראש העיר.
- עזרת לשמעון בכל רגע פנוי.
- דיברת על זה רק בבית או עם חברים.
- הלכת לשמוע את שמעון באחת הפגישות שלו.
- הצטרפת להפגנות נגד ראובן .

2) קיבלת הודעה שמשפחה של עולים חדשים באה לגור בשכונה שלך.
- הלכת לבית של העולים החדשים, שאלת אותם מה הם צריכים והבאת להם.
- הלכת לדבר עם השכנים, והחלטתם לחשוב ביחד מה אפשר לעשות.
- הסתכלת במכתב וזרקת אותו לפח האשפה.
- התקשרת לעירייה ואמרת להם שהם צריכים לדאוג לעולים החדשים.

3) קראת בעיתון על משפחה בעיר קטנה בגליל, שצריכה בגדים ורהיטים.

- חשבת על כך והחלטת שזאת הבעיה של העובדות הסוציאליות במקום.
- מצאת בגדים ורהיטים, טילפנת לאנשים, וביקשת שהם יבואו לקחת.
- המשכת לקרוא את העיתון ושכחת מכל העניין.
- קנית בגדים ורהיטים באלף וחמש מאות שקלים והבאת להם אותם.

4) יש לך שכנה. אף פעם לא היית חבר קרוב שלה, אבל לפני שבוע היא חלתה.

- התנדבת לעזור לה וירדת כל יום לבקר אותה .
- התקשרת אליה כמה פעמים לשאול מה שלומה .
- לא עשית שום דבר.
- ביקרת שם פעם אחת.

5) עמדת בתחנת אוטובוס, ילד התקרב, סיפר שאיבד את הכסף לנסיעה באוטובוס וביקש ממך כסף.

- אמרת לו, שכדאי שהוא ישמור יותר טוב על הכסף שלו, ואז נתת לו את הכסף שהוא ביקש.
- לא ענית לו, כי אתה חושב שהוא רק רוצה לגנוב כסף.
- הצטערת לשמוע שאין לו כסף, אבל לא נתת לו כסף. אמרת לו שזאת הבעיה שלו.
- נתת לו מיד את הכסף ועוד חמישה שקלים במתנה.

?

חשבו על עוד שלושה מצבים. תארו כל מצב במשפט אחד, הוסיפו 4 תגובות אפשריות ותנו לחבריכם לדרג אותן ולומר מה הם היו עושים.

Think of three other situations, describe them and give the four possible answers. Ask your friends to scale them and say what would they do.

12. קצת יחס, בבקשה!

נטיית המילה - עֶצֶם

	ז.	ז./נ.	נ.
		עַצְמִי	
י.	עַצְמְךָ		עַצְמֵךְ
	עַצְמוֹ		עַצְמָהּ
		עַצְמֵנוּ	
ר.	עַצְמְכֶם		עַצְמְכֶן
	עַצְמָם		עַצְמָן

"רַק עַל עַצְמִי לְסַפֵּר יָדַעְתִּי" (רחל)

בדרך כלל המילה "עצם" מופיעה אחרי פועל עם מילת יחס לפניה:
לעצמי, בעצמי, מעצמי, עם עצמי, על עצמי, את עצמי, וכו'

The word "עצם" appears after a verb with a preposition.

הסיפורים באים מעצמם

ביקשתם שאספר לכם איך הייתי לסופר. אני באמת לא יודע. אימא שלי תמיד אמרה לי: "אתה יום אחד תכתוב סיפורים. אבל עד אז, אל תשמע רק את עצמך; תשמע את האנשים ברחוב. כל איש - מיליון סיפורים". וזה גם מה שאני אומר לאנשים צעירים שרוצים לכתוב: אל תשמעו את עצמכם. אתם צריכים לצאת לרחוב ולשמוע את האנשים ברחוב. הסיפורים כבר יבואו מעצמם.

אני לא עשיתי שום דבר - הסיפורים באו וכתבו את עצמם. אתה רוצה להיות סופר? אל תאמר לעצמך: "אני צריך לשבת ולכתוב." לא. המילים כבר יבואו מעצמן - ברגע הנכון. אתה רק צריך לפגוש את הסיפורים, לחיות בין אנשים. אם אתה רוצה לכתוב אל תחשוב על עצמך - תחשוב על האנשים מסביב, ואז הסיפורים כבר יבואו מעצמם.

מה שאלו אנשים את הסופר, ומה אתם חושבים על הדברים שהוא אמר?

13. הפסיכולוג לדני

אתה צריך לאהוב את עצמך ולהגיד לעצמך כמה אתה מוצלח. רק אתה יכול לעזור לעצמך. אתה צריך לקחת את עצמך בידיים ולשאול את עצמך מה החיים יכולים לתת לך. אתה צריך לומר לעצמך שאתה הכי-הכי!

דני פגש את החברה שלו וסיפר לה מה אמר לו הפסיכולוג. אמרו את דבריו.

14. השלימו את השיחות הקטנות בעזרת המילה עצם בנטייה בצירוף מילת היחס הנכונה:

לעצמי, **ב**עצמי, **עם** עצמי, **על** עצמי, **את** עצמי וכו'.

1) - תגיד, אתה משוגע? אתה הולך ברחוב ומדבר עם עצמך.

- אני? אני לא מדבר ---. אני מדבר בפֶּלֶאפוֹן.

2) - היא נחמדה?

- ככה... אף אחד לא מעניין אותה. היא חושבת רק על עצמה.

- כולנו חושבים רק על ---.

3) אימא: אתה כבר ילד גדול. למה אתה לא מתלבש בעצמך?

דני: אימא, קשה לי להתלבש ---.

4) - שירה, קניתם את העוגה הזאת, או שעשיתם אותה בעצמכם?

- אנחנו אף פעם לא קונים עוגות. הֵכַנּוּ אותה ---.

> **מאמא אהבה**
>
> **שואל את עצמי האם תהיי לי בסוף היום?**
>
> **המקום, הזמן ברור. החיים הם כמו סיפור.**
>
> (בן ארצי)

15. התאימו את הביטויים בטור א' להגדרות המתאימות בטור ב' ואמרו משפט שלם בעזרת מי ש...

Match the phrases in column **א** to the appropriate definitions in column **ב** and say a complete sentence using ...מי ש.

א	ב
1) מכיר את עצמו,	דואג שיהיה לו כל מה שהוא צריך.
2) לא מאמין בעצמו,	לא שׂם לב למה שהוא אומר.
3) שומר על עצמו,	לא מוכן לספר לאחרים מה קורה לו.
4) חוזר על עצמו,	יודע מי הוא.
5) לא פותח את עצמו,	מתנהג כאילו הוא מישהו אחר.
6) צוחק על עצמו,	הוא חושב שהוא יותר טוב מאחרים.
7) "חושב את עצמו",	בטוח שהוא לא יכול להצליח.
8) עושׂה את עצמו,	יש לו הומור בריא.
9) שוכח את עצמו,	אומר שוב ושוב אותו דבר.

דוגמה: מי שמכיר את עצמו, יודע מי הוא.

16. א) לפניכם אמרות ופתגמים מן המשנה, מן התלמוד ומן המדרשים. קראו וסמנו א' או ב':

א= אִכפתיוּת והתנדבות / מעורבוּת   ב=אִינְדִיבִידוּאַלִיזְם / אֶגוֹאִיזְם

Below are sayings and proverbs from the משנה, the תלמוד and the מדרשים. Read them and write:
(א) = involvement / caring and voluntary or (ב) = individualism / egoism

דוגמה: אָדָם קָרוֹב אֵצֶל עַצְמוֹ. (סנהדרין,ט) - ב'

- אִם אֵין אֲנִי לִי מִי לִי.
- כְּשֶׁאֲנִי לְעַצְמִי מַה אֲנִי. (אבות א,יד)
- אַל תִּפְרוֹשׁ מִן הַצִּיבּוּר. (אבות ב, ה)
- הַעֲבֵר רְצוֹנְךָ מִפְּנֵי רְצוֹן חֲבֵרְךָ. (דרך ארץ זוטא, א)
- וְאָהַבְתָּ לְרֵעֲךָ כָּמוֹךָ - זֶה כְּלָל גָּדוֹל בַּתּוֹרָה. (ירושלמי, נדרים, פ"ט,ה"ד)

תפרוש=תעזוב, ציבור=קהילה

העבר רצונך=אל תחשוב על מה שאתה רוצה

- יְהִי כְּבוֹד חֲבֵרְךָ חָבִיב עָלֶיךָ כְּשֶׁלְּךָ. (אבות ב,י)

יהי=יהיה, חביב=נעים, טוב

- כְּשֶׁהַשְּׁנַיִם יָפוֹת הַבְּרִיּוֹת נַעֲשִׂין אַחִים זֶה לָזֶה. (בראשית רבא, ט"ו)

בריות=אנשים

- טוֹב לַצַּדִּיק וְטוֹב לִשְׁכֵנוֹ. (סוכה, נ"ו)
- קְנֵה לְךָ חָבֵר. (אבות א,ו)

קנה=תעשה

ב) תרגמו לעברית פתגמים דומים משׂפות אחרות.

17. אל יאללה, ב"י!

לא'כפת לו שום דבר

לפניכם אמרות וביטויי סלנג. קראו וסמנו:

א= מעורבות / אִכפתיות והתנדבות   ב=אֶגוֹאִיזם / אִינְדִיבִידוּאָלִיזם

Read the following slang expressions and sayings and write:
(א) = involvement / caring and voluntaryism, or (ב) = egoism / individualism

דוגמה: עושה מה שבא לו! - ב'

- לא שׂם על אחרים!
- אִכְפַּתְנִיק!
- חושב שהוא בן יחיד!
- סוּפֶּרְאֶגוֹאִיסְט!
- הוא מה-זה חושב רק על עצמו!
- סוֹצְיוֹמָט

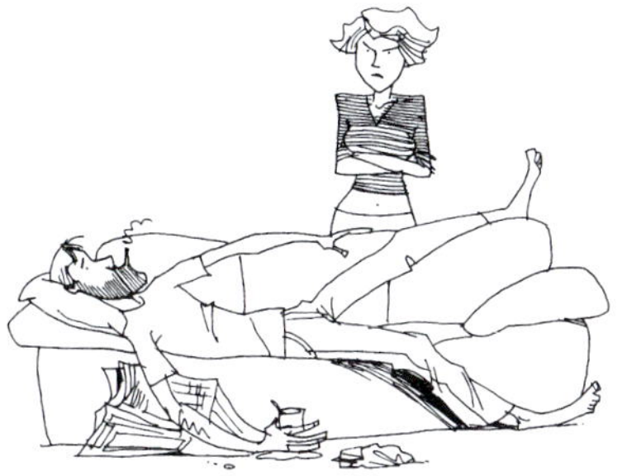

18. א-פרופו

אִכְפַּתִיּוּת

- אני מתנצל שלא הצלחתי להגיע אתמול. כל כך לא נעים לי...
- אני ממש מאמינה לך. הפעם באמת הגזמת!
- למה? מה את כועסת כל כך?
- תשמע, זאת לא הפעם הראשונה. חיכיתי לך עד שתים עשרה בלילה. דאגתי. אני חושבת שבכלל לא אכפת לך. זה העניין. אתה לא יכול לחשוב שאולי מישהו מחכה לך ותלוי בך ובתוכניות שלך?
- אין לי מילים. אמרתי לך שאני מתנצל.
  אז לא תסלחי לי אף פעם?
- אז למה לא הרמת טלפון, לפחות? שאני לא אדאג.
- את יודעת איך זה בעבודה שלי. מתחילים לדבר, ובלי להרגיש הזמן עובר.
- תמיד יש לך תירוצים. פשוט נמאס לי.
- את צודקת במאה אחוז. זה לא יקרה עוד פעם!

? בפעם הבאה היא לא הגיעה לפגישה. המחיזו את השיחה.

מילים:

• הִגְזִים, לְהַגְזִים • הֵרִים טֶלֶפוֹן • הִתְנַצֵּל, לְהִתְנַצֵּל • תֵּירוּץ ז. • תָּלוּי ב...

19. מילון

מילה בצל מילה

Homographs

יש מקרים רבים ששתי מילים שונות נכתבות באותה צורה. לפעמים אלה מילים, הנראות זהות בגלל הכתיב המלא חסר הניקוד, אך למעשה הן נהגות אחרת ומשמעותן שונה: דוגמה א. ומשפטים 1), 2), 3). לפעמים הן נהגות באותה צורה אך משמעותן שונה: דוגמה ב. ומשפטים 4), 5).

Sometimes there are words which look indentical because of their unvocalized full spelling but in fact are of different meaning and pronunciation: example .א and sentences 1), 2) 3). Sometimes their pronuciation is identical but their meaning is different: example .ב and sentences 4), 5).

דוגמות:

א. הוא יושב **פֹּה** ומדבר. איזה **פֶּה** יש לו!

ב. נתתי **לָכֶן** כסף, **לָכֵן** אני לא מבין, למה לא קניתן שום דבר.

א) כתבו מעל כל מילה מודגשת את הקטגוריה הלשונית שהיא שייכת אליה.

פועל=פ   שם עצם=ש"ע   שם תואר=ש"ת   מילת יחס=מ"י

Above each underlined word, write the grammatical category to which it belongs.

verb = פ   noun = ש"ע   adjective = ש"ת   preposition = מ"י.

דוגמה: <u>עם</u> (ש"ע) זה חי כאן אלפי שנים. הוא חי בשלום <u>עם</u> (מ"י) כל המדינות מסביב.

1) אני <u>מוסר</u> לך את כל המחברות שלי בפילוסופיה. אני לא צריך אותן יותר. כל השנה למדנו על אֶתִיקָה ועל <u>מוסר</u> אני חושב שגם אתם תלמדו על אותם נושאים.

2) מההר הגבוה יש <u>מראה</u> נהדר של הכינרת. הכינרת היא כמו <u>מראה</u>. אתה מסתכל בה ורואה את הרי הגולן, כאילו בתוך המים.

3) - דני, <u>מתחת</u> למיטה יש משהו בשבילך.
- טוב, רק רגע. אני רוצה לראות.
- הי, למה <u>מתחת</u> אותי? אין פה שום דבר.
- סתם צחקתי.

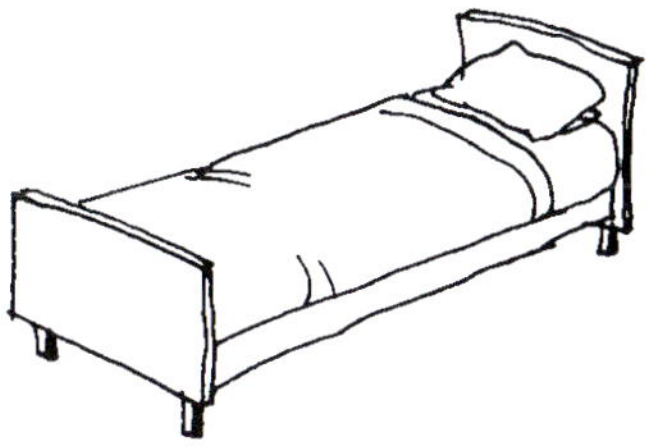

4) הוא חזר מהרופא בלב <u>כבד</u>, כי הרופא אמר לו שהוא צריך להפסיק להיות צמחוני. הוא יהיה חולה אם הוא לא יאכל <u>כבד</u>.

5) - אני רוצה לשבת שם. זאת <u>פינה</u> נחמדה.
- אתה יכול לשבת שם. המלצר כבר <u>פינה</u> את השולחן ואפשר להזמין את הארוחה.

ב) מצאו במילון פירוש כל מילה מודגשת והעתיקו את הניקוד של כל מילה בהתאם למשמעותה.

Look up in the dictionary all the emphasized words, and copy the vocalization of each word according to its meaning.

דוגמה: people=**עַם**   with=**עִם**

Summary of Topics

האוצר הלשוני

Vocabulary

א. אוצר המילים

פעלים
Verbs

הִזְדַּקֵּן, לְהִזְדַּקֵּן	aged
הִצְטָרֵף, לְהִצְטָרֵף (ל...)	join
הִתְגָּרֵשׁ, לְהִתְגָּרֵשׁ (מ...)	divorce
הִתְלַכְלֵךְ, לְהִתְלַכְלֵךְ	become dirty
הִתְפַּתֵּחַ, לְהִתְפַּתֵּחַ	(became) develop
הִתְקַדֵּם, לְהִתְקַדֵּם	progress
הִתְקַשֵּׁר, לְהִתְקַשֵּׁר (אל/ ל...)	phone, contact
הִתְרַגֵּל, לְהִתְרַגֵּל (אל/ ל...)	get used to
עָסַק, לַעֲסוֹק	be engaged in / deal
פָּתַר, לִפְתּוֹר	solve

שמות תואר
Adjectives

אִכְפַּתִּי, אִכְפַּתִּית	caring / involved
חֶבְרָתִי, חֶבְרָתִית	social
מְעוֹרָב, מְעוֹרֶבֶת	involved
עָסוּק, עֲסוּקָה	busy
קְהִילָתִי, קְהִילָתִית	communal/of the community

שמות עצם
Nouns

אַלְבּוֹם ז.	album
אִכְפַּתִּיּוּת נ.	caring / involvement
בְּדִידוּת נ.	loneliness
בְּחִירוֹת נ.ר.	elections
הַפְגָּנָה נ.	demonstration
הִתְפַּתְּחוּת נ.	development
כַּלְכְּלָן ז.	economist
סַכָּנָה נ.	danger
עֶזְרָה נ.	assistance / help
עִירִיָּה נ.	municipality
שַׁחְמָט ז. ר.ס.	chess
שִׁינּוּי ז.	change
תְּאוּנָה נ.	accident
תַּכְשִׁיט ז.	jewel

שונות
Miscellaneous

אִכְפַּת ל...	(someone) care about
שַׁיָּךְ ל...	belong to
עֶצֶם - בְּעַצְמִי,	(self) by myself,

ב. נושאים לשוניים — Grammatical topics

צורות: פועל:
- בניין התפעל, גזרת השלמים, זמן עתיד
  דוגמה: **אתחתן**
- שינויים בבניין התפעל
  דוגמות: **הסתכל, השתמש, הצטער, הזדקן**
- בינוני פָּעוּל, בניין פעל, גזרת השלמים — Passive Participle
  דוגמה: **סגור**
- בינוני פָּעוּל, בניין פעל, גזרת ל"י — Passive Participle
  דוגמה: **קנוי**
- הפועל **לתת**, זמן עבר
  דוגמה: **נתתי**
- נטיית המילה - **עצם**
  דוגמה: **עצמי**

מילון:
- מילה בצל מילה - מילים הנכתבות באותה צורה. — Homographs -

שיעור 10

1. **זֶה לֹא הַיָּם** / לֵאָה גוֹלְדְבֶּרְג

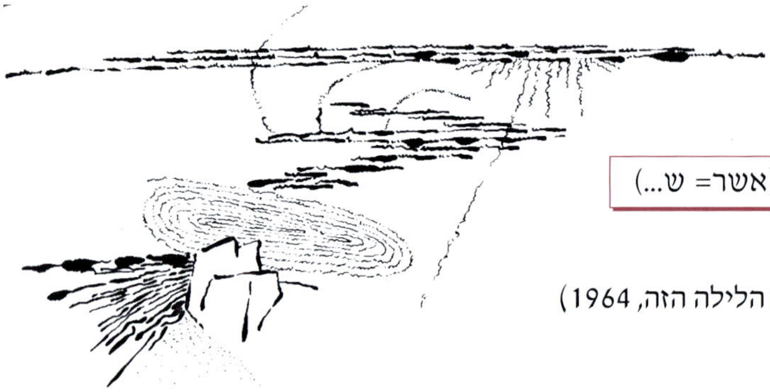

איווט שצופק-תומה, 1959

זֶה לֹא הַיָּם אֲשֶׁר בֵּינֵינוּ,
זֶה לֹא הַתְּהוֹם אֲשֶׁר בֵּינֵינוּ,
זֶה לֹא הַזְּמַן אֲשֶׁר בֵּינֵינוּ
זֶה - אָנוּ שְׁנֵינוּ אֲשֶׁר בֵּינֵינוּ.

(אשר= ש...)

(מתוך: עם הלילה הזה, 1964)

1) על כמה אנשים מספר השיר ומה היחסים ביניהם?
2) כתבו שיר "חיובי" על מה שבינינו.

2. *קצת יחס, בבקשה!*

נטיית מילת היחס - בֵּין

	ז.	ז./נ.	נ.
י.		**בֵּינִי**	
	בֵּינְךָ		**בֵּינֵךְ**
	בֵּינוֹ		**בֵּינָהּ**
ר.		**בֵּינֵינוּ**	
	בֵּינֵיכֶם		**בֵּינֵיכֶן**
	בֵּינֵיהֶם (בֵּינָם)		**בֵּינֵיהֶן (בֵּינָן)**

אפשר להגיד:
בֵּין... וּבֵין...
או: בֵּין וְ...
או: בֵּין... לְ...

בֵּינִי וּבֵינְךָ מַה־הִוא (בראשית כג 15)

דינמיקה קבוצתית

שלום, שמי יוסי, ואני המדריך שלכם. באנו לכאן הערב כדי להבין את היחסים בינינו. בינינו, זאת אומרת, ביני לביניכם, ביניכם לבין עצמכם וגם בין חבר לחבר בקבוצה: בינך, דני, לבינך, רותי. בינך, חנה, לבינך, אבי, וכולי.

לא נדבר על "עניינים שבינו לבינה", אבל נדבר על נושׂאים שנוגעים לכולם. אז נתחיל ביחסים בינינו...

המחיזו את השיחה והמשיכו אותה.

Role play: Dramatize the dialogue. Imagine you're the counsellor and continue the dialogue.

3. **השלימו את המשפטים בעזרת המילה בין בנטייה.**

1) בטיול לטְבֶרְיָה רציתי לשבת ליד אבי, אבל --- היו שלושה אנשים, ולא היה לי נעים לבקש מהם לזוז.

2) דויד ויונתן מדברים --- על הכול, אבל הם לא מספרים לנו על מה הם דיברו.

3) תָּמָר, אני רואה שבזמן האחרון את כועסת על דויד. פעם הייתם כמו זוג יוֹנים. קרה משהו ---?

4) רִבְקָה ואני חברות מכיתה א'. היא כמו אחות שלי, ואין סודות --- .

5) אורי ואני קשורים זה לזה מאוד. את הקשר --- אי אפשר להסביר במילים.

4. **התאימו את הטורים - בטור הימני הביטויים, ובטור השׂמאלי ההסברים:**

Match the two columns: The expressions on the right column - their meaning - on the left.

דוגמה: *בינינו... לא סיפרתי על זה לאף אחד.* = *זה הסוד שלי ושלך.*

1) ביני לבין עצמי.	זה הסוד שלי ושלך.
2) זה נשאר בינינו.	זה לא העניין שלי ושלך.
3) זה ביניהם.	רק אני ואתה יודעים את האמת.

מאמש אהבה

מה שהיה בינינו נגמר,
מה שהיה בין שנינו.
(עברי לידר)

5. לא... אלא...

דוגמות:

- הוא לא טס לאמריקה **אלא** לאוסטרליה.
- הציונות לא התחילה ב-1948 **אלא** הרבה שנים לפני כן.
- הציור הזה לא נמצא במוזאון תל אביב **אלא** במוזאון ישראל בירושלים.

א) מי זה?

- הוא לא נולד בגרמניה אלא בהונגריה.
- הוא לא היה רופא אלא עיתונאי.
- הוא לא דיבר עברית אלא צרפתית, גרמנית והונגרית.
- הוא לא חשב על מדינה להונגרים אלא על מדינה ליהודים.

בנימין-זאב הרצל

ב) אמרו 5 משפטים על מישהו אחר בעזרת המבנה לא... אלא...
ושאלו חברים בכיתה מי זה.

אין לי בעולם אלא אותך, אהובה שלי!

6. קצת נימוסים: מה אומרים, מתי?

השלימו את המשפטים בעזרת הביטויים האלה:

• מזל טוב • שבוע טוב • ~~להתראות~~ • חג שמח • בתיאבון • בהצלחה •

• שנה טובה • רפואה שלמה • ערב טוב •

דוגמה: *כשנפרדים לא אומרים 'רק רגע' אלא 'להתראות'.*

1) במוצאי שבת לא אומרים 'שבת שלום", אלא -

2) בברית מילה לא אומרים 'יום הולדת שמח', אלא -

3) בראש השנה לא אומרים 'בהצלחה', אלא -

4) בפסח לא אומרים 'מזל טוב', אלא -

5) כשמבקרים חולה, לא אומרים 'כל הכבוד', אלא -

6) כשפוגשים מישהו בערב, לא אומרים 'יום טוב', אלא -

7) כשרואים אנשים אוכלים, לא אומרים 'בוקר טוב', אלא -

8) כשמדברים עם מישהו, שהולך לבחינה או לפגישה חשובה,
לא אומרים 'ברוכים הבאים', אלא -

7. שוחחו בכיתה: מי הוא חכם ומי הוא טיפש, השתמשו במבנה לא ... אלא ...

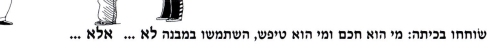

Discuss in class: Who is wise? Who is stupid? Use the formation...**לא... אלא**

8. השלימו כרצונכם את החלק הראשון או את החלק השני במשפט.
שימו לב להבדלים בשימוש בין אלא ובין אבל.

Fill in either the first or the second part of the sentence.
Notice the difference in usage between **אלא** and **אבל**.

1) --- אלא דג.

2) "---, אבל אני אוהב להיות בבית." (אריק איינשטיין)

3) נפרדתי מהחברה שלי, אבל ---

4) הוא לא מדען אלא ---

5) ---, אלא בגלל הגעגועים למשפחה.

6) יש לי תפקיד בעייתי, אבל ---

9. א) שבעה דברים בגולֶם ושבעה בחכם.

חכם אינו מדבר לפני מי שגדול ממנו בחוכמה,

ואינו נכנס לתוך דברי חברו,

ואינו נִבְהָל לְהָשִׁיב,

שואל כעניין ומשיב כהלכה,

ואומר על ראשון ראשון ועל אחרון אחרון,

ועל מה שלא שמע אומר לא שמעתי,

ומוֹדֶה על האמת.

וחִילוּפֵיהֶן בגולם.

(מתוך: פרקי אבות ה, ז.)

גולם=טיפש

אינו=הוא לא

נבהל להשיב = עונה מהר

כעניין=לפי הנושׂא

כהלכה=לפי מה שצריך

מודה על=אומר את

חילופיהן=ההפך

ב) **השלימו את המשפטים לפי הקטע מתוך פרקי אבות, על החכם: מצאו את ההתחלות או את המשכי המשפט המתאימים מתוך המשנה, ואמרו את כל המשפט בעזרת לא... אלא...**

Write about the wise man according to the excerpt from פרקי אבות: find the correct beginning from the משנה and say the complete sentence using - לא... אלא...

דוגמה: *החכם לא עונה על העניין הראשון בסוף, ועל העניין האחרון בהתחלה; אלא עונה על ראשון ראשון ועל אחרון אחרון.*

1) החכם לא שואל על דבר שלא קשור לנושׂא, אלא ---

2) החכם לא עונה בלי לדעת את הֲהֲלָכָה, אלא ---

3) החכם לא משקר, אלא ---

4) --- אלא נותן לו כבוד.

5) --- אלא מקשיב לו, עד שהוא גומר את כל דבריו.

6) --- אלא חושב, ואז אומר את התשובה.

ג) **כתבו על הגולם בעזרת המבנה : לא... אלא...**

דוגמה: *הגולם לא מקשיב למי שגדול ממנו בחוכמה, אלא מדבר לפני מי שגדול ממנו בחוכמה.*

10. יוֹסִי, יֶלֶד שֶׁלִּי מוּצְלָח / ע. הלל

מוצלח=מצליח בכול

פוסע=הולך

כלבלב=כלב קטן

מפוחית=הרמוניקה

ריק=לא מלא

שֶׁמֶשׁ בַּמָּרוֹם זוֹרַחַת,
אִימָּא אֶת יוֹסִי בְּנָהּ שׁוֹלַחַת
"לֵךְ, הָבֵא בַּקְבּוּק חָלָב,
לֵךְ יָשָׁר וְאַל תִּשְׁכַּח -
יוֹסִי, יֶלֶד שֶׁלִּי מוּצְלָח!"

יוֹסִי בַּשְּׂדֵרָה פּוֹסֵעַ
וּפִתְאוֹם אוֹרוֹת עֵינָיו:
אָץ הוּא, רָץ הוּא לְפָנָיו,
גּוּר כְּלָבִים מִסְכֵּן, צוֹלֵעַ
הוּא חוֹבֵק בִּשְׁתֵּי יָדָיו.

אִימָּא מְחַכָּה בַּבַּיִת:
- אֵיפֹה יוֹסִי? אֵין חָלָב...
אַךְ הִינֵּה הַיֶּלֶד בָּא עִם...
"מַה זֶּה?" - "חוֹמֶד שֶׁל כְּלַבְלָב
מַתָּנָה הֵבֵאתִי לָךְ!"
"אוֹי לִי, יֶלֶד שֶׁלִּי מוּצְלָח..."

שֶׁמֶשׁ בַּמָּרוֹם זוֹרַחַת,
אִימָּא אֶת יוֹסִי בְּנָהּ שׁוֹלַחַת:
"לֵךְ, הָבֵא-נָא לִי כִּיכַּר לֶחֶם חַם,
אַךְ אַל תִּשְׁכַּח -
יוֹסִי, יֶלֶד שֶׁלִּי מוּצְלָח!"

הַשְּׂדֵרָה אֵלָיו קוֹרֶצֶת,
פֶּתַע שׁוּב קוֹפְצוֹת עֵינָיו:
רוֹעֲשׁוֹת נוֹגְנוֹת אָזְנָיו,
מַפּוּחִית קְטַנָּה נוֹצֶצֶת
הוּא אוֹסֵף אֶל שְׂפָתוֹתָיו.

אִימָּא מְחַכָּה בַּבַּיִת:
- אֵיפֹה יוֹסִי? לֶחֶם אֵין...
אַךְ הִינֵּה הַיֶּלֶד בָּא עִם...
"מַה זֶּה?" יוֹסִי מְנַגֵּן,
"מַפּוּחִית הֵבֵאתִי לָךְ!"
"אוֹי לִי, יֶלֶד שֶׁלִּי מוּצְלָח!"

הַשְּׂדֵרָה לוֹחֶשֶׁת: יוֹסִי -
הִינֵּה שׁוּב רוֹקְדוֹת עֵינָיו.
מַה נֶּחְפָּז הוּא? לְפָנָיו,
פֶּרַח אַדְמוֹנִי - אָה, יוֹפִי!
מְבַלְבֵּל לוֹ אֶת הָאַף.

אִימָּא מְחַכָּה בַּבַּיִת:
- אוֹי לִי, יוֹסִי, זַיִת אֵין...
אַךְ הִינֵּה הַיֶּלֶד בָּא עִם...
"מַה זֶּה?" - "לָךְ הַכּוֹל אֶתֵּן,
כִּי הַפֶּרַח הוּא שֶׁלָּךְ"
"אוֹי לִי, יֶלֶד שֶׁלִּי מוּצְלָח..."

רֵיק הַבַּיִת, אֵין חָלָב,
לֶחֶם אֵין, וְלוּ כַּזַּיִת,
אַךְ מָלֵא, מָלֵא הַבַּיִת,
זֶמֶר מַפּוּחִית וָפֶרַח
וּנְבִיחוֹת כְּלַבְלָב.

?

מה אתם חושבים על יוסי?
ולמה שם השיר: "יוסי, ילד שלי מוצלח"?

11. א) אֵיזֶהוּ טִיפֵּשׁ? חלק א'

בעברית יש מילים רבות לטיפש. כבר בתנ"ך יש כמה מילים כמו: אֱוִיל, שׁוֹטֶה וּכְסִיל. בעברית של יום-יום ובסלֶנְג יש כמה מילים: מְטוּמְטָם, אִידְיוֹט, אֲהַבָּל, תָּמוּי ועוד.

מה היא טיפשות? הטיפשות היא התנהגות ולא מחשבה. אנחנו לא יכולים לדעת מה אדם חושב באמת, אלא רק מה הוא אומר ואיך הוא מתנהג. ולכן טיפש הוא מי שההתנהגות שלו טיפשית. לפעמים הטיפשות היא תוצאה של בעיות נפשיות: אדם נוֹירוֹטִי וסגור, פוחד ושומר על עצמו, ולכן אנשים חושבים שהוא טיפש. האמת היא, שהוא לא טיפש אלא רק מתנהג בצורה טיפשית, ולא מנצל את החוכמה ואת האִינְטֶלִיגֶנְצְיָה שלו.

מהי אינטליגנציה? כבר יותר ממאה שנים בונים מבחנים פסיכולוגיים של אינטליגנציה. המבחנים בודקים יְדִיעוֹת ויכולות במתמטיקה, בלוֹגִיקָה, בשׂפה ובמילים. הם בודקים אם סופרים נכון, זוכרים מילים ומצליחים לפתור שאלות במהירות. "ועדיין" - אומרים פסיכולוגים רבים - "אלה מבחנים בעייתיים מאוד; כשאנחנו מדברים על אינטליגנציה אנחנו מדברים רק על הדבר שמבחני האינטליגנציה מצליחים לבדוק."

היום יודעים שיש עוד סוגים של אינטליגנציה: יש אינטליגנציה מוזיקלית ויש אינטליגנציה גוּפָנִית; מדענים הם אנשים בעלי אינטליגנציה מָתֶמָטִית ולוגית, אבל לפעמים האינטליגנציה החברתית שלהם לא גבוהה, והם לא מצליחים לבנות קשרים טובים עם בני אדם אחרים. יש אינטליגנציות שלא קשורות לשׂפה ולמילים. במבחנים הרגילים אנחנו לא יכולים לבחון או לבדוק את האינטליגנציות האלה, אבל אנחנו יודעים עליהן ומכירים אותן; כך למשל, אומרים על אדם שהוא אומן גדול או גאון מוזיקלי, מפני שהוא מוצא פתרונות לבעיות אֶסְתֶטִיוֹת ומוזיקליות; או אומרים על אדם שהוא שַׂחקן מצוין, כאשר הוא משַׂחק נהדר; אבל אין מבחן אינטליגנציה, שבודק את היכולות האלה. לפעמים שַׂחקנים מצוינים או מוזיקאים גאונים מקבלים צִיוּנים נמוכים במבחן האינטליגנציה. (לפי: רונית פוריאן, עיתון הארץ, אפריל 1995)

אילו סוגים של אינטליגנציה יש ומה הם?

ב) כל המשפטים האלה לא נכונים לפי הקטע. תקנו אותם בעזרת לא... אלא...

These sentences are all incorrect according to the passage. Write them correctly using **לא... אלא...**

דוגמה: האינטליגנציה היא פוטנציאל החוכמה של האדם.

האינטליגנציה היא לא פּוֹטֶנְצְיָאל החוכמה של האדם, אלא ההתנהגות שלו.

או:

האינטליגנציה היא לא פוטנציאל החוכמה של האדם, אלא מה שבודקים במבחני האינטליגנציה.

1) המילים אידיוט ומטומטם הן מילים לחכם.

2) יש סוג אחד של אינטליגנציה.

3) מבחני האינטליגנציה בודקים את כל סוגי האינטליגנציה.

4) גאון מוזיקלי הוא אדם שמכיר הרבה יצירות מוזיקליות.

12. דוגמות לשאלות במבחני אינטליגנציה

א) כתבו את המשפט השלישי שהוא מסקנה משני המשפטים הראשונים:

Write the third sentence which is the direct consequence of the first two sentences.

דוגמה: א. לכל המוזיקאים יש אינטליגנציה מוזיקלית.
ב. פרופסור מִיסוֹל הוא מוזיקאי.
לפרופסור מיסול יש אינטליגנציה מוזיקלית.

1) א. מבחני האינטליגנציה לא בודקים יכולות של אומנים.
ב. לְמַרְצֶ'לוֹ פִּיקַאסוֹ יש יכולת של אומן.

2) א. כל הטיפשים לא מתנהגים בחוכמה.
ב. פרופסור שׁוּמְדָבָר הוא טיפש.

3) א. אין מבחן אינטליגנציה שבודק את כל היכולות של האדם.
ב. מבחן אַיי. קְיוּ. הוא מבחן אינטליגנציה.

4) א. כל האומנים הגדולים הם בעלי אינטליגנציה אומנותית.
ב. לבעלי האינטליגנציה האומנותית יש יכולת לפתור בעיות אסתטיות.

5) א. למדענים יש אינטליגנציה מתמטית ולוגית.
ב. פרופסור לוֹגִין הוא מדען.

ב) הוסיפו עוד משפטים דומים.

ג) סיימו את הסידרה: Complete the sequences:

א. 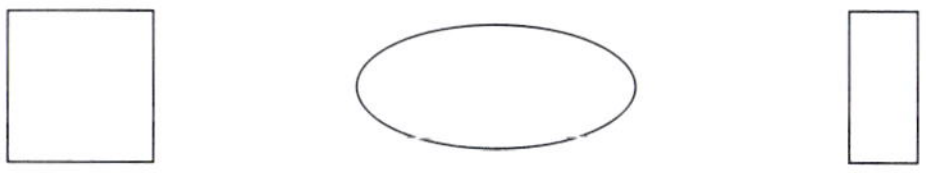

ב. 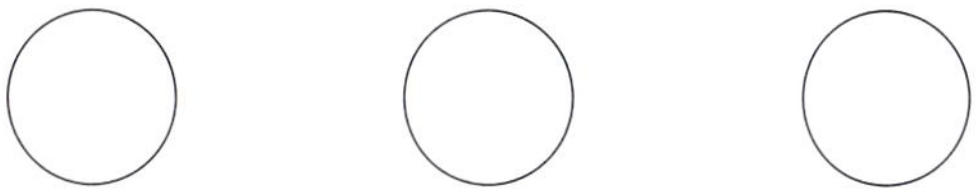

ג. 1.3.5.7.9

ד. 9.27.91.273

13. האוגד **Copula - linking verb**

הוא / היא / הם / הן

דוגמה: טיפש הוא אדם שמתנהג בטיפשות.

במשפטים שמניים עם אוגד יש בדרך כלל התאמה בין הנושׂא לאוגד:
In nominal sentences that have copula - linking verbs, there is agreement between the subject and the verb.

בעבר משתמשים ב: היה / הייתה / היו, ובעתיד: יהיה / תהיה / יהיו.

דוגמות:

- יום שישי הוא חגיגה!
- השבת היא יום של כיף!
- מסיבות במוצאי שבת הן תקוות השבוע!
- ימי ראשון הם בעיה.

כִּי הַדָּם הוּא הַנָּפֶשׁ (דברים י"ב 23)

התאימו את ההגדרה המתאימה וכתבו את המשפט בעזרת האוגד.
שׂימו לב: יש להתאים בין שם העצם השני לשם התואר.

Find the appropriate definition and write the sentence using the linking verb.
Note that the second noun and the adjective must agree.

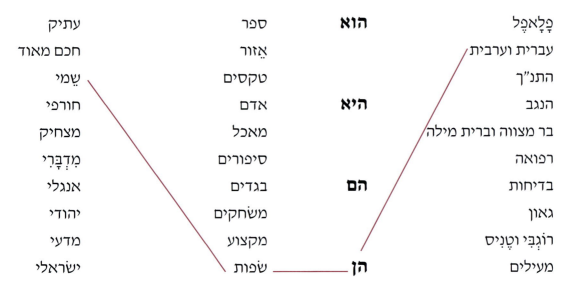

פָּלָאפֶל	**הוא**	ספר	עתיק
עברית וערבית		אֵזור	חכם מאוד
התנ"ך		טקסים	שֵׁמִי
הנגב	**היא**	אדם	חורפי
בר מצווה וברית מילה		מאכל	מצחיק
רפואה		סיפורים	מִדְבָּרִי
בדיחות	**הם**	בגדים	אנגלי
גאון		משחקים	יהודי
רוֹגְבִּי וטֶנִיס		מקצוע	מדעי
מעילים	**הן**	שׂפות	ישׂראלי

דוגמה: ערבית ועברית הן שׂפות שמיות.

14. מי זה? מה זה?

א) בחרו את ההגדרה המתאימה וכתבו את המשפטים השלמים בעזרת ש....

ב) כתבו הגדרות מלאות לשתי המילים הנוספות בכל סעיף.

a) Match the definitions to the phrases or nouns and make up the complete sentence using ...ש.

b) Make up complete definitions for two phrases or names in every chapter.

1) רכלן / חייל / טיפש

- הוא איש, שלא יודע שהוא לא יודע.
- הוא איש, שמדבר הרבה על אנשים אחרים.
- הוא איש שנמצא בצבא.

דוגמה: רכלן הוא איש, שמדבר הרבה על אנשים אחרים.

צִיוני / אִימא יְהוּדִיָה

2) יוסף / משה / אדם

- היה האיש, שחלם חלומות ופתר חלומות של אחרים.
- היה האיש הראשון, ששמע לאישה ולא לאלוהים.
- היה האיש הראשון והאחרון, שראה את אלוהים ודיבר איתו.

אברהם / עֵשָׂו

3) טַלית / ג'ינְס / כּובע

- הוא בגד, שמורידים בכנסייה ושמים על הראש בבית כנסת.
- הוא בגד, שאנשים לובשים אם הם רוצים להרגיש נוח.
- הוא בגד, שיהודים לובשים בתפילת הבוקר.

סנדלים / כִּיפָּה

15. הגדירו בעזרת האוגד את המושגים האלה.

Define the following words and concepts using the linking verb:

חכם / מבחן אִינְטֶלִיגֶנְצְיָה / סְטֶרֵאוֹטִיפּ / תַרבּוּת / אדם טוֹב / אדם רע

16. א) איזהו טיפש? חלק ב'

בעולם המערבי יש הרבה סוגים של מבחני אינטליגנציה אבל אין מבחני 'טיפשות'. הטיפשות נמצאת בפולקלור, בבדיחות ובסיפורי-עם.

בכל חברה יש סְטֶרֶאוֹטִיפִּים של הטיפש. בחברה הישׂראלית עולה בשנים האחרונות סטראוטיפ חדש של הטיפש: זהו אדם נָאִיבִי, שנותן לאנשים אחרים להשתמש בו ולְנַצֵל אותו; אדם שחושב שכולם אומרים אמת, שכולם חברים של כולם; אדם שמאמין לאנשים, ולא חושב שרוצים "לסדר" אותו; אדם שלא בודק ולא בוחן איפה אפשר לתת מעט ולקבל הרבה, אלא נותן הכול ולא מחכה לקבל משהו. ל'טיפש' כזה קוראים "פְרָאיֶיר". המילה באה לעברית מן היידיש, והיִידִיש קיבלה אותה מן הגֶרמנית.

משמעות המילה " פראייר" בסְלֶנג הישראלי היא אחד הסימנים לשינוי שקרה בערכים בחברה הישׂראלית: לפני שלושים וארבעים שנה היה האידאל בישראל ה"חֶבְרֶהמַן": איש שמתנדב ועובד בלי סוף, אבל לא מבקש שום דבר; איש שנותן זמן, כוחות וכסף בשביל כולם. ה"חברהמן" של פעם הוא הטיפש של היום. האידיאל עכשיו הוא לא להיות "חברהמן", לא להיות "פראייר": לא לתת את עצמך עד הסוף, אלא קודם כל לחשוב מה טוב בשבילך, ולשׂים את עצמך במרכז.

(לפי: רונית פוריאן, עיתון הארץ, אפריל 1995)

1) מה היה האידאל לפני 50 שנה ומה האידאל היום?

2) אילו מילים יש בשׂפות אחרות ל'פראייר' ומה המשמעות שלהן?

ב) אמרו נכון/לא נכון לפי קטע ב':

1) החברהמן לא עוזר לכולם, אלא חושב רק על עצמו. נכון/לא נכון

2) הפראייר לא שומר על עצמו, אלא מתנדב לעזור לכולם כל הזמן. נכון/לא נכון

3) היום האידאל הישׂראלי הוא לא להיות פראייר, אלא לחשוב מה אתה צריך. נכון/לא נכון

4) החכם של היום לא מחפשׂ איך לעבוד יותר, אלא איך לקבל יותר. נכון/לא נכון

5) החברהמן הוא לא האידאל של הימים האלה, אלא האידאל של הימים הראשונים של המדינה. נכון/לא נכון

17. אֱלִיפֶלֶט / נָתָן אַלְתֶּרְמָן

נְזַמֵּר נָא אֶת שִׁיר אֱלִיפֶלֶט
וְנַגִּידָה כּוּלָּנוּ בְּקוֹל:
כַּאֲשֶׁר עוֹד הָיָה הוּא רַק יֶלֶד,
כְּבָר הָיָה הוּא בִּישׁ-גַּדָא גָּדוֹל.
בּוֹ שְׁכֵנִים וּשְׁכֵנוֹת דִּיבְּרוּ דּוֹפִי
וְאָמְרוּ "שׁוּם דָּבָר לֹא יוֹעִיל -
אֱלִיפֶלֶט הוּא יֶלֶד בְּלִי אוֹפִי,
אֵין לוֹ אוֹפִי אֲפִילוּ בְּמִיל..."

אִם גּוֹזְלִים מִיָּדָיו צַעֲצוּעַ,
הוּא נִשְׁאָר מְבוּלְבָּל וּמְחַיֵּיךְ
מְחַיֵּיךְ בִּבְלִי דַּעַת מַדּוּעַ וְכֵיצַד,
וּבְשֶׁל מַה זֶּה, וְלָמָּה וְאֵיךְ.
וְנִדְמֶה כִּי סְבִיבוֹ זֶה מוּזָר,
אָז דְּבַר מָה הַתְּרוֹנֵן כֹּה וְשָׁר.

פזמון : בְּלִי מַדּוּעַ, וּבְלִי כֵּיצַד,
בְּלִי הֵיכָן, וּבְלִי אֵיךְ וְלָמָּה
בְּלִי לְאָן, וּמֵאֵיזֶה צַד,
בְּלִי מָתַי, וּבְלִי אָן וְכַמָּה.
כִּי סָבִיב כְּכִינּוֹר וְחָלִיל,
מַנְגִּינָה מְאִירָה מְצַלְצֶלֶת,
אִם נַסְבִּיר לְךָ, מַה זֶּה יוֹעִיל?
אֵיזֶה יֶלֶד אַתָּה אֱלִיפֶלֶט !

בְּלֵיל קְרָב, בְּרְעוֹם אֵשׁ מְזַנֶּקֶת,
בֵּין אַנְשֵׁי הַפְּלוּגָה קוֹל עָבַר:
הָעֶמְדָּה הַקִּדְמִית מְנוּתֶּקֶת,
מְלַאי תַּחְמוֹשֶׁת אָזַל בָּהּ מִכְּבָר!

אָז הִרְגִּישׁ אֱלִיפֶלֶט כְּאִילּוּ,
הוּא מוּכְרָח אֶת הַמְּלַאי לְחַדֵּשׁ,
וְכֵיוָן שֶׁאֵין אוֹפִי בְּמִיל לוֹ,
הוּא זָחַל כָּךְ יָשָׁר מוּל הָאֵשׁ.

וּבְשׁוּבוֹ מְהוּמָּם וּפָצוּעַ,
הִתְמוֹטֵט הוּא, כָּרַע וְחִיֵּיךְ.
הוּא חִיֵּיךְ בִּבְלִי דַּעַת מַדּוּעַ
וְכֵיצַד, וּבְשֶׁל מַה זֶּה, וְלָמָּה וְאֵיךְ.
וּבְלִיבּוֹת חֲבֵרָיו זֶה מוּזָר,
אָז דְּבַר מָה הַתְּרוֹנֵן כֹּה וְשָׁר.

פזמון...

וּבַלַּיְלָה חָבוּשׁ קַסְדַּת פֶּלֶד,
אַט יָרַד הַמַּלְאָךְ גַּבְרִיאֵל
וְנִיגַּשׁ לִמְרַאֲשׁוֹת אֱלִיפֶלֶט
שֶׁשָּׁכַב בְּמִשְׁלָט עַל הַתֵּל.
הוּא אָמַר:" אֱלִיפֶלֶט, אַל פַּחַד,
אֱלִיפֶלֶט אַל פַּחַד וָחִיל,
בַּמָּרוֹם לָנוּ יֵשׁ מִמְּךָ נַחַת,
אַף שֶׁאֵין לְךָ אוֹפִי בְּמִיל...!

זֶהוּ זֶמֶר פָּשׁוּט גַּם תָּמוּהַּ,
אֵין רֵאשִׁית לוֹ, וְסוֹף, וְהֶמְשֵׁךְ,
זִמַּרְנוּהוּ בְּלִי דַּעַת מַדּוּעַ,
וְכֵיצַד, וּבְשֶׁל מַה זֶּה, וְאֵיךְ.
זִמַּרְנוּהוּ סְתָם כָּךְ, זֶה מוּזָר,
כִּי דְּבַר מָה הַתְּרוֹנֵן כֹּה וְשָׁר.

פזמון...

אין לו אופי אפילו במיל: בסלנג = הוא אפס

מוכרח=צריך

ביש גדא=חסר מזל

יועיל=יעזור

התמוטט=נשבר ונפל

גוזלים=לוקחים בכוח

ניגש=התקרב

אל פחד=אל תפחד

במרום=בשמיים

נחת=שמחת הלב

זמר=שיר

זמרנוהו=שרנו אותו

?

1) מה חושב אלתרמן על אליפלט ומה אתם חושבים עליו?

2) הכרתם מישהו כמו אליפלט? ספרו עליו.

18. בּוֹנְצֶ'ה שְׁתוֹק / י.ל. פרץ

כשבונצ'ה שתוק הגיע לשמים, קיבלו אותו שם המלאכים באהבה ושׂמחה. אור יפה וגדול היה בכל מקום, ובונצ'ה לא האמין שהוא במקום כל כך טוב. אברהם אבינו בא לראות אותו ולקח אותו ישר לגן עדן. שם, בגן עדן, סיפרו המלאכים על האיש הצדיק ועל כל הדברים הטובים שעשׂה בעולם הזה.

מה עשׂה בונצ'ה שתוק?

בעולם הזה בונצ'ה שתוק היה כמו צֵל עובר: איש עני ובודד - ההורים שלו לא אהבו אותו, האישה שלו לא אהבה אותו, ואף אחד לא רצה לתת לו עבודה. אבל בונצ'ה לא אמר אף פעם מילה רעה; הוא תמיד שתק. כאשר אנשים פגעו בו, הוא לא דיבר. גם כאשר היה חולה מאוד, הוא קיבל את החיים כמו שהם, ולא אמר דברים רעים, לא על אנשים ולא על אלוהים.

כאשר מת בונצ'ה, אף אחד לא בכה. אפילו לוח עץ, שהיה סימן על הקבר, לא היה לו. אישה אחת לקחה אותו כדי לבשל עליו תפוחי אדמה.

אבל שם, בעולם האמת, זה היה אחרת. אפילו הַשָּׂטָן לא מצא מילים רעות לומר על בונצ'ה, כי בונצ'ה היה צַדִּיק אמיתי. המלאכים שאלו את בונצ'ה מה הוא רוצה והבטיחו לתת לו כל מה שיבקש. הוא חשב וחשב, ולא ידע מה להגיד. המלאכים שאלו שוב ושוב.

"הכול שלך". הם אמרו לו. "אתה יכול לבחור כל דבר. כל השמים שלך."

בונצ'ה לא האמין ושאל: "באמת?"

"באמת! באמת!" ענו לו המלאכים "אֵין אתה לוקח אֶלָּא מִשֶּׁלְּךָ".

לבסוף פתח בונצ'ה את פיו ואמר: "נו, אם כך, אם אני באמת צריך לבקש משהו, אני רוצה בוקר בוקר, עוגה קטנה עם קצת חמאה."

המלאכים שתקו. השׂטן צחק ונעלם.

? בשיר של נתן אלתרמן אומר המלאך לאליפלט: "בַּמָּרוֹם לָנוּ יֵשׁ מִמְּךָ נַחַת, אַף שֶׁאֵין לְךָ אוֹפִי בְּמִיל." השוו בין בונצ'ה שתוק לאליפלט.

סמנו לפי הקטע - 'פראייר' ★ או 'לא פראייר' ■

איך יודעים מי 'פראייר' ומי לא?

1) הוא יאמין לכל אחד.

2) הוא יסביר לך למה לא כדאי לעזור לאף אחד.

3) הוא לא יתחיל לעזור; הוא תמיד ימצא סיבה למה הוא לא יכול לעזור.

4) הוא יפסיק את העבודה שהוא עושׂה, וירוץ לעזור.

5) הוא לא יקשיב לצרות של אנשים אחרים.

6) הוא לא יצליח לבנות קריירה, כי הוא קודם כל יחשוב מה טוב לאחרים.

7) הוא ישפיע על כולם לתת ולהתנדב.

8) הוא יחליט אם לעשׂות משהו או לא, לפי מה שטוב לו.

.19 בניין הפעיל, גזרת השלמים, זמן עתיד

לְהַרְגִּישׁ

	ז.	ז./נ.	נ.	ז.	ז./נ.	נ.
		אַרְגִּישׁ			אַ□ְ□ִי□	
י.	תַּרְגִּישׁ		תַּרְגִּישִׁי	תַ□ְ□ִי□		תַ□ְ□ִי□ִי
	יַרְגִּישׁ		תַּרְגִּישׁ	יַ□ְ□ִי□		תַ□ְ□ִי□
ר.		נַרְגִּישׁ			נַ□ְ□ִי□	
		תַּרְגִּישׁוּ			תַ□ְ□ִי□וּ	
		יַרְגִּישׁוּ			יַ□ְ□ִי□וּ	

וכך גם: לְהַדְלִיק, לְהַתְחִיל, לְהַפְסִיק, לְהַזְמִין, לְהַמְשִׁיךְ, לְהַסְבִּיר, לְהַצְלִיחַ, לְהַשְׁפִּיעַ, לְהַפְרִיעַ, לְהַקְשִׁיב, לְהַחְלִיט. וכך גם בגרוניות: לְהַאֲמִין, לְהַעֲדִיף, לְהַעֲבִיר.

כשהאות הראשונה של הפועל היא **א** או **ע**, שומעים בעתיד בכל הנטייה - aa אַאֲמִין, תַּאֲמִין... כשהאות הראשונה היא **ח**, הנטייה היא כמו בשלמים: אַחְלִיט, תַּחְלִיט...

א) **אמרו את הפעלים בכל הנטייה, בעתיד.**

אני	אתה	את	הוא	היא	אנחנו	אתם/אתן	הם/הן
אקשיב	---	---	---	---	---	---	---
---	תשפיע	---	---	---	---	---	---
---	---	תמשיכי	---	---	---	---	---
---	---	---	יחליט	---	---	---	---
---	---	---	---	תדליק	---	---	---
---	---	---	---	---	נפסיק	---	---
---	---	---	---	---	---	תסבירו/ תפריעו	---
---	---	---	---	---	---	---	יעבירו/ יצליחו

ב) **אמרו את כל הנטייה בעתיד של הפעלים: להגדיל, להקטין ונחשו את משמעותם.**

.20 א) **כתבו את הפועל בצורה הנכונה בעתיד.**

ב) **מצאו שלוש השלמות נכונות, ואמרו שלושה משפטים מלאים בעזרתן:**

a) Write the correct future form of the verb.

b) Find three correct completions and use them to say three full sentences.

דוגמה: המנהלות החדשות של המשרד --- בכל התפקידים שלהן / ~~את הסודות שלהן~~/ להגדיל את מספר העובדים / לנצל את היכולות של כולם. (להצליח)

האנהלות החדשות של המשרד יצליחו בכל התפקידים שלהן.

האנהלות החדשות של המשרד יצליחו להגדיל את מספר העובדים.

האנהלות החדשות של המשרד יצליחו לנצל את היכולות של כולם.

1) (אני) --- מה לעשות / לפני יומיים / שאני גר פה / בלי להבין מה אני עושה | (להחליט)

2) המורים --- עליי / שאין בעיה / על כולם ללמוד / בתוך זמן קצר | (להשפיע)

3) ההורים לא --- שלא היינו שם / לבן שלהם / לאף אחד / את הארוחה | (להאמין)

4) איך --- את היום החופשי? / את הספרים לאמריקה? / לי את הכסף? / את מזג האוויר | (את, להעביר)

5) --- ללמוד / מחפשׂים / את השיעור מחר / בתפקיד הזה (אנחנו, להמשיך)

6) אני חושב ש--- להישאר בבית ולא לבלות בחוץ / ואז לחזור הביתה/ ולבלות עם המשפחה / ולאכול ארוחה טובה / (אתם, להעדיף)

7) אני מבקש שלא --- לי ללמוד / שלי / לכיתה / לרופא (את, להפריע)

8) אנחנו --- את הנרות / את האור / את הטלוויזיה / את ההתנהגות (להדליק)

9) המורה --- לנו את הסיפור בעברית קלה / קשור / את המילים הקשות/ מה קרה (להסביר)

10) החברים שלנו --- אותנו לטקס / למסיבת הכיתה / למשמעות החיים / לבית שלהם (להזמין)

11) האורח ישב בהרצאה ו--- לכל מילה / בשקט / לאט / לשאלות (להקשיב)

21. בסוף מבינים את הבדיחה

בבדיחות ובסיפורים יהודיים בעברית ובשׂפות אחרות, יש כמה טיפוסים של טיפש:

לֶמֶך, חוּשָׁם, שְׁלוּמִיאֵל, גוֹלֶם, אֲהַבָל, הֶרְשֶׁלֶה אוֹסְטְרוֹפוֹלֶר ועוד.

קראו את הבדיחות ובחרו מבין שני המשפטים את הסוף המתאים לבדיחה.

1) **חוּשָׁם**

פעם חושם הלך למכולת. הוא קנה גפרורים וחזר הביתה. אימא שלו ניסתה להדליק גפרור אחד - ולא הצליחה, ניסתה להדליק גפרור שני ושוב לא הצליחה. שאלה אותו אימא: "חושם, מה קרה? הגפרורים לא בסדר."

ענה חושם: - - -

א. אולי את צריכה להדליק אותם לאט יותר!

ב. אז למה אני הצלחתי להדליק את כולם?!

2) **לֶמֶך ואבא שלו**

למך: אבא, היום יש לי עוד שלושה שקלים.

אבא: איך עשׂית את זה?

למך: לא חזרתי הביתה באוטובוס, אלא רצתי אחרי האוטובוס.

אבא: - - -

א. בפעם הבאה תרוץ אחרי טקסי.

ב. למה רצת? יותר טוב ללכת לאט.

3) **חכמי חֶלֶם**

חכמי חלם רצו להגדיל את העיר והחליטו שהם צריכים להעביר את ההר, שהיה ליד העיר, למקום רחוק יותר. מה עשׂו? יצאו כולם אל ההר, הורידו את המעילים והכובעים שלהם, שׂמו אותם בצד והתחילו לעבוד. כאשר הם עבדו, בא למקום גנב ולקח את כל הבגדים משם. אחרי כמה שעות החליטו החֶלְמָאִים לעשׂות הפסקה ולנוח, ואז הם לא ראו את המעילים והכובעים. הם אמרו:

א. אוֹי וַאֲבוֹי! איפה כל הבגדים שלנו?

ב. איזה יופי! באמת הצלחנו להעביר את ההר למקום רחוק.

4) **גוֹלֶם**

אנשים ראו גולם אחד מחפשׂ משהו ליד שער הבית.

שאלו אותו: מה אתה מחפשׂ?

ענה הגולם: את הכסף שלי. הכסף נפל מהתיק ואני מחפשׂ אותו.

שאלו אותו האנשים: איפה הוא נפל?

ענה הגולם: בצד השני של העיר.

אז למה אתה מחפשׂ אותו פה ולא בצד השני של העיר? -

שאלו האנשים. ענה הגולם: - - -

א. חיפשׂתי אותו שם ולא מצאתי אותו.

ב. כי פה יש אור, ושם יש חושך.

5) **אֲהַבָל**

אהבל אחד בא הביתה ו'בכה לאימא' שלו: כל הילדים צוחקים ואומרים שיש לי ראש גדול.

אמרה לו אימא: הם כולם טיפשים. זה לא נכון. ועכשיו, ילד טוב שלי, אולי אתה מוכן ללכת לחנות לקנות 20 קילו תפוחי אדמה ו- - - -

א. לשׂים אותם בכובע שלך.

ב. להגיד לבעל החנות שנשלם לו מחר.

6) **הֶרְשֶׁלֶה**

הֶרְשֶׁלֶה אוֹסְטְרוֹפּוֹלֶר בילה במלון שבוע. הוא גר שם, אכל ושתה. אחרי שבוע, כאשר רצה לעזוב, ביקש ממנו בעל המלון את הכסף. אמר לו הרשלה: אין לי.

כעס בעל המלון וצעק על הרשלה, וביקש את הכסף מייד.

אמר לו הרשלה: למה אתה צועק? אין לי כסף, אבל אני יכול לצאת החוצה ולבקש מאנשים טובים לעזור לי ולתת לי כסף. אם אתה לא מאמין לי, בוא איתי. אבל אני יודע שהכבוד חשוב לך ואתה לא רוצה לבוא איתי. אז -

א. לֵךְ, ואני אשב פה, במלון, עד שתחזור.
ב. אני אלך לבד, ואתה יכול לשבת ולחכות לי עד שאחזור.

1) מי חכם ומי טיפש בסיפור על הרשלה?

2) מי החכם ומי הטיפש בסיפורים האחרים?

.22 *אל יאללה, ביי!*

חכם בלילה

השלימו את המשפטים בעזרת אלא או אבל.

1) אמרתי והסברתי לו, ושוב הסברתי, --- הקיר הזה חכם יותר.

2) הסברתי לו מאה פעמים, ושוב הסברתי, --- הוא ממש טיפש, כמו בָּלָטָה.

3) הם לא מכירים אותו. אל תשמע להם --- לי: הוא ממש אַיינְשְׁטַיין!

4) תהרוג אותי אם אני מבין איך. זה לא רק שהוא עבר את המבחנים --- הוא קיבל בכולם מאה!

5) הוא לא חכם גדול, --- הוא גם לא אִידְיוֹט גמור.

6) מה שיש לו על הכתֵפַיִים זה לא ראש, --- תפוח אדמה אחד גדול!

23. א-פרופו

חכמים

- תסלח לי שאני שואלת, אבל איך מחליפים ספרים בספרייה?
- יש לך כרטיס לספרייה?
- לא. איך מסדרים כרטיס כזה?
- את צריכה ללכת למשׂרד הראשי ולבוא עם שתי תמונות, תעודת זֶהוּת או דרכון ומאתיים שקלים. אם את סטודנטית, את צריכה רק כרטיס סטודנט.
- ואז?
- שם ייתנו לך כרטיס זמני, ואחרי כמה ימים תקבלי בדואר כרטיס קבוע.
- כמה ספרים אני יכולה לקחת?
- שלושה ספרים לחודש. יש ספרים שאסור לקחת הביתה, ויש כאלה שמותר לקחת רק לערב.
- ממתי עד מתי הספרייה פתוחה?
- אנחנו פתוחים מ-9:00 בבוקר עד 7:00 בערב. ביום שישי סוגרים ב-12:00.
- המון תודות.
- על לא דבר.

? המחיזו שׂיחה דומה בספריית וידאו, בבריכת שׂחייה או בסינמטק.

מילים:

• הֶחְלִיף, לְהַחְלִיף • זְמַנִּי • עַל לֹא דָּבָר • קָבוּעַ • תְּעוּדַת זֶהוּת •

.24 **מילון**

ביטויים

Expressions

לפעמים צירוף של מילה עם מילים אחרות נותן לה משמעות חדשה. לכן, אם מחפשׂים מילה במילון והיא לא מתאימה להקשר, כדאי לחפשׂ במילה הבאה אחריה.

דוגמה: אכל את הלב. הערך המילוני יהיה: **אכל** או **לב** = הצטער מאוד שהוא לא עשׂה משהו.

Occasionally when a certain word is joined with other words it receives a new meaning. Therefore, when searching a word in the dictionary, and its meaning does not fit the context, look up the following word in the cluster and see if these two words constitute an expression.

א) **מצאו במילון את הביטויים שלפניכם.**

Look up the following expressions in the dictionary. These expressions are taken from the every-day language as well as the more literary language.

• עומד על שלו • יוצא מדעתו • מוצא חֵן בעיניי... • בְּבַת אחת • יוצא מהכלים • מחזיק מַעֲמָד • שמו הולך לפניו • כולו אוזן • יוצא בְּשֵׁן ועין •

ב) **שבצו את הביטויים במשפטים. שׂימו לב: לפעמים יש להתאים את הביטוי במין ו/או במספר.**

Use the above expressions in the following sentences. Notice: make changes in the expressions according to gender and/or plural or singular.

דוגמה: אנשים חולים לא צריכים לצום, כי הם לא יכולים *להחזיק מעמד* בלי לאכול ובלי לשתות 24 שעות.

1) היא ממש משוגעת! אני חושבת שהיא ---.

2) זאת ארץ נהדרת. אני כל כך אוהבת אותה. הכול פה ---.

3) כולם מכירים אותו וחושבים שהוא אדם מיוחד. ---.

4) בתאטרון היה רעש ואי אפשר היה לשמוע מה השחקן אמר, אבל כשהילדה הקטנה עלתה והתחילה לשיר, כולם הפסיקו לדבר ו--- היה שקט גמור.

5) למה היא כועסת כל הזמן? רק אומרים לה משהו קטן, שלא מתאים לדעתה, והיא כבר ---.

6) הוא מקשיב לכל מילה שאתה אומר, ---.

7) האיש הזה לא מסכים לעשׂות מה שאחרים אומרים לו. הוא --- ולא מוכן לשנות את דעתו.

8) השחקנים פגעו בעיתונאי, והוא ---.

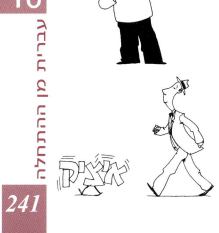

Vocabulary | א) אוצר המילים

פעלים Verbs

examine / test	בָּחַן, לִבְחוֹן
spend time	בִּילָה, לְבַלוֹת
enlarge	הִגְדִיל, לְהַגְדִיל
pass	הֶעֱבִיר, לְהַעֲבִיר
preferr	הֶעֱדִיף, לְהַעֲדִיף
take advantage of / use	נִיצֵל, לְנַצֵל
count	סָפַר, לִסְפּוֹר
hurt / insult	פָּגַע, לִפְגוֹעַ (ב...)

שמות תואר Adjectives

problematic	בְּעָיָיתִי, בְּעָיָיתִית
physical	גוּפָנִי, גוּפָנִית
foolish / stupid	טִיפְּשִׁי, טִיפְּשִׁית
of a group / collective	קְבוּצָתִי,קְבוּצָתִית
connected to, related to	קָשׁוּר, קְשׁוּרָה ל...

שונות Miscellaneous

owner	בַּעַל (בַּיִת, הֶחָנוּת,...)
	בַּעֲלַת - / בַּעֲלֵי - / בַּעֲלוֹת - /
bon apetite	בְּתֵיאָבוֹן
et cetera	וְכוּלֵי
less (luckless, homeless...)	חֲסַר (מַזָל, בַּיִת...)
	חַסְרַת - /חַסְרֵי - /חַסְרוֹת -
still	עֲדַיִין

שמות עצם Nouns

character / nature	אוֹפִי ז.ר.ס
joke	בְּדִיחָה נ.
genius	גָאוֹן ז.
idiot / fool	גוֹלֶם ז.
match	גַפְרוּר ז.
sociable person	חֶבְרֶהמַן ז. ס.
celebration	חֲגִיגָה נ.
butter	חֶמְאָה נ.
stupidity	טִיפְּשׁוּת נ.
ability	יְכוֹלֶת נ.
fotball	כַּדוּרֶגֶל ז.
food	מַאֲכָל ז.
test / exam	מִבְחָן ז.
scientist	מַדְעָן ז.
soup	מָרָק ז.
type / kind	סוּג ז.
folk tale	סִיפּוּר עַם ז.
a sucker	פְרָאיֵיר ז. ס.
shape / form	צוּרָה נ.
consequence / result	תוֹצָאָה נ.

ב. נושׂאים לשוניים

Grammatical topics

צורות: • נטיית מילת היחס - בין

דוגמה: ביני

פועל: • בניין הפעיל, גזרת השלמים, זמן עתיד

דוגמה: ארגיש

תחביר: • לא... אלא...

דוגמה: הוא לא שואל אלא עונה.

• האוגד — Copula - linking verb

דוגמה: השבת היא יום של כיף.

מילון: • ביטויים — Expressions

שיעור 11

1. א) חלום של בית מלון

איזה בית מלון! הוא נמצא על יד הים - במקום שקט ורחוק. לכל משפחה יש בית קטן עם חצר. כשנכנסים לבית, האור נדלק. הדלת נפתחת ומייד שומעים מוזיקה שקטה שנמשכת כל הערב. אפשר לשבת בחצר ולהסתכל על הנוף הנפלא. אפשר גם ללכת לחדר האוכל ולהיפגש עם אנשים נחמדים. בעלי המלון דואגים שכל הזמן תרגיש טוב. הכל נקי וחדש, המיטות נוחות, האוכל מצוין, החברה מעניינת. הייתי רוצה להישאר במקום הזה כל החיים.

מה אתם חושבים: למה הוא לא נשאר שם?

ב) ספרו על בית מלון לא טוב.

2. בניין נפעל, גזרת השלמים, זמן הווה, שם הפועל

	לְהִיכָּנֵס		לְהִי□ָ□ֵ□	
	ז.	נ.	ז.	נ.
י.	נִכְנָס	נִכְנֶסֶת	נִ□ְ□ָ□	נִ□ְ□ֶ□ֶת
ר.	נִכְנָסִים	נִכְנָסוֹת	נִ□ְ□ָ□ִים	נִ□ְ□ָ□וֹת

וכך גם: לְהִישָּׁאֵר, לְהִילָּחֵם, לְהִימָּשֵׁךְ, לְהִיזָּכֵר, לְהִיפָּגֵשׁ, לְהִידָּלֵק, לְהִיכָּשֵׁל, לְהֵיעָזֵב, לְהִישָּׁלַח

השלימו את הטבלה.

אני, אתה, הוא	אני, את, היא	אנחנו, אתם, הן	אנחנו, אתן, הן
נכנס	---	---	---
---	נשארת	---	---
---	---	נגמרים	---
---	---	---	נמשכות

אז עם מי נפגשים ואת מי פוגשים?

3. א) **קראו את הכותרות וסמנו את הפעלים בנפעל, בהווה.**
Read the headlines and underline the verbs in נפעל.

ב) **שאלו זה את זה שאלות על הכותרות ואחר כך כתבו ידיעה של 2-3 משפטים לכל כותרת.**
Ask each other questions about the headlines and then write a short piece of news about each headline.

כותרות

1) **נשׂיא ארה"ב ונשׂיא צ'כיה נפגשים הערב בז'נבה.**

2) **שׂיחות השלום נכנסות לשבוע השלישי.**

3) **פחות תלמידים נכשלים בבחינות לאוניברסיטאות.**

4) **השביתה בבתי הספר נמשכת.**

5) **אחרי שבוע של הפסקות חשמל בתל אביב שוב נדלקים האורות ברחובות העיר.**

6) **בית המשפט החליט - הילד נשאר אצל ההורים הביולוגיים.**

7) **בצפון - שׂיחות שלום. בדרום - נלחמים.**

8) **יום הולדת 53 לכנסת בישׂראל: חברי הכנסת נזכרים בימים הראשונים.**

9) **כל שבוע אותו סיפור: ההורים יוצאים לקניון והילדים נעזבים במכונית.**

10) **שוב נעלם מטייל: כל שנה נעלמים במדבר יהודה כ-20 מטיילים.**

4. א) **אמרו/כתבו את הפעלים בהווה.**

ב) **סמנו מהו המשפט הנכון מבין שני המשפטים.**

a) Complete the sentences with the right form of the verb in the present tense.

b) Tick the correct paraphrase.

דוגמה: אני יודע שבדרך כלל אתה לא *נכשל* בבחינות בעברית! (להיכשל)

אתה מצליח בבחינות בעברית. / אתה לא מצליח בבחינות בעברית.

1) צִיפִּי, השכנה שלי, --- אליי כל ערב ומספרת לי מה קורה בשכונה. (להיכנס)

היא באה אליי הרבה. / היא לא באה אליי הרבה.

2) כל שנה אתן --- כדי לצאת ביחד לחופשה באילת. (להיפגש)

כל שנה אתן רואות זו את זו. / אתן לא רואות זו את זו כל שנה.

3) היא --- בלכלוך וברעש של השכנים ולא מצליחה . (להילחם)

היא מסכימה ללכלוך ולרעש. / היא לא מסכימה ללכלוך ולרעש.

4) אנחנו --- אחרי הלימודים כדי לסדר את הכיתה. (להישאר)

אנחנו עוזבים את הכיתה. / אנחנו לא עוזבים את הכיתה.

5) אתמול --- במילים של השיר. (להיזכר)

אני יודעת את המלים של השיר. / אני לא יודעת את המילים של השיר.

6) יש לי חבר, שאני אף פעם לא יודע איפה הוא.

כל פעם הוא --- לחודש, ואחר כך חוזר. (להיעלם)

תמיד יודעים איפה הוא. / לפעמים לא יודעים איפה הוא.

7) כשיש חושך בחוץ, המנורה הזאת --- . (להידלק)

יש אור בחדר כל הזמן. / כשיש חושך בחוץ, יש חושך בחדר.

8) ההרצאה --- כבר ארבע שעות. אני לא יודע מתי היא ---. (להימשך/להיגמר)

ההרצאה קצרה. / ההרצאה ארוכה.

והתוכי יוסי --- אביגדור המאירי

5. שִׁיר עַל הַתּוּכִּי יוֹסִי / אברהם חלפי

אֶקְנֶה לִי תוּכִּי וּשְׁמוֹ יִהְיֶה יוֹסִי.
יָמוֹ אֲשׂוֹחֵחַ עֵת אִישׁ לֹא יִשְׁמַע.
אָז אוֹמַר לוֹ, אוֹמַר:
עַצְבוּת כְּמוֹ כּוֹס הִיא
וּבָהּ יַיִן מַר
עִנְבֵי הַנְּשָׁמָה.
הֲתֵדַע, תוּכִּי יוֹסִי, אַתָּה יֶלֶד לִירִי.
צָפוּי לְךָ מָוֶת שָׁקֵט,
כֹּה שָׁקֵט.
וְאָז אָנֹכִי בְּתוּגַת הַמְּאִירִי
אֶלְחַשׁ לַקִּירוֹת: יוֹסִי מֵת,
יוֹסִי מֵת.

וְיָשׁוּב אֶפְרֹחַ מֵהַכְּלוּב לַמּוֹלֶדֶת -
מִן הַכְּלוּב הַלָּבָן לֶעָפָר הַצָּהֹב,
עֲרִירִי, בְּלִי אִשָּׁה תוּכִּיָּה וְיוֹלֶדֶת.
לְתוּכִּי שֶׁכָּמוֹךָ אָסוּר לֶאֱהֹב.

אַתָּה לֹא תֹּאהַב, יוֹסִי, יוֹסִי,
אַף פַּעַם.
כָּמוֹךָ נוֹלְדוּ לְהַנְעִים פִּטְפּוּטִים
עִם כָּל מְשׁוֹרֵר שֶׁלִּבּוֹ אֵשׁ וָזַעַם
בֵּין לְבָבוֹת אֲדִישִׁים וְחוֹטְאִים.

כָּמוֹךָ הֵם רַק צַעֲצוּעַ בַּבַּיִת,
לְמַעַן יוּכְלוּ יְלָדִים לְשַׂחֵק.
פַּטְפֵּט תוּכִּי יוֹסִי,
נַחֲמֵנִי כַּזַּיִת,
לִבִּי הַיּוֹם רֵיק.

?

מה אתם חושבים: למה המשורר בחר לכתוב על תוכי?

6. א) אהבת התוכים - א'

בגן החיות בתל אביב היו שלושה כלובים של תוכים. בכל אחד מן הכלובים גר זוג תוכים, זכר ונקבה. יום אחד מתה התוכית מן הכלוב הימני. לאחר כמה חודשים נמצאו שני תוכים בכלוב הזה, כי אחת הנקבות עברה מן הכלוב שלה, ונכנסה לכלוב של הזכר הבודד. בכלוב האמצעי נשאר תוכי זכר. לעובדים בגן החיות לא היה ברור למה היא נפרדה מבן הזוג שלה, ועברה לחיות עם בן זוג אחר.

בני הזוג החדש לא עזבו זה את זה לרגע. הם האכילו זה את זה והתנשקו בלי סוף. התוכי, שנשאר בלי חברה, בכה רוב הזמן; היה ברור שליבו נשבר; הוא הסתכל כל הזמן אל הכלוב הימני, ואל החברה שפגעה בו כל כך. לפעמים, בזמן האוכל, התקרבה התוכית אל התוכי הבודד, והעבירה לו פרי או לחם. אבל אחרי כמה ימים היא הפסיקה להעביר לו אוכל. החבר החדש נלחם על התוכית שלו ולא הסכים שהיא תתקרב אל בן הזוג הקודם שלה. היא נזהרה ולא רצתה שהוא יכעס.

הרוֹמָן של שני התוכים לא נמשך זמן רב. אחרי זמן קצר הם הפסיקו לבלות זה עם זה וסיפור האהבה נגמר: התוכית חזרה אל בן הזוג הראשון שלה, שחיכה לה כל הזמן. התוכי, שנעזב ונשאר לבד, הפסיק לאכול וירד במשקל. עכשיו הוא הסתכל אל זוג התוכים שבכלוב האמצעי. אחרי כמה חודשים הוא מת. בני הזוג, שחזרו זה לזה, נשארו לחיות יחד עוד הרבה שנים.

(לפי: מאמר של תמר רון - חוקרת התנהגות בעלי חיים, עיתון הארץ, 1999)

1) מה אתם חושבים: למה התוכית התנהגה כך?

2) בחרו שם לתוכית.

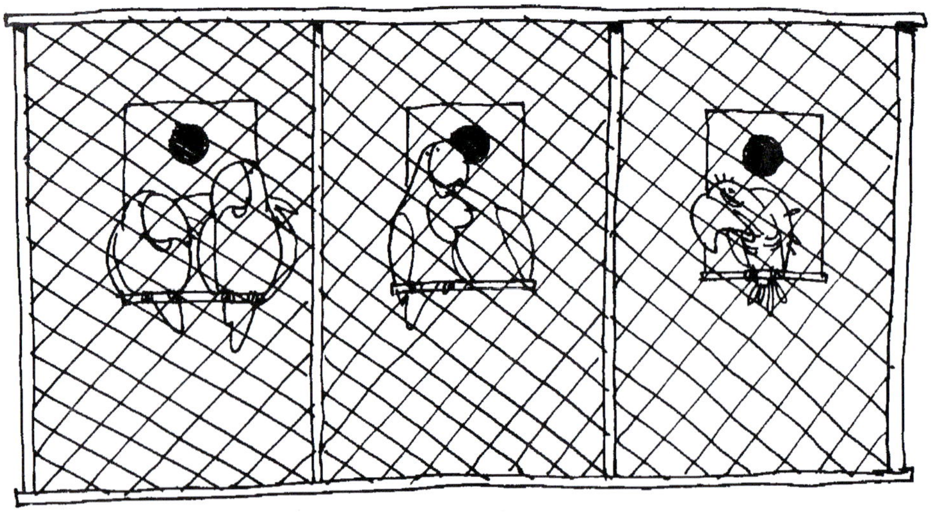

ב) כתבו 'מכתב' של אחד התוכים שנעזב אל התוכית.

ג) תארו את סיפור התוכים בשלבים בעזרת ה"כלובים" המצוירים, כתבו בכל "כלוב" מה קורה בכל אחד מן השלבים:

Describe the parrot story in stages using the "cages" below:
Inside the cages, write what happens in each of the stages.

ד) הוסיפו "מילים של בני אדם" (תארי פועל) לסיפור אהבת התוכים - א' במקום המתאים. השתמשו בתארי הפועל האלה:

Add "human's words" to the story in the appropriate places:
Use these adverbs:

בזהירות, באהבה, בגעגועים, בצער, בשׂמחה, בקנאה, באושר, ברחמים.

שׂימו לב: תארי פועל רבים נגזרים משמות עצם + ב... לפני שם העצם.

Please note: many adverbs are derived from nouns + the prefix ב.

דוגמה: אחת הנקבות עברה מן הכלוב שלה, ונכנסה ***בשׂמחה*** לכלוב של הזכר הבודד.

7. א) אהבת התוכים - ב'

מדענים רבים חושבים שאי אפשר להסביר את ההתנהגות של בעלי חיים ב"מילים של בני אדם"; הם אומרים שזה רעיון סֶנְטִימֶנְטָלִי וטיפשי ומשתמשים במילים כמו אִינְסְטִינְקְט, רֶפְלֶקְס וד.נ.א. אבל קשה יהיה להסביר את הסיפור על התוכים בלי להיעזר במילים כמו אהבה, כעס, קנאה, בדידות.

למה המדענים חושבים שאינסטינקט זאת מילה מדעית ואהבה זאת מילה סנטימנטלית ששייכת רק לבני אדם? למה אנחנו מקבלים את הרעיון של האֶבולוּצְיָה, כשאנחנו מדברים על הגוף, אבל כאשר מדברים על הרגש ועל האִינְטֶלִיגֶנְצְיָה, נשכח רעיון האבולוציה, ואנחנו נזהרים ואומרים, שרק לבני אדם יש רגשות ומחשבות?

לפי דרך המחשבה הזאת חיי בעלי החיים פחות חשובים מחיי בני האדם. רוב האנשים חושבים כך על בעלי החיים, מפני שבני האדם רוצים להשתמש בבעלי החיים, לשׂחק בהם או להרוג אותם.

בני האדם תמיד הרגו חיות כדי לשמור על עצמם. כך עושים גם בעלי החיים עצמם. אבל אין סיבה להשתמש בבעלי החיים למשׂחקים, ואין סיבה להחזיק קופים בכלובים קטנים בלי אוכל ובלי מים, אחרי שגמרו לנסות עליהם תרופה חדשה.

המוּסר הוא לא רק שייך לבני אדם: אנחנו צריכים לחשוב על בעלי החיים כמו שאנחנו חושבים ומתנהגים עם בני אדם כי גם להם יש רגשות ומחשבות. אם נפסיק לחשוב על בעלי החיים כאילו הם נמוכים מאיתנו, לא חכמים וחסרי רגשות, נהיה מוסריים יותר.

(לפי: מאמר של תמר רון - חוקרת התנהגות בעלי חיים, עיתון הארץ, 1999)

ב) אמרו נכון / לא נכון:

כותבת המאמר חושבת ש-

1) היחס לבעלי חיים הוא עניין מוסרי.
2) רק בני אדם חושבים ומרגישים.
3) חיי בעלי החיים פחות חשובים.
4) אסור לנסות תרופה חדשה על בעלי חיים.
5) מי שהורג בעלי חיים במשׂחק הוא פחות מוסרי.

ג) אתם מסכימים או לא מסכימים עם כותבת המאמר? ולמה?

ד) כתבו מכתב לעיתון של אדם שלא מסכים עם דברי תמר רון.

לשלמה המלך היו: **זָהָב וָכֶסֶף שֶׁנְהַבִּים וְקֹפִים וְתֻכִּיִּים** (מל"א י 22)

8. **דָּג בָּכָה** / אברהם חלפי

דָּג בָּכָה בְּמַיִם אֲפֵלִים
וְהָיוּ דִּמְעוֹתָיו
כַּמַּיִם.
עֲדֵי הַדָּגִים בַּתְּהוֹמוֹת.

אָז עָצְרוּ הַשִּׁירִים אֶת קוֹלָם
וְעֵינֵי שׁוֹמְרֵי שְׁמֵי הַלַּיְלָה
רָאוּ
אֶת שֶׁלֹּא יֵאָמֵן.

? מה אתם חושבים: למה בחר המשורר לכתוב על דג?

9. א) אהבת השימפנזים

לפני מספר שנים קנתה משפחה עשירה בדרום אַפְרִיקָה שימפנזה צעיר וגידלה אותו בבית. אחרי כמה חודשים החליטו בני הבית לקנות עוד שִׁימְפַּנְזָה הפעם תינוקת-שימפנזה, וגידלו גם אותה בבית. בהתחלה לא התקרב השימפנזה הצעיר אל התינוקת, אבל אחרי כמה ימים הוא כבר שיחק איתה במשך שעות ארוכות.

יום אחד, כשהשימפנזה התינוקת שיחקה בחוץ, היא מצאה כַּוֶּרֶת דְּבוֹרִים. הדבורים התחילו לעקוץ אותה. היא רצה אל השימפנזה הצעיר והדבורים אחריה. השימפנזה הצעיר תפס את התינוקת והחזיק בה.

רק אחרי זמן רב הצליחו עובדי הבית לשים שְׂמיכה על שני השימפנזים ולקחת אותם אל הבית. כשהורידו את השְׂמיכה מעליהם, הם מצאו שהצעיר מת מעקיצות הדבורים. התינוקת נעקצה רק בכמה מקומות בגוף והיא נשארה בחיים. אחרי כמה חודשים חלתה התינוקת ומתה.

כִּֽי־עַזָּ֤ה כַמָּ֙וֶת֙ אַהֲבָ֔ה (שיר השירים ח 6)

ב) **סדרו את המשפטים לפי סדר הסיפור.**

.Arrange the following sentences in accordance with the story

-- התינוקת חלתה ומתה.

-- הדבורים עקצו את הקוף הצעיר.

-- הקוף החזיק בתינוקת.

-- המשפחה קנתה קוף צעיר.

-- הקוף הצעיר מת מהעקיצות.

-- השימפנזים שיחקו הרבה יחד.

-- הדבורים עקצו את התינוקת.

-- המשפחה קנתה שימפנזה תינוקת.

ג) **ספרו את סיפור השימפנזים ברוח המאמר של תמר רון.**

Tell the chimpanzee story in the spirit of Tamar Ron's article.

ד) **ספרו זה לזה סיפור אחר על חיות ועל אנשים.**

10. **שִׁיר עַל שְׁלוֹשָׁה חֲתוּלִים** / אברהם חלפי

שְׁלוֹשָׁה חֲתוּלִים שׂוֹחֲחוּ בֵּינֵיהֶם
יָרֵחַ נוֹגֵהַ הִסְתַּכֵּל בִּפְנֵיהֶם,
יָרֵחַ נוֹגֵהַ.

יָשְׁבוּ לְיַד פֶּתַח שֶׁל בַּיִת שְׁלוֹשְׁתָּם,
(פֶּתַח שֶׁל בַּיִת אֶחָד מִיּוּתָּם),
יָשְׁבוּ.

אָמַר הֶחָתוּל הָרִאשׁוֹן: - אוֹיָה לִי,
אֵיכָה אֲבַלֶּה בִּבְדִידוּת אֶת לֵילִי?
אֵיכָה אֲבַלֶּה?

אָמַר הַשֵּׁנִי: - הוֹ, אָחִי הֶחָתוּל,
נָקוּמָה אוּלַי וְנֵשֵׁב שָׁם מִמּוּל?
אוּלַי?

- אַחַיי, חֲתוּלַיי - אָז אָמַר הַשְּׁלִישִׁי,
וְנֶאֱנַח בְּקוֹל חֲרִישִׁי.
נֶאֱנַח.

הִשְׁמִיעוּ שְׁלוֹשָׁה חֲתוּלִים אֲנָחָה,
כְּאִילוּ אִימָּם אֶת שְׁלוֹשְׁתָּם שָׁכְחָה,
שְׁלוֹשְׁתָּם.

אִם פֹּה הֵם יֵשְׁבוּ, אִם יֵשְׁבוּ שָׁם מִמּוּל,
הֲיֶחְדְּלוּ לִהְיוֹת בְּנֵי חָתוּל?
חָתוּל הוּא חָתוּל.

שְׁלוֹשָׁה חֲתוּלִים הִשְׁתַּתְּקוּ בֵּינֵיהֶם
יָרֵחַ נוֹגֵהַ הִסְתַּכֵּל בִּפְנֵיהֶם
יָרֵחַ נוֹגֵהַ.

? למה החתולים הפסיקו לדבר?

Write: ‘My family and other animals’. **11. כתבו: ’משפחתי וחיות אחרות’.**

12. א) תאונה - שלא נדע...

רחל: איך זה קרה?

יוסי: המכונית הכחולה ממש נכנסה במכונית הלבנה.

רחל: אבל היה אור אדום וכל המכוניות נעצרו למה היא נסעה?

יוסי: היא התחילה לנסוע לפני שהאור הירוק נדלק.

רחל: משהו קרה לאנשים? מישהו נהרג?

יוסי: ברוך השם לא, אבל נפגעו כמה אנשים.

רחל: הם נפצעו קשה?

יוסי: ראיתי ששלושה אנשים נפצעו קל, ואחד אולי נפצע יותר קשה. הוא נלקח לבית חולים בַּאַמְבּוּלַנְס.

רחל: איפה הנהג השני? עצרו אותו?

יוסי: לא, הוא נעלם מייד, והמשטרה מחפשׂת אחריו.

רחל: אז זאת הייתה תאונה של פְּגַע וּבְרַח.

יוסי: כנראה, לא נשארתי שם.

? מה קרה לאנשים שהיו בתאונה?

בניין נפעל הוא בניין שיש בו פעלים אקטיביים כמו **נכנס ונלחם**, ויש בו פעלים פסיביים כמו **נפגע ונהרג**. בדרך כלל יש לפעלים הפסיביים מקבילה בבניין פעל.

The Nif’al construction has both active verbs, i.e **נכנס/נלחם** and passive ones **נפגע/נהרג**.
The passive construction have a parallel in the Pa’al construction.

ב) תקנו את המשפטים לפי השיחה, בעזרת הפועל בצורת הנפעל.

Correct the sentences according to the dialogue, using the נפעל conjugation of the verb.

דוגמה: כל נהגי המכוניות עצרו את המכוניות כשהיה אור אדום.

לא נכון. המכונית הכחולה לא נעצרה.

1) הנהג של המכונית הכחולה הרג את אחד הנוסעים במכונית הלבנה.

2) הנהג של המכונית הכחולה לא פצע אף אחד.

3) המכונית הכחולה פגעה בחמישה אנשים.

4) לא לקחו אף אחד לבית החולים.

5) המשטרה תפסה את הנהג.

13. בניין נפעל, גזרת השלמים, זמן עבר

לְהִיכָּנֵס

	ז.	ז./נ.	נ.	ז.	ז./נ.	נ.
		נִכְנַסְתִּי			**נִ□ְ□ַ□ְתִּי**	
י.	**נִכְנַסְתָּ**		**נִכְנַסְתְּ**	**נִ□ְ□ַ□ְתָּ**		**נִ□ְ□ַ□ְתְּ**
	נִכְנַס		**נִכְנְסָה**	**נִ□ְ□ַ□**		**נִ□ְ□ְ□ָה**
		נִכְנַסְנוּ			**נִ□ְ□ַ□ְנוּ**	
ר.	**נִכְנַסְתֶּם**		**נִכְנַסְתֶּן**	**נִ□ְ□ַ□ְתֶּם**		**נִ□ְ□ַ□ְתֶּן**
		נִכְנְסוּ			**נִ□ְ□ְ□וּ**	

א) השלימו את הטבלה.

אני	אתה	את	הוא	היא	אנחנו	אתם	אתן	הם/הן
נשארתי	---	---	---	---	---	---	---	---
---	נכנסת	---	---	---	---	---	---	---
---	---	נלחמת	---	---	---	---	---	---
---	---	---	נשבר	---	---	---	---	---
---	---	---	---	נמצאה	---	---	---	---
---	---	---	---	---	נזכרנו	---	---	---
---	---	---	---	---	---	נשלחתם	---	---
---	---	---	---	---	---	---	נפגשתן	---
---	---	---	---	---	---	---	---	נדלקו

ב) אמרו את הפעלים להיבחר / להיקלט בעבר ומצאו את משמעותם במילון.

14. א) שיר חלוצים: Pioneers' Song:

"אָנוּ בָּאנוּ אַרְצָה לִבְנוֹת וּלְהִיבָּנוֹת בָּהּ."

ארצה=לארץ ישראל

הוסיפו עוד שורות לשיר בצורה דומה בגזרת השלמים:

אנו באנו ארצה לְ□□וֹ□ וּלְהִי□ָ□ֵ□ בה.

ב) **לכול זמן** קהלת ג 1-6

עת=זמן

לַכֹּל זְמָן וְעֵת לְכָל-חֵפֶץ תַּחַת הַשָּׁמָיִם:

עֵת לָלֶדֶת וְעֵת לָמוּת

עֵת לָטַעַת וְעֵת לַעֲקוֹר נָטוּעַ:

עֵת לַהֲרוֹג וְעֵת לִרְפּוֹא

עֵת לִפְרוֹץ וְעֵת לִבְנוֹת:

עֵת לִבְכּוֹת וְעֵת לִשְׂחוֹק

עֵת סְפוֹד וְעֵת רְקוֹד:

עֵת לְהַשְׁלִיךְ אֲבָנִים וְעֵת כְּנוֹס אֲבָנִים

עֵת לַחֲבוֹק וְעֵת לִרְחֹק מֵחַבֵּק:

עֵת לְבַקֵּשׁ וְעֵת לְאַבֵּד

עֵת לִשְׁמוֹר וְעֵת לְהַשְׁלִיךְ:

עֵת לִקְרוֹעַ וְעֵת לִתְפּוֹר

עֵת לַחֲשׁוֹת וְעֵת לְדַבֵּר:

עֵת לֶאֱהֹב וְעֵת לִשְׂנֹא

עֵת מִלְחָמָה וְעֵת שָׁלוֹם:

?

כתבו עוד שלושה 'צמדים' כמו בפרק מספר קהלת.

Write three more couplets as in the chapter from the book of Ecclesiastes.

ג) **השלימו את הפועל בשם הפועל של נפעל.**

דוגמה: עת לבחון, ועת להיבחן.

עת לכתוב, ועת ---.

עת לשכוח, ועת ---.

עת לזכור, ועת ---.

עת לבחור, ועת ---.

עת לבדוק, ועת ---.

עת לקלוט, ועת ---.

עת ---, ועת ---.

15. א) "עת שלום ועת מלחמה"

ביוני 1983, נפצע האַפִּיפְיוֹר יוֹחָנָן פָּאוּלוּס השני מידי מַחמט עַלִי אַגְ'זָה שרצה להרוג אותו. חצי שנה אחר כך נראה האפיפיור בטלוויזיה, כשהוא מדבר עם הבחור הצעיר ונותן לו יד. בעיתונים נכתבו מילים יפות על אהבה ועל סליחה. זוֹאוֹלוֹגִים, שחוקרים כבר הרבה שנים קופים גדולים כמו שימפנזים, חושבים שלהתנהגות הסליחה של בני האדם יש שורשים עמוקים.

הזואולוג ההולנדי פְרַאנְס דֶה-וָאל חוקר את התנהגות השימפנזים, קופי האדם. הוא הסתכל במשך מאות שעות בשימפנזים ומצא, שהדחף שלהם להילחם לא חזק יותר מן הדחף לעשׂות שלום. הקופים פותחים במלחמות קטנות או גדולות, אבל מלחמות אלה תמיד נגמרות ברגעים של סליחה. ברגעים אלה יש לקופים רצון חזק לגעת ולהתקרב אל קופים אחרים.

במלחמות הקופים הרגילות יש קוף אחד רודף וקוף שני נרדף; פעמים רבות הקוף הנרדף גם נפגע על ידי הקוף הרודף. ברגע המלחמה נשמעים קולות חזקים ולא נעימים, אבל שלא כמו במלחמות של בעלי חיים אחרים כמעט לא קורה, שקופים נהרגים או נפצעים קשה. אחרי זמן קצר הקוף הנרדף מצליח לברוח ונעלם, והמלחמה כאילו נשכחה. אבל הקוף שנפגע לא נשאר רחוק זמן רב. הוא חוזר אחרי כמה דקות ומחפשׂ חום ואהבה אצל הקוף הרודף. הקוף הנפגע נכנס לאט לאט לאזור המלחמה ונותן את היד שלו לנשיקה. הוא לא פוחד וגם לא נזהר במיוחד, כי הוא מכיר את הטקס:

הקוף הרודף לוקח את היד ומנשק אותה. הם מתקרבים זה לזה, מתנשקים ומשׂחקים יחד. הקופים נותנים יד זה לזה, "מדברים" בקול שקט ומסתכלים זה על זה. הם מחפשׂים דרכים להתקרב ולעשׂות שלום. משׂחקים אלה נמשכים לפעמים הרבה זמן.

פראנס דה-ואל וחוקרים אחרים חושבים שהרצון לשלום הוא טבעי ואמיתי בדיוק כמו הרצון להילחם. "בטבע" - אומר החוקר ההולנדי - "המילה האחרונה היא לא רק של החזק והרודף. גם לנרדף יש מקום והוא יודע שאחרי המלחמה יהיה גם זמן שלום."

(לפי: עיתון הארץ, 1998)

"כמעט לא קורה שקופים נהרגים." מה לומדים מכך?

ב) ענו לפי הקטע.

שׂימו לב: בקטע מופיעים הפעלים בנפעל והתשובה תהיה בפעל.

Answer the questions according to the excerpt.
Please note: the verbs in the excerpt are in the נפעל conjugation,
but the answers will be in the פעל conjugation.

1) "האפיפיור יוחנן פאולוס השני נפצע." מי פצע אותו, ולמה?

2) "האפיפיור נראה בטלוויזיה." מי ראה אותו?

3) "מילים יפות נכתבו על האהבה." מי כתב אותן, ואיפה?

4) "מלחמות אלה תמיד נגמרות." מי גומר אותן?

5) "יש קוף שני נרדף." מי רודף אותו, ולמה?

6) "פעמים רבות הוא גם נפגע." מי פוגע בו, ולמה?

7) "ברגע המלחמה נשמעים קולות חזקים." מי שומע את הקולות האלה?

8) "קופים (לא) נהרגים (ולא) נפצעים קשה." מי יכול להרוג או לפצוע אותם?

9) "המלחמה כאילו נשכחה." איזו מלחמה, ומי (כאילו) שכח אותה?

ג) **ספרו זה לזה איך "עושׂים שלום" בין אנשים בתרבות שלכם?**

ד) **בקטע יש פעלים אחדים בנפעל שאין להם פועל מקביל בפעל :**

A few of the verbs in the excerpt in the נפעל conjugation, do not have a corresponding verb in the פעל conjugation:

נכנס, נעלם, נלחם, נמשך, נשאר, נזהר,

כתבו אותם במקום המתאים במשפטים.

In the sentences below write the above verbs in the appropriate places.

1. המלחמות של הקופים --- לפעמים זמן קצר יותר מאשר המשׂחקים שלהם.
2. הקופים --- שלא להרוג ולא לפצוע קשה את הקופים האחרים.
3. הקופים --- על אוכל, על מים או על נקבה.
4. הקוף התוקף --- תמיד קרוב לקוף שנפגע, כי הוא יודע שהם עוד ישׂחקו יחד.
5. החוקר ההולנדי --- לאזור של הקופים בגן החיות בהולנד.
6. אם הקוף --- ולא חוזר, הוא כנראה נהרג באחת המלחמות בין הקופים.

16. א) **כתבו במשפט ב' את הפועל בנפעל, המקביל לצורת הפעל במשפט א'.**

Write the missing נפעל verb corresponding to the פעל verb in the first sentence.

ב) **סמנו איזה משפט מתאים ל"עת מלחמה" (משפט העוסק באלימות, בתוקפנות ובהרס) ואיזה משפט מתאים ל"עת שלום" (משפט העוסק ביצירה, בבנייה ובקשר חיובי בין אנשים).**

Indicate which sentences are appropriate for "war time" i.e. deal with aggression, violence and destruction and which sentences are appropriate for "peace time" i.e. deal with creating, building and positive relations.

נכתב בעיתון

דוגמה: א. במשחק כדורגל פגע אחד השׂחקנים בשופט.

ב. השופט *שנפגע* נלקח לבית החולים "הדסה", בירושלים.

עת מלחמה

1) א. **המשטרה עצרה שני צעירים שתקפו צעירה במסיבה.**

ב. הצעירים ש --- נשארו כל הלילה בתחנת המשטרה.

2) א. **ראש הממשלה שלח מכתב לנשׂיא ארצות הברית.**

ב. במכתב ש--- אתמול יש תוכנית לפרוייקטים משותפים של ישׂראל והפלשׂתינאים.

3) א. **רבנים ואנשי דת מוסלמים אספו מיליון דולר.**

ב. בכסף ש --- יבנו מרכז בינדתי לשלום בגבול ישׂראל ירדן.

4) א. **במסיבת צעירים סגורה בדיסקוטק הרג אחד האנשים את שומר הדיסקוטק.**

ב. השומר ש --- לא רצה לתת לצעיר להיכנס.

5) א. **חברי קיבוצים בגליל פתחו בית ספר לילדים מן הגליל.**

ב. בבית הספר ש --- בשבוע שעבר ילמדו ילדים יהודים, דרוזים וערבים.

6) א. **ברמת גן סגרו את גן החיות הישן.**

ב. הגן --- כי הכלובים לא היו מתאימים, ועובדי הגן לא טיפלו יפה בבעלי החיים.

7) א. **רבנים רפורמים ורבנים אורתודוכסים כתבו יחד ספר.**

ב. הספר ש --- לכבוד שנת האלפיים יוצא עכשיו לחנויות.

8) א. **ביום לימודים מיוחד למדו פוליטיקאים מן הימין ומן השׂמאל נושׂאים שונים בזואולוגיה.**

ב. הנושׂאים ש --- היו קשורים בבעיות השלום והמלחמה אצל החיות.

הם יצאו מן הפגישה ואמרו: "יש תקווה!"

9) א. **תלמיד כעס ופצע מדריך.**

ב. המדריך ש --- סלח לתלמיד והחליט לא לפנות למשטרה.

17. המלחמה על השלום

אני, מִספר אִישִׁי, 30243, רב אַלוּף בְּמִילוּאִים, חייל בצבא ההגנה לישׂראל וחייל בצבא השלום. אני ששֵׁירַתִּי את מדינתי 27 שנים כחייל, אני אומר לך, מלך ירדן, ולכם, יְדִידִים אמריקנים, היום אנחנו יוצאים למלחמה שאין בה הרוּגים ופצועים, לא סֵבֶל ולא דם - זו המלחמה לשלום. זו המלחמה היְחִידָה שתַּעֲנוּג להשתתף בה - המלחמה על השלום.

(מדברי יצחק רבין בטקס חתימת הסכם השלום 26.7.94)

?

1. עם מי חתמו הסכם שלום ב-26.7.94?
2. גם בזמן שלום המשיך יצחק רבין לדבר בשׂפה של חייל. תנו דוגמות מן הקטע.

טקס חתימת השלום עם ירדן, 26.7.94.

מימין לשׂמאל: הנשׂיא עֶזֶר וַייצְמַן, המלך חוּסֵין, נשׂיא ארה"ב בִּיל קְלִינְטוֹן, רה"מ יִצְחָק רַבִּין, הַנָּסִיך חַסַן, שׂר החוץ האמריקני ווֹרֶן כְּרִיסְטוֹפֶר.

18. אל יאללה, ב"י!

נשבר לי מבשׂר, נדלקתי על גבינות!

לפניכם משפטים מלשון הדיבור. אמרו אותם שוב בעזרת ביטויים אחרים, גם הם בלשון המדוברת. אמרו משפטים דומים בעזרת הביטוי המקביל. בכל המשפטים יש פועל בנפעל.

Say similar sentences out loud, using the parallel expressions.
Please note: all the verbs are in נפעל.

- אני לא יכול יותר עם האוכל הזה. סלט, גבינה, לחם שחור, ביצה... נמאס לי מהארוחות המשעממות האלה. אני עובד כמו משוגע כל היום, אז בערב אני רוצה לאכול משהו טוב.
(אני נִקְרָע, נִשְׁבַּר ל..., נגמר ל...)

- אתמול הייתי במסעדת דגים. איזה אוכל - ממש נגנבתי על המקום הזה.
(נִדְלַק על)

- על מה אתה מדבר? אני בחיים לא הולך לשם. ראית איך הם מבשלים? אני פעם הסתכלתי במטבח שלהם ונעשׂה לי רע...
(נִהְיָה ל... חוֹשֶׁך בעיניים.)

- נכנס לי ג'וּק לראש - אני רוצה להתחיל לאכול אוכל צמחוני.
(נכנס ל... זְבוּב בראש)

- כן, כשאני אוכל ירקות ופירות ממש נעשׂה לי טוב על הנשמה.
(נִהְיָה ל... טוב על הנְשָׁמָה)

19. **א-פרופו**

אוכל

- בוא, תשב איתנו. אנחנו בדיוק יושבים לארוחת ערב.
- תודה רבה. בתיאבון. אני לא רוצה להפריע, רק קפצתי לשאול מה נשמע.
- שטויות. איזה ביצה אתה רוצה? חביתה? עין? מקושקשת? ביצה קשה? ביצה רכה?
- אני לא רוצה ביצה, תודה. אולי רק לחם עם גבינה לבנה או משהו כזה.
- יש גם טחינה ויש גבינה צהובה. יש ריבה ויש דבש. הינה, קח. אתה רוצה יוגורט או לבן?
- אשׂמח לאכול לבן. תודה.
- יש גם סלט גדול. הינה, תעבירו לו את הסלט, בבקשה.
- יופי. מצוין. איזה סלט טעים! מה שׂמתם בו?
- אנחנו אוהבים לשׂים בצל ירוק, זיתים שחורים והמון המון לימון. אולי זה ה"סוד".
- נהדר! אני רואה שאתם גם מבינים בלחם. אני אוהב לחם שחור ופשוט.
- אנחנו כבר מזמן לא אוכלים לחם לבן. עוד קצת סלט?
- לא. לא תודה אני כבר ממש מלא. זה היה מצוין.

? המחיזו שׂיחה דומה בארוחת צהריים.

מילים:

חֲבִיתָה נ. • לֶבֶן ז. • "מְקוּשְׁקֶשֶׁת" נ. • "עַיִן" נ. • קָפַץ (אֶל), לִקְפּוֹץ • רִיבָּה נ.

20. ## מילון

כתבו את הערך המילוני של כל פועל, מצאו את משמעויות הפעלים במילון ושבצו אותם בקטע בצורה הנכונה:

Write the dictionary entries of the following verbs, look up their definitions, and fit them into the excerpt in the appropriate places.

להירדם / להישפט / להיבהל / להישבע / להימנע / להיכנע /

למה מר ג. לא נרדם?

מר ג. לא ***נרדם*** כל הלילה.

מחר הוא יוצא לחופשי. לפני שנה הוא --- על משהו שהוא לא עשׂה. שוב ושוב הוא נזכר ברגע ההוא: השוטרים נכנסו הביתה והוא --- מאוד. הוא לא ברח ולא ניסה להילחם עם השוטרים, הוא --- והלך איתם לתחנת המשטרה. הוא --- שהוא לא עשׂה שום דבר, אבל לא האמינו לו. אחרי שהוא נעצר, הוא ביקש מבני המשפחה לא לבקר אותו, ובאמת עד שהוא יצא לחופשי, הם --- מביקורים.

? מה אתם חושבים על מר ג. - יש לו אופי חזק או חלש, ולמה?

21. ## קצת יחס, בבקשה!

נטיית מילת היחס - אֶל

	ז.	ז./נ.	נ.
י.		אֵלַיי	
	אֵלֶיךָ		אֵלַיִךְ
	אֵלָיו		אֵלֶיהָ
ר.		אֵלֵינוּ	
	אֲלֵיכֶם		אֲלֵיכֶן
	אֲלֵיהֶם		אֲלֵיהֶן

ישוב=יחזור

אֲנִי הֹלֵךְ אֵלָיו וְהוּא לֹא־יָשׁוּב אֵלָי׃ (שמואל ב' י"ב 23)

? קראו בספר שמואל בתנ"ך ואמרו - מי לא יחזור, אל מי הוא לא יחזור ולמה הוא לא יחזור אליו.

22. אליי?! אני לא מאמינה!

אורית: שלום גברת לוי. מדברת אורית מִבֶּזֶק.

גברת לוי: מאיפה?

אורית: מחברת הטלפונים, בזק. קיבלנו הודעה ממך שהטלפון לא בסדר, ורצינו לדעת מתי אפשר לשלוח אלייך טכנאי?

גברת לוי: אליי? אני פשוט לא מאמינה. בדיוק אתמול שמעתי מהשכנה שלי, שהיא חיכתה שבועיים עד ששלחו אליה טכנאי. אני אמרתי לה: זה מה שאת צריכה לומר ל'בזק': או שאתם שולחים אליי את הטכנאי מייד, או שאני מגיעה אליכם למשׂרד ולא זזה משם. אני פשוט לא מאמינה שאתם מטלפנים אליי ואומרים לי שאתם רוצים לשלוח טכנאי...

אורית: כן, גברת לוי. מעכשיו החלטנו לענות מייד לכל טלפון. מה הבעיה בטלפון שלך?

גברת לוי: יש לי בת, שגרה במקום קטן ורחוק בגליל והקשר הטלפוני אליהם לא תמיד עובד. אתמול רציתי לטלפן אליה והיה תפוס. ניסיתי שוב ושוב והיה תפוס כל הזמן. ומאוחר יותר לא הייתה תשובה.

אורית: אולי היא דיברה הרבה זמן בטלפון, ואחר כך יצאה מהבית?

גברת לוי: אוי... באמת לא חשבתי על זה. הייתי גם יכולה לטלפן לבעל שלה. לפעמים אני מטלפנת אליו, לעבודה. הוא עובד בבית הספר באזור.

אורית: טוב, גברת לוי. היה נחמד מאוד לדבר איתך, וגם פתרנו את כל הבעיות. אם משהו לא יהיה בסדר עם הטלפון, את יכולה לטלפן אלינו.

גברת לוי: מתי אפשר לטלפן אליכם?

אורית: 24 שעות בֶּזֶק לך ואלייך!

? ספרו זה לזה מה גברת לוי מספרת עכשיו לשכנות שלה:

תשמעי רבקה, אני לא מאמינה, בבוקר טלפנה אליי...

23. השלימו את המשפטים בעזרת מילת היחס אל בנפרד ובנטייה.

1) כשנפגשנו בפעם הראשונה, חייכתם --- כאילו אתם מכירים אותנו. מייד הרגשנו שאנחנו חברים.

2) בהתחלה היה לי קשה מאוד עם הכלב החדש שלי, אבל אחרי כמה חודשים הוא התרגל --- ואני התרגלתי ---.

3) - משה, התגעגעתי --- מאוד, ולכן החלטתי לטלפן ---. אבל אתה לא בבית. אז לפחות ד"ש במשיבון. להתראות.

4) כשנכנסנו למסעדה ראינו את דינה וחנה. הן ביקשו שנצטרף --- לשולחן. ישבנו איתן ופטפטנו כל הערב.

5) הרופא ראה שהילדה הקטנה פוחדת ממנו. הוא התנהג --- יפה מאוד והסביר לה למה לא צריך לפחוד..

6) - דויד וחנן. הי, מה נשמע?! אני מתקשר --- כי אני רוצה לדעת אם יוסי כבר הגיע ---. הוא היה צריך להגיע --- אבל לא היינו בבית. אז כתבתי לו פתק, שילך ---, ואני אבוא לפגוש אותו אצלכם.

7) - חנה, אתמול באנו --- ואף אחד לא היה בבית. איפה היית?

8) בגן החיות אסור להתקרב --- בעלי החיים ולהאכיל אותם.

9) - דני, אנחנו רוצים לבקר אותך, אבל אנחנו לא יודעים איך נוסעים --- הבית שלך כי תמיד הלכנו --- ברגל.

10) זה מורה מקצועי. אני שולח --- תלמידים, שרוצים ללמוד אצל אומן אמיתי.

ממש אהבה

והלב שלי נשבר,

כשאת נמצאת בדרך אליי. כבר עכשיו.

(ירמי קפלן)

24. **בניין נפעל, גזרת השלמים, זמן עתיד**

לְהִיכָּנֵס

	ז.	ז./ נ.	נ.	ז.	ז./ נ.	נ.
י.		אֶכָּנֵס			אֶ□ָ□ֵ□	
	תִּיכָּנֵס		תִּיכָּנְסִי	תִּי□ָ□ֵ□		תִּי□ָ□ְ□ִי
	יִיכָּנֵס		תִּיכָּנֵס	יִי□ָ□ֵ□		תִּי□ָ□ֵ□
ר.		נִיכָּנֵס			נִי□ָ□ֵ□	
		תִּיכָּנְסוּ			תִּי□ָ□ְ□וּ	
		יִיכָּנְסוּ			יִי□ָ□ְ□וּ	

השלימו את הטבלה.

אני	אתה	את	הוא	היא	אנחנו	אתם/אתן	הם/הן
אלחם	---	---	---	---	---	---	---
---	תיכנס	---	---	---	---	---	---
---	---	תישארי	---	---	---	---	---
---	---	---	יימצא	---	---	---	---
---	---	---	---	תיעלם	---	---	---
---	---	---	---	---	ניזהר	---	---
---	---	---	---	---	---	תיפגעו	---
---	---	---	---	---	---	---	ייכשלו

25. **תיכנסו הערב?!**

- יוסי ורותי, אולי **תיכנסו** הערב, אנחנו רוצים לדבר איתכם.
- בסדר, אבל רק לכמה דקות. לא **נישאר** הרבה זמן. אנחנו הולכים לקונצרט ב-8:30.
- כמה זמן **יימשך** הקונצרט? אולי תבואו אחר-כך?
- טוב, בסדר.

אמרו את הפעלים להישמר/להישכח בעתיד ומצאו את משמעותם במילון.

26. כתבו את הפעלים בזמן עתיד בצורה הנכונה:

1) כך ביום ההולדת של רותי: כל האורחים ישבו בשקט,
וכשהיא --- הביתה כולם יצעקו: מזל טוב! (להיכנס)

2) - ילדים, אנחנו הולכים לשוק. יש שם המון אנשים,
ואני פוחדת שאתם --- . אני מבקשת ש--- לידי כל הזמן. (להיעלם/להישאר)

3) סליחה, כמה זמן --- המבחן? (להימשך)

4) חברה, מחר יוצאים לטיול קשה בהרים.
אני מבקש ש---. אני מקווה שאף אחד לא ---
ושכולנו נחזור הביתה בשלום. (להיזהר/להיפגע)

5) חושבים שבעתיד לא --- יותר ספרים על ניירות.
הכול --- במחשב ובאינטרנט. (להיכתב/להימצא)

6) אם הוא לא --- בבחינה בכל מה שלמד, הוא --- בה. (להיזכר/להיכשל)

7) כמה זמן המלחמה עוד --- ?
עד מתי הם --- זה בזה בלי להפסיק? (להימשך/להילחם)

27. גזרו מן הפועל המסומן בבניין פעל את הפועל בבניין נפעל א) בעבר ב) בעתיד.

Complete the sentences using past and future tenses of נפעל verbs derived from the given פעל verbs.

איזה יום היה לי אתמול!

דוגמה: א. לא יודעת איך החלון **נשבר**! אני לא שברתי אותו !
ב. מגדת העתידות אמרה לי: מחר החלון שלך **יישבר** !

1) א. הדלת --- ואני נשארתי בחוץ! אני לא סגרתי אותה !
ב. מגדת העתידות אמרה לי : מחר הדלת שלך --- !

2) א. החופשה --- . אני לא רציתי לגמור אותה !
ב. מגדת העתידות אמרה לי: החופשה שלך --- מוקדם מדיי!

3) א. הכלב שלי יצא מן הבית לטייל, והוא לא --- בשום מקום! חיפשׂנו אותו כל הערב אבל לא מצאנו אותו!

אולי הוא --- או --- ברחוב? אנחנו פוחדים שמכונית פצעה או הרגה אותו!

ב. מגדת העתידות אמרה לי: מישהו יקר לך מאוד ייעלם ולא --- ! הוא לא --- ולא --- על ידי מכונית, לא יקרה לו שום דבר, אבל את כבר לא תראי אותו!

4) א. המכונית שלי --- באלף דולר ואני מצטערת. הייתי צריכה למכור אותה בהרבה יותר כסף.

ב. מגדת העתידות אמרה לי: מחר המכונית שלך --- במעט מאוד כסף!

5) א. מישהו גנב את כרטיס הוויזה שלי מהתיק. אחרי שהכרטיס --- הייתי צריכה ללכת למשטרה ולבנק .

ב. מגדת העתידות אמרה לי: מחר כרטיס הוויזה שלך --- מהתיק שלך!

6) א. הלכתי עם אמא שלי לרופא שיניים והוא בדק אותנו. אחר כך הוא טילפן אלינו ואמר שהוא יודע שכבר --- אצלו, אבל המכונה לא הייתה בסדר, ואנחנו צריכות --- שוב !

ב. מגדת העתידות אמרה לי: מחר את --- פעם אחת אצל רופא השיניים, אבל זאת לא תהיה הפעם האחרונה!

7) א. המורה למחשבים בחן אותי בפעם השנייה ואמר לי : מתי (את) --- בפעם האחרונה? זה היה מזמן. שכחת הכול!

ב. מגדת העתידות אמרה לי: מחר את ---, אבל את תיכשלי בבחינה.

8) א. היום טילפנה אלינו אישה אחת ואמרה : "אתם --- להיות בוועדת השכונה." אני לא יודעת מי בחר בנו - אבל כל הזמן מצלצלים אלינו! אוף! מי צריך את זה בכלל?

ב. מגדת העתידות אמרה לי: מחר את --- לתפקיד שאת לא רוצה בו!

אני ממש לא מבינה איך היא יודעת הכול??? אולי היא לא יודעת שום דבר. היא רק אמרה לי מה שאימא שלי וסבתא שלי אומרות לי כל הזמן.

המחיזו את השׂיחה עם מגדת העתידות והוסיפו עוד משפטים של מגדת העתידות ותגובות של הלקוחה.

Role play: Dramatize the conversation with the fortune teller, add a few more sentences to what she or he says, and to the client's responses.

Summary of Topics

האוצר הלשוני

Vocabulary

א. אוצר המילים

פעלים
Verbs

הֶאֱכִיל, לְהַאֲכִיל	fid
נֶאֱסַף, לְהֵיאָסֵף	be gathered / collected
הֶחְזִיק, לְהַחְזִיק	hold
הִתְנַשֵּׁק, לְהִתְנַשֵּׁק	kiss
נִדְלַק, לְהִידָּלֵק	be lighted
נִזְהַר, לְהִיזָּהֵר	be careful
נֶעֱזַב, לְהֵיעָזֵב	be left
נֶעֱזַר, לְהֵיעָזֵר	be helped / assisted
נֶעֱצַר, לְהֵיעָצֵר	stop / be arrested
נֶעֱקַץ, לְהֵיעָקֵץ	be stung
נִפְגַּע, לְהִיפָּגַע	be hurt
נִפְצַע, לְהִיפָּצַע	be injured
נִרְדַּף, לְהֵירָדֵף	be chased
נִשְׁבַּר, לְהִישָּׁבֵר	be broken
נִשְׁכַּח, לְהִישָּׁכַח	be forgotten
עָצַר, לַעֲצוֹר	stop / arrest
עָקַץ, לַעֲקוֹץ	sting
פָּצַע, לִפְצוֹעַ	injure
רָדַף, לִרְדּוֹף	chase

שמות תואר
Adjectives

עָמוֹק, עֲמוּקָה	deep
תָּפוּס, תְּפוּסָה	busy=taken (a place, phone)

שמות עצם
Nouns

בַּעַל חַיִּים ז. בַּעֲלֵי חַיִּים	animal
דַּחַף ז.	urge
הִתְנַהֲגוּת נ.	behavior
כַּוֶּורֶת נ.	beehive
כְּלוּב ז.	cage
כַּעַס ז.	anger
מַגֶּדֶת עֲתִידוֹת נ.	fortune teller
מְשִׁיבוֹן ז.	answering machine
עֲקִיצָה נ.	sting
צַעַר ז.	sorrow
קִרְקָס ז.	circus
שׁוֹרֶשׁ ז.	root
שׁוֹפֵט ז.	judge / referee
שְׂמִיכָה נ.	blanket
תּוּכִּי ז. תּוּכִּיָּה/תּוּכִּית	parrot

שונות
Miscellaneous

כַּנִּרְאֶה	probably
עַל יְדֵי	by (“hit by a car”)

ב. נושאים לשוניים

צורות: פועל: • בניין נפעל, גזרת השלמים, זמן הווה, שם פועל

דוגמה: נכנס, להיכנס

- בניין נפעל, גזרת השלמים, זמן עבר

  דוגמה: נכנסתי

- בניין נפעל, גזרת השלמים, זמן עתיד

  דוגמה: אכנס

- נטיית מילת היחס - **אל**

  דוגמה: אליי

1. לְכָל אִישׁ יֵשׁ שֵׁם / זֶלְדָה

לְכָל אִישׁ יֵשׁ שֵׁם
שֶׁנָּתַן לוֹ אֱלוֹהִים
וְנָתְנוּ לוֹ אָבִיו וְאִימּוֹ
לְכָל אִישׁ יֵשׁ שֵׁם
שֶׁנָּתְנוּ לוֹ קוֹמָתוֹ וְאוֹפֶן חִיּוּכוֹ
וְנָתַן לוֹ הָאָרִיג
לְכָל אִישׁ יֵשׁ שֵׁם
שֶׁנָּתְנוּ לוֹ הֶהָרִים
וְנָתְנוּ לוֹ כְּתָלָיו
לְכָל אִישׁ יֵשׁ שֵׁם
שֶׁנָּתְנוּ לוֹ הַמַּזָּלוֹת
וְנָתְנוּ לוֹ שְׁכֵנָיו
לְכָל אִישׁ יֵשׁ שֵׁם
שֶׁנָּתְנוּ לוֹ חֲטָאָיו
וְנָתְנָה לוֹ כְּמִיהָתוֹ
לְכָל אִישׁ יֵשׁ שֵׁם
שֶׁנָּתְנוּ לוֹ שׂוֹנְאָיו
וְנָתְנָה לוֹ אַהֲבָתוֹ
לְכָל אִישׁ יֵשׁ שֵׁם
שֶׁנָּתְנוּ לוֹ חַגָּיו
וְנָתְנָה לוֹ מְלַאכְתּוֹ
לְכָל אִישׁ יֵשׁ שֵׁם
שֶׁנָּתְנוּ לוֹ תְּקוּפוֹת הַשָּׁנָה
וְנָתַן לוֹ עִוְורוֹנוֹ
לְכָל אִישׁ יֵשׁ שֵׁם
שֶׁנָּתַן לוֹ הַיָּם
וְנָתַן לוֹ
מוֹתוֹ.

(מתוך: כל השירים)

קומתו=הגובה שלו
אריג=בגדים
כתליו=הקירות שלו
חטאיו=המעשׂים הרעים שעשׂה
כמיהתו=הגעגועים שלו
מלאכתו=עבודתו
תקופות השנה=עונות השנה
עוורונו=כשהוא לא רואה

1) כתבו את כל המילים בכינוי החבור בשיר בשתי מילים.
דוגמה: אביו= אבא שלו
2) בשיר יש מילים ביחיד ומילים ברבים. אמרו אילו מילים הן ביחיד ואילו מילים הן ברבים, ונסו להסביר למה.
3) הסבירו את הזוגות בשיר כמו: אלוהים / אביו ואימו או: קומתו ואופן חיוכו / האריג וכו'.
4) הוסיפו עוד שלושה זוגות לשיר.

2. כינוי חבור — Noun Declension (Possesive Suffixes)

דוד	דודָה	דודִים	דודות
דודִי	דודָתִי	דודַי	דודותַי
דודְךָ	דודָתְךָ	דודֶיךָ	דודותֶיךָ
דודֵךְ	דודָתֵךְ	דודַיִךְ	דודותַיִךְ
דודו	דודָתו	דודָיו	דודותָיו
דודָהּ	דודָתָה	דודֶיהָ	דודותֶיהָ
דודֵנוּ	דודָתֵנוּ	דודֵינוּ	דודותֵינוּ
דודְכֶם	דודַתְכֶם	דודֵיכֶם	דודותֵיכֶם
דודְכֶן	דודַתְכֶן	דודֵיכֶן	דודותֵיכֶן
דודָם	דודָתָם	דודֵיהֶם	דודותֵיהֶם
דודָן	דודָתָן	דודֵיהֶן	דודותֵיהֶן

אמרו וכתבו את הנטייה בכל הגופים של המילים האלה.

חתול	חתולה	חתולים	חתולות
חתולי	חתולתי	חתוליי	חתולותיי

3. שמע ישראל

שְׁמַע יִשְׂרָאֵל יְהוָה אֱלֹהֵינוּ יְהוָה ׀ אֶחָד׃ וְאָהַבְתָּ אֵת יְהוָה
אֱלֹהֶיךָ בְּכָל־לְבָבְךָ וּבְכָל־נַפְשְׁךָ וּבְכָל־מְאֹדֶךָ׃ וְהָיוּ הַדְּבָרִים
הָאֵלֶּה אֲשֶׁר אָנֹכִי מְצַוְּךָ הַיּוֹם עַל־לְבָבֶךָ׃ וְשִׁנַּנְתָּם לְבָנֶיךָ
וְדִבַּרְתָּ בָּם בְּשִׁבְתְּךָ בְּבֵיתֶךָ וּבְלֶכְתְּךָ בַדֶּרֶךְ וּבְשָׁכְבְּךָ וּבְקוּמֶךָ׃
וּקְשַׁרְתָּם לְאוֹת עַל־יָדֶךָ וְהָיוּ לְטֹטָפֹת בֵּין עֵינֶיךָ׃ וּכְתַבְתָּם
עַל־מְזֻזוֹת בֵּיתֶךָ וּבִשְׁעָרֶיךָ׃ (דברים ו 4-8)

שבת

זָכוֹר אֶת־יוֹם הַשַּׁבָּת לְקַדְּשׁוֹ׃ שֵׁשֶׁת יָמִים תַּעֲבֹד וְעָשִׂיתָ כָּל־
מְלַאכְתֶּךָ׃ וְיוֹם הַשְּׁבִיעִי שַׁבָּת לַיהוָה אֱלֹהֶיךָ לֹא־תַעֲשֶׂה כָל־
מְלָאכָה אַתָּה ׀ וּבִנְךָ וּבִתֶּךָ עַבְדְּךָ וַאֲמָתְךָ וּבְהֶמְתֶּךָ וְגֵרְךָ אֲשֶׁר
בִּשְׁעָרֶיךָ׃ (שמות כ 8-10)

א) כתבו ליד כל שם עצם אם הוא זכר או נקבה, יחיד או רבים, אחר-כך כתבו אותו בשתי מילים ומצאו את משמעותו במילון.

Next to every noun write whether it is masculin or feminine, singular or plural.
Find out their meaning in the dictionary and write them in two words.

דוגמה: לבבך: זכר, יחיד = הלב שלך

1) אלוהינו =
2) נפשך =
3) בניך =
4) ידיך =
5) עיניך =
6) ביתך =
7) שעריך =
8) מלאכתך =
9) אלוהיך =
10) בנך =
11) בתך =
12) עבדך =
13) אמתך =
14) בהמתך =
15) גרך =

ב) נסו להסביר למה שמות העצם ברבים הם ברבים, ואילו שמות העצם האחרים הם ביחיד.

Try to explain why only certain nouns appear in the plural while others appear in the singular.

פִּיו וְלִיבּוֹ שָׁוִוים. פִּיו וְלִיבּוֹ אֵינָם שָׁוִוים.

מי הוא השקרן?

4. א) **השלימו את שמות הגוף לפי המשך המשפט.**

שימו לב: בתרגיל מופיעות מילים חדשות מן הקטע "מצדה וגיבוריה - יבנה וחכמיה" הנמצא בהמשך השיעור.

Complete the sentences using the personal pronouns according the context.
Please note: the new words in this exercise were taken from the excerpt - מצדה וגיבוריה - יבנה וחכמיה, of this chapter.

דוגמה: *אנחנו* מודיעים שהמסיבה בביתנו החדש תתחיל בשעה 7:00.

1) --- צריכים לרדת מהאוטובוס, וגם לתלמידיכם אמרנו לרדת.

2) איפה --- ? דאגנו לך, ואפילו התקשרנו אל חברייך.

3) שכני הוא מורה למוזיקה. --- לא נותן לו לנגן בשעות הצהריים ומונע ממנו לתת שיעורים בשעות אלה.

4) למה --- לא מְלַוֶוה את סבתך ואת אחיה הביתה?

5) --- ומפקדם חזרו לבסיסם בשלום.

6) --- שומר על כבודי. כל הכבוד לו!

7) בגלל קדושתו --- צריך להיות מעל לכל הספרים האחרים.

8) --- היו חיילים גיבורים, ואנחנו תמיד זוכרים את גבורתם.

9) --- עדיין חברות בתנועה הזאת? שמעתי על תנועתכן עוד בחוץ לארץ.

ב) **אמרו את כל המילים בכינויי החבור בתרגיל 4א). בשתי מילים.**

דוגמה: *ביתנו = הבית שלנו.*

5. **אמרו את המשפט כולו שוב כשצורת הכינוי החבור מפורקת.**

שִׂימו לב: הכינוי החבור כמעט תמיד מיודע. לכן יש להשתמש בצורה המפורקת בְּ-הַ... לַ... בַּ... מֵהַ... או בְּ-אֶת.

Say the whole sentence again taking apart the possessive suffixes.
Please note: the noun with the possessive suffixes is always definite. This is why when it is taken apart הַ... לַ... בַּ... מֵהַ... אֶת are used.

דוגמה: אני לא מכיר את בניו. אני לא מכיר את הבנים שלו.

1) ראיתי את שִׂמלתה.
2) איפה היא שׂמה את בגדיה?
3) הוא עזב את חברתו.
4) נשמע את כל שיריו.
5) כל ילדיו יגיעו עם משפחותיהם.
6) זאת ילדתי.
7) שמעתי דברים טובים על בנותייך.
8) הוא יצא להיפגש עם בֵּיתו.
9) אביכם מסר ד"ש.
10) זה שמי, וזה שם אמי.
11) בעלה לא מבין אותה.
12) מכתבכן עוד לא הגיע.
13) אני לא מבין את התנהגותה.
14) ראיתם את הכסאות החדשים. מה צורתם?
15) הנה פתרונותיי. אשׂמח לשמוע מה דעתכם.
16) תלמידייך מחכים לך.
17) היא כתבה ביומן את כל מחשבותיה.
18) אלה הם חיינו.
19) רעיונותיו מעניינים מאוד.
20) בדיחותיה טיפשיות, אבל תקוותיה להיות סְטֶנְדְאַפִּיסְטִית הן לא בדיחה.
21) בחלק הזה של הסרט צערה רב, כי היא יודעת שיום מותה קרוב.
22) בגלל התנהגותו הרעה, אופיו הקשה ובעיותיו הרבות, אנשים מעדיפים לא להתקרב אליו.
23) נולדתי בישׂראל, אבל שורשיי באירופה.
24) סדום הייתה עיר נוראה: שופטיה רשעים ואנשיה שקרנים.
25) סוף-סוף הגיע התרגיל לסופו.

6. א) **קראו את ה"מודעות" והשלימו אותן בעזרת המילים שבצד המודעה, בצורה הנכונה.**

Read the "notices" and complete them in the correct manner.

שימו לב: האח שלי=אחי, וכן האח שלך=אחיך, האח שלנו=אחינו. וכך: אבי, אביו, אבינו, וכו'

לוח מודעות תנ"כי - עכשווי

דוגמה: (בנים)

חווה ואדם מודיעים בשמחה
על הולדת ***בניהם***, הבל וקין.

1) (בן)

אנחנו שמחים להזמין אתכם לטקס
ברית המילה של --- , יצחק.
אברהם ושרה

2) (בת)

יעקב ורחל מזמינים אתכם
לחגיגת בת המצווה של --- , דינה.

3) (אישה)

דויד מזמין אתכם לחגיגת יום ההולדת
של --- , מיכל.

4) (נשים/נשות)

למך ו --- , עדה וצילה,
מזמינים את כולם להרצאה על קין.

5) (בעל)

חווה מזמינה אתכם למסיבת

תפוחים לכבוד --- , אדם.

6) (בנים)

נוח ו---: שם, חם ויפת

שׂמחים להודיע על מסיבת יין גדולה!

7) (אישה) (בנים) (כלות. כלה=האישה של הבן)

אנחנו מודיעים בצער על מות אלימלך.

--- נעמי

--- מחלון וכליון

--- רות וערפה

8) (שרים) (עבדים)

אני, המלך אחשוורוש, מזמין את כל

--- ו--- ל"מִשתֶה המֶלך שִבעת ימים".

9) (נכד)

יצחק ורבקה שׂמחים להודיע על

הולדת ---, יהודה.

10) (אחות) (אם)

אני, משה בן עמרם, ו--- מרים
מחפשים את --- יוכבד.
אנחנו מבקשים מכל מי שיודע איפה
היא נמצאת
להתקשר לפלאפון 059-123456.

11) (משפחה) (נכדה)

מר בְּתוּאֵל ו--- מזמינים אתכם
לחתונת ---,
לאה, עם יעקב

12) (אחות) (בעל)

לאה מודיעה בצער על
חתונת --- עם ---, יעקב.

13) (בת דוד) (מלך)

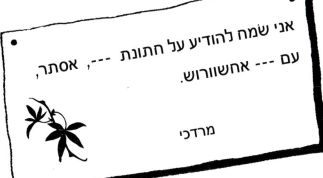

אני שמח להודיע על חתונת ---, אסתר,
עם --- אחשוורוש.
מרדכי

14) (ילדים) (חברים) (חברות)

לאיוב
אנחנו משתתפים בצערך
על מות עשׂרת --- .
---ו ---

15) (אישה) (ילדה) (חברים)

לאיוב ול---, ברכות להולדת
--- העשירית, קֶרֶן הַפּוּך.
כל ---

ב) כתבו עוד 4 מודעות: תנ"כית, עכשווית, שׂמחה ועצובה.

Write 4 more similar notices: "Biblical", a present day, happy and sad.

ילד אחד חזר הביתה, וכשפתח את הדלת שמע קול אומר:

"אתה בני, אבל אני לא אביך".

מי זה היה?

אבא

7. מילון

האישה של דודי מצד אבי...

א) ציינו את הערך המילוני של המילים האלה בכינויים החבורים, וכתבו הגדרה מתאימה לכל מילה.

Look up the dictionary entries of the following words, and match them to their definitions.

	המילה	המילה במילון	ההגדרה
דוגמה:	חמותי	**חמות**	אימא של הבעל
	גיסיו		
	נינכם		
	אויביכם		
	שפחתן		
	מנהיגיה		

ב) השלימו את השאלות בצורה הנכונה בעזרת המילים מתרגיל 7א'.

Complete the answers correctly using the words from exercise 7א'.

	השם	השאלה	התשובה
דוגמה:	לאה -	מי הייתה **חמותה**?	רבקה
	דויד -	מי היה --- ?	ראובן, שמעון...
	רחל -	מי הייתה --- ?	משה ואהרון
	שמשון -	מי היו --- ?	בלהה
	שׂרה -	מי היו --- ?	יונתן
	בני ישׂראל במדבר -	מי היו --- ?	הפלִשתים

8. שלטון הרומאים וחורבן בית שני

בשנים האחרונות של תקופת בית המקדש השני היו בארץ יהודה ארבע קבוצות חברתיות שונות: פְּרוּשִׁים, צְדוֹקִים, אִיסִיים וְקַנָּאִים.

הפרושים באו מכל קבוצות העם; הם חשבו שהתורה שבכתב, התנ"ך, והתורה שבעל-פה הם החוקים של כל עם ישׂראל. הם האמינו שלכל אדם יש גורל קבוע מראש והאמינו גם בחיים שאחרי המוות.

חורבן בית שני, ניקולס פוסין Nicolas Poussin

הצדוקים היו ממשפחות עשירות וחשובות. גם הם האמינו בחוקי התורה, אבל לא הסכימו לקבל את האמונות המיסטיות בגורל, במלאכים ובכוחות עליונים. הם האמינו שכל אדם בוחר את דרכו.

הקבוצה השלישית, האיסיים, הייתה קבוצה של מיסטיקנים, שחיו בקומוּנות וגם הם, כמו הפרושים, האמינו בגורל ובכוחות עליונים.

שלוש הקבוצות האלה חיו באזור עשׂרות שנים ואילו הקבוצה הרביעית, קבוצת הקנאים, קמה רק זמן קצר לפני החורבן ומטרתה הייתה אחת: מלחמה נגד הרומאים.

בשנים האחרונות שלפני חורבן בית המקדש אנשים בארץ יהודה איבדו תקווה: יהודים שעלו לבית המקדש נהרגו, אוצרות בית המקדש נגנבו, והמצב הכלכלי והחברתי היה קשה. בירושלים היו אנשים שניסו להסביר ליהודים למה אי אפשר להילחם ברומאים; אבל הקנאים לא שמעו להם ופתחו במרד נגד הרומאים בירושלים ובאזורים אחרים בארץ. המלחמות בין היהודים - אלה שהיו בעד המרד ואלה שהיו נגד המרד, היו קשות מאוד ונמשכו, גם כשהגיע טיטוס, מפקד הצבא הרומאי, לשערי העיר. הוא סגר את העיר, ואחרי חמישה חודשים של מלחמה נפלה העיר בידי הרומאים. רוב האנשים שנשארו בעיר נהרגו, ואחרים נשלחו לרומא לעבדות.

במקומות אחרים ביהודה נמשך המרד ברומאים. בשנת 73 לספירה, כאשר הצליחו הרומאים להיכנס למצדה, הגיעה מלחמת החורבן לסופה.

(לפי: האנציקלופדיה העברית)

1. הגדירו לפי הקטע כל אחת מארבע הקבוצות: פרושים, צדוקים, איסיים וקנאים.
2. המחיזו שׂיחה בין איש מקבוצת הקנאים לבין איש שמתנגד לדרך שלהם.

9. ואילו

פה יש מלחמה, ואילו שם החיים נמשכים כרגיל.

השלימו את המשפטים לפי הקטע:

1) האיסיים האמינו שלכל אדם יש גורל קבוע מראש, ואילו הצדוקים ---

2) הפרושים היו חלק מן העם במשך עשׂרות שנים, ואילו הקנאים ---

3) לצדוקים לא היו אמונות מיסטיות, ואילו לפרושים ---

4) בירושלים היו אנשים שלא רצו להילחם ברומאים, ואילו הקנאים ---

5) כל היהודים שהיו במצדה הרגו את עצמם, ואילו היהודים שנשארו בירושלים, ---

10. מצדה

הר מצדה נמצא במדבר יהודה ממערב לים המלח. זהו מקום גבוה, וקשה מאוד להגיע אליו או לכבוש אותו. בשנים 36-30 לספירה, בנה שם הורדוס ארמון גדול.

אחרי חורבן ירושלים, בשנת 70 לספירה, ברחו הקנאים האחרונים למצדה, עם מפקדם אלעזר בן יאיר. על המצדה היו אז בערך אלף אנשים: גברים, נשים וילדים.

כ-10.000 חיילים רומאים ניסו לכבוש את ההר. רק בשנת 73 לספירה, אחרי מלחמה של שלוש שנים, הצליחו הרומאים להיכנס למצדה. הקנאים בחרו למות כגיבורים והרגו זה את זה, לפני שהרומאים הגיעו אליהם. הם העדיפו למות חופשיים ולא ליפול בידי הרומאים ולהיות לעבדיהם.

רק שתי נשים וכמה ילדים, שהתחבאו ולא נהרגו, סיפרו את סיפור הגבורה של הקנאים ומותם. יוֹסֵפוּס פְלַבְיוּס, ההיסטוריון היהודי-רומאי, כתב את סיפור מצדה. מספריו אנחנו יודעים מה קרה שם.

(לפי האנציקלופדיה העברית)

1 הסבירו את המספרים האלה בקטע: 1000 / 73 / 2 / 10.000 / 36-30

2) מה אתם חושבים: למה המצדה היא אחד האתרים המפורסמים בישׂראל?

11. *קצת יחס, בבקשה!*

נטיית מילת היחס - ליד

	ז.	ז./נ.	נ.
י.		לְיָדִי	
	לְיָדְךָ		לְיָדֵךְ
	לְיָדוֹ		לְיָדָה
ר.		לְיָדֵנוּ	
	לְיַדְכֶם		לְיַדְכֶן
	לְיָדָם		לְיָדָן

רק לא זה ליד זו וזו ליד זה

לאהובה שלום,

תַּלְמִדַי השנה את הכיתה שלימדתי שלוש שנים. בכיתה יש ילדים נהדרים, אבל יש להם בעיה אחת: הבנים לא אוהבים לשבת ליד הבנות.

בשנה שעברה אדם ישב ליד חווה, אבל אחרי חודש הוא לא רצה לשבת לְידה יותר.

לפעמים שמעתי את דויד צועק על בת שבע ואומר לה באמצע השיעור: "אני לא רוצה לשבת לידך." היא הייתה עונה לו ואומרת: "גם אני לא רוצה לשבת לידך." ותמיד הייתה מתחילה לבכות.

לא כדאי שרותי תשב ליד נעמי ובועז. לידם יש תמיד הרבה רעש, ואילו היא צריכה שקט כשהיא רוצה ללמוד.

כשאבשלום היה מפריע, הייתי אומרת לו לעבור לשבת לידי, ואז הוא התנהג מצוין.

היה רק זוג אחד בכיתה: אמנון ותמר. כאשר היא ביקשה לשבת לידו הוא שׂמח מאוד. לילדים האחרים זה היה לפעמים קשה. באחת ההפסקות עמוס אמר להם: "אי אפשר לשבת לידכם. אתם כל הזמן יחד, ואתם לא מוכנים לדבר עם אף אחד."

אבל חוץ מזה - זאת כיתה נהדרת!

אם יש לך עוד שאלות - אשׂמח לענות. בהצלחה! חנה

1) על כמה ילדים חנה מספרת?

2) מה אתם חושבים: בני כמה הילדים, ואיפה היא מלמדת?

12. השלימו את המשפטים במילת היחס ליד בנפרד ובנטייה:

1) בבית חלומותיי יהיה חדר ילדים גדול ו --- שירותים מיוחדים לילדים. ליד הבית תהיה גינה קטנה, ויהיה גן משׂחקים גדול. בחוץ יהיו עצי פרי, ו --- יהיו פרחים מכל הצבעים.

2) - יצחק ופנינה, ראיתי ש --- נפתח מרכז קהילתי גדול. למה אתם לא מצטרפים לשיעורי הספורט שם?

3) אני עוברת לדירה חדשה ועדיין לא יודעת מי יגור --- . אני מקווה שיהיו לי שכנים נחמדים כי "טוב שכן קרוב מאח רחוק." (ספר משלי)

4) --- החדר שלי במעונות גר זוג, שכל הזמן צועק. לכן החלונות אצלי בחדר סגורים.

5) רותי ומזל גרות בקיבוץ קטן בנגב, ואין --- עיר. לכן הן נוסעות לקניון ולבית הקולנוע בבאר שבע.

6) היא נזהרת לא לעשן --- כי היא יודעת שאני שׂונאת סיגריות.

7) טיילנו, ופתאום נעצר --- בחור במכונית ושאל אם אנחנו רוצים טְרֶמְפּ. אמרנו לו: תודה, אנחנו כבר --- הבית.

8) - ציפי ומירה, ראיתי שבונים משהו --- . מה זה?

- אל תשאל. עד לפני שנה גרנו במקום שקט ונעים, כמו בכפר.

אבל עכשיו כל הזמן בונים --- , עוד מעט זה יהיה כמו באמצע תל-אביב.

מאש אהבה

בשקט, כמעט נחנקת, כשהוא בא לידה...

(עברי לידר)

13. א) **מצדה וגיבוריה - יבנה וחכמיה**

ערב חורבן הבית השני. ירושלים ברגעיה האחרונים לפני החורבן. הקנאים סוגרים את שערי העיר ולא נותנים לאף אחד מאנשיה לברוח מעירם וממלחמתם האחרונה.

בשעה קשה זו יוצא רבן יוחנן בן-זכאי מן העיר, כשהוא מתחבא בארון מתים, ושניים מתלמידיו מלווים אותו. הוא פונה לאספסיאנוס, מפקד הכוחות הרומאיים בירושלים, ואומר לו שירושלים תיפול בידיו. אספסינוס מוכן לתת לו כל מה שירצה, ורבן יוחנן בן-זכאי מבקש רק דבר אחד: "תן לי את יבנה וחכמיה".

רבן יוחנן בן-זכאי העדיף לצאת מירושלים ולא להילחם נגד הרומאים, כי הוא רצה לבנות מרכז יהודי-תרבותי חדש ביבנה. הוא חשב שזאת הדרך הנכונה לשמור על העם היהודי באותם ימים.

היהדות, כמו שאנחנו מכירים אותה היום, קיבלה ביבנה את בסיסה החזק. אבל בימי רבן יוחנן בן-זכאי רבים לא הסכימו עם דרכו. הקנאים בחרו בגבורה הפיזית ובמלחמה עד מוות, ואולי אפילו קראו לו "בוגד". הם לא יכלו לדעת שהוא יצליח לשמור על חיי הרוח היהודיים אחרי החורבן הפיזי, כשבית המקדש יפול בידי הרומאים.

כמו הקנאים בנתה גם הציונות מיתוסים של כוח ובחרה בגיבורים ששמרו על הכבוד הלאומי של עמם. לכן המלחמה של אנשי מצדה הייתה לסמל לאומי חשוב ביותר;

בישׂראל הייתה במשך שנים רבות מסורת, שכל חייל ישׂראלי עולה למצדה ומבטיח שם לשמור על מדינת ישׂראל. סיפור הקנאים היה לסמל של גבורה וכך הוא נלמד בבתי הספר, ואילו רבן יוחנן בן זכאי כמעט נשכח.

עולים למצדה בשנות ה-60

אבל בשנים האחרונות יש יותר ויותר אנשים שבוחרים מיתוסים לאומיים שונים שיהיו סמל לערכים אחרים: ערכים של שלום, של חוכמה ושל קדושת חיי אדם. ישׂראלים רבים משתתפים בתנועות של שלום ובתנועות רוחניות שמחפשׂות אידאל אחר, אידאל שלא קשור לכוח.

עכשיו, בשנות החמישים למדינה, כבר אפשר לראות סמל גם באנשים כמו רבן יוחנן בן-זכאי; אנשים, שגם בזמן מלחמה, מצאו דרך להישאר בחיים ולמנוע את חורבן עם ישׂראל ותורתו.

(לפי: רוחמה וייס-גולדמן, עיתון הארץ, דצמבר 1998)

? הסבירו את כותרת המאמר: "מצדה וגיבוריה - יבנה וחכמיה"

ב) לפניכם מילים מן הקטע. אמרו - של מי / של מה לפי ההקשר:

The following word appear in the excerpt. Say according to the context- של מי / של מה.

דוגמה: "רגעיה" (שורה 1) - הרגעים של ירושלים.

1) "עירם" (שורה 2)
2) "מלחמתם" (שורה 2)
3) "תלמידיו" (שורה 3)
4) "ידיו" (שורה 6)
5) "חכמיה" (שורה 8)
6) "בסיסה" (שורה 14)
7) "דרכו" (שורה 15)
8) "עמם" (שורה 20)
9) "תורתו" (שורה 28)

ג) מה חושבת כותבת המאמר על הקנאים ועל רבן יוחנן בן-זכאי?

ד) השוו את דרכיהם השונות של יוחנן בן-זכאי ושל הקנאים. השתמשו במילה ואילו:

Compare the different ways of יוחנן בן-זכאי and the zealots.

דוגמה: רבן יוחנן בן-זכאי חשב שצריך לנסות ולהמשיך לחיות גם אם צריך לעזוב את ירושלים,
ואילו הקנאים חשבו שצריך למות בגבורה בירושלים.

התייחסו לנושאים האלה:

המרכז של עם ישראל

הערכים החשובים לעם ישראל

הדרך לשמור על ישראל

ה) ערכו ויכוח בכיתה בין שתי קבוצות - אנשי יבנה והקנאים במצדה.
סכמו את הדיון בכתב.

Have a debate in class between two groups- the people of יבנה and the zealots of מצדה.

ו) מה דעתכם על המסר של יוחנן בן-זכאי לעם ישראל ולמדינת ישראל?

What do you think about the message יוחנן בן-זכאי conveyes to the people of Israel and the state of Israel.

ז) שוחחו וכתבו: מי היו הגיבורים הלאומיים, שלמדתם עליהם בבית הספר בארץ, שממנה באתם?

Discuss and write: Who were the national heroes you learned about in school?

14. א) קראו את הסיפור והשלימו את המלים בכינויי החבור בצורה הנכונה לפי כל המשפט.

Read the story and complete the sentences using the suffixed pronoun according to the context.

קמצא ובר קמצא

בזמן בית המקדש השני חי בירושלים איש עשיר וחשוב מאוד. ***חבריו*** היו רבים, --- הטוב ביותר היה קמצא. אבל לא כל אנשי העיר היו ---. היה בירושלים גם אדם בשם בר-קמצא ו --- הגדול היה האיש העשיר.

(חברים) (חבר)
(חברים) (שונא)

יום אחד הכין העשיר ארוחה גדולה לכל אנשי העיר וביקש מהעֶבֶד להזמין את כל ---, וביניהם גם את --- הטוב, קמצא. אבל העבד הזמין בטעות את ---, בר-קמצא.

(חברים) (חבר)
(שונא)

כאשר ראה האיש העשיר את בר-קמצא, הוא ביקש ממנו לעזוב את הארוחה ולחזור ל --- מייד; אבל בר-קמצא אמר לו: "תן לי להישאר ב ---. מעכשיו אהיה גם אני אחד מ --- הטובים ואנחנו נחיה בשלום." האיש העשיר לא הסכים.

(בית)
(בית) (חברים)

אמר לו בר-קמצא: "תן לי להישאר עם כל --- סביב --- ואשלם לך את --- שאכלתי."

(חברים) (שולחן)
(ארוחה)

גם לכך לא הסכים האיש העשיר. המשיך בר-קמצא ואמר: "אני מבטיח לך לשלם חצי מארוחת כל --- החשובים."

(אורחים)

כעס האיש העשיר ולא הסכים שימשיך לשבת ליד ---.

(שולחן)

אמר לו בר-קמצא: "אשלם לך את כל הכסף של הארוחה, של כל --- החשובים, שיושבים ב ---."

(אוהבים) (בית)

האיש תפס את בר-קמצא ב --- וצעק עליו: "לך ל --- ומייד!" קם בר-קמצא והלך ל ---. האיש העשיר חזר לשולחן, שם ישבו --- ושתקו. איש לא אמר דבר.

(יד) (בית)
(בית)
(חברים)

בר-קמצא כעס מאוד גם על האיש העשיר וגם על --- שלא אמרו דבר.

(חברים)

(לפי התלמוד, מסכת גיטין נה)

ב) **קראו את הסיפור כפי שהוא מופיע בתלמוד.** Read the story as it is written in the Talmud

עַל מַה חָרְבָה יְרוּשָׁלַיִם? עַל קַמְצָא וּבַר-קַמְצָא.

מַעֲשֶׂה בְּאָדָם שֶׁהָיָה אוֹהֲבוֹ קַמְצָא וְשׂוֹנְאוֹ - בַּר-קַמְצָא. עָשָׂה סְעוּדָה. אָמַר לְשַׁמָּשׁוֹ: לֵךְ וְהָבֵא לִי קַמְצָא. הָלַךְ וְהֵבִיא לוֹ אֶת בַּר-קַמְצָא.

בָּא (בַּעַל הַסְעוּדָה) וּמְצָאוֹ (לְבַר-קַמְצָא) יוֹשֵׁב. אָמַר לוֹ: הֲרֵי שׂוֹנֵא אַתָּה לִי, וּמַה לְךָ כָּאן?

עֲמוֹד וְצֵא! אָמַר לוֹ - הוֹאִיל וּבָאתִי - הַנִּיחֵנִי, וְאֶתֵּן לְךָ דְּמֵי כָּל מַה שֶׁאוֹכַל וְאֶשְׁתֶּה. אָמַר לוֹ: לֹא. אֶתֵּן לְךָ דְּמֵי חֲצִי סְעוּדָתְךָ. - לֹא! אֶתֵּן לְךָ דְּמֵי כָּל סְעוּדָתְךָ - לֹא! תְּפָסוֹ בְּיָדוֹ, הֶעֱמִידוֹ וְהוֹצִיאוֹ! (גיטין נה)

? הסבירו את המשפט הפותח את הסיפור במסכת גיטין: על מה חרבה ירושלים? על קמצא ובר קמצא.

15. אמרו שוב את מברקי הברכה בעזרת שלי, שלך...
שימו לב: אם יש שם תואר אחרי שם העצם בכינוי הפרוד, בדרך כלל שם התואר בא מיד אחרי שם העצם.

Use **שלי/שלך** while rephrasing the greeting cards.
Notice: if there is an adjective after the non-construct noun it will appear immediately after the noun.

מברקי ברכה

דוגמה: לפתיחת משׂרדכן היפה - בשעה טובה!

לפתיחת המשׂרד היפה שלכן! בשעה טובה!

16. אל יאללה, ביי!

משׂחקי מילים

א) הסבירו את מקור אי ההבנה בכל שיחה:

Explain the source of the misunderstanding in each conversation.

דוגמה:
- הוא עובד בגִילֹה.
- מה? בגילו?

גילֹה=שכונה בירושלים, גילו=הגיל שלו

1) - תראה, תראה, אביב הגיע וגם פֶּסַח בא.
- מה איתך? זה לא אביו, זה דודו וזה לא פסח, זה חנוכה.

2) - אהלן,
- מה עם שלומי?
- תגיד, אתה מדבר לעצמך?
- לא, אני שואל על שלומי. מה שלומו?
- תחליט, שלֹמה או שלומי?!

3) - האוטובוס הזה ישיר?
- מה אתה רוצה, שהוא גם ירקוד?!

? כתבו שיחות דומות על "שלי" / יצחק" / "דבורה"

ב) **קראו וענו על השאלות.**

שִׁיר רְחוֹב

אִשָּׁה נַעֲלָה נָעֲלָה נַעֲלָהּ נָעֲלָה אֶת הַדֶּלֶת בִּפְנֵי בַּעֲלָהּ!

1) מה אומרים על האשה?

2) מה היא עשׂתה?

3) איפה הבעל שלה?

אמרו את השיר על הבעל.

.17 *א-פרופו*

משׂחקי מילים

- גברת כהן? באנו, כי אמרת שהוא סתום.
- סתום? מי סתום? אני לא אמרתי דבר כזה. הוא לא סתום, הוא גאון!
- מי?
- רגע, על מי חשבת?
- אני דיברתי על הכיור.
- אוי, סליחה, איך ידעת שהוא סתום?
- בעלך הגאון שלח אותנו, ואפילו לא הודיע לך?! אז מה הבעיה?
- הכיור במטבח סתום, וגם המים בכיור שבאמבטיה לא יורדים.
- אני רואה שהצינורות ישנים וצריך להחליף אותם.
- אבל זה יקר, לא?
- מאוד. תיקנתי את הכיור וניקיתי הכול. אני חושב שאפשר יהיה להשתמש בכיורים האלה עוד כמה שנים. בדרך כלל יש אחריות לשנה. אבל פה הכול כל כך ישן, אז אני לא יכול לתת אחריות. אבל אם יש בעיות תקראו לי. מילה שלי זאת מילה.
- תודה רבה. אתה ממש גאון!

המחיזו שׂיחה דומה בין נגר לבין אישה שלא מצליחה לפתוח את הדלת.

מילים:

אַחְרָיוּת נ. • הֶחְלִיף, לְהַחְלִיף • כִּיּוֹר ז. • נַגָּר ז. • סָתוּם • צִינוֹר ז. צִינוֹרוֹת • תִּיקֵן, לְתַקֵּן

Summary of Topics / האוצר הלשוני

א. אוצר המילים — Vocabulary

פעלים — Verbs

הוֹדִיעַ, לְהוֹדִיעַ	inform
כָּבַשׁ, לִכְבּוֹשׁ	conquer
לִיוָּה, לְלַוּוֹת	accompany / escort
מָנַע, לִמְנוֹעַ	prevent

שמות עצם — Nouns

אֵבֶל ז. ר.ס.	mourning
אוֹצָר ז. אוֹצָרוֹת	treasure
אָרוֹן ז. אֲרוֹנוֹת	cupboard / coffin
בּוֹגֵד ז.	traitor
בָּסִיס ז.	basis, base
גְבוּרָה נ.	heroism
גוֹרָל ז. גוֹרָלוֹת	fate / fortune
גִיבּוֹר ז.	hero
חוּרְבָּן ז.	destruction
כָּבוֹד ז. ר.ס.	honor
מְפַקֵד ז.	commander
מֶרֶד ז.	revolt
עֶבֶד ז.	slave
עַבְדוּת נ.	slavery
קְדוּשָׁה נ.	sanctity / holiness
קַנַאי ז.	ealot / fanaticz

שמות תואר — Adjectives

לְאוּמִי, לְאוּמִית	national
עֶלְיוֹן, עֶלְיוֹנָה	superior / upper
רוּחָנִי, רוּחָנִית	spiritual
קָבוּעַ, קְבוּעָה	constant / fixed / permanent
רְצִינִי, רְצִינִית	serious

שונות — Miscellaneous

בְּטָעוּת	mistakenly / by mistake
בְּעַד	pro / for
וְאִילוּ	and on the other hand / side
לְמַעֲשֶׂה	actually / in fact
מֵרֹאשׁ ת"פ	ahead
נֶגֶד	con / against

ב. נושׂאים לשוניים

Grammatical topics

- צורות: כינוי חבור — Noun Declension

  דוגמה: **דודי**

- מילון: שמות עצם + כינוי חבור — Nouns + Possessive Suffixes

פסק זמן 4

תרגילי אוצר מילים

1. מצאו את המשפט הקרוב ביותר למשפט הראשון.

1) **יוסי, איפה אתה? אני חושבת עליך כל הזמן ונזכרת בימים הטובים שלנו יחד.**

א. היא מתגעגעת ליוסי.
ב. היא מבלה עם יוסי.
ג. היא מתגרשת מיוסי.
ד. היא מצטרפת ליוסי.

2) **אף פעם לא חשבתי שהוא גאון.**

א. היא אומרת שאין חכם ממנו.
ב. לדעתה הוא האיש הכי חכם.
ג. היא חושבת שהוא לא חכם.
ד. היא חכמה כמוהו.

3) **כשיהיה חושך בחוץ, האור יידלק בבית.**

א. לא יהיה אור בבית, כשיש חושך בחוץ.
ב. יש אור בבית, כשיש אור בחוץ.
ג. כשבחוץ יהיה חושך, בבית יהיה אור.
ד. האור בבית לא קשור לאור בחוץ.

4) **החתול בורח מהכלב, שֶרָץ אחריו.**

א. הכלב משׂחק עם החתול.
ב. הכלב שפצע את החתול, נעלם.
ג. הכלב רודף אחרי החתול.
ד. הכלב נזהר מהחתול ומתחבא.

5) **זאת בחורה אכפתית, ולכן היא מתנדבת לעזור בקהילה.**

א. היא לא משתתפת בתנועה חברתית.

ב. היא מעורבת בחברה ומוכנה לעבוד בלי כסף.

ג. היא חיה בקהילה, אבל אין לה קשר לקהילה.

ד. היא לא מנסה לפתור את הבעיות החברתיות.

6) **בשנה הראשונה לחייו מתפתח התינוק במהירות.**

א. בשנה הראשונה בחיי התינוק ההתפתחות שלו גדולה.

ב. בשנה הראשונה אין שינויים רבים בחיי התינוק.

ג. יש הבדלים רבים בין תינוק לתינוק בשנה הראשונה.

ד. התינוק מתפתח עד גיל שנה, ואחר כך ההתפתחות שלו נעצרת.

7) **הנהג לא עצר באור אדום, אלא המשיך לנסוע.**

א. הנהג ניסה לעבור באור ירוק והצליח.

ב. רק כשהיה אור ירוק, הנהג התחיל לנסוע.

ג. הנהג ראה את האור האדום, ואז התחיל לנסוע.

ד. לנהג לא היה אכפת שיש אור אדום, והוא לא עצר.

8) **פתרנו את הבעיות ביחסים בינינו.**

א. עכשיו היחסים בינינו טובים יותר.

ב. אף פעם לא היו בעיות בינינו.

ג. היחסים בינינו נשארו בעייתיים.

ד. הבעיות שלנו לא נפתרו.

10) **המכתב הזה הגיע אליי בטעות.**

א. המכתב לא הגיע אליי.

ב. הגיע אליי מכתב שנשלח למישהו אחר.

ג. המכתב ששלחתי חזר אליי.

ד. המכתב שנשלח אליי הגיע.

11) **היא נפגעה בתאונה.**

א. היא נזכרה בתאונה.

ב. היא נפצעה בתאונה.

ג. היא מנעה תאונה.

ד. היא ראתה תאונה.

12) **בדיחה, שהיא סיפור מצחיק, היא סוג של סיפור עַם.**

א. כל סיפורי העם מצחיקים.

ב. בדיחות לא מצחיקות הן סיפורי עם.

ג. לסיפורי העם יש בדרך כלל סוף מצחיק.

ד. סיפורי העם המצחיקים הם בדיחות.

13) **זאת הכתובת הקבועה שלנו.**

א. בכתובת הזאת אנחנו מבלים בחופשה.

ב. לא ברור לנו מה הכתובת.

ג. כאן אנחנו גרים רוב הזמן.

ד. גרנו פה פעם, אבל עברנו מכאן.

2. השלימו את מילת היחס הנכונה בנפרד או בנטייה:

את / אל / אחרי / אצל / ב... /ל... / מ... / ליד / על /עם /

1) מה? התינוק שוב רעב? רק עכשיו גמרתי להאכיל ---. נתתי --- המון אוכל.

2) כאשר רותי ואני נפגשנו, התנשקתי --- בחום רב.

3) במקום עבודתי הייתה אתמול שׂיחה מעניינת, אבל אני לא השתתפתי ---.

4) התקשרתי --- כל היום, כי אני צריך לדבר --- , איפה הייתם?

5) שאלתי אותך שאלה קטנה בנימוס, אבל אתה דיברת --- לא יפה ופגעת --- מאוד.

6) יוסי, יש פה נהג משוגע, תיזהר --- . הוא לא יודע לנהוג. אל תנהג ---; סע רחוק --- .

7) הילד הקטן פחד לעבור את הכביש. נתתי --- יד. הוא החזיק --- חזק-חזק, וכך עברנו את הכביש.

8) חנה, בואי תצטרפי --- . אנחנו שותים 'לחיים'!

9) המנהל החדש הוא אדם מעניין אבל איש קשה מאוד. אנחנו צריכים להתרגל ---, והוא צריך להתרגל ---.

10) אני לא רוצה שולחן חדש. אני אוהבת את השולחן הישן שלי ואני קשורה --- מאוד.

11) די! נמאס --- ! מספיק לעבוד כל הזמן. אנחנו רוצים חופשה!

12) הוא נפל על האבנים. שׂימו לב לא ליפול --- ולהיפצע --- .

13) רותי, אני רוצה ללוות --- הביתה. אני רק צריך לטלפן לדני. את מוכנה לחכות --- חמש דקות?

14) הודענו מראש שנבוא, אבל כשהגענו השומר מנע --- את הכניסה.

15) כשהדודה שלי טלפנה אליי מניו יורק, והודיעה --- שהיא באה לארץ, הזמנתי --- לביתנו וביקשתי שגם תגור --- בבית.

16) הם היו נשואים עשׂר שנים, אבל היחסים --- לא היו טובים, ולכן היא החליטה להתגרש --- .

17) - תודה רבה! עזרת --- המון.
- אין בעד מה. אתה תמיד יכול להיעזר --- .

18) טוב שבאתם! חיפשׂתי --- והתגעגעתי --- . רציתי לדבר --- על הרבה דברים.

19) סוף-סוף קניתי ספה חדשה. חשבתי שכבר הגיע הזמן. הספה היש־נה כבר הייתה במצב נורא. לא העברתי --- לאף אחד והחלטתי לזרוק --- . שׂמתי --- ברחוב, וראיתי שאיש אחד לקח --- אחרי כמה דקות. שׂמחתי. אולי עזרתי --- .

20) יש אנשים שלא אוהבים את המחשב. קשה --- להשתמש --- ואולי הם קצת פוחדים ---.

21) דני הודיע שהוא לא רוצה לעבוד --- יותר. הוא אומר שאנחנו ניצלנו --- ולא חשבנו --- אף פעם!

22) רון, תודה רבה. נעזרנו --- הרבה כשכתבנו את הספר.

23) - הוא איש לא נחמד. אני שׂונאת ---. הוא כל הזמן 'עוקץ' --- ורודף --- לכל מקום. איזו התנהגות!
- אני פשוט לא מבינה --- . את לא רואה שהוא לא יודע איך לומר --- שהוא אוהב --- ?!

24) היא בת 25, אבל עדיין גרה בבית וקשורה אל הוריה מאוד. היא קשורה --- כל כך שהיא מעדיפה לבלות --- ולא עם חברים.

25) יוסי אמר שיגיע --- בשמונה. עכשיו תשע, אני מחכה --- והוא עדיין לא פה.

3. השלימו את המילים מן הרשימה בצורה הנכונה.

יכולת / סכנה / להעדיף / להיפגע / חסר בית / כלכלן / כדורגל / להיגמר / קהילה / צער / מעורב / אלא / מדען / סופר / לצאת / עסוק / להצטרף / אומץ /

1) אני --- לגור בעיר גדולה ולא במקום רחוק וקטן, כי אני אוהב לבלות כל ערב.

2) אי אפשר לטייל במדבר, אם לא מכירים את האזור כי יש בו --- גדולות.

3) אנשים --- ישנים בגינות ציבוריות או ברחוב, מפני שאין להם איפה לגור.

4) בתאונה, שהייתה בשבוע שעבר בכביש באר שבע-אילת, --- קשה שלושה אנשים.

5) אני מקווה שיהיה לי --- לשנות את מה שאפשר לשנות; שיהיה לי הכוח לקבל את מה שאי אפשר לשנות, ושתהיה לי ה--- לראות את מה שביניהם. (פתגם ידוע)

6) הוא --- ומבין בכסף ובבנקים, ואילו אחיו יושב כל היום וכותב ספרים. הוא לא מדבר עם אחיו על כלכלה כי --- בדרך כלל לא מבינים שום דבר בנושׂאי כלכלה.

7) הרגשתי שהיא עצובה. הבנתי את ה--- שלה, אבל לא יכולתי לעזור לה.

8) ילדים קטנים מספרים --- בדיחות וצוחקים, ולא אכפת להם שאף אחד לא מקשיב.

9) היא למדה לתואר שלישי בביולוגיה והיתה יכולה להיות --- רצינית, אבל היא החליטה להישאר בבית ולהיות אימא.

10) ב--- שלנו יש הרבה עולים חדשים, ואנחנו מחפשׂים ישׂראלים ש--- אלינו.

11) בשבוע הבא --- חופשת הקיץ בבתי הספר, וכל התלמידים יחזרו ללימודים.

12) לא אכפת לו שום דבר. הוא לא --- בחיי הקהילה. ולא מוכן להתנדב לשום דבר.

13) היא --- כל היום, ואילו הוא לא יוצא מן הבית, לא עושׂה שום דבר, ומרגיש בדידות.

14) אין לנו מחשב של י.ב.מ. --- של מקינטוש.

15) אנחנו משפחה אוהבת ספורט: אחי משׂחק --- כבר עשׂרים שנה, ואילו אני מעדיף לשבת בבית ולראות תוכניות ספורט בטלוויזיה.

4. א. **קראו את הקטע והשלימו את המילים החסרות לפי ההקשר:**

הילל הזקן

הילל, שהיה נשׂיא הסנהדרין בתקופת הבית השני, עלה לארץ ישׂראל מבבל. מספרים שהמשפחה שלו באה ממשפחת דויד המלך. הילל נקרא 'הילל הזקן', כי היה חכם גדול בתורה. (בשׂפת המדרש זקן = חכם בתורה).

הילל היה איש מיוחד. המשפחה שלו הייתה ---, אבל הוא היה איש עני. הוא עבד חצי יום, ובחצי השני --- .

הילל היה איש מפורסם וחשוב בחיי העם היהודי במאה הראשונה לספירה. הוא היה הראשון שהחליט מה הן הדרכים המיוחדות ללמוד את ההלכה ואיך צריך --- אותה.

להילל היה אופי מיוחד ודרך התנהגות מיוחדת עם אנשים. הייתה לו סבלנות רבה והיה לו חוש הומור. אנשים סיפרו להילל על הבעיות שלהם ושאלו אותו שאלות. הוא הקשיב להם וניסה --- להם בכל דרך. סיפרו על הילל שהוא אף פעם לא --- על אף אחד, ולא פגע באף אדם. יש במשנה סיפורים על מבחנים שאנשים עשׂו להילל כדי --- אם יש לו סבלנות. הסיפור הכי מפורסם הוא על אדם שביקש מהילל ללמד אותו את כל התורה "על רגל אחת", זאת אומרת ללמד אותה --- . אמר לו הילל: מה ששׂנוא עליך - אל תעשׂה לחברך": אל תעשׂה לאנשים אחרים, מה שאתה לא --- שיעשׂו לך.

כך הסביר הילל את הפסוק בספר ויקרא, פרק יט 18: "ואהבת לרעך - כמוך".

להילל היו תלמידים מכל העם עשירים ועניים. הוא פתח את בתי המדרש (=בתי ספר לתורה) גם ל--- , כי הוא האמין, שהעניים יהיו תלמידי חכמים ו"מהם תצא תורה".

?

1) מה אתם חושבים: איך היה פותר הילל בעיות בהלכה.

2) המחיזו שׂיחה בין הילל לבין איש ששואל על משהו שקשור להלכה ולי חסים בין אנשים למשל, שבת / ביקור חולים.

ב) **שמאי היה בן הזוג של הילל בוויכוחים על ההלכה. מצאו באנציקלופדיה אינפורמציה על שמאי וכתבו עליו.**

5. לפניכם קטע הכתוב בפסקאות נפרדות המסומנות במספרים. הדוגמות הוצאו מהקטע ונכתבו בנפרד בעמוד הבא. מצאו את הדוגמה המתאימה לכל פסקה.

The essay written below appears in separate, numbered paragraphs. Between each of the paragraphs there is a space you are asked to fill with an example from the next page. Find the correct example to end each paragraph.

כִּי הָאָדָם עֵץ הַשָּׂדֶה (דברים כ 19)

1) עונות השנה במיתוסים העתיקים הן סיפור החיים של האלים. האל, כמו גבר, נותן לאדמה גשם והיא "יולדת" צמחים שונים. הצמחים גדלים, מתים, ושוב נולדים, כמו הגורל של האלים שמתים ונולדים שוב. במשך ההיסטוריה נתנו עמים רבים לצמחים סטטוס מיוחד של קדושה, וליד עצים רבים היו טקסים דתיים וטקסים מאגיים. כך למשל, ...

2) גיבורים של עמים רבים קשורים לעולם הצמחים. לגיבור יש יכולת על-טבעית להשתמש בצמחים כדי לעזור לאנשים. בסיפורי התנ"ך יש לכך דוגמות רבות; למשל, ...

3) בדתות ובמיתולוגיות השונות מדברים על עץ עולמי, עץ קוסמי שהוא סמל לעולם כולו: מן האדמה והשורשים, אל ראש העץ ואל השמים. יש דוגמות רבות לכך ואחת מהן היא ...

4) בפולקלור של עמים רבים יש סיפורים על הולדת הצמחים; איך נולדו הצמחים, ומאין הם קיבלו את הצבעים ואת הצורה המיוחדת שלהם. נביא כאן אגדה אחת לדוגמה: ...

5) לאנשים יש יחס אֶמְבִּיוָולֶנְטִי לצמחים; מצד אחד האדם מנצל את הצמחים ונעזר בהם: מהצמחים עושים אוכל ותרופות ובעזרת צמחים אפשר לבנות בתים ולהכין בגדים, אבל מצד אחר האדם פוחד מן הצמחים ויודע, שצריך להיזהר מהם, כי יש בהם סכנה ואפשר למות מהם. יש אגדות שמספרות על צמחים מיוחדים כדי שנלמד ונזכור מה היא התנהגות רעה ומה היא התנהגות טובה. אחד הסיפורים הידועים הוא הסיפור הזה: ...

6) על צמחים רבים יש טאבו: אסור לגעת בהם או להשתמש בהם, כי יש להם כוח מאגי. מי שנגע בצמח כזה, ימות או יהיה לצמח. בעמים רבים יש סיפורים שעוסקים בצמח ש"נולד" מאדם. כאשר בני האדם רואים את הצמח הם נזכרים באדם ובמה שקרה לו. נביא כאן רק דוגמה אחת:

7) בכל שָׂפה יש מילים וביטויים שקשורים לצמחים, ומהם אפשר ללמוד על הקשר בין חיי האדם לחיי הצמח. מן העברית בחרנו להביא רק כמה דוגמות:

8) לפרחים יש תפקיד מיוחד בפולקלור ובמנהגים של עמים שונים. פרחים רבים הם סמל ליופי והם מביאים ברכה ומזל טוב בחיי האהבה. כך למשל המנהג ש...

9) ברפואה הפופולרית יש לצמחים תפקיד חשוב. צמחים יכולים לעזור לאדם חולה או להרוג אנשים. בעמים רבים יש אמונה שלכל מחלה ולכל כאב יש תשובה בטבע. צמח זה או אחר נבחר כתרופה מפני שיש לו קשר למחלה בצבעו או בצורתו. כדוגמה נביא שתי אמונות:

(לפי: ההקדמה של עליזה שנהר לספר "פרחים, סגולות ואגדות", אמוץ דפני)

דוגמות: א) בחור שהתאהב בבחורה, שולח לה סיגליות קטנות ויפות, וביום החתונה הוא נותן לה ורדים לבנות.

ב) עץ הקְטָלָב, שגדל בהרי ירושלים, הוא עץ אדום. שמו של העץ קשור לאגדה על צעיר שלקח חלק מן העץ והרג בו את אביו.

קטל (הרג) +אב = קטלב

עץ הקְטָלָב

ג) עץ החיים במסורת היהודית הוא כמו העץ שעמד בגן העדן. עץ זה הוא סמל לתורה שהיא תורת נצח.

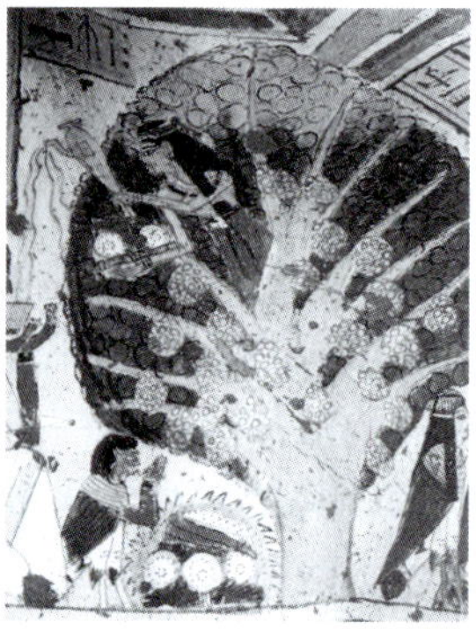
עץ החיים - ציור מצרי

ד) בארץ ישׂראל הקריבו הכנענים לאלים מתנות ליד עץ האֲשֵׁרָה; ובהודו בונים מקדשים ליד עץ הבנייאן, כי לפי המסורת ההינדית עץ הבנייאן הוא עץ קדוש.

עץ הבַּנְיָיאן

ה) אנחנו משתמשים במילה שורשים - כדי לומר סיבה והתחלה, פרח - כדי לומר תוצאה והצלחה, וגידל - כדי לומר חינך ולימד.

עץ האֵשֶׁל

ו) עץ האֵשֶׁל של אברהם בבאר שבע היה סימן שהוא בונה בה את ביתו; אלוהים דיבר עם משה מן הסנה ודבורה הנביאה ישבה מתחת לעץ.

תַּפּוּחַ סְדוֹם

ז) במדבר יהודה יש צמח שנקרא תַּפּוּחַ סְדוֹם. הפרי של הצמח הזה הוא כמו בלון גדול, שיש בו אוויר. לפי האגדה זה היה תפוח רגיל, ואנשי סדום הרעים נתנו אותו לאנשים עניים ורעבים. במקום לתת להם אוכל של ממש. כדי לזכור את המעשׂים הרעים שלהם נשאר התפוח כפרי מלא אוויר, שאין בו מה לאכול.

נַרְקִיס

ח) האגדה על הצעיר היפה, שהתאהב בעצמו והסתכל במים כדי לראות כמה הוא יפה. כאשר ראה את עצמו במים הוא נפל ומת. באותו מקום שנפל, עלה וגדל הפרח היפה, נַרְקִיס.

כַּרְכּוֹם

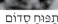

ט) חולה בצהבת, (=מחלה קשה) ששותה את המים של הכַּרְכּוֹם הצהוב יהיה בריא. חולה לב, ששותה מֵי תִּלְתָּן, (=צמח בצורה של לב) יהיה בריא.

6. קראו את כל הסיפור ואחר כך השלימו את המילים החסרות.
שימו לב: יש מילה אחת שחוזרת פעמיים.

אדם בתיאבון!

איש זקן בא לבקר אצל אדם אחד, ועשׂו לו כבוד גדול. אמרה האישה של בעל הבית ל---: מה נאכל הערב? אמר לה: נאכל --- .

שמע הזקן ואמר בליבו: אני --- שבמקום הזה אוכלים זה את זה. מי יודע, אולי בארוחה הבאה הם יאכלו ---?!

מה עשׂה הזקן? --- מן הבית והלך לבית אחר. לפני הארוחה הלך בעל הבית הראשון --- את הזקן. אמרו לו אנשים: ראינו שהוא --- לבית הזה. הלך אל בית השכן ומצא את הזקן יושב שם. אמר לו: למה הלכת? בוא לביתי, הארוחה מוכנה. אמר לו: --- . ביקש האיש שוב ושוב, אבל הזקן לא רצה לחזור לבית הראשון.

כשיצא בעל הבית הראשון, שאל בעל הבית השני את הזקן: למה יצאת מן הבית הראשון ובאת אלינו?

אמר לו הזקן: כך וכך שמעתי. --- מאוד, ברחתי ובאתי לכאן.

בעל הבית השני --- . שאל אותו הזקן: למה אתה צוחק? אמר לו: בכפר שלנו --- הוא סוג של ירק, וזה שמו כי הוא דומה לאדם.

(לפי: מבוא תנחומא הקדום)

? ציירו את הירק.

6. סְפוֹר את הכוכבים / ראובן מירן

בעפולה, לא רחוק מהתחנה המרכזית, יש בית מלון בשם "כרמל". אישה אחת שעברה שם את הלילה הראשון, אחרי שעזבה את הבית, הרגישה בבוקר אושר גדול. היא עצמה סיפרה לי את הדברים האלה, בארוחת הבוקר שאכלנו יחד בקפטריה שליד התחנה.

חיכיתי לאוטובוס. היא אמרה שהיא לא מחכה לשום דבר. במקום ביצים וסלט לארוחת הבוקר היא ביקשה עוד שלוש כוסות קפה. האוטובוס הגיע, והיא אמרה שחבל, כי עוד נשארה לה חצי כוס קפה מלאה והיא שאלה למה אני כבר צריך ללכת. אבל "אין דבר", היא אמרה, "ספור את הכוכבים. כשתגמור תחזור אליי, ותספר לי כמה יש."

כמה ימים מאוחר יותר, חזרתי למלון לומר לה כמה כוכבים היו, ופקיד הקבלה של המלון אמר לי: "מה, לא שמעת?" הוא לקח את העיתון המקומי ונתן לי לקרוא. קראתי מה שכתוב עליה. מישהו העביר קו שחור מסביב לחדשה. "תגיד לי אם זה לא נורא", אמר פקיד הקבלה, לקח מייד את העיתון ושׂם אותו שוב אצלו.

"האוטובוס שלי מגיע בעוד כמה דקות". אמרתי. עברתי את הכביש והייתי שוב בתחנה, אבל האוטובוס לא הגיע.

ישבתי על הבאר של הקפטריה והזמנתי חצי כוס קפה.

(מתוך: קצרצרים, 1999)

1) למה היא אמרה לו לספור את הכוכבים?

2) אתם עושׂים סרט מן הסיפור. תארו את שני האנשים / השׂחקנים.
(גיל, צבעים, בגדים ועוד)

שיעור 13

1. *קצת יחס, בבקשה!*

סיכום מילות היחס

נטיית מילות יחס כמו נטיית שם העצם ביחיד		**נטיית מילות יחס כמו נטיית שם העצם ברבים**	
ל...		**עַל**	
לִי	□ִ י	עָלַיי	□ַ יי
לְךָ	□ְ ךָ	עָלֶיךָ	□ֶ יךָ
לָךְ	□ָ ךְ	עָלַיִךְ	□ַ יִךְ
לוֹ	□ וֹ	עָלָיו	□ָ יו
לָהּ	□ָ ה	עָלֶיהָ	□ֶ יהָ
לָנוּ	□ָ נוּ	עָלֵינוּ	□ֵ ינוּ
לָכֶם	□ָ כֶם	עֲלֵיכֶם	□ֵ יכֶם
לָכֶן	□ָ כֶן	עֲלֵיכֶן	□ֵ יכֶן
לָהֶם	□ָ הֶם / אוֹתָם □ָ ם	עֲלֵיהֶם	□ֵ יהֶם
לָהֶן	□ָ הֶן / אוֹתָן □ָ ן	עֲלֵיהֶן	□ֵ יהֶן

א) בית חדש

יצחק: רותי, הי. מה נשמע? מה שלום שְׁלוֹמִי והילדים?

רותי: נפלא. ואתה, מה שלומך? ומה שלום מיכל?

יצחק: בסדר גמור. חיפשׂנו אתכם אתמול. רצינו לבקר אצלכם אחרי הצהריים ואחר כך לבלות איתכם את הערב.

רותי: מה אתה אומר?! בדיוק דיברנו עליכם עם אבי וחנה. הם התקשרו אלינו בצהריים והזמינו אותנו לארוחת ערב בבית החדש שלהם. הם רצו להזמין גם אתכם, אבל הם לא תפסו אתכם.

יצחק: נו, איך הבית?

רותי: איזה בית! נהדר! קודם גרו שם אנשים אוהבי גינות, והם השאירו להם גינה משגעת. לפני הבית יש גינה אחת, ומאחוריו יש עוד גינה - לא רגיל! חנה מטפלת בשתי הגינות בעצמה.

יצחק: כן, אני יודע, זה בדיוק בשבילם! הם תמיד רצו לגור בבית עם גינה. בלי שכנים מעליהם או מולם. הם שׂנאו את הדירה שהייתה להם במרכז העיר ורצו לברוח ממנה. דרך אגב, כמה שנים הם גרו בה?

רותי: כמעט עשׂר שנים. אתה יודע שדודתי גרה לידם, וגם היא סיפרה לי שיש להם בית נהדר. בעצם, בגללה הם קנו את הבית הזה.

יצחק: מה זאת אומרת?

רותי: היא סיפרה להם, שיש לידה בית למכירה. היא תמיד מסדרת הכול לכולם. הם אמרו לי, שהם לא יודעים מה הם היו עושׂים בלעדיה!

יצחק: למה גם לי אין דודה כמוה?!

? על כמה אנשים יצחק ורותי מדברים?

ב) **אמרו למה מתייחסת כל מילת יחס בעזרת השם או שם העצם שאליו היא מתייחסת:**

דוגמה: אתכם = את שלומי ואת רותי

.2 השלימו את מילות היחס החסרות

שׂימו לב: בכל משפט חוזר אותו פועל עם מילות יחס שונות. שינוי במילת היחס מצביע לפעמים על משמעות אחרת.

Insert the missing prepositions.
Please note: the same verb with a different preposition indicates sometimes a different meaning.

דוגמה: מה שלומכם? לא שמענו *מכם* כבר הרבה זמן,
אבל שמענו *עליכם* דברים טובים ממשפחת כהן. — מ... / על

1) אורי, אולי אתה יודע איפה אני יכול למצוא את חנה?
נתתי --- ספר לפני שבוע ועכשיו, אני צריך לתת --- למישהו אחר. — ל... / את

2) אתמול נסענו למוזאון תל אביב. לא ביקרנו --- כבר עשׂר שנים.
אחר כך נסענו לגיל וביקרנו --- .
גם --- לא ביקרנו כבר עשׂר שנים. — ב... / את / אצל

3) פעם לא היו מספיק בתים בקיבוץ, ולכן גרנו עם משפחת הלוי.
בהתחלה גרנו --- בחדר אחד, ואחר כך גרנו בבית אחר, --- . — עם=(אִיתְ...) / ליד

4) אתה יכול לשתות מהכוס שלי. אני לא אוהב את היין הזה,
שתיתי --- רק קצת. אני אוהב יותר את היין הלבן,
אני שותה רק --- במסיבות. — מן / את

5) מנעתי --- הכלב של השכנה להיכנס לביתי,
כי רציתי למנוע --- המלחמה ביניהם. — מ.../ את

6) דני, מה לא אעשׂה --- חמוד שלי! ביקשת --- מרק,
ואני עשׂיתי --- מרק כמו שאתה אוהב. — ל... / מ... / בשביל

7) טליה, חשבנו ---, כששמענו את השיר הישן ברדיו.
את יודעת שאנחנו חושבים בדיוק --- :
אין כמו השירים הרומנטיים של העבר. — על / כמו

8) המציאות היא, חנה'לה, שאני לא יכול לחיות ---,
אבל אני גם לא יכול לחיות ---! — עם=(אִיתְ...) / בלי=בלעדי

3. שלום, הגעתם למספר ...

זוֹהַר צריך לטלפן להרבה אנשים. כדי לא לשכוח הוא רושם לעצמו מה הוא רוצה לומר לכל אחד. הוא מטלפן אבל אף אחד לא נמצא בבית, ואז הוא משאיר לכולם הודעות במשיבון או בתא הקולי.

קראו מה זוהר רשם לעצמו להגיד, ואחר כך אמרו את נוסח ההודעה במשיבון. הוסיפו ביטויי פתיחה ופנייה כמו:

זוהר has many phone calls to make. In order not to forget he writes down what he wants to say to each one. Nobody is home and he leaves messages on their answering machines / voice mail. Read and say the messages out loud. Add opening words such as:

רינה, תשמעי... סליחה שאני מודיע כך... אני רוצה לשמוע מה את/ה חושב/ת... שלום ..., רק רציתי לומר ש...

דוגמה: לומר לרותי, שהשארתי לה את הספר אצל השכנה שגרה מתחתיה.

רותי, הי, כאן יוסי. אני רוצה לומר לך, שהשארתי לך את הספר אצל השכנה שגרה מתחתייך. בסדר? להת'...

1) לומר למשה, שקניתי לו כרטיס, לא יחד עם דני וחנה אלא בשורה שמאחוריהם.

2) לומר לדויד, שישלח לי את הסיפור שכתבו עליו.

3) לומר לפרופסור לוי, שאני לא יכול לבוא אליו לפני 3:00 אחר הצהריים.

4) לומר לרמי ורינה, שאני לא כועס עליהם ושהחיים פחות יפים בלעדיהם.

5) לומר לדניאלה, שהשכנה שגרה מעליה היא אשה מאוד מיוחדת.

6) לשאול את רותי הופמן, אם אני יכול להיות אחריה אצל רופא השיניים, כי יש לי ב-4:00 פגישה חשובה.

7) לומר לאבי, שדניאל רוצה לקרוא את הספר אחריו.

8) לומר לאברהם, שהזוג שגר מתחתיו הם חברים טובים שלי, ושכדאי לו להכיר אותם.

? הוסיפו עוד 3 הודעות דומות.

4. מילון

אין מאחוריי ויש לפניי

א) **בעברית יש עוד מילות יחס רבות ומילים שנוטות על דרך שם העצם ביחיד או על דרך שם העצם ברבים. בקטע שלפניכם מופיעות גם מילות יחס שעוד לא הכרתם. מצאו את משמעותן במילון.**

There are many more prepositions and words in Hebrew declined as the singular or the plural nouns. In the following excerpt you will encounter prepositions you have not learned before. Look up their meaning in the dictionary.

שימו לב: במילים המובאות כאן על דרך שם העצם ביחיד הנטייה בגוף שלישי רבים היא על דרך ◌ָם או ◌ָן.

Please note: the words in the excerpt declined in the manner of singular nouns, the third person plural ◌ָם or ◌ָן is used.

בתוך, מול, לקראת, מסביב, במקום

נוטות כמו שם עצם ביחיד. In the manner of singular nouns.

בפני נוטה כמו שם העצם ברבים. **בפני** - In the manner of plural nouns.

ב) **שבצו את מילות היחס בנטייה במקום המתאים ובצורה הנכונה.**

במקום לומר תודה ובבקשה

חבריי הטובים נסעו לטיול ארוך באפריקה. כשהם חזרו, החלטתי לקחת אותם משדה התעופה, כי הייתי בטוח שהם יחזרו עם מיליון מזוודות ו--- מתנות לכל העולם. חשבתי שיהיה להם נחמד, אם מישהו יבוא לקבל אותם בשדה התעופה וירוץ --- ברגע שהם יצאו.

בשדה התעופה היו המון תיירים. חיפשתי אותם בכל מקום. --- אנשים התחבקו והתנשקו, אבל את חבריי הטובים עוד לא מצאתי. חשבתי לעצמי: איך אמצא אותם?

ואז, פתאום, הם עמדו --- צוחקים ומאושרים. הם לא האמינו שעשיתי את כל הדרך הארוכה רק בשבילם ואמרו: "אתה משוגע?! אנחנו לא בטוחים שאנחנו היינו באים ---."

"נו, טוב," עניתי, "כבר באתי לשדה התעופה, אז בואו איתי הביתה..." בדרך הביתה חשבתי: זאת הדרך הישראלית שלי לומר להם שהתגעגעתי אליהם, וזאת הדרך הישראלית שלהם לומר לי תודה! --- הם לא יאמרו תודה, אבל לכל האחרים הם יספרו, כמה שהם התרגשו!

? מה ואיך היו אומרים לך חבריך ה... (בני ארץ אחרת) כשהיית בא לקחת אותם בהפתעה בשדה התעופה.

ג) **בִּיצִיאָתִי לִקְרָאתְךָ - לִקְרָאתִי מְצָאתִיךָ** (ר' יהודה הלוי)

מצאו במילון את המילים והסבירו את השורה מתוך השיר של ר' יהודה הלוי.

מאש אהבה

אבל היא שם בחלומות, שלא יתגשמו בלעדיך
היא מחפשׂת ת'מקום שבו לא תחשוב עוד עליך
אם אתה הולך, אז קח אותי, אתה שומע זאת
אני שרה אליך!

(היהודים)

5. **השלימו את המילים החסרות בקטע בצורה הנכונה. היעזרו במילים האלה:**

• נפלא • נרצח • עובדה • סדר • שלט • איחר • הפתעה • השאיר • כלל • הפך • פתר • הבדל • נכשל •

וַחֲלֹמוֹת הַשָּׁוְא יְדַבֵּרוּ (זכריה י 2)

שווא=שקר

אנשים תמיד חלמו, ותמיד ימשיכו לחלום. חוקרים ואנשי דת מנסים להסביר את החלומות. בעולם העתיק האמינו שאלוהים מדבר עם האנשים בחלומותיהם, ומה שרואים בחלום בלילה הוא אמת לא פחות נכונה ולא פחות חשובה, ממה שאנחנו רואים וחושבים ביום. יש כמה --- בין החלום לבין היום-יום: בחלום אנחנו לא --- במצב. אנחנו לא יכולים למנוע מדברים להיכנס לחלום ולכן יש בחלומות הרבה מאוד --- .

בעולם העתיק האמינו שהחלום הוא סמל, והוא יכול לספר לנו מה יקרה בעתיד ומה כדאי לעשׂות בהווה. החלום עושׂה זאת בתמונות שעוברות במהירות ובלי ---. לא תמיד מבינים את החלום, ולכן בעולם העתיק היו אנשים בעלי תפקיד מיוחד של פותרי חלומות. אנשים אלה --- את החלום לחולם עצמו.

תאוריות פסיכולוגיות של המאה האחרונה מנסות להסביר את החלומות.

היו פסיכולוגים שהסבירו את הצורות, הקווים והצבעים שבחלום. הם מצאו שלחלומות יש --- אסתטיים, והם דומים זה לזה בתרבויות שונות. אחרים עסקו ביחסים שבין בני האדם בחלום, וחשבו שהמשמעות של החלום היא רק בקשר שלו אל המציאות.

לקַלְוִין הוֹל, שחי באמצע המאה העשׂרים, הייתה תאוריה מעניינת על החלומות. תאוריה זו מדברת על החלומות כמו על טֶקסט כתוב, שלפעמים מצלם את המציאות כמו שהיא, ולפעמים משנה את המציאות ואפילו --- אותה, אבל מספר עליה סיפור אמיתי. כמו בכל סיפור יש בחלום הכול: מקום, זמן, אנשים, יחסים, רגשות וסוף.

ממבחנים ומשאלות ששאלו החוקרים את החולמים עולות כמה --- מעניינות: גברים חולמים יותר על גברים, ואילו נשים חולמות גם על גברים וגם על נשים. אנשים חולמים שהם מצליחים, אבל יותר פעמים הם חולמים שהם ---, ושאין להם מזל. אנשים חולמים שהם --- לפגישה, או שהם מחכים למישהו שלא בא. לפעמים החלומות בונים סיפורים דרמטיים מאוד: אדם חולם שהוא --- ולא יודע לומר מי עשׂה את זה, או שמישהו --- אותו בלי אוכל ובלי מים, וגם אז הוא לא יודע לומר למה. החלומות לא תמיד מספרים שהחיים --- ויפים, אבל הם גם לא מספרים רק טרגדיות עצובות. הם מספרים לנו שמאחורי החיים היומיומיים יש דברים מעניינים לא פחות.

(לפי: פרופ' פרץ לביא, על החלומות)

אָדָם אֶחָד חָלַם בַּלַּיְלָה שֶׁהוּא מֵת - קָם בַּבּוֹקֶר וְרָאָה שֶׁזֹּאת אֱמֶת! (שיר רחוב)

מה קרה לאיש הזה?

6. ביטויי ויתור ומשפטי ויתור — Concessive Conjunction and Concessive Clause

אף על פי ש... / **למרות ש...** + משפט

למרות + שם עצם

דוגמאות:

- הוא איחר **אף על פי ש**הוא הבטיח לבוא בזמן.
- יצאנו לטיול **למרות** הגשם החזק.

א) אהבה מאחרת - שני פתקים וטלפון אחד

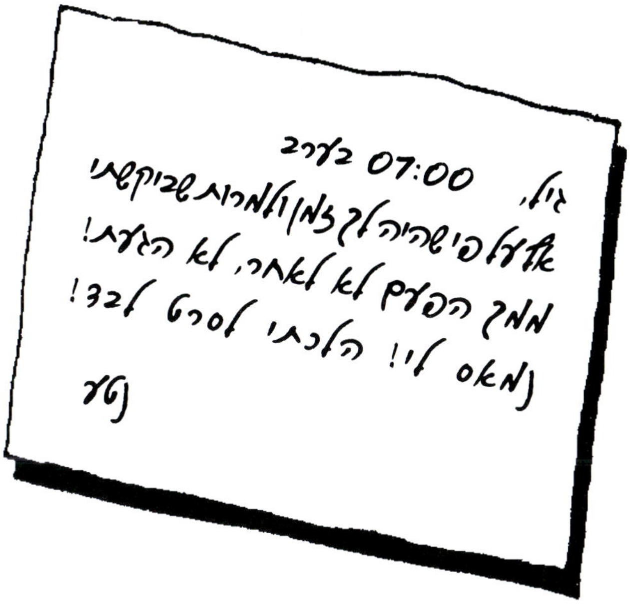

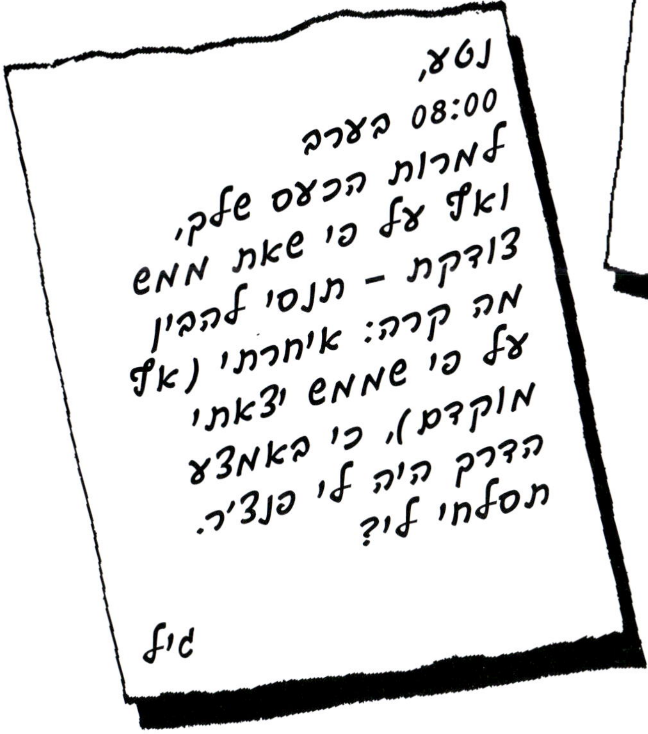

בטלפון:

נטע: אז מה יהיה?

גיל: אז לאן נלך?

נטע: למקום שאי אפשר לאחר אליו!

המחיזו את השיחה בין נטע לבין גיל כשהם נפגשו.

השתמשו ב: **אף על פי ש... / למרות ש... / למרות.**

דוגמה: נטע: *למרות שכעסתי אני ---*

7. **יִשְׂרָאֵל אַף עַל פִּי שֶׁחָטָא יִשְׂרָאֵל הוּא** (סנהדרין מד)

איפה תשימו את המקף (-) ולמה?

שיעור 31
עברית מן ההתחלה

8. א) השלימו את המשפט הפותח בעזרת ביטויי הוויתור - למרות / אף על פי ש... ואמרו שוב את כל המשפט. אל תסתכלו בעמודה השׂמאלית, אלא רק בפתיחות שבעמודה הימנית. רק אחר כך בדקו את התשובות הנכונות בעמודה השׂמאלית.

Complete the opening sentence using the concessive conjunctions - למרות / אף על פי ש... and say the whole sentence over again. When you do this, do not look at the left column. Only after you have given your answer, check for the correct answer in the left column.

החלוצים הראשונים נשארו בארץ

המלריה הנוראה	למרות המלריה הנוראה.
התנאים היו קשים	אף על פי שהתנאים היו קשים.

דוגמה: החלוצים הראשונים נשארו בארץ למרות המלריה הנוראה.

החלוצים הראשונים נשארו בארץ, אף על פי שהתנאים היו קשים.

1) **החלוצים הראשונים נשארו בארץ**

מזג האוויר השונה	למרות מזג האוויר השונה.
הם עבדו קשה	אף על פי שהם עבדו קשה.
לא הייתה להם פה משפחה	אף על פי שלא הייתה להם פה משפחה.

2) **הוא לא אוהב אותה**

היא נחמדה כל כך	אף על פי שהיא נחמדה כל כך.
העיניים היפות שלה	למרות העיניים היפות שלה.
החוכמה והכישרונות שלה	למרות החוכמה והכישרונות שלה.
היא מעניינת מאוד	אף על פי שהיא מעניינת מאוד.
כולם אוהבים אותה	אף על פי שכולם אוהבים אותה.
היא אוהבת אותו	אף על פי שהיא אוהבת אותו.

3) **הצלחנו ללמוד עברית**

בהתחלה נכשלנו בכל הבחינות	אף על פי שבהתחלה נכשלנו בכל הבחינות.
קשה ללמוד את כל הפעלים	אף על פי שקשה ללמוד את כל הפעלים.
זאת שׂפה שונה	אף על פי שזאת שׂפה שונה.
לא היה לנו זמן	אף על פי שלא היה לנו זמן.
כל התרגילים האלה	למרות כל התרגילים האלה!

ב) **כתבו השלמות בעזרת: למרות ו אף על פי ש... לשני המשפטים הפותחים:**

Write complete sentences of concession using למרות and ...אף על פי ש for the two core sentences.

יצאנו לטיול.

הצלחנו בבחינה.

9. **כתבו ביוגרפיה של אדם שלמרות כל הקשיים היה לאיש/ה מפורסם/ת: הלן קלר/ מרי קירי / מרטין לותר קינג / דויד בן גוריון או אדם אחר. השתמשו במשפטי ובביטויי ויתור: למרות / אף על פי ש...**

Write a biography of a person who became famous inspite of his difficulties: Helen Keller / Marie Curie / Martin Luther King / David Ben Gurion or some other person. Use concession sentences and expressions: **למרות / אף על פי ש...**.

10. **כל אחד בתורו** – סיפור אמיתי

כבר כמעט החלטתי לעזוב את התור ולחזור הביתה. אורי בן השנה לא הפסיק לבכות, התור היה ארוך ואני הייתי עייפה. כמעט עמדתי לצאת, כשהיא התקרבה אליי ואמרה: "אל תלכי. אף פעם אי אפשר לדעת. לפעמים התור משנה את כל החיים." ומייד המשיכה: "שמי לִינְדָה, ואני מאמינה בתורים. אני חושבת שתור הוא הרבה פעמים מתנה נהדרת. את מבינה, אני למשל, פגשתי את בעלי בתור."

אורי הפסיק לבכות. ופתאום גם התור היה קצר יותר. היא המשיכה:

"עמדתי בבנק והיה תור ארוך. הייתי עייפה ולא היה לי כוח לעמוד. כמעט עמדתי לצאת ופתאום ראיתי אותו. עשרים שנים לא ראינו זה את זו, מאז שגמרנו את בית הספר. כל אחד הלך למסלול חיים אחר ולא פגשנו זה את זה כל השנים האלה. לא היינו 'חברים' כשהיינו צעירים, אבל היה משהו באוויר, את יודעת...

אני התחתנתי, והוא התחתן. אחר כך שמעתי שהוא עזב את הבית. גם אני התגרשתי. היו לי ימים קשים, אבל דווקא עליו לא חשבתי. ופתאום, בבנק, בדיוק כשרציתי ללכת..."

אורי נרדם, והגיע התור שלי, סידרתי מה שהייתי צריכה לסדר ויצאתי מן הבנק.

מאז גם אני מאמינה בתורים.

1) גם אתם מאמינים בתורים?

2) שתי הנשים נפגשו אחרי עשׂר שנים. המחיזו את השׂיחה ביניהן.

11. א) יש תור ויש תור

לעמוד בתור זה כמו לשׂחק במשׂחק ללא מילים-משׂחק תרבותי. הסוציולוג הישׂראלי, בָּרִי שְׁוורְץ, אומר שתור הוא כמו מִיקְרוֹקוֹסְמוּס של כל תרבות ושל כל חברה. מה הם הכללים של התור בעולם המערבי?

1. זמן שווה כסף. במקום לעמוד בתור אפשר לעבוד ולקבל כסף, ולכן אנשים מאבדים את סבלנותם מהר מאוד.
2. אף על פי שזמן שווה כסף, אנשים מוכנים לחכות זמן ארוך בתור, אם העניין חשוב להם: אנשים עומדים בתור הרבה שעות לקנות כרטיס לקונצרט של אומן מפורסם, אבל אין להם סבלנות לעמוד בתור אפילו עשׂר דקות כדי לקנות תרופה רגילה, או כדי לשלם בקופת הסופרמרקט.
3. אם אנשים עומדים בתור למרות שאין להם זמן, הם מתחילים להאמין ולהסביר לכולם שהדבר שמחכים לו הוא הטוב ביותר בעולם: "אם יש תור למסעדה הזאת, סימן שזאת מסעדה מצוינת".
4. אף על פי שאנשים חושבים שכדאי לחכות במקום המיוחד הזה, הם מנסים למצוא מישהו נמוך מהם בסְטָטוּס, כדי שהוא יחכה בתור במקומם. אדם שחושב על עצמו כאדם בעל סטטוס גבוה, לא מחכה בתור; הוא שולח מישהו אחר, כי הזמן שלו יקר יותר. אנשים חשובים מאוד אף פעם לא מחכים בתור!
5. אף על פי שהרופא או הפקיד לא אוהבים לראות תור ארוך ורועש שמחכה להם, הם הופכים להיות חשובים יותר כשהרשימה של אנשים שמחכים להם גדולה יותר. רופא חשוב הוא רופא שאי אפשר להיכנס אליו מיד, אלא צריך לחכות לו בתור. רופאים לפעמים "בונים" את התור. אף על פי שהרופא או הפקיד יושבים בחדר אחר ועוד לא ראו את האנשים בתור, הם שולטים בהם מן הרגע ומשחקים בזמן שלהם כמו דִיקְטָטוֹרִים אמיתיים.
6. אף על פי שאנשים עושׂים הכול כדי לא לעמוד בתור, הזמן בתור יכול להיות גם מתנה; אנשים היו מוכנים לעמוד בתור שעות ארוכות ליד הַבַּיִת הַלָּבָן, אחרי שג'ון קֶנֶדִי נרצח כדי לתת לו כבוד.

אלה הם אחדים מן הכללים של התור בעולם המערבי. למרות ההבדלים בין התרבויות, יש כמה כללים חשובים של אידאולוגיית התור, ואפשר למצוא אותם בכל תרבות.

יש ארצות, ששם תמיד יש סדר בתור, ובארצות אחרות זה לא כך. באנגליה, למשל, ברור שיש סדר בתור, ואילו בישׂראל חושבים כולם שאין סדר בתור.; אבל סוציולוגים שחקרו את התורים לאוטובוסים בישׂראל מצאו שלמרות ה"בָּלָגָן" הגדול, הצעקות וה"מילים המלוכלכות" שנשמעות בתור, הישׂראלים עולים לאוטובוס לפי סדר כְּרוֹנוֹלוֹגִי - מי שהגיע ראשון - יעלה ראשון, ומי שהגיע אחרון - יעלה אחרון.

(לפי: נריה בלום, כללי התור, עיתון מעריב, אוגוסט 1989)

לפי הקטע: מה הן הסיבות לתורים ארוכים?

ב) לאיזה עניין מתייחסות המילים האלה בקטע?

What do the following words refer to in the excerpt?

1) "סבלנותם" (שורה 5)
1) "במקומם" (שורה 14)
2) "שלו" (שורה 15)
3) "להם" (שורה 17)
4) "אליו" (שורה 19)
5) "בהם" (שורה 21)
6) "לו" (שורה 24)
7) "אותם" (שורה 26)

ג) מה אתם חושבים על תאוריית התור?

ד) מצאו את ההשלמה ההגיונית בכל פריט, אמרו לאיזה כלל בקטע קשור כל פריט.

Find the logical completion for each item. Say to which rule in the passage is each item connected.

1) **רצינו להיכנס להצגה הכי טובה בעיר, לכן עמדנו הרבה שעות בתור, אף על פי שֶ...**

- היה חם מאוד.
- התור היה קצר.
- היה נעים מאוד.
- היה לנו זמן.

הכלל ---

2) **אחרי שרַבִּין נרצח, אנשים עמדו כל היום בתור כדי לעבור לפני הארון, אף על פי שֶ...**

- לא כולם הסכימו עם הדרך הפּוֹלִיטִית שלו.
- לא היה תור.
- הם הסכימו עם הדרך הפוליטית שלו.
- הם אהבו אותו מאוד.

הכלל ---

3) **הרופא הזה אומר לעשׂרה אנשים לבוא באותה שעה, אף על פי שֶ...**

- הוא בודק ומטפל רק בשלושה אנשים בשעה.
- הוא אוהב שאנשים יושבים ליד החדר שלו.
- יש הרבה מקומות ישיבה במרפאה שלו.
- הם אוהבים לבוא יחד.

הכלל ---

4) **הוא עומד בתור כמו כולם למרות**

- השקט מסביב
- הסדר בתור
- העובדה שהוא איש מפורסם
- המקום שלו בתור

הכלל ---

5) **אני עומד בתור כבר שעה, אף על פי שֶ...**

- כֵּיף לעמוד בתור.
- שמעתי שהמסעדה טובה מאוד.
- אני צריך לעבוד עכשיו.
- אין לי עבודה.

הכלל ---

ה) **"למרות ההבדלים בין התרבויות יש כמה כללים חשובים של אידאולוגיית התור, ואותם אפשר למצוא בכל תרבות." ספרו על התור בתרבות אחרת.**

ו) **המחיזו את ההתנהגות שלכם ואת התגובות של אנשים שונים לשני המקרים הבאים.**

Role play your behaviour and the reactions of various other people to the two following cases.

1) את/ה צריך/ה לקנות תרופה לחבר חולה מאוד, שמחכה בבית. אבל בבית המרקחת יש תור ארוך מאוד.

2) את/ה עומד/ת בתור, ופתאום בא אדם ונכנס לתור לפניך.

תור לאוטובוס, יוחנן סימון

12. **אֵין מֵאֲחוֹרַיי,**
אֵין מִלְּפָנַיי,
אֵין מִצְּדָדַיי -
אֲנִי הוֹלֵךְ לְחַפֵּשׂ.

(חלק ממשחק ילדים)

13. א) **סדרו לפי השׂיחות את האנשים העומדים בתורים - מימין לשׂמאל:**

Arrange the people standing in the queue according to the conversations - from right to left.

דוגמה: תסלחי לי, חַנָּה, אבל אני חושבת שאת עמדת מאחורי רוּתִי, ורחל עמדה מאחורייך ודָּנִי עמד מאחוריה, ואני עמדתי לפניכם. ככה זה אצלנו - צריך לשמור על התור.

זה התור: *אני, רותי, חנה, רחל, דני.*

1) יוֹסִי עמד איתי בתור ואחרינו עמדו חָנָן וְאַבְרָהָם ; לפניהם עמדה מִיכַל, הבחורה שעובדת בשׂדה התעופה, ולפניה עמד איש מבוגר.

2) דָּוִיד וְרוּתִי, באתי מהר בגללכם, כי אמרתם שאתם צריכים ללכת וביקשתם שאני אשמור לכם את התור אחריי. איפה יִצְחָק, הבחור שעמד לפניי? הוא כבר נכנס לרופא? אוי, אז עכשיו נכנסה שָׂרָה, הבחורה שעמדה אחריכם, ואחריה היה עוד בחור סטודנט צעיר!

3) רִבְקָה, את מוכנה לשמור לי על המקום? זה גם לבעלי. אני באתי בלעדיו אבל אנחנו ניכנס יחד לרופא אחרייך, בסדר? ואחרינו יש איש נחמד בשם יַעֲקֹב הוא יבוא עם אשתו שׁוֹשַׁנָּה, אבל היא לא תיכנס איתו, כי הרופא לא יכול לראות אותה היום.

4) חנה, מתי את נכנסת לרופא? אני ביקשתי להיכנס לפנייך, כי הרופא הולך בשש, ואני צריכה לראות אותו היום. אני יודעת שלפנינו יש שני שכנים שלי - רָחֵל ונַחוּם. הם חולים מאוד, ובגללם אני מחכה הרבה זמן. לפניהם היה פה מר כֹּהֵן, ולפניו באה גם גברת כוהן, אשתו. היא נכנסת בלעדיו לרופא.

5) תסלחו לי, אבל אני הייתי פה הרבה לפניכם. אתה, מר רַבִּינוֹבִיץ', באת חצי שעה אחריי, ואני בטוחה, שמר לֵוִי ובנו היו פה לפניך. הם גם היו פה לפניי. אני מצטערת גברת כוהן, עמדת פה לבד, ואני לא יודעת למה את עכשיו אומרת, שאת צריכה להיכנס עם בעלך. את צריכה להיכנס בלעדיו ואחריי. אם הוא רוצה, הוא יכול להיכנס בסוף אחרי מר שִׁמְעוֹנִי. סדר זה סדר!

ב) **כתבו "חידת תור" בעצמכם ובקשו זה מזה לארגן את התור.**

14. א) **דיוֹקָן של תור לאוטובוס** / יוסל בירשטיין

דיוקן=פּוֹרְטְרֶט

יצאתי מהבית להיות בין אנשים. עמדתי בתור ברחוב יָפוֹ, ליד שוּק מַחֲנֵה יְהוּדָה בירושלים. האישה היפה שבאה ועמדה מאחוריי שׂמחה מאוד שהאוטובוס עוד לא בא. תודה לאל, גם האוטובוס מאחר. היא בדקה את הסלים לרגליה ורצתה לדעת מה השעה בדיוק.

נתתי לה להסתכל על שעוני, ואני המשכתי לשמוע את שׂיחת שני הגברים, שעמדו לפניי ודיברו על אוכל ועל מוות. הגבוה ביניהם אמר, ששלוש הארוחות הגדולות שהוא אוכל יום-יום הן המוות שלו. האיש הנמוך שהקשיב לו שאל: "למה?"

הסתכלתי באישה היפה שהמשיכה לשׂמוח ושׂמחתי גם אני, אף על פי שלא חיכיתי לאוטובוס ולא רציתי לעלות עליו. רציתי מאוד שהאוטובוס ימשיך לאחר, ואני אשמע למה האיש הגבוה ימות בקרוב.

"לפני חמש שנים" הוא אמר "זה לא היה כך." אז הוא עבד כמו חמור ואכל כמו כלב והיה בריא כמו שור. הצרות התחילו כשהוא עבר למקום עבודה אחר. היה לו מזל והוא מצא עבודה במפעל אמריקני. אבל המזל הטוב הוא גם סופו הרע.

"למה?" שאל האיש הנמוך, ואילו אני הסתכלתי בפחד על האוטובוס שהגיע, ושׂמחתי שהוא עבר ולא עצר.

האישה היפה כבר לא כל כך שׂמחה - היא שוב רצתה לדעת מה השעה בדיוק. "קו 18 הוא הקו הכי רע בעיר" היא אמרה; והיא יודעת כי היא נוסעת בו כבר עשׂר שנים, יום יום.

שאלתי אותה אם היא נוסעת גם בקווים אחרים, והיא ענתה בכעס: "מה פתאום?"

שׂמה את הסלים ואמרה שבקו הזה יש נהג שתמיד מאחר. היו לה עוד דברים לומר בכעס: "איזה מדינה יש לנו!"

עכשיו גם רציתי להכיר את הנהג המאחר, אבל המשכתי להקשיב לאיש הגבוה למרות הרעש החזק מן הרחוב. האיש סיפר שהאמריקנים יודעים לאכול, ושהארוחות במפעל מצוינות ויש הרבה בשׂר, שלוש פעמים ביום. הרופא אמר לו שאסור לו לאכול את הארוחות הגדולות האלה.

"למה?" שאל האיש הנמוך. שמעתי אותו אף על פי שאז הגיע אוטובוס 18. האישה היפה אספה את הסלים, והיא כבר לא שׂמחה. היא כעסה והיא עוד תגיד לנהג המאחר כמה הוא לא בסדר, ובאיזו מדינה אנחנו חיים. היא עלתה לאוטובוס ראשונה, לפני שני הגברים. ואני כבר פחדתי שלא אשמע את תשובתו של האיש הגבוה. כשכבר הייתה האישה היפה בתוך האוטובוס, נפתח אחד הסלים שלה, וכל התפוזים נפלו ממנו. האוטובוס עוד לא זז. ילד קטן עזר לה לאסוף את התפוזים, ואני שמעתי את האיש הגבוה צועק ומסביר לאיש הנמוך למה הוא לא מצליח לעשׂות מה שהרופא אומר לו: "נותנים לנו את הארוחות האלה - נותנים, בן אדם, בלי כסף, אנחנו לא משלמים שום דבר!"

דלתות האוטובוס נסגרו, האוטובוס זז ונעלם, ואני נשארתי בתחנה, מחכה לתור חדש.

(לפי: סיפורים רוקדים ברחובות ירושלים)

?

1) למה שלוש הארוחות הן המוות של האיש הגבוה?

2) למה יוסל בירשטיין מחכה לתור החדש?

ב) **השלימו לפי הסיפור:**

אוכל כמו ---

עובד כמו ---

בריא כמו ---

ג) **האם אתם מכירים ביטויים דומים בשׂפות אחרות?**

ד) **האם גם אתם לפעמים שׂמחים שהאוטובוס לא בא?**

ה) **המחיזו שׂיחה של האנשים בתור החדש.**

15. אל יאללה, ב"י!

תור זה תור!

קראו באִינְטוֹנַצְיָה נכונה את המשפטים שאומרים האנשים בתור.

Read the sentences the people in the queue are saying, and think what animal they resemble.

- אני לא בתור, אני רק רוצה לשאול משהו.
- יש לי רק חלב ולחם, אז אני יכולה להיות לפנייך?
- זה לא מעניין אותי שהיית פה קודם, תור זה תור.
- סליחה, מי אחרון פה?
- לא אכפת לי מה אמרו לך בטלפון, הייתי פה לפנייך.
- תגידו, אתם ביחד?
- אתה יכול לשמור לי על התור?
- התור הזה לא ייגמר גם מחר בבוקר.
- זה לא התור של אבא שלך, אז תעמוד בשקט ותפסיק לסדר את התור.
- תסלח לי, אבל אני מחכה פה שנים.
- הייתי רוצה לבקש משהו קטן. אתה מוכן לתת לי לעמוד לפניך? זה ייקח לי דקה.

? הוסיפו עוד שניים-שלושה משפטים, שאנשים אומרים בתור.

16. **א-פרופו**

תור

- בוקר טוב. סוף-סוף.
- מה סוף סוף?
- עמדתי בתור כמעט שעה.
- שעה? זה לא הרבה זמן. מה הבעיה?
- ניסיתי להוציא כסף מהכַּסְפּוֹמָט והמכשיר לקח לי את הכרטיס.
- איזה כרטיס אַשְׁרַאי יש לך?
- כרטיס של הבנק שלכם.
- טוב. זה ייקח יום-יומיים. אתה רוצה להוציא כסף?
- כן. 1000 שקלים, וגם לדעת מה מצב החשבון.
- מה מספר החשבון שלך?
- 29-87354867.
- בסדר. תחתום פה בבקשה. עוד משהו?
- כן. אני רוצה גם להחליף מאה דולר לשקלים. כמה הדולר היום?
- בקנייה 4.32 ובמכירה 4.20.
- יופי. תודה.
- עוד משהו?
- דבר אחרון, אני צריך שני פנקסי צֶ'קים חדשים.
- בסדר. רשמתי. זה יגיע אליך בדואר.
- תודה רבה.

? המחיזו עוד שיחה בבנק. הלקוח רוצה להחליף פְּרַנְקִים, לפתוח חשבון בנק ולהפקיד כסף.

מילים:

הוֹצִיא, לְהוֹצִיא • הִפְקִיד, לְהַפְקִיד • חָתַם, לַחְתּוֹם • כַּרְטִיס אַשְׁרַאי ז.

Summary of Topics

האוצר הלשוני

Vocabulary

א) אוצר המילים

פעלים
Verbs

אִיבֵּד, לְאַבֵּד	loose
אִיחֵר, לְאַחֵר	be late
הָפַךְ, לַהֲפוֹךְ	turn over
הִשְׁאִיר, לְהַשְׁאִיר	leave behind
נִרְצַח, לְהֵירָצַח	be murdered
צָדַק, לִצְדּוֹק	be right, correct
שָׁלַט, לִשְׁלוֹט (בְּ.../עַל)	controll

שמות עצם
Nouns

אִיחוּר ז. ר.ס.	delay / lateness
הֶבְדֵּל ז.	difference
הֶסְבֵּר ז.	explanation
הַפְתָּעָה נ.	surprise
כְּלָל ז.	rule / regulation
מִפְעָל ז.	factory
עוּבְדָה נ.	fact
צְעָקָה נ.	shout / yell
קוּפָּה נ.	cash register
שְׂדֵה תְעוּפָה ז.	airport
תּוֹר ז.	line

שמות תואר
Adjectives

מְשַׁגֵּעַ, מְשַׁגַּעַת	terrific
נִפְלָא, נִפְלָאָה	wonderful
רוֹעֵשׁ, רוֹעֶשֶׁת	noisy

שונות
Miscellaneous

אַף עַל פִּי שֶׁ...	even though / although
דֶּרֶךְ אַגַּב	by the way
לַמְרוֹת	despite / in spite
מֵאֲחוֹרֵי	behind
מֵעַל	above / over
מִתַּחַת	below / under
תּוֹדָה לָאֵל	thank God

ב. נושׂאים לשוניים

Grammatical topics

צורות: • סיכום נטיית מילות היחס

תחביר: • ביטויי ויתור ומשפטי ויתור
Concessive Conjunction and Concessive Clause

דוגמות: היא לא כעסה למרות האיחור.
הוא איחר, אף על פי שהוא הבטיח לבוא בזמן.

מילון: • מילות יחס בנטייה

שיעור 14

1. **בניין פיעל, גזרת ל"י, זמן הווה, שם פועל**

		לְגַלּוֹת	לְ□ַ□וֹת
י.	ז.	מְגַלֶּה	מְ□ַ□ֶה
	נ.	מְגַלָּה	מְ□ַ□ָה
ר.	ז.	מְגַלִּים	מְ□ַ□ִים
	נ.	מְגַלּוֹת	מְ□ַ□וֹת

וכך גם: לְחַכּוֹת, לְשַׁנּוֹת, לְצַפּוֹת, לְלַוּוֹת, לְבַלּוֹת, לְנַקּוֹת, לְנַסּוֹת

השלימו את הטבלה:

אני, אתה, הוא	אני, את, היא	אנחנו, אתם, הם	אנחנו, אתן, הן
מנסֶה	---	---	---
---	מבלָה	---	---
---	---	מגלים	---
---	---	---	מצפות

2. בתרגיל זה חוזר כל פועל בבניין פיעל בגזרת ל"י פעמיים. שבצו את הפעלים בפעם השנייה, בצורה הנכונה בזמן הווה או בשם הפועל.

In this exercise verbs in the פיעל ל"י conjugation are introduced and used. Every verb appears in the first sentence, so you may use it to help you complete the sentences correctly. Use the verbs in the present tense or in the infinitive form.

הבחינות בשער

הימים האחרונים של סוף שנת הלימודים הגיעו והבחינות בשער. אני לא פוחדת מהבחינות של סוף השנה, אבל אני גם לא מחכה לבחינות. הייתי רוצה שלא יהיו בחינות בכלל - אבל מה לעשׂות?! ככה זה: בסוף כל סימסטר "***מחכות***" בחינות, צריך לעבור אותן, וזהו.

אני רק מקווה שהבחינות השנה יהיו קצת יותר קלות. כל שנה אנחנו --- שהבחינות לא יהיו קשות. אף אחד לא מצפה שהבחינות יהיו מאוד קלות, אבל אנחנו --- לציונים טובים.

יש לנו מורה אחד שמלווה את כיתתנו כבר הרבה שנים, והוא כמו חבר שלנו. בימים שלפני הבחינה, התלמידים --- אותו עד חדר המורים כדי לשמוע ממנו מה כדאי ללמוד, ומה יהיה בבחינה. אבל הוא אף פעם לא מגלה לנו. אנחנו בעצם יודעים שאסור לו --- .

המורה הזה אוהב לשנות כל פעם את סגנון הבחינה. הוא מאמין, שאם לא --- את התרגילים והשאלות, התלמידים עונים כמו תוכי. אני מנסה להיכנס לראש של המורה, אבל בעצם לא כדאי --- לדעת מה יהיה בבחינה. צריך ללמוד, וזהו!

אחרי הבחינה האחרונה אני מנקה את השולחן מכל הניירות, ויוצאת לחופשה עם חברים. בחופשה אנחנו " --- את הראש" ויוצאים לבלות. איך --- ?

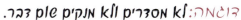

ענו על השאלה שבסוף הקטע בעזרת הפעלים החדשים (פיעל ל"י).
כתבו 4 משפטים לפחות.

דוגמה: לא מסדרים ולא מנקים שום דבר.

"שִׂמְחָה רַבָּה, שִׂמְחָה רַבָּה, אָבִיב הִגִּיעַ - פֶּסַח בָּא" (שיר ילדים לפסח - ב. יפה/י.אדמון)

3. **שבצו בקטע את הפעלים האלה בזמן הווה בצורה הנכונה!**

לבלות, לנקות, לצפות, לשנות, לנסות, לחכות, לגלות, ללוות

"אָבִיב הִגִּיעַ - פֶּסַח בָּא!"

כבר שבוע שאני "עובדת על הבית". אני יודעת שיש בחורות שלא --- לרגע האחרון, והן "*מבלות*" כבר חודשיים מתחת למיטות ומעל לארונות, אבל אני עושׂה את הכול בעשׂרה ימים, וזה לא פחות נקי.* דבר ראשון אני קונה הרבה חומרי ניקוי. אני אוהבת --- חומרים חדשים וריחות חדשים, אז אני קונה בשוק עוד ועוד חומרי ניקוי.*.

כל שנה אני --- את תוכנית הניקיונות: שנה אחת אני מתחילה עם חדרי הילדים ובשנה השנייה, עם הסלון.*

מאחורי הארונות ומתחת למיטות אני --- כל מיני דברים, שחשבתי שזרקתי אותם מזמן. כשאני עובדת, אני שומעת שירים בווֹקמֶן. אני הולכת איתו לכל מקום, והמוזיקה --- אותי בעבודה.*

אני תמיד --- שהילדים שיעזרו לי. אני מבקשת מהם פעם ופעמיים לסדר את החדרים שלהם, אבל הם לא עושׂים הרבה.*

אם אתם שואלים אותי, פסח לא צריך להיות באביב. כולם --- את הבית מבוקר עד ערב, ואז פתאום יש רוח חַמְסִין חזקה, וכל הבית שוב מלוכלך.

4. אל יאללה, ב"י!

א) הוסיפו את המשפטים האלה למונולוג של הבחורה בערב פסח בכל מקום שיש כוכבית *.

Add these sentences to the young woman's monologue on Passover eve.
The sentences ahould be added next to the stars.

חולת ניקיון

- מה שיותר - יותר טוב!
- אני פשוט חייבת מוזיקה.
- אצלי הכול טִיפּ-טוֹפּ ובצ'יק -צָ'ק!
- אז החלטתי בלי טובות!
- לא בא לי לחזור על אותו דבר פעמיים.

ספרו זה לזה איך, מתי ועם מי אתם מנקים את הבית.

ב) כתבו מונולוג של מישהו אחר והשתמשו בפעלי פיעל ל"י.

אפשר להתחיל כך: *כבר חודש שאני מנסה...*

5. א-פרופו

ניקיונות

- תשמע, מחר הם באים, ואנחנו צריכים לנקות את הבית.
- את חושבת שמישהו ירגיש אם הבית נקי או מלוכלך?! אבל אם את רוצה אני מוכן לעזור לך.
- זה לא לעזור לי! החלטנו שאנחנו מנקים את הבית יחד.
- בסדר, תתחילי את, ואני אבוא אחר כך.
- אוֹ.קֵיי. אני הולכת לנקות את השירותים ואת חדר העבודה, ואתה תנקה את החדרים הגדולים - את הסלון, את חדר השינה ואת חדרי הילדים.
- ומה עם המטבח?
- את המטבח מנקים רק בסוף. אני עוד צריכה לבשל כמה דברים. ויהיה צריך גם לשׂים את הכלים במדיח.
- טוב. הכול פה?

- כן. הסמרטוט, חומרי הניקוי וגם הדלי. אבל לפני שאתה מתחיל לשטוף, צריך לטאטא. נורא מלוכלך.
- יותר טוב עם שואב אבק, לא?
- איך שאתה רוצה. רגע, שכחנו את הכביסה.
- אין כביסה, אבל יש לי כמה חולצות שצריך לגהץ.
- לא עכשיו. אני אגהץ אחר כך, ואתה אל תשכח לשים סבון בדלי.
- כן המפקדת!

? המחיזו שיחה של עוד זוג שנגמרת במשפט: כן המפקד!

מילים:

גִּיהֵץ, לְגַהֵץ • דְּלִי ז. • טִאטֵא, לְטַאטֵא • מֵדִיחַ (מֵדִיחַ כֵּלִים) ז. • סְמַרְטוּט ז. • שׁוֹאֵב אָבָק ז.
• שָׁטַף, לִשְׁטוֹף • מְפַקֵּד, מְפַקֶּדֶת

.6 משפטי תנאי בטל

אילו + משפט בעבר (עבר פשוט או להיות בעבר +פועל בהווה)

+ משפט בעבר (להיות בעבר+פועל בהווה)

אילו קראת את העיתון, היית יודע מה קרה.

דוגמאות: אילו למדת, היית מצליח.

(לא למדת, ולכן לא הצלחת.)

אילו היית מודיע לי על ההרצאה, הייתי בא.

(לא באתי להרצאה, כי לא הודעת לי עליה.)

קראו את הסיפורים וסמנו את המשפט הנכון לפי כל סיפור.

Read the stories and underline the correct sentence according to each story.

שלושה סיפורי חסידים (לפי: אור הגנוז, מרטין בובר)

א) האבן היקרה

אנשים רבים הכירו את רבי שְׁמֶלְקִי, אבל רק מעטים ידעו שהוא חי בעוני רב. יום אחד הגיע איש עני אל רבי שְׁמֶלְקִי. העני ביקש ממנו כסף לאוכל, לו ולילדיו. לרבי שְׁמֶלְקִי לא היה כסף, אבל לאשתו הייתה טבעת אחת, והוא נתן אותה לאיש העני. כשהלך העני לדרכו, סיפר רבי שמלקי לאשתו, שהוא נתן את הטבעת האחת שהייתה בבית, לאיש עני. כעסה אשתו ואמרה: למה לקחת את הטבעת הזאת? אתה יודע שזאת טבעת יקרה מאוד, ויש בה אבן טובה!

רץ רבי שמלקי אחרי העני ואמר לו: עכשיו שמעתי שהטבעת שנתתי לך, יקרה מאוד, ויש בה אבן טובה. בבקשה, אל תמכור אותה בזול!

מהו המשפט הנכון לפי הסיפור:

- אילו אשתו של רבי שמלקי הייתה אומרת לו שהטבעת יקרה, הוא לא היה נותן אותה לאיש העני.
- אילו רבי שמלקי לא היה מספר לאשתו, שהוא נתן לאיש העני את הטבעת, הוא לא היה יודע שהטבעת יקרה.

ב) חיבור ספר - למה?

החסידים של הרבי מקוֹצְק שאלו אותו למה הוא לא כותב ספר. הרבי מקוצק שתק ואחר כך אמר: "בואו נאמר שכבר כתבתי את הספר. מי ירצה לקנות אותו?" "האנשים שלנו יקנו אותו". ענו החסידים. "ומתי יהיה להם זמן לקרוא את הספר?", שאל הרבי. "כל השבוע הם עובדים קשה. ביום שישי הם הולכים לבית הכנסת. אחר כך הם חוזרים הביתה, ואוכלים ארוחת שבת גדולה. רק אחרי הארוחה יש להם זמן לקרוא את הספר. והינה, שוכב אדם על הספה, לוקח את הספר, פותח אותו, אבל הוא עייף ורוצה לישון. הוא ישן, הספר נופל, והוא לא קורא אפילו דף אחד. אז עכשיו, תגידו לי בבקשה - למה לי לכתוב ספר?"

?

מהו המשפט הנכון לפי הסיפור:

- לדעת הרבי, אילו הוא כתב ספר, כולם היו קוראים אותו.
- לדעת החסידים, אילו הרבי היה כותב ספר, כולם היו קוראים אותו.

ג) איש עשיר

איש עשיר בא אל הרבי מקוזניץ. "מה אתה אוכל כל יום?" שאל אותו הרבי. "אני אוכל מעט מאוד" ענה העשיר "אני אוכל רק לחם במלח ושותה רק מים. זה מספיק לי."

"מעכשיו אתה צריך לאכול כל יום בשׂר טוב ולשתות יין יקר כמו כל העשירים." אמר הרבי.

אחרי שהעשיר הלך, שאלו החסידים את הרבי למה הוא אמר כך לעשיר. ענה הרבי: " הוא צריך לאכול בשׂר טוב ולשתות יין יקר כדי להבין שהעני צריך לחם ומים. כאשר אדם עשיר אוכל רק לחם, הוא חושב, שהעניים יכולים לאכול אבנים."

?

מהו המשפט הנכון לפי הסיפור:

- אילו העשיר היה אוכל רק לחם ושותה מים, הוא היה מבין את העניים.
- אילו העשיר היה אוכל גם בשׂר טוב ושותה יין יקר, הוא היה מבין את העניים.

7. אמרו שוב את המשפטים בעזרת אילו:

דוגמה: כולם יכולים לבוא לפגישה בשמונה בערב,
ולכן אנחנו לא משנים את זמן הפגישה.

אילו מישהו לא היה יכול לבוא לפגישה בשמונה בערב,
היינו משנים את זמן הפגישה.

1) היא צריכה ללדת כל יום, לכן אנחנו מצפים כל יום לטלפון ממנה.

אילו היא לא הייתה צריכה ללדת, ---

2) אני אוהבת את המחשב שלי, ולכן אני לא מנסה מחשב חדש.

אילו לא אהבתי את המחשב שלי, ---

3) אנחנו לא יכולים לשׂחק איתם, כי הם מגלים את הסודות שלנו לכולם.

אילו הם לא היו מגלים ---

4) איבדתי את התיק, ולכן אין לי כסף עכשיו.

אילו ---

5) היא לא אוהבת לבלות מחוץ לבית, ולכן היא לא מכירה את בתי הקפה והמסעדות בעיר.

אילו ---

6) היא פוחדת מהחושך, ולכן אנחנו מלווים אותה הביתה. אילו ---

7) לא ידעתי שיש שביתה של נהגי האוטובוסים, ולכן אני מחכה בתחנה כבר יותר משעה.

אילו ---

8) דויד בא לשׂדה התעופה באיחור, ולכן הוא לא עמד בתור הרגיל.

אילו ---

9) הוא לא צדק ולא הסכים לשנות את דעתו ולכן כעסתי עליו.

אילו ---

8. א) הַלָּקוֹחַ תמיד צודק

עד לפני שנים אחדות לא ציפו הלקוחות הישׂראליים לקבל שירות טוב בחנויות. הם לא חשבו שהמוכרים צריכים להיות אדיבים. כשהם היו מחכים הרבה זמן בתור, או כשהמוכרים לא היו מגלים אליהם סבלנות, הם קיבלו את התנהגותם ואמרו: " ככה זה בישׂראל , זה לא נורא".

אבל בשנים האחרונות התחילו הלקוחות הישׂראלים לגלות שבעולם הגדול הדברים שונים. הרבה יותר נעים לקנות, כאשר המוכר אומר לך "בוקר טוב" , מחייך אליך, עונה לשאלותיך ולא עומד חסר סבלנות, ומחכה שתצא כבר מן החנות, כדי שהוא יוכל להמשיך לדבר בטלפון...

היום גם המוכרים הישׂראלים יודעים, שבלי שירות טוב אי אפשר לעשׂות עסקים. יִצְחָק כֹּהֵן, כלכלן ישׂראלי, בדק ומצא, שלקוח שממשיך לבוא לאותו קִיוֹסְק יום-יום, כדי לאכול פלאפל, משלם כ-3000 שקלים בשנה. אם גם בעל הקיוסק יודע זאת, כדאי לו לשנות את התנהגותו ולתת שירות טוב: כדאי לו להיות נחמד, לחייך אל הלקוח ולשאול אותו "מה נשמע" ; כדאי לו לנקות את השולחן, לפנות כלים מלוכלכים מן השולחן ולנסות לתת ללקוח הרגשה נעימה וביתית. כדאי לו גם לעבוד במהירות ולא לתת לאנשים לחכות הרבה זמן בתור.

חברות בינלאומיות כמו פִּיצָה-הָאט, קֶנְטַקִי-פְרַייד-צִ'יקֶן ומֶקְדוֹנַלְדְס מלמדות את העובדים איך לדבר, מה ללבוש ואיך להתנהג עם הלקוח.

כל שנה הן מזמינות את המוכרים לכמה ימים של "סֶמִינָר שירות" . חברות רבות לא רק מלמדות את העובדים איך להתנהג, אלא גם בודקות את השירות שנותנים בחנויות. מנהלי החברות מבקשים מלקוחות לכתוב את דעתם על השירות, הם מדברים עם לקוחות, ואפילו מצלמים את השׂיחות של עובדים עם לקוחות.

העובדים בחנויות לא תמיד שׂמחים לשינוי. בהתחלה הם כועסים על הבדיקות האלה ופוחדים מהן. אבל במשך הזמן הם מוכנים לנסות דרכי שירות חדשות ולהתייחס טוב יותר ללקוח.

1) מה הוא שירות טוב לפי הקטע?
2) מה אתם חושבים: מה הוא שירות טוב?
3) המחיזו שתי שׂיחות קצרות לפי האיורים: בשׂיחה אחת בעל הקיוסק נותן שירות טוב ובשׂיחה השנייה לא אכפת לו מהלקוחות.

ב) **כתבו לפי הקטע: מי עושׂה מה?**

המוכר הטוב / המוכר הלא מוצלח / הלקוח / מנהל החברה /

דוגמה: *המוכר הטוב* מחייך ללקוחות.

1) --- מצלם את המוכרים.

2) --- מחכה בסבלנות.

3) --- מדבר בטלפון ולא נותן שירות ללקוחות.

4) --- מפחד מהבודקים.

5) --- מסביר איך צריך להתנהג.

6) --- מחייך ונותן הרגשה נעימה.

7) --- מגלה סבלנות.

8) --- מחכה בתור.

9) --- עונה לשאלות על השירות.

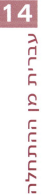

ג) **המחיזו "סמינר שירות" : מנהל חברה מסביר לקבוצת אנשים איך צריך להתנהג עם הלקוחות, והם שואלים שאלות ואומרים מה הם חושבים על דבריו.**

ד) **המחיזו שתי שׂיחות בין לקוח ובין עובד בחנות או במסעדה. בשׂיחה אחת מקבל הלקוח שירות טוב, ובשׂיחה האחרת הוא מקבל שירות רע.**

9. **לא רק... אלא גם...**

דוגמה: מעכשיו יש שירות טוב לא רק בחו"ל אלא גם בישראל.

א) **כתבו מה עושים האנשים והחברות לפי הקטע. השתמשו במבנה:**

לא רק ... אלא גם ...

דוגמה: בעל קיוסק

בעל קיוסק לא רק מחייך ושואל את הלקוח מה נשמע, אלא גם מנקה את השולחן ומפנה כלים מלוכלכים.

בעלי החנויות / חברות ישראליות / מנהלי חברות

ב) **כתבו שניים שלושה משפטים על איש מקצוע בלי לומר מה הוא המקצוע, ושאלו זה את זה מה הוא המקצוע. השתמשו במבנה: לא רק . . . אלא גם . . .**

In two-three sentences describe a profession without naming it.
Ask each other what this profession might be. Use the construction **לא רק... אלא גם...**

10. *אל יאללה, ביי!*

בין "נו...!" ל"סליחה"

כתבו את דברי המלצר המנומס לפי דברי המלצר הלא מנומס.

דוגמה: המלצר הלא מנומס: אוף, איזה לכלוך על השולחן שלכם! אתם צריכים לזוז מפה מייד. אני צריך לנקות עכשיו!

המלצר המנומס: *סליחה, אני מצטער שאני צריך לנקות את השולחן כשאתם כבר יושבים, אבל אני בטוח שיהיה לכם יותר נעים לשבת ליד שולחן נקי!*

1) מה יש לך?! אתה לא יכול לחכות?! יש פה עוד אנשים. אני אבוא אליך כשיהיה לי זמן.

2) זהו! אתם צריכים לקום. אני צריך לפנות את השולחן. סוגרים את המסעדה בעוד חמש דקות!

3) שוב אתה משנה את ההזמנה? אתה לא יכול לשנות את ההזמנה כל רגע. תחליט כבר מה אתה רוצה, סלט או סֶנדוויץ'?

4) אני "מת" על התוכנית הזאת. למה אתה רוצה שאני אכבה את הטלוויזיה? אם אתה לא רוצה לראות את התוכנית, אתה יכול ללכת הביתה!

11. א) **מִיכָאֵל** / מִרְיָם יָלָן שְׁטֶקְלִיס / לחן: נעמי שמר

חִיכִּיתִי, חִיכִּיתִי,
בָּכִיתִי, בָּכִיתִי,
וּמִי לֹא בָּא?
מִיכָאֵל.

וּבַחַלּוֹן יָשַׁבְתִּי,
וְהִקְשַׁבְתִּי,
וְחָשַׁבְתִּי -
מִיכָאֵל.

וְהוּא הִבְטִיחַ פַּעֲמַיִים
כִּי יָבוֹא אַחַר-הַצָּהֳרַיִים.
וּמִי לֹא בָּא?
מִיכָאֵל.

וּבַגְּזוֹזְטְרָא עָמַדְתִּי,
וְלֶחָצֵר יָרַדְתִּי,
וְחָרַדְתִּי -
מִיכָאֵל.

שִׂמְלָה לָבַשְׁתִּי יָפָה מְאוֹד,
וְסִינָר, בּוֹ רָקוּם אֶפְרוֹחַ וָרוֹד.
וּמִי לֹא בָּא?
מִיכָאֵל.

וְהוּא לֹא בָּא.
וְהוּא לֹא בָּא,
מִיכָאֵל.

מָחָר אֵלֵךְ הַשְׁכֵּם בַּבּוֹקֶר אֶל הַגַּן,
וְאֵשֵׁב לִי וְאֶבְכֶּה לִי כָּל הַזְּמַן.
מִיכָאֵל.

וְהַבּוּבּוֹת כּוּלָן לִישׁוֹן הִשְׁכַּבְתִּי.
חָשַׁבְתִּי: שֶׁלֹּא תֵּדַעְנָה -
שֶׁלֹּא תַּפְרַעְנָה -
אוֹתִי וְאֶת מִיכָאֵל.

(מתוך: בחלומי, מרים ילן-שטקליס)

כי=ש...

חרדתי=פחדתי

השכם=מוקדם

תדענה=ידעו

תפרענה=יפריעו

? כתבו את השיר של מיכאל.

ב) ענו על השאלות:

1) למי הילדה חיכתה?
2) כמה זמן, לפי דעתכם, היא חיכתה?
3) היא סידרה, פינתה ואולי גם ניקתה את החדר.
למה היא עשׂתה את כל הדברים האלה?
4) כל כמה דקות היא שינתה את מקומה - לאן היא הלכה?
5) למה היא עברה ממקום למקום? מה היא ניסתה לעשות?
6) עד מתי היא קיוותה שהוא יבוא?
7) מה אתם חושבים: אילו הוא היה בא - איפה הם היו מבלים ואיך?
8) היא ישבה בגן ובכתה. מה אתם חושבים: היא עדיין ציפתה למשהו? לְמה?
9) מה לדעתכם קרה בסוף?

ג) מה אתם חושבים: זה שיר ילדים? למה?

12. בניין פיעל, גזרת ל"י, זמן עבר

לְגַלוֹת

	ז.	ז./נ.	נ.	ז.	ז./נ.	נ.
י.		גִילִיתִי			☐ִ י ☐ִ יתִי	
	גִילִיתָ		גִילִית	☐ִ י ☐ִ יתָ		☐ִ י ☐ִ ת
	גִילָה		גִילְתָה	☐ִ י ☐ָ ה		☐ִ י ☐ְ תָה
ר.		גִילִינוּ			☐ִ י ☐ִ נוּ	
	גִילִיתֶם		גִילִיתֶן	☐ִ י ☐ִ יתֶם		☐ִ י ☐ִ תֶן
		גִילוּ			☐ִ י ☐ִ וּ	

א) **השלימו את הפעלים בכל הגופים:**

אני	אתה	את	הוא	היא	אנחנו	אתם	אתן	הם/הן
ניסיתי	---	---	---	---	---	---	---	---
---	גילית	---	---	---	---	---	---	---
---	---	בילית	---	---	---	---	---	---
---	---	---	ציפה	---	---	---	---	---
---	---	---	---	חיכתה	---	---	---	---
---	---	---	---	---	שינינו	---	---	---
---	---	---	---	---	---	קיוויתם	---	---
---	---	---	---	---	---	---	פיניתן	---
---	---	---	---	---	---	---	---	ליוו

ב) 1) **אמרו בעבר את נטיית הפעלים: לְכַבּוֹת / לְרַמּוֹת ומצאו את משמעותם במילון.**

2) **כתבו מילה נרדפת ל-לרמות ומילה בעלת משמעות הפוכה ל-לכבות.**

1) Say the verbs **לְכַבּוֹת/ לְרַמּוֹת** in the past tense (sing. + plural) and find the meaning in the dictionary.

2) Find a synonym for **לְרַמּוֹת** and an antonym for **לְכַבּוֹת**.

13. השלימו את הפעלים במשפט השני בזמן עבר, כהמשך למשפט הראשון. השתמשו בפיעל ל"י:

Complete the second sentence using past tense verbs as a continuation of the first sentence. Use the following verbs:

הפעלים: לנסות • לנקות • לבלות • לגלות • לחכות • לשנות • לצפות • ללוות

דוגמה: היה לנו כיף! ***בילינו נהדר!***

1) את זה אף אחד לא ידע קודם.
(אתה) --- משהו חדש!

2) היא כבר לא דורון. היא קוראת לעצמה שַי.
היא --- את שמה.

3) הן לא קנו את המכונה מייד. הן קודם בדקו,
איך המכונה עובדת, ומה עושים איתה.
הן --- את המכונה לפני שהן קנו אותה.

4) נו, נמאס לי - מתי הם כבר יבואו?!
(אני) --- הרבה זמן.

5) הוא היה צריך לקבל הרבה כסף.
הוא --- למֵאָה אלף שקל לפחות.

6) מלוכלך פה. למה אתן לא עושות משהו עם החדר?
מתי (אתן) --- את החדר.

7) היא לא חזרה לבד הביתה.
(אנחנו) --- אותה.

8) כשהיינו בפריז עשינו חיים.
בבוקר הלכנו למוזאון, ובערב הלכנו להצגה או לקונצרט.
(אנחנו) --- נפלא!

14. א) קראו את השיר ותרגמו אותו בעזרת מילון. Read the poem and translate it, using a dictionary.

גָּדוֹל הוּא הָאוֹמֶץ לְחַכּוֹת / נָתָן זַךְ

גָּדוֹל הוּא הָאוֹמֶץ לְחַכּוֹת
מִן הָאוֹמֶץ לִשְׁפּוֹךְ אֶת הַלֵּב.
בִּכְאֵב אֶפְשָׁר לִשְׁבּוֹת לֵב
אֲנָשִׁים, מַה שֶּׁאֵין כֵּן אִם מְחַכִּים:

כָּאן אַתָּה לְבַד. אַתָּה תּוֹלֶה תְּמוּנָה
עַל הַקִּיר, מְיַישֵּׁר מַרְבָד, מַקְשִׁיב לִצְעָדִים,
חוֹשֵׁב שֶׁאַתָּה אוּמְלָל, זוֹכֵר מִיָּד שֶׁאֵין זֶה גּוֹרָל
מְיוּחָד לְךָ. אֲבָל אַתָּה קוֹרֵעַ מִכְתָּב לִגְזָרִים, נִזְהָר.
כָּאן אַתָּה בִּרְשׁוּתְךָ לְגַמְרֵי: שְׁפוֹט
אֶת עַצְמְךָ, אִם הֶכְרֵחַ הוּא. אַךְ זְכוֹר: גַּם זֶה אֵינוֹ הָעִיקָּר.

ב) אמרו איפה נאמר בשיר של נתן זך משהו דומה למשפטים האלה:
Where in the poem by נתן זך do you find something similar to what is said in these sentences:

דוגמה: קשה ומפחיד לחכות.
"גדול הוא האומץ לחכות."

1) קשה לחכות; יותר קל לגלות את הרגשות.
2) כשמגלים מה כואב, ומספרים על הבעיות, אנשים אוהבים אותך ומנסים לעזור לך.
3) אל תצפה שאנשים יאהבו אותך, כאשר אתה מחכה.
4) כשמחכים, מגלים את הבדידות.
5) תנסה להבין שיש דברים יותר חשובים מהמחשבות על מה שקורה לך.
6) כשתחכה, תגלה שיש עוד הרבה אנשים שמחכים.
7) כשאתה מחכה, אין לך למי לפנות - רק לעצמך.

ג) השוו בין השיר של נתן זך לשיר של מרים ילן-שטקליס. חשבו על הנקודות האלה:
Compare the poems by נתן זך and מרים ילן-שטקליס. Think about the following points:

1) למי פונה המשורר בשיר?
2) בשני השירים מחכים ועושים דברים דומים. מה עושים?
3) מה ההבדל בין שני המחכים?
4) איזה שיר יותר אופטימי ולמה?
5) איזה שיר אתה אוהב יותר ולמה?

15. **בניין פיעל, גזרת ל"י, זמן עתיד**

לְגַלּוֹת

	ז.	ז./נ.	נ.	ז.	ז./נ.	נ.
		אֲגַלֶּה			אֲ□ַ□ֶ ה	
י.	**תְּגַלֶּה**		**תְּגַלִּי**	תְ□ַ□ֶ ה		תְ□ַ□ִ י
	יְגַלֶּה		**תְּגַלֶּה**	יְ□ַ□ֶ ה		תְ□ַ□ֶ ה
		נְגַלֶּה			נְ□ַ□ֶ ה	
ר.		**תְּגַלּוּ**			תְ□ַ□ וּ	
		יְגַלּוּ			יְ□ַ□ וּ	

א) השלימו את הטבלה.

אני	אתה	את	הוא	היא	אנחנו	אתם/אתן	הם/הן
אנסה	---	---	---	---	---	---	---
---	תגלה	---	---	---	---	---	---
---	---	תבלי	---	---	---	---	---
---	---	---	יצפה	---	---	---	---
---	---	---	---	תחכה	---	---	---
---	---	---	---	---	נשנה	---	---
---	---	---	---	---	---	תקוו	---
---	---	---	---	---	---	---	ינקו

ב) אמרו את נטיית הפעלים לזהות/לזַכּות בעתיד. ומצאו את משמעותם במילון.

16. השלימו את הפעלים בשלושת הזמנים:

המוכר הטוב

דוגמה: האם המוכר **ניסה** להשפיע עליך לקנות משהו?
מוכר טוב לא **אנסה** להשפיע על הלקוח לקנות משהו.
אל (אתה) **תנסה** להשפיע על הלקוח לקנות משהו!

1) האם המוכרת --- אותך לכל מקום שהלכת, ולא נתנה לך לבחור כרצונך?
מוכרת טובה לא --- את הקונה לכל מקום שהוא הולך!
אל (את) --- את הלקוח לכל מקום שהוא הולך!

2) האם המוכרים --- בסבלנות עד שהחלטתם מה לקנות?
מוכרים טובים --- בסבלנות עד שהקונים מחליטים מה לקנות.
(אתם) --- בסבלנות עד שהקונים יחליטו מה לקנות!

3) האם המוכרות --- לך שם של חנות אחרת, שמוכרת משהו שאתה מחפשׂ, ואין בחנות שלהן?
מוכרות טובות --- לקונה שם של חנות אחרת, שמוכרת משהו שאין בחנות!
(אתן) --- לקונה שם של חנות אחרת, שמוכרת משהו שאין בחנות!

4) האם המוכרות --- לטיפ וכעסו, כשלא נתתם להן?
מוכרות טובות לא --- לטיפ ולא כועסות, כשהן לא מקבלות טיפ!
אל (אתן) --- לטיפ ואל תכעסו, כשלא תקבלו טיפ!

5) האם המוכר סידר ו --- את החנות, כאשר היה לו זמן, או שהוא דיבר בטלפון?
מוכר טוב מסדר ו --- את החנות, כשיש לו זמן ולא מדבר בטלפון!
אל תדברו בטלפון, אלא תסדרו ו --- את החנות, כשיהיה לכם זמן.

6) האם המוכרת --- את היחס אליך, כשאמרת שאתה מחפשׂ משהו זול?
מוכרת טובה לא --- את היחס ללקוח, כשהוא אומר שהוא מחפשׂ משהו זול!
אל (את) --- את היחס אל הלקוח, כשהוא יגיד שהוא מחפשׂ משהו זול!

7) האם המוכרים --- אתכם מהחנות, כשהיה מאוחר, והם רצו לסגור את החנות?
מוכרים טובים לא --- את החנות מהקונים, גם אם זאת השעה לסגור את החנות!
אל (אתם) --- את הקונים מהחנות, גם אם מאוחר, ואתם רוצים לסגור את החנות.

לנסות
ללוות
לחכות
לגלות
לצפות
לנקות
לשנות
לפנות

17. **מילון**

פיעל ל"י

א) זהו בקטע את הפעלים בבניין פיעל, בגזרת ל"י.

ב) כתבו את הערך המילוני של כל פועל ומצאו את משמעותו במילון.

a) Read the excerpt and identify the verbs in the פיעל conjugation, of the ל"י verb type.

b) Write the dictionary entry for every verb, and look up its meaning.

וְעַל כָּל־פְּשָׁעִים תְּכַסֶּה אַהֲבָה (משלי י 12)

אם השופט ימצא שהשוטר לא עשה פשעים נגד המדינה, הוא יזכה אותו והמדינה תהיה צריכה לפצות אותו בהרבה כסף. משפחתו תשמח מאוד. הם יצפו לו בבית, יעשׂו לו את העוגה שהוא אוהב ויצפו אותה בקרם מיוחד. כאשר הוא ייכנס הביתה, יכסו לו את העיניים, ויבקשו ממנו לזהות את האורחים לפי הברכות שהם יאמרו לו!

1) למילה פֶּשַׁע יש כמה משמעויות. מצאו אותן במילון ואמרו:
א) איזו מהן מתאימה לפסוק בכותרת? ב) איזו מהן מתאימה לקטע?

2) מה אתם חושבים: על אילו פשעים מכסה האהבה?

ג) לפניכם הסבר לפעלים שהופיעו בקטע. כתבו ליד כל הסבר את הפועל המתאים בצורתו המילונית (זכר יחיד בעבר, או בהווה, או בשם הפועל).

Below are the meaning of verbs which appeared in the passage. Next to each explanation write the appropriate verb the way it would appear in the dictionary (sing. m. past or present or inf.)

1) נתן כסף או משהו אחר כדי לבקש סליחה.

2) השופט אמר שהאיש לא עשׂה שום דבר רע.

6) הכיר.

3) שׂם משהו כדי שלא יראו מה יש מתחתיו.

4) שׂם חומר ששומר על הדבר או עושׂה אותו לטעים יותר.

5) חיכה.

אמרו זה לזה ברכות שאומרים לאדם, שמגיע הביתה אחרי תקופה ארוכה וקשה מחוץ לבית.

18. א) כדור הארץ מתחמם

כדור הארץ מתחמם משנה לשנה, וחוקרים רבים מאמינים שצריך לחשוב על דרכים לעצור את התהליך, או לפחות להקטין את מהירות ההתחממות.

ההתחממות היא תוצאה של יותר גזים כמו דו-תַחְמוֹצֶת הַפַּחְמָן (CO_2) ומְתָאן באַטְמוֹסְפֵירָה. הגָזִים האלה עולים מן המפעלים, מחומרי הניקוי, מן המכוניות, מן המכונות החקלאיות ומן הכִימִיקָלִים בחקלאות המודרנית. הגזים יוצרים מעטפה מסביב לכדור הארץ, שמונעת מן האֶנֶרְגְיָה של השמש, שהגיעה לכדור הארץ, לחזור לאַטְמוֹסְפֵירָה ולקרר אותה.

ובאמת, חמש השנים האחרונות של המִילֶנְיוּם היו השנים החמות של המאה. תהליך זה מסביר גם את מזג האוויר ה'קַפְּרִיזִי' שאנחנו מכירים מן השנים האחרונות. מזג אוויר זה הוא תוצאה של תהליך ההתחממות.

חוקרים באירופה מצאו שבעונות החורף האחרונות ירדו רוב הגשמים במספר ימים קטן, ובימים האחרים של החורף כמעט לא היו גשמים. לא רק האוויר בכדור הארץ מתחמם, גם מי האוֹקְיָנוּסִים מתחממים. אחת התוצאות היא שאלמוגים רבים מתו באוֹקְיָינוּס ההוֹדִי.

לפי החוקרים, המצב בעתיד יהיה קשה יותר: טמפרטורת כדור הארץ תעלה במאה הקרובה ב-5.2 מעלות צֶלְסְיוּס. זה אולי נשמע מעט, אבל זה כמעט שליש (1/3) מעליית הטמפרטורה מאז תקופת הקֶרַח עד לימינו. בעבר תהליך ההתחמות היה איטי וארוך, הוא נמשך עשׂרים אלף שנה וגרם לשינויים גדולים בכדור הארץ.

חוקרים ישׂראלים חושבים שמדינת ישׂראל צריכה לחקור את ההשפעות של תהליך ההתחממות באזורנו. יש חוקרים שחושבים שהירידה במספר ימי הגשם היא תוצאה של תהליך זה, ואחרים חושבים שעדיין מוקדם לומר שיש פה תהליך של 'עצירת גשמים'.

חוקרים אחרים אומרים שהאינפורמציה על טמפרטורת האיזור היא לא נכונה, כי התחנות שבודקות את טֶמְפֶּרָטוּרַת כדור הארץ נמצאות ליד ערים גדולות. שם האוויר תמיד חם יותר בגלל המפעלים שנמצאים מסביב לערים ובגלל המכוניות הרבות.

בשׂדֵה בּוֹקֶר, בדרום ישׂראל, יש מוסד מחקר גדול שעוסק בשינויים האֶקוֹלוֹגִיים בישׂראל. החוקרים במוסד זה מקווים לא רק להבין את תהליך ההתחממות, אלא גם למצוא דרכים איך לנצל את השמש לאֶנֶרְגְיָה בבית, במוסדות ובמפעלים בִּמְקוֹם חשמל או גז.

(לפי: צפריר רינת, עיתון הארץ, ינואר 2000)

ב) **ענו נכון / לא נכון לפי הקטע:**

1) החוקרים חושבים שהירידה במספר ימי הגשם היא בעיקר בערים גדולות.
2) בשנים האחרונות כבר אין שינויים רבים במזג האוויר מיום ליום.
3) בעתיד יהיה כדור הארץ יותר חם.
4) מעטפת הגזים מסביב לכדור הארץ מקררת אותה.
5) המפעלים והמכוניות גורמים לעליית הטמפרטורה.

ג) **סכמו את המאמר בשלוש הקטגוריות האלה:**

Summarize the article using these three categories:

תהליך　　סיבות　　תוצאות

ד) **מה אתם ממליצים לעשות בחיי היומיום כדי למנוע את התחממות כדור הארץ.**

ה) **אתם יוצאים להפגנה נגד המפעלים שמשתמשים בחומרים, שיוצרים 'מעטפה' ופוגעים באַטְמוֹסְפֵירָה. כתבו 4 שלטים להפגנה.**

ו) **מה אתם יודעים עוד על התחממות כדור הארץ? מצאו חומר בספרייה ובאינטרנט וספרו בכיתה.**

19. א) אמונות תפלות

חתול שחור מפחיד אתכם? אתם אומרים "בלי עין הרע" אחרי שאמרתם "כמה הוא יפה" או "כמה היא חכמה" ? אתם ממשיכים ללבוש את החולצה הפוך כדי לשמור על המזל הטוב?
אם כן, אתם מאמינים באמונות תפלות.

האמונות התפלות משותפות לאנשים רבים בכל העולם, ולכן אנחנו מוצאים אותן אמונות בחלקים שונים של העולם. הן נוגעות ברגשות עמוקים של כל אדם והן תוצאה של פחדים, רצונות וחלומות, שגם הם משותפים לאנשים במקומות שונים. לא רק אנשים, שאומרים שהם מאמינים באמונות תפלות, מתנהגים לפי אמונתם; גם אנשים, שאומרים שהם לא מאמינים באמונות תפלות, לפעמים מחכים עד שהחתול השחור יעבור את הכביש...

הינה מספר דוגמות לאמונות תפלות:

- בזמן החתונה כדאי לאישה לעמוד על הרגל של בעלה - כך היא תהיה החזקה בבית.
- אסור להכין שום דבר לפני שהתינוק נולד. רק אחרי שהוא נולד בריא, אפשר לקנות לו כל מה שצריך.
- כשאימא חוזרת הביתה עם תינוק בן יום או יומיים, צריך לשׂים מֶלַח לפני הדלת. המלח עוזר למזל הטוב להיכנס לבית.
- לא כדאי לבחורה לא נשׂואה לשבת בפינת שולחן, כי אז היא לא תתחתן שבע שנים.
- אם שתיתם קפה ונשפך קצת קפה מתחת לשולחן, אסור לנקות את הקפה! קפה שנשפך מביא מזל טוב.
- כשחבר יוצא לדרך, אסור להסתכל עליו עד שהוא נעלם. אם תסתכלו עליו, לא תפגשו אותו יותר.
- אם משהו נשבר בבית, צריך מיד לשבור עוד שני כלים לא יקרים, כדי שלא יישברו דברים יקרים יותר.
- אם חבר יצא מהבית לבחינה או לנסיעה ארוכה, תשפכו אחריו מים, ואז המזל הרע יברח ולא יפגע בבני הבית.

(לפי: עדי קסלר, עיתון ירושלים, יוני 1995)

ב) 1) **למילה "תפל" יש שתי משמעויות: 1) לא חשוב 2) בלי טעם.**
מה אתם חושבים: איזו משמעות מתאימה לאמונות אלה? למה?

2) **מה אתם חושבים על אמונות תפלות?**

ג) קצת חוש הומור, בבקשה!

אנשים פונים לעיתון 'עין הטוב' ושואלים למה הם לא מצליחים, למה הם נכשלים, למה יש להם בעיות ולמה אין להם מזל. עיתונאי "עין הטוב" מאמינים באמונות תפלות.
כתבו את תשובות העיתונאים למכתבים שכותבים לעיתון. התחילו כל תשובה במילה אילו.

דוגמה: אתמול נשברה בבית שלי צלחת יפה, והיום נפלו ונשברו אצלנו שלוש צלחות עתיקות ויקרות.

תשובת העיתונאי: *אילו היית שוברת מיד עוד שתי צלחות זולות ופשוטות, הצלחות היקרות לא היו נשברות.*

1) הכרתי את בעלי לפני שנה ואחרי חודש התחתנו. הייתה חתונה נהדרת, אבל מאז בעלי כל הזמן אומר לי מה לעשות, והוא לא מסכים שאני אצא מן הבית להיפגש עם חברות.

2) לפני עשׂר שנים נפרדתי מחברה טובה שלי, שיצאה לטיול בהודו. היא נעלמה ואני לא יודעת איפה למצוא אותה.

3) אשתי ילדה תינוק נחמד ויפה לפני חודש. קנינו לו כל מה שצריך לפני שהוא נולד, ויש לנו הכול. אבל אנחנו מאוד דואגים כי הוא לא מפסיק לבכות.

4) חברים טובים שלי הזמינו אותי לארוחת ערב לפני שלוש שנים, כדי שאפגוש אצלם בחור נחמד... הוא באמת נחמד ואנחנו חברים, אבל הוא רוצה להתחתן רק בעוד ארבע שנים.

5) בננו נסע לחו"ל כי הוא רצה ללמוד שם. כשנפרדנו ממנו, נתנו לו את ברכת הדרך. אחרי שבוע התחלנו לקבל מכתבים: הוא חולה כל הזמן, והוא עצוב מאוד. מאז גם אשתי חולה ואני מרגיש שגם אני הולך להיות חולה.

6) שום דבר טוב לא קורה לנו בזמן האחרון: כולם מרגישים לא טוב אצלנו. אשתי קיוותה לקבל עבודה - והיא לא קיבלה אותה. כבר כמה חודשים שהחנות במצב רע: פתחו חנות אחרת לידי וכל הלקוחות עברו לקנות שם. המזל הטוב עזב אותנו. אני יושב בחנות ומצפה לנס, ואשתי לא שקטה, כל היום היא מנקה את הבית. גם כשנשפך קצת קפה היא מייד מנקה. אני לא יודע מה יהיה?!

ד) **כתבו עוד מכתב לעיתון 'עין הטוב', ואחר כך כתבו את מכתב התשובה של העיתונאי.**

ה) **ספרו על אמונות תפלות נוספות שאתם מכירים.**

איך אפשר היה לומר זאת אחרת?

בעברית כמו בשׂפות אחרות, יש דרכים שונות לומר כל דבר. לפניכם משפטים בדרגות שונות של נימוס - דרגו אותם לפי דרגת הנימוס.

There are different levels of politeness in Hebrew, and there are different ways of saying the same thing.

See the following answers to various questions- rank them according to their level of politeness.

* = מאוד לא מנומס,   ** = לא מנומס,   *** = מנומס,   **** = מנומס מאוד

דוגמה:

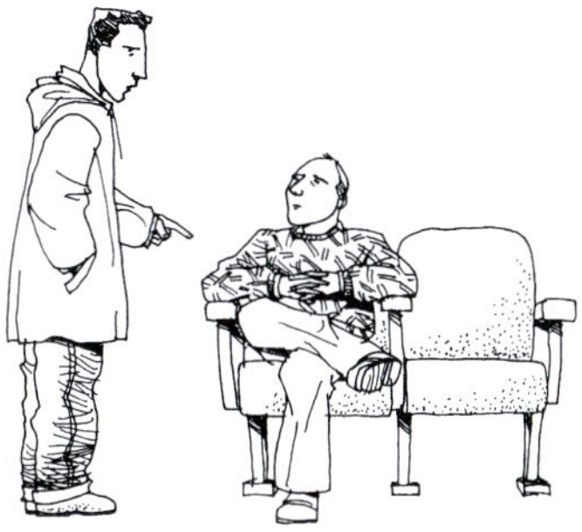

**** סליחה, אולי יש מקום לידך?

*** אפשר לשבת פה?

** למה אתה לא זז, גם אני צריך מקום.

* אתה לא אוויר, תזוז כבר.

1) - ברור שהיא נחמדה.
- אם את רוצה לדעת מה אני חושב, אז לדעתי היא נחמדה.
- הייתי אומר שהיא נחמדה.
- היא נחמדה וזהו!

2) - חבל שצריך לבקש כל כך הרבה פעמים קפה...
- נו, מה עם קפה?
- אני הייתי שותה קפה בשׂמחה.
- סליחה, יש קפה?

3) - אני? מה אני משוגע לצאת לטיול?
- אני מצטער, הייתי רוצה לצאת לטיול, אבל אני לא יכול.
- אני ממש לא רוצה לצאת לטיול.
- לא הייתי רוצה לצאת לטיול.

4) - הייתי מבקש קצת שקט, אם אפשר.
- שיהיה שם שקט סוף-סוף!
- אולי אתם יכולים להיות בשקט?
- תפסיקו מייד את הרעש, שמעתם?!

Vocabulary — א. אוצר המילים

פעלים / Verbs

show / discover	גִילָה, לְגַלוֹת
cause	גָרַם, לִגְרוֹם ל...
reduce / diminish	הִקְטִין, לְהַקְטִין
get warm	הִתְחַמֵם, לְהִתְחַמֵם
give birth	יָלַד, לָלֶדֶת
turn off / put out (a light)	כִּיבָּה, לְכַבּוֹת
clean	נִיקָה, לְנַקוֹת
clear	פִּינָה, לְפַנוֹת
expect	צִיפָּה, לְצַפּוֹת
cool	קֵירֵר, לְקָרֵר
pour	שָפַך, לִשְפּוֹך

שונות / Miscellaneous

if	אִילוּ
as a matter of fact	בְּעֶצֶם
the next day	לְמָחֳרָת

שמות תואר / Adjectives

curtious	אָדִיב, אֲדִיבָה
international	בֵּינְלְאוּמִי, בֵּינְלְאוּמִית
opposite / upside down	הָפוּך, הֲפוּכָה
polite	מְנוּמָס, מְנוּמֶסֶת
frightening / scary	מַפְחִיד, מַפְחִידָה

שמות עצם / Nouns

bravery	אוֹמֶץ ז.ר.0.
coral	אַלְמוֹג ז.
superstition	אֱמוּנָה תְפֵלָה נ.
understanding	הֲבָנָה נ.
warming (of)	הִתְחַמְמוּת נ.
ring	טַבַּעַת נ.
planet earth	כַּדוּר הָאָרֶץ ז.ר.0
customer / client	לָקוֹחַ ז. לָקוֹחוֹת
cleaning	נִיקוּי ז. נִיקָיוֹן, ז. נִיקְיוֹנוֹת
miracle	נֵס ז.
poverty	עוֹנִי ז.ר.0.
the evil eye	עַיִן הָרַע נ.
business	עֲסָקִים ז.ר.
stop	עֲצִירָה נ.
channel	עָרוּץ ז.
corner	פִּינָה נ.
ice	קֶרַח ז.
service	שֵירוּת ז.
layer	שִכְבָה נ.
process	תַהֲלִיך ז.

צורות: פועל: • בניין פיעל , גזרת ל"י, זמן הווה.

דוגמה: מגלה

• בניין פיעל, גזרת ל"י זמן עבר

דוגמה: גיליתי

• בניין פיעל, גזרת ל"י זמן עתיד

דוגמה: אגלה

תחביר: • משפטי תנאי בטל The Conditional (Unreal Condition)

דוגמה: אילו קראת את העיתון, היית יודע מה קרה.

• לא רק... אלא גם...

דוגמה: נסעתי לא רק לבאר שבע, אלא גם לאילת.

שיעור 15

Gerund   1. **שמות פעולה**

פְּתִיחָה	□ְ□ִי□ָה
קְנִיָּיה	□ְ□ִיָּיה
שִׁירָה	□ִי□ָה
בִּיקּוּר	□ִי□וּר
הַפְסָקָה	הַ□ְ□ָ□ָה
הִתְקַדְּמוּת	הִתְ□ַ□ְ□וּת

ממלחמה לשלום - כותרות מן העיתון

1) **תושבי הצפון: די למלחמה! די לפגיעות! די לפציעות!**

2) **מאתמול הפסקת אש בין שני הצדדים**

3) **התקדמות בשיחות השלום**

4) **היום - פתיחת הגבול בין שתי המדינות**

5) **השבוע - ביקור הנשיא במדינה השכנה**

שם פעולה הוא שם עצם המביע פעולה. לכל בניין יש משקל אופייני לשם הפעולה. אבל יש הרבה שמות פעולה חריגים, ויש פעלים שאין להם שמות פעולה.

שם פעולה כמו כל שם עצם: א) הוא בעל מין דקדוקי - זכר או נקבה, (נסיעה=נ.). ב) הוא מקבל את 'הא' הידוע (הנסיעה). ג) יש לו צורת סמיכות (נסיעת-). ד) הוא מקבל כינויים (נסיעתי, נסיעתך וכו'). שמות הפעולה הנלמדים בשיעור זה, נגזרים מפעלים ידועים ולא הובאו ברשימת המילים החדשות בסוף השיעור.

The gerund is a verbal noun (noun form of the verb) expressing an action.
Every conjugation has a typical pattern for the gerund, but there are many irregular gerunds and there are verbs that have no gerund.
The gerund, like all nouns, has a grammatical gender - masculine or feminine (נסיעה=נ.).
It may receive the definite article (הנסיעה). It may be part of a construct state (נסיעת-) , and may receive personal pronouns (נסיעתי, נסיעתך וכו'.).
The gerunds learned in this lesson are derived from known verbs, and they do not appear in the list of new words at the end of the lesson.

התאימו את כותרות המשנה לכותרות הראשיות בעמוד הקודם.

א) הנשׂיא יבקר השבוע במדינה השכנה וייפגש עם ראש הממשלה.

ב) אתמול הפסיקו שני הצדדים את המלחמה ומחר יפתחו בשׂיחות.

ג) בטקס חגיגי יפתחו היום שׂרי החוץ את הגבול, ומעכשיו אפשר יהיה לעבור ממדינה למדינה בלי ויזה.

ד) "השׂיחות על השלום, שהתחילו לפני שבוע מתקדמות ואנחנו אופטימיים", אמר שׂר החוץ.

ה) תושבי הצפון מבקשים ששני הצדדים יפסיקו להילחם, לפגוע ולפצוע.

2. ועוד כותרות מן החדשות

א) סמנו את שמות הפעולה בכותרות.

1) עלייה במספר התיירים הנכנסים לישׂראל - ירידה במספר הישׂראלים שנוסעים לחוץ לארץ.

2) ממחר: העישון בטיסות "אל-על" אסור.

3) ההזמנות למקומות במלונות בירושלים - דרך המחשב.

4) היום השמיני לשביתת הרופאים בבתי החולים - הבוקר הפגנת רופאים ליד משׂרדי הממשלה.

5) התנגדות השגריר בצרפת להחלטת משׂרד החוץ על סגירת המשׂרדים בפריז.

6) אין יותר מיסים על קניית טלוויזיה בחוץ לארץ.

7) משׂרד הבריאות הפסיק את מכירת התרופה עד לבדיקה חוזרת של התרופה בבתי החולים.

8) הצלחה למדעי המחשב באוניברסיטת הנגב: עלייה גדולה במספר הסטודנטים.

9) הפגנת סטודנטים: שיעורי ספורט לתואר ראשון - כפייה!

10) מחקר חדש: בעיות בהתפתחות ילדים של אימהות מעשנות.

11) מחקר בסין: אכילת ירקות בבישול סיני מסורתי עוזרת לשמירת רמת כולסטרול נמוכה בדם.

ב) השלימו את המשפטים לפי הכותרות. Turn these headlines into complete sentences.

שימו לב: בכותרות מופיעים שמות פעולה, ואילו במשפטים אתם מתבקשים להשתמש בצורות הפועל בזמן המתאים או בשם הפועל.

Please note: In the headlines gerunds are used, in the sentences you are asked to use verb in different tenses or in the infinitive.

דוגמה: מספר התיירים שנכנסים לישׂראל ***עלה***, ואילו מספר התיירים שיוצאים מישׂראל ***ירד***.

1) אסור --- כֶּשֶׁ --- באל על.

2) אפשר --- מקומות במלונות בירושלים דרך המחשב.

3) הרופאים --- כבר שמונה ימים. היום הם --- ליד משׂרד ראש הממשלה.

4) במשׂרד החוץ --- לסגור את המשׂרדים בפריז. השגריר הישׂראלי בצרפת --- לכך.

5) מעכשיו יכולים הישׂראלים --- טלוויזיה בחוץ לארץ בלי לשלם מיסים.

6) משׂרד הבריאות לא מסכים ש --- את התרופה החדשה עד ש --- אותה שוב.

7) החוג למדעי המחשב --- מאוד באוניברסיטת הנגב. מספר הסטודנטים בחוג זה ---

8) הסטודנטים --- , כי הם חושבים ש --- עליהם ללמוד ספורט.

9) לפי מחקרים חדשים, ילדים של אימהות ש --- לאט יותר.

10) אם --- ירקות ש --- אותם בדרך הסינית המסורתית, --- על רמת כולסטרול נמוכה בדם.

3. השלימו את שם הפעולה לפי הפועל.
שׂימו לב, בתרגיל יש משקלים שונים של שמות פעולה לפי הבניינים והגזרות שלמדנו.
לפעמים יש לשנות את שם הפעולה לצורת הסמיכות או לצורת הריבוי.

Use the following verbs to fill in the gerund.
Please note, The excercise contains different forms of the gerund in accordance with the various grammatical forms we learned. Somtimes the gerund will have to be turned into the plural or into the construct state.

□ָ□ַ□ - □ְ□ִי□ָה נ.

1) נסענו לתל אביב ובחזרה. בגלל ה --- היינו עייפים.

2) החיילים שמרו כל הלילה. הם ישנו כל היום למחרת בגלל ה --- הארוכה.

3) הסופר הצעיר כותב בסגנון מיוחד. הוא פּוֹפּוּלָרִי
בגלל סגנון ה --- המעניין שלו.

4) ישבתי על כיסא לא נוח, ועכשיו יש לי כאב גב.
הגב שלי כואב בגלל ה --- על הכיסא הזה.

5) פגשנו איש מעניין ודיברנו איתו שעה ארוכה.
בגלל ה --- הזאת איחרנו לשיעור.

□ָ□ - □ִי□ָה נ.

6) אני שׂונאת לרוץ בשיעור ספורט, כי ה --- האלה "גומרות אותי".

7) אני אוהב ללכת לישון מאוחר, אבל בבוקר אין לי כוח לקום.
ה --- המוקדמת "הורגת" לי את היום!

8) היא שרה כמו מלאך. איזו --- נהדרת!

9) טסנו מקניה לאוסטרליה. ה --- הייתה ארוכה מאוד.

□ָ□ָה - □ְ□ִיָּה נ.

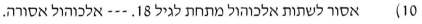

10) אסור לשתות אלכוהול מתחת לגיל 18. --- אלכוהול אסורה.

11) נעים לקנות בקניון הזה. ה --- כאן נעימה.

12) קל לעלות להר הזה. ה --- להר הזה קלה!

13) אסור לבנות עוד קומה בבניין הזה.
--- קומה נוספת אסורה.

14) קשה לשׂחות בים. ה --- בים קשה, לכן אני
מעדיף לשׂחות בבריכה.

הִ□ְ□ִי□ - הַ□ְ□ָ□ָה נ.

15) מפסיקים את השיעור לעשׂר דקות ואחרי ה --- חוזרים לכיתה.

16) בעוד שבוע מתחילים ללמוד. לפני --- הלימודים אנחנו רוצים לטייל בנגב.

17) הצייר הדריך אותנו במוזאון. אחרי ה --- שלו אני מבינה מה זאת אומנות מודרנית.

18) העיתונאי המליץ על הסרט הזה. הלכנו לסרט, אחרי שקראנו את ה --- החמה שלו.

19) הסרטים של הבמאי הצעיר מצליחים מאוד. אחרי --- של סרט אחד, הזמינו אותו לעשׂות עוד סרט.

20) היא החליטה לא לצאת לטיול. גם אנחנו החלטנו לא לצאת לטיול, אחרי ששמענו על ה --- שלה.

21) מצאנו מכונית מצוינת, אבל בעל המכונית לא מסכים למכור לנו אותה, לפני שהוא מקבל את --- אשתו וילדיו.

□ִי□ֵ□ - □ִי□ּו□ ז.

22) המורה מצלם כמו שצילמו באמריקה לפני שבעים שנה. הוא אוהב --- אמריקני.

23) דני ומיכל מחנכים את ילדיהם בדרך סְפַּרְטָנִית. אני לא מאמין ב --- כזה.

24) איך סידרתם את החדר? אני לא מסכים ל --- הזה.

25) בבאר שבע גר רופא שמטפל בחולים בשיטות מיוחדות. הרבה רופאים מתנגדים לדרך ה --- שלו.

26) דודה שלי תבקר אותנו מחר. ה --- שלה תמיד קצרים מדיי.

27) בגן הבוטני בירושלים מגדלים צמחים מכל העולם. יש שם שיעורים מיוחדים ל --- צמחים אֶקְזוֹטִיִּים.

28) הייתה ישיבת מורים וסתם פטפטו. נמאס לי מכל ה --- האלה ומכל ה --- האלה.

29) היום מתרגמים את התנ"ך לאלפי שׂפות. ה --- הראשון של התנ"ך היה במאה השלישית לפני הספירה לשׂפה היְוָונית. תרגמו אותו במצרים שבעים או שבעים ושניים זקנים.

הִתְ□□□ - **הִתְ**□□□**וּת** נ.

30) הרבה ילדים מתרגשים בבחינות. הפסיכולוגים מנסים למצוא דרך למנוע את ה --- הזאת.

31) יוסק'ה כעס כי אף אחד לא התנדב לעבוד במטבח של הקיבוץ. הוא אומר שכולם מדברים על --- , אבל אף אחד לא מוכן להתנדב!

32) ילדי כיתה א' התקדמו מלימודיהם. המורים כתבו להורים על ה --- היפה של ילדיהם.

33) עיר העולים בנֶגֶב התפתחה יפה בשנים האחרונות. קראנו בעיתון על ה --- העיר ונסענו לראות מה בנו בה.

4. א) מה גורם לאנשים לצחוק?

שׂימו לב: בקטע מופיעים מספרים ליד שמות פעולה. בתרגיל ב) יש להפוך את שמות הפעולה האלה לפעלים.
Please note: Numbers appear next to the gerunds in the excerpt. In exercise (ב. you will be changing the gerunds into verbs.

במשך שנים רבות עסקו פִילוֹסוֹפִים, פְּסִיכוֹלוֹגִים וסוֹצְיוֹלוֹגִים בניסיונות להבין מה גורם לאנשים לצחוק. תאוריות רבות "נולדו" כדי לתת הסבר(1) לצחוק: יש חוקרים רבים שחושבים שהצחוק הוא תגובה להפתעה(2). אנחנו צוחקים כאשר אין התאמה(3) בין התיאור(3) של המצב, או בין מה שאנחנו מצפים שיהיה, לבין מה שקורה באמת.

חוקרים אחרים רואים בהומור תגובה למצבים פסיכולוגיים או חברתיים בעייתיים: ההומור והצחוק הם רגע של ניצחון על פחד או הפגנה(4) של כוח ושליטה(4) במצב. כשאדם משתמש בהומור, זה סימן שהוא בסדר, שהוא לא נכשל. קבוצה אחרת של חוקרים חושבת שההומור הוא יכולת מיוחדת של חלק מן האנשים.

במחקר, שעשׂה פרופסור טְבֶרְסְקִי מאוניברסיטת פרינסטון, נמצא שאנשים חושבים שהם בעלי חוש הומור, אף על פי שהאנשים שמכירים אותם, לא חושבים שיש להם חוש הומור. כנראה שאנשים חושבים שהומור הוא סימן להצלחה(5) והם רוצים לחשוב שהם מצחיקים.

במחקר אחר אספו אנשים שעברו פגיעות(6) מוחיות בגלל תאונה או מחלה. לאנשים אלה הייתה פגיעה רצינית באונה הימנית של המוח. רמת האינטליגנציה שלהם הייתה רגילה, ולא היה להם שום קושי בהבנה של מצבים. החוקרים רצו לדעת מה תהיה התגובה של אנשים פגועי מוח לבדיחות. החוקרים סיפרו לנבדקים סיפורים שגורמים לאנשים בריאים לצחוק ורשמו את תגובותיהם.

פגועי המוח "נכשלו" בשני מבחני ההומור: במבחן ההבנה(7) של סוף מצחיק של בדיחה, ובמבחן היצירה וההמצאה(7) של סוף מצחיק לסיפור.

ההסבר להבדלים בתגובות קשור לתפקיד האונה הימנית במוח. האונה הימנית בונה את ההתקשרויות[8] בין אנשים וקשורה לרגשות וללימוד שָׂפה. בעזרת האונה הימנית אנשים זוכרים את העבר הקרוב ומוצאים פתרונות לבעיות מיידיות. האונה הימנית דומה לדיסק ה-RAM במחשב, העוסק בפתרון בעיות ובהבנת המצב שקורה בכל רגע במחשב. דיסק ה-RAM שונה מה-HARD DISC שעוסק בשמירת[9] אינפורמציה ובזכירה[9] רחבה. הבנה והמצאה של סוף לבדיחה קשורות להבנה מיידית, ולכן פגיעה באונה הימנית היא פגיעה ביכולת ההבנה והיצירה של סוף מצחיק.

(לפי: ינאי עופרן, עיתון הארץ, מאי 1999)

? למה ומתי אנשים צוחקים, לפי המאמר?

ב) למה ומתי אנשים צוחקים, לפי דעתכם?
השלימו את המשפטים בעזרת פעלים לפי שמות הפעולה הממוספרים בקטע.

Many gerunds appear in the excerpt. In this exercise you are asked to turn the gerunds into verbs in different tenses or into the infinitive. Complete the sentences using verbs according to the gerunds in the excerpt.

דוגמה: תֵאוריות רבות "נולדו" כדי לתת הסבר(1) לצחוק.
1) יש הרבה תאוריות שמנסות ***להסביר*** את הצחוק.

2) אנשים צוחקים, כשמשהו --- אותם.
3) אנחנו צוחקים, כשהמצב לא --- למה שאנחנו --- לעצמנו קודם.
4) כשמישהו צוחק, הוא --- כוח ואומר לכולם: אני --- במצב.
5) כשיש לך הומור, אתה אומר לכולם: אני --- בחיים.
6) במחקרים בדקו אנשים, שתאונה או מחלה --- במוחם.
7) לפגועי המוח היה קושי --- את הסוף של הבדיחה, והם לא היו יכולים --- סוף מצחיק.
8) אנשים --- זה עם זה בעזרת האונה הימנית.
9) ה-HARD DISC --- ו --- אינפורמציה רחבה.

במשפטי לוואי, כשהפועל במשפט הטפל הוא בהווה, (ואינו בשלילה או בבינוני חבור) אפשר בדרך כלל לומר **ה...** במקום **ש...**

In attributive sentences - when the verb in the dependent clause is in the present tense, it is usually possible to say **ה...** instead of **ש...**.

דוגמות: הצעיר **ה**לומד פילוסופיה, אצל פרופסור לוי, יהיה יום אחד פילוסוף חשוב.
"האונה ה♦ימנית דומה לדיסק ה-RAM במחשב, **ה**עוסק בפתרון בעיות ובהבנת המצב שקורה בכל רגע במחשב."

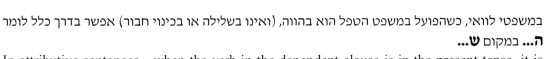

הָעָם הַהֹלְכִים בַּחֹשֶׁךְ רָאוּ אוֹר גָּדוֹל (ישעיה ט 1)

5. **שבצו את שמות הפעולה מן הרשימה במשפטים.**
שׂימו לב: לפעמים יש לשנות את שם הפעולה לצורת רבים או לנסמך בצירוף סמיכות.

Complete the sentences with the gerunds from the list below
Note that sometimes you are required to use the gerund in the plural form or in a construct state.

התנדבות / הדרכה / פתיחה / הפגנה / פטפוט / המלצה / טיסה / עלייה / שירה / טיפול / שתייה / הזמנה / שמירה/

1) ביקרנו במוזאון. ה --- במוזאון הייתה מצוינת, אבל היה שם הרבה רעש, ולא יכולנו לשמוע ברור את ההסברים.

2) לא באתי לחתונתך כי לא קיבלתי --- .

3) עוד לא התחילו ללמוד באוניברסיטה. --- שנת הלימודים באוניברסיטאות תהיה רק בעוד חודש.

4) מחר תהיה ליד הַכְּנֶסֶת --- גדולה נגד המיסים החדשים על דירות ובתים.

5) הם לא מפסיקים לדבר. בגלל --- האלה, אי אפשר ללמוד בשקט.

6) היא מעדיפה לנסוע שעות במכונית, רק לא להיות באוויר. היא פשוט שׂונאת --- .

7) לפני שהן עזבו את העבודה בבנק, הן ביקשו מהמנהל מכתב --- .

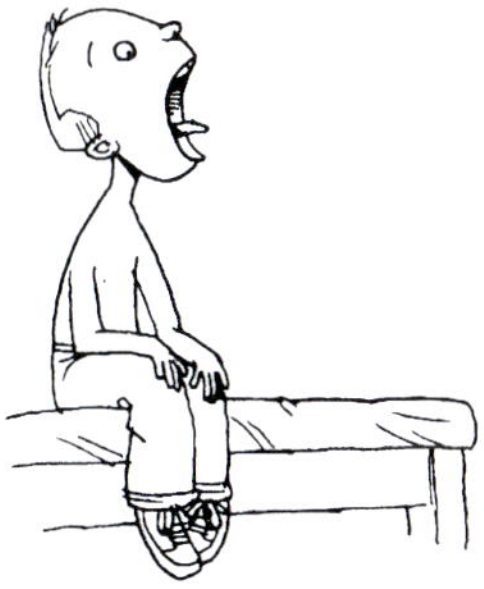

8) ראשי ממשלות אף פעם לא יוצאים החוצה לבד.
יש עליהם --- שעה-שעה ויום-יום, ומלווים אותם לכל מקום.

9) תינוקות צריכים --- יומיומי, כי הם לא יכולים לאכול, להתרחץ ולהתלבש לבד.

10) בטיולים ארוכים בשמש, האוכל לא כל כך חשוב. יותר חשובה ה ---.

11) בבתי חולים יש הרבה אנשים שעובדים בלי לקבל כסף. בלי עבודת ה --- שלהם, אי אפשר היה להמשיך ולטפל בחולים כמו שצריך.

12) השנה הגיעו לישׂראל יותר תיירים. לפי הסְטָטִיסְטִיקָה הייתה --- של 30% במספר ההזמנות לבתי המלון.

13) כל שיעור מוּזִיקָה בבית הספר שלי נפתח בעשׂר דקות של --- בציבור. כך אנחנו לומדים המון שירים חדשים.

6. שמות פעולה רבים לא נבנים לפי המבנה המוצג בטבלה. חלקם הם שמות פעולה של בניין אחר ולחלקם משקל אחר. בתרגיל הבא יש מספר דוגמות של שמות פעולה כאלה.

Many gerunds are constructed differently from what is shown in the table. They are either gerunds of another 'binyan' or they take a different pattern. In the next exercise there are several examples of gerunds of this sort.

א) לפניכם שמות של סרטים, ומתחתם מספר משפטים המתארים את הסרט. התאימו את שם הסרט לתיאור.

Below are movie titles and several sentences about their contents. Match the title with the appropriate descriptive sentence.

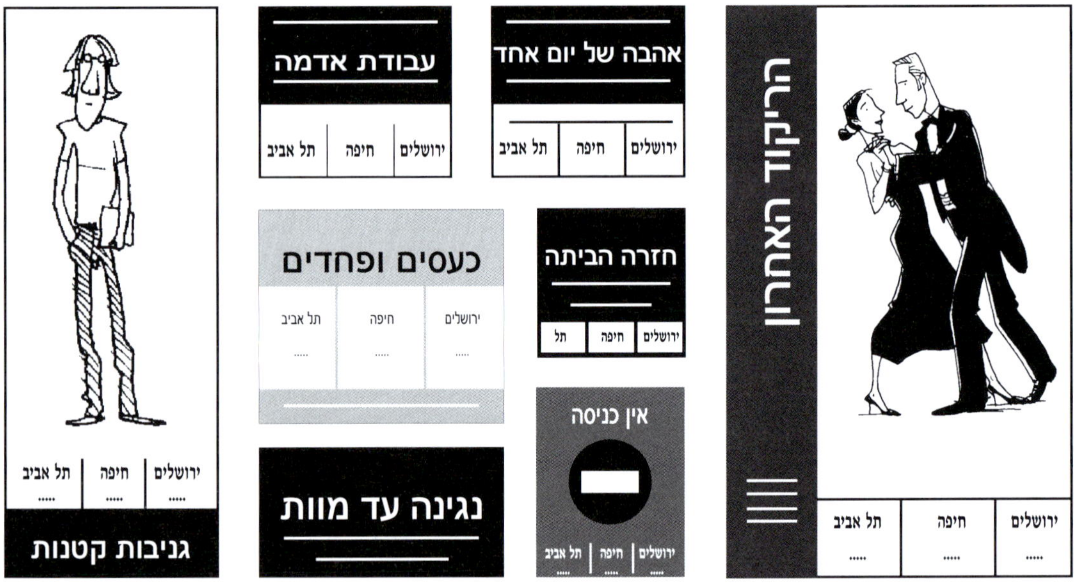

- איש זקן שחי כל השנים בכפר ועבד את אדמתו, צריך למכור את האדמה ולעזוב את הכפר.
- צעיר בא מארץ אחרת ולא מצליח להיכנס לחברה הגדולה.
- בחורה צעירה נוסעת לבקר את הדודים בעיר הגדולה, אבל לא מוצאת אותם בבית. היא פוגשת בחור ומבלה איתו יום אחד. הם אוהבים זה את זה, אבל נפרדים אחרי יום.
- ילדה "עושה כסף" מסיפורים שהיא כותבת לעיתון. היא מספרת על הרגשות שלה: היא כועסת על העולם ופוחדת מהאנשים הרעים שמסביבה.
- סיפור על חייל שחוזר הביתה, ומוצא שהחיים בבית הם לא כל כך יפים ושקטים, כמו שהוא חשב, כשהיה רחוק מהבית.
- אגדה על צעיר, שחי רק כדי לנגן. ביום שהוא יפסיק לנגן הוא ימות.
- אישה שגונבת אוכל מהסופרמרקט, ונותנת אותו לאנשים עניים, שמחכים לה בחוץ.
- זוג זקנים נפגש בחופשה. הוא מזמין אותה לרקוד, הם רוקדים ורוקדים עד ש...

ב) **לפי שמות הסרטים האלה כתבו בקיצור את סיפור הסרט, כמו בתרגיל 6.**

Write a synopsis of the movies story, according to the name of the movie, as in exercise 6.

1) חתונה בלי סוף

2) החלום המתוק של חווה

3) שנה של שינה

4) הזמנה למשׂחק

ג) **כתבו עוד שמות של סרטים, הצגות תאטרון או ספרים שיש בהם שמות פעולה.**

.7 מילון

ברכות ואיחולים

Greetings and Congratulations

ברכות ואיחולים רבים אומרים בעברית בעזרת שמות פעולה.

דוגמות:

לאדם שיוצא לדרך ארוכה, אומרים: נסיעה טובה!

כשמדברים עם אדם אחד ומבקשים למסור שלום לאדם אחר, אומרים: דרישת שלום!

כשמצטערים על משהו לא טוב שנעשׂה, אומרים: סליחה!

מצאו במילון את משמעות שמות הפעולה והתאימו להם את ההסברים:

התאקלמות קלה!	אומרים לאיש, שמישהו במשפחתו מת.
חתימה טובה!	אומרים לפני יום הכיפורים.
גיוס נעים!	אומרים למי שגמר את הצבא.
ברכות לשחרור!	אומרים למי שעולה לארץ.
החלמה מהירה!	אומרים למי שהולך לצבא.
ניחומים מכל הלב!	אומרים לאיש חולה.

8.

המרכז הקהילתי בחיפה

<u>תוכניות לחנוכה</u>

- נגינה וריקודים לאור נרות
- בישול של מאכלים מסורתיים בשמן
- ציורים בצבע ובניית חנוכיות
- שירה בציבור - שירי חנוכה לגדולים ולקטנים
- צילומים באור ובחושך
- נסיעה לירושלים, טיול ברחובות העיר וצילומי חנוכיות

אמרו מה יעשו בחנוכה במרכז הקהילתי בחיפה. הפעלים צריכים להיות בזמן עתיד.

דוגמה: ינגנו וירקדו לאור נרות.

9. התפילה שאחרי הדלקת הנרות

הַנֵּרוֹת הַלָּלוּ אָנוּ מַדְלִיקִים עַל הַנִּיסִים וְעַל הַנִּפְלָאוֹת וְעַל הַתְּשׁוּעוֹת וְעַל הַמִּלְחָמוֹת, שֶׁעָשִׂיתָ לַאֲבוֹתֵינוּ בַּיָּמִים הָהֵם בַּזְּמַן הַזֶּה עַל יְדֵי כּוֹהֲנֶיךָ הַקְּדוֹשִׁים.
וְכָל שְׁמוֹנַת יְמֵי חֲנוּכָּה הַנֵּרוֹת הַלָּלוּ קוֹדֶשׁ הֵם, וְאֵין לָנוּ רְשׁוּת לְהִשְׁתַּמֵּשׁ בָּהֶם, אֶלָּא לִרְאוֹתָם בִּלְבַד כְּדֵי לְהוֹדוֹת וּלְהַלֵּל לְשִׁמְךָ הַגָּדוֹל, עַל נִיסֶּיךָ וְעַל נִפְלְאוֹתֶיךָ וְעַל יְשׁוּעָתֶךָ.

?

1) כמה ימים נמשך חג החנוכה?

2) מה מותר ומה אסור לעשות עם הנרות?

10. א) בימים ההם בזמן הזה

סביבונים וחנוכיות, סופגניות ודמי חנוכה, נרות ופסטיבלים. חג החנוכה, כמו חגים רבים אחרים בתרבות הישׂראלית, הוא חג של קניות ומכירות, בישולים וטיולים; אבל כשחושבים על המשמעות האמיתית של החג עולות שאלות רציניות על התרבות הישׂראלית והקשר שלה להיסטוריה היהודית. אחת השאלות היא, מה המשמעות של חג החנוכה ליהודי חילוני, ואיך הוא יכול לחגוג באמת את החג הזה?

החגיגה של חנוכה היא חגיגת ההתנגדות של התרבות היהודית לתרבות היוונית. היוונים אסרו על לימוד תורה ועל שמירת שבת, על מילת הבנים ועל אכילת אוכל כשר. המכבים לחמו נגד הפיכת ירושלים לעיר יוונית ונגד הקרבת חזיר בבית המקדש. ההצלחה של המכבים היא גם הניצחון על היוונים וגם הניצחון על היהודים המתייוונים. איך יכול יהודי חילוני, שרוצה לראות בישׂראל ארץ של תרבות מערבית, לחגוג את חג החנוכה? או: איך יהודי דתי מודרני, שרוצה לראות רֶפוֹרְמוֹת בדת היהודית, יכול לחגוג את חג החנוכה?

יהודים חרדים חושבים שהישׂראלים החילוניים דומים למתייוונים. אבל לדעתי יש כמה הבדלים בין המתייוונים ובין הישׂראלים החילוניים.

ההבדל הראשון הוא הכְּפִיָּה: המתייוונים דיברו על כפייה בכוח של הדת היוונית על היהודים. החילוניים של היום לא מבקשים לכפות את החילוניות. הם מאמינים בחופש דתי.

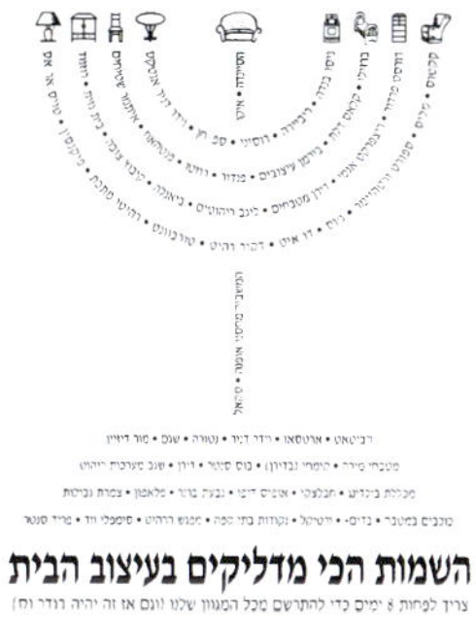

הבדל אחר קשור בשאלה מה היא התרבות הלאומית במדינת ישׂראל. הישׂראלים החילוניים רצו לבנות מודל אַלְטֶרְנָטִיבִי של תרבות יהודית: לא שמירת מצוות כמרכז התרבות היהודית, אלא תרבות בעלת ארבעה אֶלֶמֶנְטִים: דיבור, כתיבה וקריאה בשׂפה העברית, שמירה והכרה של הנוף הארץ ישׂראלי, ידיעת ההיסטוריה היהודית והישׂראלית ובניית חיים לאומיים חדשים.

זה היה החלום של תחילת הציונות החילונית. האם החלום הזה הגיע אל סופו? כן ולא.

פרסומות בעיתון
בחודש כִּסְלֵו

מצד אחד, האלמנטים המיוחדים של התרבות הישׂראלית הולכים ונעלמים. כולם מדברים על ה"כפר הגְלוֹבָּאלִי", והתרבות הישׂראלית הופכת להיות יותר ויותר מערבית: בשׂפה יש יותר ויותר מילים משׂפות אחרות; יש "ריצה" לתרבות המערבית בכל עניין: בשירה ובנגינה, בחינוך ובאומנות, בתרגום ספרים ובנסיעות לחוץ לארץ, באופנה ובאוכל, בחגים וביום-יום.

אבל מצד אחר הישׂראלים ממשיכים בחיפושׂ התרבות הישׂראלית: ברדיו יש חזרה לשירים ישׂראליים. בקולנוע יש עלייה במספר הסרטים הישׂראלים. בחנויות הספרים יש הצלחה גדולה לספרים ישׂראליים. מדברים על צילום ישׂראלי ועל עיצוב ישׂראלי. מדברים על סגנון כתיבה ישׂראלי ועל שירה ישׂראלית, כותבים על בישול ישׂראלי, על דרכי חשיבה ישׂראליות ועל סגנון בנייה ישׂראלי, ויותר מכל מדברים על דיבור ישׂראלי!

(לפי: יאיר שלג, עיתון הארץ, חנוכה 1997)

? "איך יכול יהודי חילוני, שרוצה לראות בישׂראל ארץ של תרבות מערבית, לחגוג את חג החנוכה?" מה התשובות בקטע לשאלה זו?

ב) **מה דעתכם על אַלְטֶרְנָטִיבָה תרבותית - חילונית?**

ג) פְּרוֹיֶקְט לחיזוק התרבות הישׂראלית

ועדת תרבות נותנת כסף לתוכניות ולפרוייקטים שמייצגים את התרבות הישראלית. לפי הקטע, חשבו לאיזה פרוייקט הם ייתנו כסף, ולאיזה פרוייקט הם לא ייתנו כסף? סמנו **כן** או **לא** ואמרו למה.

A special Zionist culture committee allocates money to programs and projects that represent Israeli culture. According to the excerpt - think which project will be funded money and which project will not. Circle כן or לא and explain why.

1) בניית בתים בסגנון האזור, סגנון מזרחי, ים־תיכוני — כן / לא
2) תרגום ספרות מערבית — כן / לא
3) צילומי מקומות רחוקים ומיוחדים בעולם — כן / לא
4) ערבי שירה של שירי ארץ ישׂראל הישנים — כן / לא
5) קורסים לבישול צרפתי ואיטלקי — כן / לא
6) ערבי קריאה של סיפורי עם מכל העולם — כן / לא
7) המצאת מלים חדשות בעברית למכונות ולמכשירים — כן / לא
8) טיולים משפחתיים בשבתות בכל הארץ — כן / לא

9) שמירת הטבע וניקוי חופי הארץ — כן / לא

10) מציאת שמות עבריים למסעדות ולחנויות — כן / לא

11) מכירת ציורים ופסלים של אומנים ישׂראלים — כן / לא

12) כתיבת הצגות תאטרון באנגלית — כן / לא

13) נסיעות של צעירים לאַסְיָה ולאַפְרִיקָה — כן / לא

14) קניית ציורים וצילומים של אומנים ישׂראלים — כן / לא

15) הסרטת פגישות עם דור הראשונים — כן / לא

16) עיצוב גינות בסגנון בֵּינְלְאוּמִי — כן / לא

ד) **המחיזו דיון בוועדת התרבות הישׂראלית.**

Dramatize a discussion in the Israeli Culture Committee.

ה) **כתבו מה דעתכם על הפְּרוֹיֶיקְט של "חיזוק התרבות הישׂראלית".**
האם פְּרוֹיֶיקְט כזה מיוחד לישׂראל או שהוא יכול להיות גם במקומות אחרים?

11. *אל יאללה, ב"י!*

כיופים עם החברֶה

חלמנו על חופשה ופִינְטַזְנוּ על כִּיוּפִים עם כל החברֶה - אבל לא יצא כלום מהפַנְטַזים האלה! ישבנו סתם במלון, כמו בכל סוֹפְשָׁבוּעַ רגיל בבית ודיברנו.

- על מה דיברתם?

- על המצב. היו דִסְקוּסִים מעניינים. האמת היא שלא תמיד יכולתי להבין את כל ההִתְפַּלְסְפוּיוֹת... שטויות!

- ומה עם איזה סיפורים פִּיקַנְטִיים?

- גם ריכלנו - אלא מה?! במיוחד על הבּוֹס. פעם הוא בא לעבודה ופעם הוא לא בא - כבר נמאס מהַהִתְפַּרְפְּרוּיוֹת שלו!

- ואיך היה האוכל במלון?

- שום דבר מיוחד, כמו בבית, רק קצת יותר נִשְׁנוּשִׁים בין הארוחות, וזהו!

נתחו את שמות הפעולה המודגשים - שורש ובניין. נסו לנחש את משמעויותיהם או למצוא אותן במילון או אצל החברֶה...

12. א-פרופו

דִסְקוּסִים

- מונית... מונית...
- כן. לאן?
- למלון המלך שלמה. זה רחוק?
- לא כל כך. רבע שעה. אני מקווה שלא יהיו פְּקָקִים.
- תגיד, לא שמעתי חדשות ואני רואה שאצלך הרדיו פתוח. קרה משהו?
- לא. כרגיל. ממשיכים בשיחות גם פה וגם שם. מנסים להסכים על הֶסְכֵּמִים.

  מי יודע לאן כל זה הולך. ראית איזה משוגע! איך הוא עובר אותי?
- אני דווקא בעד. מוכרחים לתת הזדמנות לדרך אחרת.
- כן. באופן כללי גם אני חושב כך, אבל צריך לעשׂות הכול לאט לאט.
- תיזהר, כמעט עברת באור אדום. תעשׂה לי טובה. סע לאט. תגיד, בעד מי הצבעת?
- כמו כולם. לא שאני מסכים עם כל מה שהוא אומר, אבל חשבתי שצריך לתת כוח למפלגה גדולה ולא ללכת על מפלגות קטנות, כי הם לא ייכנסו לכנסת. מה הולך פה? איזה פְּקָק!
- מה אתה אומר על כל העניין הזה, עם השופטים האלה?
- אני מבין שכועסים, אבל לא הלכתי להפגין - אי אפשר לומר לשופטים איך לשפוט. בשביל זה יש כנסת ויש חוקים. את בית המשפט ואת הנשׂיא צריך להשאיר מחוץ לפוליטיקה.
- כן ולא. הם כמוני וכמוך במדינה. אוי, איזה פקק! אני כבר מאחר.
- הינה, זה המלון. הגענו. בוא, אני אעזור לך עם המזוודות.
- תודה רבה. היה לי נעים לדבר איתך.
- גם לי. כל טוב!

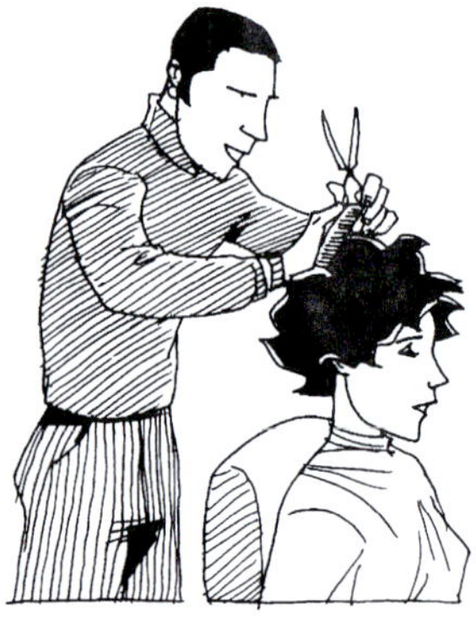

? המחיזו שיחה דומה על בעיות השעה בין ספר/ית ללקוח/ה.

מילים:

הִזְדַּמְּנוּת נ. • הֶסְכֵּם ז. • הִצְבִּיעַ, לְהַצְבִּיעַ • מוֹנִית נ. • סַפָּר ז. • פְּקָק ז.

Summary of Topics

האוצר הלשוני

Vocabulary

א. אוצר המילים

פעלים / Verbs

הִמְצִיא, לְהַמְצִיא	invent / make up
הִמְלִיץ, לְהַמְלִיץ (עַל...)	recommend
הִסְרִיט, לְהַסְרִיט	film
הִפְגִין, לְהַפְגִין	demonstrate
הִתְיַיוֵון, לְהִתְיַיוֵון	(be) Hellenized
הִתְנַגֵּד, לְהִתְנַגֵּד (ל...)	(be) opposed to
כָּפָה, לִכְפּוֹת (עַל/אֶת)	impose
תֵּיאֵר, לְתָאֵר	describe

שמות עצם / Nouns

אוּנָה נ.	lobe
הַפְסָקַת אֵשׁ נ.	cease-fire
הַצָּגָה נ.	theater play
חוּג ז.	department (in university)
חוּשׁ ז.	sense
חֲזִיר ז.	pig
חִילוֹנִיּוּת נ.	secularism
מִילָה (בְּרִית מִילָה)	circumcision
מַס ז. מִיסִים	tax
נִיצָּחוֹן ז. נִיצְחוֹנוֹת	victory
סוּפְגָנִיָּה נ.	doughnut
צְחוֹק ז.	(a) laugh
צִיבּוּר ז.	public
קוֹשִׁי ז. קְשָׁיִים	difficulty, difficulties
רָמָה נ.	level
שַׁגְרִיר ז.	ambassador
תְּגוּבָה נ.	response / reaction

שמות תואר / Adjectives

מְבוּגָּר, מְבוּגֶּרֶת	adult / old
מָסוֹרְתִּי, מָסוֹרְתִּית	traditional
מַצְחִיק, מַצְחִיקָה	funny
שָׁלֵם, שְׁלֵמָה	complete/whole

ב. נושׂאים לשוניים — Grammatical topics

צורות: • שמות פעולה — Gerund

דוגמות: פתיחה, ריצה, בנייה, הפסקה, ביקור, התקדמות

תחביר: • שמות פעולה בסמיכות וברבים — Gerund in Construct state and Plural

דוגמות: החלטת הממשלה, ישיבות מורים

מילון: • ברכות ואיחולים — Greetings and Congratulations

שיעור 16

1. **אֲנִי יָכוֹל** / נָתָן זַךְ

אֲנִי יָכוֹל לְצַיֵּיר
אַךְ אֵינֶנִּי יוֹדֵעַ

אֲנִי יוֹדֵעַ לְנַגֵּן
אַךְ אֵינֶנִּי יָכוֹל

וְאִם יָבוֹא מִישֶׁהוּ וְיֹאמַר לִי –
שֶׁכָּל הָעוֹלָם בָּמָה

אִירַק לוֹ יָשָׁר בַּפַּרְצוּף.

(מתוך: כל החלב והדבש, 1983)

? "אירק לו ישר בפרצוף" למה?

ערך ההפלגה **The Superlative**

ה+שם עצם+שם תואר+**ביותר**
ה+שם עצם+הכי+**שם תואר**

דוגמאות:

יוסי הוא **המוזיקאי הטוב ביותר** בכיתה שלנו!

יוסי הוא **המוזיקאי הכי טוב** בכיתה שלנו.

2. א) **קראו ואמרו את השאלה שאפשר לשאול על כל משפט.**

מוזיקאים משהו-משהו

1) המספר הגדול ביותר של אנשים ששמע קונצרט היה ב-5 ביולי בסֶנְטְרַל פַּארק, בניו יורק. זה היה קונצרט פתוח של התזמורת הפִילְהַרְמוֹנִית, ושמע אותו קהל של 800.000 אנשים!

2) זמר האוֹפֶּרָה המבוגר ביותר עד היום, מַארְק רַייזֶן, שר באוֹפֶּרָה "יֶיבְגֶנִי אוֹנְיֶיגִין" בתאטרון בּוֹלְשׁוֹי, במוֹסְקְוָוה, ב-13 ביולי 1895. הוא היה אז בדיוק בן 90!

3) לפסנתרנית הרוֹמָנִיָה ז'ֶלָה דֶלַבְּרַנְקָה (1991-1887) הייתה הקַרְיֶירָה המוזיקלית הארוכה ביותר בהיסטוריה. היא התחילה לנגן כאשר הייתה בת שלוש, והמשיכה עד גיל מאה ושלוש. בּרֶסִיטַל שנתנה בגיל מאה ושלוש, מחא לה הקהל כפיים שש פעמים, כדי שתחזור ותנגן.

4) הזמן הארוך ביותר של מחיאות כפיים לאומן היה ביולי 1991, בווינה, אוֹסְטְרִיָה. הקהל מחא כפיים במשך שעה ועשרים דקות לפְּלַסִידוֹ דוֹמִינְגוֹ, ששר את הַמְלֶט!

(לפי: ספר השיאים של גינס, 2000)

כתבו עוד חמש שאלות הקשורות בשיאים ובמוזיקה.

ב) **איזו מוזיקה אתם הכי אוהבים?**

ג) **מיהו המוזיקאי האהוב עליכם ביותר?**

ד) **כתבו שלוש פרסומות לדִיסְקִים, לקונצרטים, למוזאון או להצגת תיאטרון בעזרת "ביותר" ו"הכי".**

דוגמה: הסרט הפופולרי ביותר בעיר "אהבה של יום אחד"!
המוזיקה הכי רומנטית עם הסיפור ה"מדליק" ביותר!!!

3. א) **בַּאךְ ללא בַּאךְ**

כל אחד מהאנשים שנכנסו לאולם הקונצרטים, מצא את כיסאו, ישב עליו וחיכה בסבלנות להתחלת הקונצרט.

בשעה שמונה וחצי כיבו את האורות ובאולם היה חושך. אז פתחו חברי התזמורת בנגינת קונצ'רטו לפסנתר של באך. אחר כך הייתה הפסקה של כחצי שעה, ואחריה ניגנו חברי התזמורת עוד קונצ'רטו לפסנתר של באך.

כשהאנשים יצאו מן האולם, הם היו צריכים לענות על שאלה אחת פשוטה: איזה קונצ'רטו כתב באך, ואיזה נכתב על ידי תוכנת המחשב EMI (Experiment in Musical Intelligence).

רוב האנשים ששמעו את הקונצרט לא ידעו לומר איזה קונצ'רטו נכתב על ידי תוכנת המחשב, ואיזו היא המוזיקה המקורית של יוהן סבסטיאן באך.

מוזיקת EMI היא תוצאה של שנות מחקר ארוכות. פרופסור דֵייוִיד קוֹפּ מאוניברסיטת קליפורניה בסַנְטָה קְרוּז, בדק מאות יצירות של בַּאך ובנה רשימות של כללי השָׂפה המוזיקלית של באך: חוקים וסימנים מוזיקליים, הַרְמוֹניוֹת שמופיעות פעמים רבות ומשפטים מוזיקליים. אחר כך הוא חיבר את הכול ליצירה אחת. זהו הקונצ'רטו החדש של באך. בעזרת הרעיונות של קוֹפּ ובעזרת תוכנת המחשב החדשה EMI, יצרו החוקרים דיסק, ובו ניסו לחקות יצירות של מלחינים ידועים: סוֹנָטָה של בטהובן, סְוִויטָה של רַחְמָנִינוֹף, מָזוּרְקָה של שוֹפֶּן ועוד.

האנשים, ששמעו את היצירות המוזיקליות של המחשב, נהנו מן הקונצרט ואפילו התרגשו ממנו. הם היו בטוחים שהם שומעים יצירה מקורית של מלחין מפורסם כמו, בַּאך, מוֹצַרְט, או שוֹפֶּן. אבל אחרי שסיפרו להם שהיצירות האלה הן של המחשב, הם שינו את דעתם, ואמרו שהם לא נהנו מן המוזיקה ושהיא לא ריגשה אותם. זה אומר שהמשמעות של היצירה המוזיקלית לא נמצאת רק באוזנם של השומעים, אלא גם במוחם ובליבם.

ההתפתחויות הטֶכְנוֹ-אוֹמָנוּתִיוֹת האלה גורמות לקושי אצל אוהבי המוזיקה; אנשים אלה מאמינים שהסגנון המיוחד של כל מלחין הוא תוצאה של רגשות ואפילו של יצרים עמוקים, של מחשבות רציניות ושל כישרונות לא רגילים, שאי אפשר לחקות אותם.

ה-EMI הוא לא מלחין. הוא לא מנסה לומר משהו ולא רוצה לגלות רגשות ומחשבות. הוא חסר רגשות ואין לו רעיונות עמוקים.

"המוזיקה של ה-EMI יכולה להיות אמיתית ומרגשת לא פחות מהמוזיקה של המלחינים הגדולים", אומר פרופסור קוֹפּ, "השאלה מי הוא המלחין של היצירה, ומה הוא רצה לומר, לא שייכת לשפיטה המוזיקלית ולהנאה ממנה. המוזיקה היא מתנה ולא שואלים עליה כדי ליהנות ממנה, כמו שלא שואלים על הטבע. כשיוצאים לטיול ורואים נוף נהדר בטבע, לא שואלים, מה הטבע "רוצה" לומר לנו. לטבע אין רעיונות עמוקים, רצונות מיוחדים או רגשות מקוריים. הנוף עצמו מרגש אותנו וגורם לנו לחשוב. כך גם המוזיקה."

אבל גם פרופסור קופ מסכים שהמוסיקה הממוחשבת שהמחשב יצר עד עכשיו, היא מוזיקה "רזה". הוא אומר: "היצירות בנויות לפי תכנית ויש בהן סדר. אין ביצירות הפתעות כמו בעולם האמיתי, ולכן הן עדיין נשמעות לא אמיתיות. כדי לכתוב מוזיקה שתישמע כמו מוזיקה אמיתית, יהיה צריך לחקות את השמחה שמוצאים בטבע, את הבדידות ששומעים ברוח הלילה ואת הגעגועים לאהבה."

(לפי: עיתון הארץ (מהעיתון ניו יורק טיימס), דצמבר 1997)

ב) השלימו את המשפטים לפי הקטע.

1) תוכנת המחשב החדשה EMI מתאימה לא רק למוזיקה של באך אלא גם ---

2) כאשר סיפרו לאנשים שהמוזיקה שהם שומעים היא מוזיקה של מחשב ---

3) אף על פי שהמחשב יצר מוזיקה יפה, ---

4) אילו משמעות המוזיקה הייתה רק באוזן השומעים ולא במוחם, ---

ג) מה יש גם במוזיקה אמיתית וגם במוזיקה ממוחשבת, ומה יש רק במוזיקה אמיתית ואין במוזיקה ממוחשבת?

אמרו משפטים לפי הקטע והוסיפו את שם התואר בצורה הנכונה.

What do real music and computerized music have in common, and what does only real music have? Say sentences and add the adjective in the correct manner.

דוגמה: חוקים (אומנותי)

גם במוזיקה אמיתית וגם במוזיקה ממוחשבת יש חוקים אומנותיים.

1) סימנים (מוזיקלי)

2) הפתעות (מיוחד)

3) רגשות (עמוק)

4) הרמוניות (מעניין)

5) מחשבות (רציני)

6) סגנון (שונה)

7) משמעות (אוֹבְּיֶיקְטִיבִי)

ד) כתבו קטע דומה על וַן גוֹךְ ללא וַן גוך, או שֶקְסְפִּיר ללא שקספיר, או....

4. שבצו את התארים בצורה הנכונה.

שִׂימוּ לב: בשמות עצם רבים צורת הריבוי לזכר היא וֹת ובשמות עצם ממין נקבה צורת הריבוי היא ִים.

Complete the sentences using the appropriate forms of the adjectives. Note that many masculine nouns end in the plural form with **ות** and a few feminine nouns end in the plural form with **ים**.

וְכָל־הָעָם רֹאִים אֶת־הַקּוֹלֹת (שמות כ 15)

1) המוזיקה הזאת פותחת לי חלונות --- לעולמות --- . כשאני שומעת את המוזיקה הזאת אני רואה שׂדות ---, דרכים --- בנויות מאבנים --- ומעל, בשמים, ציפורים --- שעולות למעלה, למעלה.

- (גדול) (נהדר)
- (ירוק) (צר)
- (קטן) (לבן)

2) במוזיקה הזאת אני שומע קולות --- של רוחות בלילות ה --- של הסתיו.

- (שקט) (קריר)

3) אני שומעת במוזיקה הזאת רעיונות --- על החיים. זאת מוזיקה ששומעים במלונות --- ו---. זאת מוזיקה של אנשים ---. במוזיקה הזאת יש רעש של העולמות ה --- של האדם המודרני: ערים ---, רחובות ---. עם הצלילים של המוזיקה הזאת עולים בי מילים ---, חלומות ---, יצרים --- ופחדים ---.

- (קשה)
- (זול) (קר) (עצוב)
- (טרגי) (רועש)
- (מפחיד) (מכוער)
- (נורא) (שחור) (עמוק)

4) כשאני שומע את המוזיקה הזאת, אני מרגיש שכל הזיכרונות ה--- ביותר שלי מתחילים להופיע. אני עובר למקומות --- ורואה אורות --- שמנסים להגיע אליי - מתקרבים ומתרחקים.

- (מתוק) (רחוק)
- (אדום וצהוב)

5) איזה עושר יש במוזיקה הזאת! אני "שומע" בה צבעים כמו בגן עדן: פירות --- ו---. במוזיקה הזאת יש סודות ---, ויש בה כוחות לא --- שגורמים לי לרגשות ---. המוזיקה הזאת עומדת מעל כל הקירות ה --- שעומדים בין האדם והטבע. המוזיקה שוברת את הגבולות הלא --- שיש בין האדם לבין הטבע.

- (אדום) (צהוב) (מיוחד)
- (רגיל) (חזק)
- (גבוה)
- (טבעי)

6) המוזיקה הזאת שולחת ידיים --- וְ--- אל האדם. אנחנו צריכים לסגור את העיניים ה --- שלנו, לשמוע את הצלילים המיוחדים ולחלום, לחלום ולישון...

- (ארוך) (חם)
- (עייף)

תארו מוזיקה בצבעים, בצורות ובמֶטָאפוֹרוֹת אחרות.

5. מילון

חלומות טובים

א) קראו את הצירופים האלה ברבים וביחיד והסבירו למישהו שמתחיל ללמוד עברית על סוגים שונים של סיומות שם העצם בעברית. השתמשו במשפטים 1-5.

Read the following expressions and explain to someone who is just beginning to learn Hebrew, the different nouns suffixes in Hebrew. Use the sentences 1-5.

הצירופים:

ברבים: מקומות יפים, דרכים קטנות, אבנים עתיקות, שמים כחולים, הגעגועים האלה, השנים הארוכות, רחוק מן הגיהינום, בלי מחשבות על מוות...

חמאה רכה, כוסות יין, ידיים עוזרות, נשים צעירות, מילים טובות ובתים חמים - חלומות רומנטיים...

ביחיד: מקום יפה, דרך קטנה, אבן עתיקה, שמים כחולים, הגעגועים האלה, השנה הארוכה, רחוק מן הגיהינום, בלי מחשבה על מוות...

חמאה רכה, כוס יין, יד עוזרת, אישה צעירה, מילה טובה ובית חם - חלום רומנטי...

1) יש מילים שאין להן רבים, כמו ---

2) יש מילים שהן תמיד בזוגי, כמו ---

3) יש מילים בנקבה שאין להן סימן מיוחד לנקבה, כמו ---

4) יש מילים שהסיומת שלהן ברבים היא **וֹת**, אבל הן ממין זכר, כמו ---

5) יש מילים שהסיומת שלהן ברבים היא **ִים**, אבל הן ממין נקבה, כמו ---

ב) הפכו כל משפט לרבים או ליחיד.
שׂימו לב לתארים: הם תמיד מתאימים למין הדקדוקי - זכר או נקבה - ולא לצורה.
יש מילים שאי אפשר להפוך אותן לרבים, ולהפך.

Turn each sentence into the singular or plural.
Make sure the adjectives agree with the gender - masculine or feminine - and not with the form. Some words do not have a singular / plural form.

1) יש לנו ספקות גדולים בקשר למהות האמיתית של הריבונות ההיסטורית.

ביחיד:

2) אין יתרון גדול לעיקרון הכלכלי של חיסכון לאומי.

ברבים:

3) הצוות המעולה, שעמד בצומת המרכזי, נתן תות אדום לכל אדם.
ברבים:

ג) **מצאו את משמעויות המילים במילון, וכתבו שוב את המשפטים במילים אחרות.**

דוגמה: יש לנו ספקות בקשר ל...: *אנחנו לא כל כך בטוחים ש...*

6. מספרים גדולים

1,000	-	אֶלֶף
2,000	-	אַלְפַּיִים
3,000	-	שְׁלוֹשֶׁת אֲלָפִים
4,000	-	אַרְבַּעַת אֲלָפִים
9,000	-	תִּשְׁעַת אֲלָפִים
10,000	-	עֲשֶׂרֶת אֲלָפִים
11,000	-	אַחַד עָשָׂר אֶלֶף
12,000	-	שְׁנֵים עָשָׂר אֶלֶף
13,000	-	שְׁלוֹשָׁה עָשָׂר אֶלֶף
14,000	-	אַרְבָּעָה עָשָׂר אֶלֶף
19,000	-	תִּשְׁעָה עָשָׂר אֶלֶף
20,000	-	עֶשְׂרִים אֶלֶף
100,000	-	מֵאָה אֶלֶף
1,000,000	-	מִילְיוֹן
1,000,000	-	מִילְיַארְד

אֵ֣לֶּה פְּקוּדֵ֥י בְנֵֽי־יִשְׂרָאֵ֖ל לְבֵ֣ית אֲבֹתָ֑ם כָּל־פְּקוּדֵ֨י הַמַּחֲנֹ֜ת
לְצִבְאֹתָ֗ם שֵֽׁשׁ־מֵא֤וֹת אֶ֙לֶף֙ וּשְׁלֹ֣שֶׁת אֲלָפִ֔ים וַחֲמֵ֥שׁ מֵא֖וֹת
וַחֲמִשִּֽׁים׃ (במדבר ב 32)

כתבו את מספר בני ישראל.

7. א) **אמרו בקול רם את המספרים בתרגילים וכתבו את התוצאה.**

ב) **אמרו עוד חמישה תרגילים נוספים מאֶלף ועד מיליון.**

=	הֵם / שָׁוֶוה
-	מִינוּס / פחות
+	פְּלוּס / וְעוֹד
x	כָּפוּל
:	לְחַלֵּק

197 x 2003 =	389574 : 3 =
354.382 + 508 =	542 : 12 =
5,291 - 389 =	12,397 - 8,959 =
932 x 11 =	3,578 + 4,642 =

8. א) **קראו את המספרים במילים והשלימו את הברכה.**

ברכה ליום הולדת

שנה אחת של אושר
12 חודשי כיף
28 שבועות של שמחה
563 ימים יפים
8760 שעות של בריאות
525.000 דקות של מזל
--- שניות של ---

ב) **כתבו עוד ברכה ליום הולדת.**

9. א) **ענו על החידות.**

חידות - בואו נאמר ש...

1) בואו נאמר שאדם אוכל כל יום בערך 10 פרוסות לחם. כמה פרוסות לחם אוכל אדם בחייו, אם הוא חי 57 שנה, ועד גיל 3 הוא לא אכל לחם בכלל?

2) בואו נאמר שאדם ישן כל לילה 7 שעות. כמה שעות ישן אדם בחייו, אם הוא חי שמונים שנה, ובשלוש השנים הראשונות לחייו הוא ישן 12 שעות כל יום?

3) בואו נאמר שאדם כותב כל יום בערך 120 מילים. כמה מילים אדם כותב במשך 87 שנים?

ב) **כתבו עוד שלוש חידות דומות, ושאלו זה את זה מה התשובה עליהן.**

10. **דרגת היתרון:**

מילות השוואה ומשפטי השוואה **Comperative Phrase and Comperative Clause**

- **יותר מ...**

  דוגמה: ירושלים יותר גבוהה מתל אביב.

- **יותר מאשר**

  דוגמות: בירושלים יש יותר מקומות קדושים מאשר בתל אביב.
  הירושלמים אוהבים לשבת בבית יותר מאשר לטייל ברחובות.

- **פחות מ...**

  דוגמה: ירושלים פחות מודרנית מתל אביב.

- **פחות מאשר**

  דוגמות: לתל אביב באים פחות תיירים מאשר לירושלים.
  הירושלמים פחות נהנים להופיע בבגדים מיוחדים מאשר התל אביבים.

לפני מילת יחס, או לפני שם הפועל משתמשים לרוב ב-**מאשר**.

In most cases מאשר precedes prepositions or infinitives.

11. א) **השלימו את הקטע במילים יותר ופחות.**

ירושלים ותל אביב

ירושלים היא אחת הערים העתיקות בישׂראל ושמה מופיע פעמים רבות בתנ"ך. היא עתיקה הרבה --- מתל אביב, אבל השם תל אביב נמצא כבר פעם אחת בתנ"ך:

הגולה=בבל

"וָאָבוֹא אֶל הַגּוֹלָה תֵּל אָבִיב" (יחזקאל ג, 15) .

בספר יחזקאל תל אביב היא בגולה, זאת אומרת בבבל.

עד שנות השבעים הייתה תל אביב העיר הגדולה ביותר בישׂראל, אבל היום יש בירושלים --- אנשים מאשר בתל אביב; אי אפשר לדעת כמה שנים יימשך המצב הזה, כי בתל אביב יש הרבה --- צעירים מאשר בירושלים.

התל-אביבים חושבים, שהחיים בתל אביב מעניינים --- מאשר בירושלים; העיר חיה מבוקר עד בוקר, ולכן בפרסומות קוראים לתל אביב "עיר ללא הפסקה". ירושלים היא עיר אחרת - אומרים התל-אביבים - עיר שקטה --- מתל אביב. אבל הירושלמים לא מסכימים ואומרים: בירושלים יש לא --- מקומות לבלות מאשר בתל אביב.

"הירושלמים סגורים --- מאשר התל-אביבים" - אומרים הצעירים בתל אביב. אולי בגלל החומה, אולי בגלל ההיסטוריה הארוכה, אולי בגלל הגבול עם המדבר, או בגלל ההרים הגבוהים, יש משהו קשה ודרמטי בירושלים. החיים בירושלים --- קלים ופשוטים מאשר בתל אביב.

גם מזג האוויר שונה בשתי הערים. תל אביב נמוכה וקרובה לים ואין בה אוויר הרים קריר. לכן חם בה בקיץ --- מאשר בירושלים, אבל בחורף נעים לטייל ברחובות תל אביב --- מאשר ברחובות ירושלים, עיר הרוחות.

תל אביב, 2001

ירושלים, 2001

ב) **כתבו על שתי ערים אחרות בצורה דומה. השתמשו ב-יותר ופחות.**

ג) **המחיזו ויכוח בין שני אנשים על שתי ערים אחרות, בארץ אחרת.**

12. א) **כתבו משפטי השוואה על הזוגות האלה בעזרת התארים המצורפים והוסיפו עוד שלושה תארים ועוד זוגות כרצונכם.**

Write sentences comparing these couples, use the given adjectives, and add three more couples.

1) ישׂראל / ארצות הברית (גדול)

2) אירופה / אסיה (עשיר)

3) בשׂר / ירקות (בריא)

4) אלסקה / אפריקה (חם)

ב) **כתבו על הזוגות האלה והוסיפו תארים כרצונכם.**

1) מחשב / אומנות

2) ציור / קריקטורה

3) חוק / מסורת

4) עברית / ---

13. אֲנִי אוֹהֶבֶת אוֹתְךָ יוֹתֵר מִכָּל דָּבָר אַחֵר / רִיקִי גַל

יוֹתֵר מֵאֲשֶׁר הַשֶּׁמֶשׁ אוֹהֶבֶת אֶת הַיּוֹם,
יוֹתֵר מֵאֲשֶׁר הַקַּיִץ אוֹהֶבֶת אֶת הַחוֹם,
יוֹתֵר מֵאֲשֶׁר הַחוֹרֶף אוֹהֵב אֶת הַקּוֹר,
יוֹתֵר מֵאֲשֶׁר הַיַּיִן אוֹהֵב אֶת הַשִּׁיכּוֹר,
יוֹתֵר מֵאֲשֶׁר הַגֶּשֶׁם אוֹהֵב אֶת הֶעָנָן,
יוֹתֵר מֵהַשָּׁעוֹן שֶׁאוֹהֵב אֶת הַזְּמַן,
יוֹתֵר מֵאֲשֶׁר רוֹמֵיאוֹ אוֹהֵב אֶת ג'וּלְיֶיט,
יוֹתֵר מֵאֲשֶׁר סוֹקְרָטֶס אוֹהֵב אֶת הָאֱמֶת,
יוֹתֵר מֵאֲשֶׁר הַחוֹפֶשׁ אוֹהֵב פַּרְפָּרִים,
יוֹתֵר מֵאֲשֶׁר שׁוֹפֶּן שאוֹהֵב אֶת הַפְּסַנְתֵּר,
אֲנִי אוֹהֶבֶת אוֹתְךָ יוֹתֵר מִכָּל דָּבָר אַחֵר.

?

1) אמרו את השיר שוב בצורה הזאת:
האהבה שלה יותר גדולה מהאהבה של השמש ליום.

2) הוסיפו עוד ארבע שורות לשיר.

3) כתבו את השיר או את המכתב אליה מהאיש, שהיא אוהבת יותר מכל דבר אחר.

14. חוכמת הפרצוף

כל אומן יודע שציור פרצוף הוא אחד האתגרים הרציניים ביותר. בפרצוף, שהוא "אזור" אֶלִיפְּטִי של 30-20 סנטימטרים עם עיניים, שיניים, פה, אף, ואוזניים, יש עושר לא רגיל של צורות וקווים. מצד אחד צריך לחשוב איפה בדיוק יהיה כל חלק, ומה יהיה היחס המדויק של כל חלק בפנים לחלקים האחרים. מצד שני, אם האומן חושב רק על הדיוק ועל 'האמת', הוא לא חופשי והוא לא אומר אמיתות אומנותיות בצבע, בצורה, בקו ובקוֹמְפּוֹזִיצְיָה. לכן "טיפלו" האומנים בפרצוף האדם יותר מאשר בכל נושׂא אחר.

בתקופתנו, כשכל אדם מכיר אנשים מפורסמים מצילומים ומן הטלוויזיה, יש לציירים יותר חופש מאשר בעבר: הם יכולים "לצייר את דעתם" על האדם ולא את הפרצוף ה"אובייקטיבי". הם מציירים בפרצוף את הפחדים שלהם מהאדם הזה, את כעסם עליו, או את אהבתם אליו. לכן אפשר לומר שרוב הציירים של היום, שמציירים פרצופים של אנשים מפורסמים, הם קָרִיקָטוּרִיסְטִים.

יש שני סוגים של קריקטוריסטים: ציירים מהסוג הראשון רוצה שהאנשים יכירו מייד את האיש וגם יראו מייד את הגרוֹטֶסְקִי ואת המצחיק. אלה הם בדרך כלל הקריקטוריסטים בעיתונים. הם מחקים את המיוחד בפרצוף האדם, אבל בונים אותו בצורה שונה מהמציאות: אף ארוך במציאות יהיה אף ארוך יותר בקָרִיקָטוּרָה מאשר בפרצוף המקורי; פה קטן יהיה החלק הקטן ביותר בפרצוף גדול ורחב; אדם מכוער יהיה מכוער מאוד בקריקטורה, וכן הלאה. מי שמסתכל בקריקטורה נהנה, כי הוא מגלה מייד את האיש שמופיע בקריקטורה, ושׂם לב לקווים פיזיים שהוא לא ראה קודם באותו פרצוף.

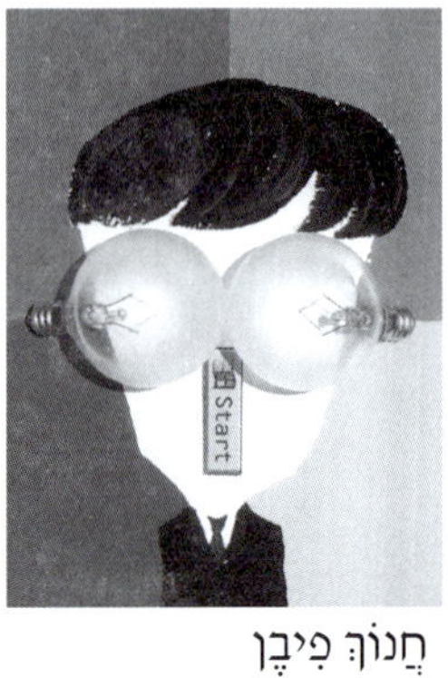

חֲנוֹךְ פִּיבֶן

הסוג השני של הקריקטוריסטים הוא האומנים, שמנסים להבין את חוכמת הפרצוף. אומנים אלה לא רק רוצים שאנשים יראו מייד מי האיש, אלא גם רוצים לגלות מה נמצא מאחורי הפרצוף - את האופי של האדם ואת המיוחד לו. הקריקטורה מנסה להיות קלה ומינימליסטית יותר מאשר הפרצוף האמִיתִי, או הציור הקְלָסִי של הפרצוף. זה לא אומר שהיא נעשׂית בקלות, אבל הרעיון שמאחורי התמונה צריך להיות רעיון חד וברור. קריקטורה טובה היא התיאור הנכון ביותר של האדם, והיא נותנת הרגשה כאילו היא נעשׂתה בקלות, הקלות של האמת הברורה לַכּוֹל!

(לפי: ההקדמה של דני קרמן לספר פיבן, חנוך פיבן)

בחרו צילומים של אנשים מפורסמים ונסו לחשוב איך הייתם מציירים את הקריקטורה של הפרצוף שלהם. השתמשו ב- **יותר מ... / פחות מ...**

דוגמה: *ל x יש אוזניים גדולות, ולכן בקריקטורה האוזניים שלו יהיו החלק הגדול ביותר בפרצוף.*

15. מן הפעיל לסביל

לבניינים **פיעל והפעיל** יש צורה פסיבית: **פועל והופעל**.
פעלים אלה מופיעים הרבה יותר פעמים בגוף שלישי.

The פיעל and הפעיל construction have a passive form - פועל and הופעל.
They appear mostly in the third person.

בניין פוּעַל, גזרת השלמים, עבר, הווה ועתיד בגוף III

	הוא	היא	הם/הן
סִיפֵּר	**סוּפַּר**	**סוּפְּרָה**	**סוּפְּרוּ**
מְסַפֵּר	**מְסוּפָּר**	**מְסוּפֶּרֶת**	**מְסוּפָּרִים/מְסוּפָּרוֹת**
יְסַפֵּר	**יְסוּפַּר**	**תְּסוּפַּר**	**יְסוּפְּרוּ**

בניין הוּפְעַל, גזרת השלמים, עבר, הווה ועתיד בגוף III

	הוא	היא	הם/הן
הִרְגִּישׁ	**הוּרְגַּשׁ**	**הוּרְגְּשָׁה**	**הוּרְגְּשׁוּ**
מַרְגִּישׁ	**מוּרְגָּשׁ**	**מוּרְגֶּשֶׁת**	**מוּרְגָּשִׁים/מוּרְגָּשׁוֹת**
יַרְגִּישׁ	**יוּרְגַּשׁ**	**תּוּרְגַּשׁ**	**יוּרְגְּשׁוּ**

1) אמרו בצורה דומה את הפעלים: **דיבר** בפועל ו**הפסיק** בהופעל.

16. א) **קראו את הכותרות מן העיתון. בכותרות אלה מופיעים פעלים בשלושת הבניינים הסבילים (פסיביים) בעברית: נפעל, פועל והופעל.**

ב) **זהו את הפעלים והפכו את המשפטים כך שהפועל יהיה בצורתו הפעילה (האקטיבית): מנפעל - לפעל, מפועל לפיעל ומהופעל להפעיל.**

שׂימו לב: חלק מן המשפטים הפעילים יהיו בסתמי, מכיוון שלא מצוין שם הגוף הפועל במשפט הסביל.

Read the newspaper headlines. Verbs from the three passive conjugations appear in these headlines - the passive conjugations in Hebrew are: נפעל (nif'al), פועל (pu'al), and הופעל (huf'al). Identify the verbs and turn the sentences into active sentences. From נפעל (nif'al) to פעל (p'al), from פועל (pu'al) to פיעל (pi'el), and from הופעל (huf'al) to הפעיל (hef'il).

Please note: Some of the active sentences will be impersonal because the acting person is not indicated in the passive sentences.

דוגמה: הופסקה עבודתו של מנהל בנק בגליל.

הפסיקו את עבודתו של מנהל בנק בגליל.

כותרות

1) תמונה שצוירה על ידי שָאגָאל, נמכרה בחצי מיליון דולר

2) חמישה עובדים במפעל כימיקלים הועברו לבית חולים במרכז הארץ

3) בשנה הבאה יוכנסו מחשבים חדשים לכל בתי הספר

4) שני קופים, שהוחזקו במשך יומיים בלי מים, נשלחו לטיפול בבית חולים וטרינרי

5) נהגים שייתפסו נוהגים באור אדום, יוזהרו, ובפעם השנייה יישפטו

6) שׂחקנים מהוֹלִיווּד: הסרט יוסרט רק אם יובטח שלום באזור

7) חולים ממדינות המזרח התיכון יטופלו על ידי רופאים ישׂראליים

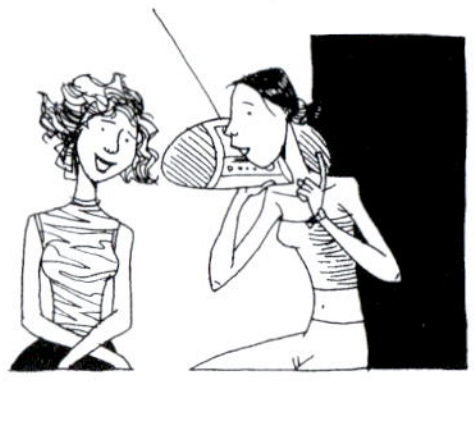

17. **מילון**

רק טוב!

א) **זהו את הפועל בסביל (פסיבי).**

ב) **הפכו כל פועל סביל לפעיל (אקטיבי).**

ג) **מצאו את פירושו במילון.**

ד) **תרגמו את המשפט כולו.**

1) **כל החיילים במדינה שוחררו.**

2) **טקס השלום האזורי הוקדם למחר. הטקס ינוהל בעברית ובערבית.**

3) **פוטרו כל עובדי המפעלים של הצבא.**

4) **ממחר ישודרו רק שירי אהבה ושלום.**

18. **מילון**

בקיצור ולעניין

א) **קראו את הידיעה.**

ב) **מצאו את פירוש ראשי התיבות במילון וענו על השאלות.**

Look up the meaning of the abbreviations and acronyms in the dictionary and answer the questions.

חה"כ ד"ר א.ב. כהן, שהופיע אתמול אחה"צ בת"א, סיפר על דו"ח שנכתב ע"י מורים לשפות מארה"ב, שעבדו בשירות האו"ם. בדו"ח נאמר, שחיילי צה"ל מעדיפים בד"כ לדבר בקיצור ובראשי תיבות!

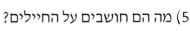

1) מי דיבר?

2) מתי ואיפה?

3) מי כתב מה?

4) איפה הם עובדים?

5) מה הם חושבים על החיילים?

? מה אתם חושבים: למה משתמשים בקיצורים בצבא?

ג) **כתבו את הכתובת במילים שלמות.**

עו"ד לוי שד' ניל"י מס' 7 ת"ד 54321 ב"ש לכב' גב' אהרוני ופרופ' אהרוני רח' ביל"ו מס' 5, י-ם

ד) **לפניכם שיחה בראשי תיבות ובקיצורים שלא יימצאו במילון.**
נסו לפענח, או שאלו ישראלי 'מעודכן'.

The following conversation includes acronyms and abbreviations that cannot be found in the dictionary, only an "up-to-date" Israeli would know them. Try to decipher them.

19. אל יאללה, ב"י!

נפרדים

- שמע, ממש חבל"ז. שו"ש.
- אין מה לעשות, הלו"ז לא מתאים, וזהו זה.
- ואם תחשוב טוב, תראה שכל העניין זל"ז.
- אבל אם אתה דווקא רוצה - זבש"ך.
- תדשד"ש לחברֶה.

ביי!

- תמסור דרישת שלום.
- זאת הבעיה שלך.
- זה לא זה.
- לוח זמנים.
- חבל על הזמן שלי ושלך.

20. א-פרופו

פרידות

- אז זהו. צריך לומר שלום, אין מה לעשות, לכל דבר יש סוף.
- מתי אתה זז?
- כבר. אני רוצה לתפוס את האוטובוס הבא.
- קנית כרטיס הלוך ושוב?
- כן, בטח. אני אחזור. ויהיה לכם קשה להיפטר ממני.
- נו, אז עכשיו הזמן לומר לך שאנחנו ממש מצטערים שאתה עוזב. תגיד, מאין האוטובוס יוצא?
- מרציף 8. יש שם כבר תור גדול.
- טוב. תשמור על עצמך. ותצלצל כשתגיע.
- באמת תודה רבה. היה יופי!
- אין בעד מה. הכֵּיף כולו שלנו!
- הינה, אני כבר מתחיל להתגעגע.
- אוף! אני שׂונאת פרידות. אז יאללה.
- ביי!

המחיזו שׂיחה דומה בין חברים בכיתה בסוף הלימודים.

מילים:

הָלוֹךְ וָשׁוֹב • נִפְטַר, לְהִיפָּטֵר מ... • רָצִיף ז.

Summary of Topics
האוצר הלשוני

Vocabulary
א. אוצר המילים

פעלים Verbs

הוֹפִיעַ, לְהוֹפִיעַ	appear
חִיבֵּר, לְחַבֵּר	compose
חִיקָה, לְחַקּוֹת	imitate
יָצַר, לִיצוֹר	create
מָחָא כַּפַּיִים, לִמְחוֹא כַּפַּיִים	clap
נֶהֱנָה, לֵיהָנוֹת	enjoy
רִיגֵּשׁ, לְרַגֵּשׁ	excite

שמות תואר Adjectives

חַד, חַדִּים	sharp
מְכוֹעָר, מְכוֹעֶרֶת	ugly
מְמוּחְשָׁב, מְמוּחְשֶׁבֶת	computerized
מְקוֹרִי, מְקוֹרִית	original

שמות עצם Nouns

אוּלָם ז. אוּלָמוֹת	hall
אֶתְגָּר ז.	challenge
חִידָה נ.	riddle
יֵצֶר ז.	drive / impulse
מַלְחִין ז.	composer
מְשׁוֹרֵר ז.	poet
עוֹשֶׁר ז. ר.ס.	richness / wealth
פַּחַד ז.	fear
פְּרוּסָה נ.	slice
פַּרְצוּף ז.	face
צְלִיל ז.	note / sound
קָהָל ז.	audience / crowd
קַלּוּת נ.ר.ס	ease
שִׂיא ז.	peak / height
תּוֹכְנָה נ.	computer program

ב. נושׂאים לשוניים
Grammatical topics

צורות: פועל: • בניין פּוּעַל , גזרת השלמים, זמן הווה ועבר.

דוגמה: סוּפר, מסופר

• בניין הוּפְעַל, גזרת השלמים, זמן הווה ועבר

דוגמה: הורגש, מורגש

תחביר: • ערך ההפלגה — The Superlative

דוגמה: האוליקאי הטוב ביותר

האוליקאי הכי טוב

• דרגת היתרון:

מילות השוואה ומשפטי השוואה

Comparative phrase and Comperative Clause

דוגמות: ירושלים יותר גבוהה מתל אביב.

לתל אביב באים פחות תיירים מאשר לירושלים.

שונות: • מספרים גדולים - אלף עד מליארד

מילון: • סיומות שם העצם — Noun Suffixes

• פעלים סבילים ופעילים — Passive and Active Verbs

• ראשי תיבות וקיצורים — Acronyms and Abbrevations

פסק זמן 5

תרגילי אוצר מילים

1. **מצאו את המילה יוצאת הדופן בכל שלישייה, ואחר כך מצאו מילה נוספת להשלמת השלישייה מן הרשימה למטה. נסו להסביר מה משותף לכל שלוש המילים.**

Find the irregular word among the three words, and then find an additional word to complete the set from the list below. Try to explain what is the common denominator among the three words.

דוגמה:	אדיב	מנומס	חילוני	נחמד
1)	קירר	התחמם	הקטין	---
2)	מלחין	פרצוף	משורר	---
3)	אמיתי	מקורי	מיידי	---
4)	נפגע	נרצח	נשאר	---
5)	מתחת	בזמן	מאחורי	---
6)	חיבר	חיקה	צייר	---
7)	דלת	אולם	חדר	---
8)	כיבה	פינה	הפסיק	---
9)	קיווה	מנע	חיכה	---
10)	מצחיק	מפחיד	מסריט	---
11)	נהדר	יפה	טעים	---
12)	כפה	כבש	מרד	---
13)	עסוק	תפוס	סגור	---
14)	מכוער	רע	נהדר	---
15)	ניקיון	דעה	מחשבה	---
16)	חידה	שאלה	פתרון	---
17)	טעם	ריח	אוזן	---

• רעיון • שָׁלֵט • טבעי • כיתה • בעיה • אומן • ציפה • נהרג • עצר • נורא • מֵעַל
• ~~נחמד~~ • יָצַר • הגדיל • מְרַגֵּשׁ • נפלא • שָׁמוּר • ראִייה •

2. שבצו במשפטים האלה את שם הפועל, את שם הפעולה או את הפועל בזמן עבר, הווה או עתיד בגוף הנכון:

1) המוסלמים לא רק --- את ארץ ישׂראל ארץ אלא גם --- בה מאות שנים. (לכבוש, לשלוט)

2) בכל הקונצרטים הטובים בעולם אנשים ---, כדי שהאומן --- שוב על הבמה ו--- עוד משהו. (למחוא כפיים) (לעלות, לנגן)

3) לא קל --- יצירה מוזיקלית. --- היצירה הזאת --- שלוש שנים, מ-1997 עד שנת 2000. (לחבר, לכתוב, להימשך)

4) אילו היא --- הערב, אנחנו --- לכולם --- לקונצרט. (להופיע, להמליץ, ללכת)

5) רותי, --- לי בבקשה את שני הכרטיסים בקופה ש --- מאחורי השער. (להשאיר, להימצא)

6) בגלל ה--- בכל ה--- מאירופה (אנחנו) --- הלילה בשׂדה התעופה. (לאחר, לטוס, להישאר)

7) אני נהנית מאוד מ--- הנוף הנפלאים ש(אתה)--- לי. זאת הייתה --- נהדרת. תודה! (לצלם, לשלוח) (להפתיע)

8) יוסי, (אנחנו) --- --- אותך ל--- סרט על --- הקיבוץ הראשון בעוד כחודש. --- --- אותך! אנחנו מקווים ש---. (לרצות, להזמין, להסריט, לבנות) (לשׂמוח, לראות, לבוא)

9) אי אפשר יהיה --- להם, כי הם כבר --- מזמן מהבית. רק אם הם --- כדי --- מתי ה---, (אנחנו) --- להם. (להודיע, לצאת) (להתקשר, לדעת, לטייל, לומר)

10) כבר היום אני --- מה --- מחר! למרות ה --- הנוראות, ואף על פי שכולם --- לעלות ראשונים, (אני) --- מהר לאוטובוס כדי --- מקום ליד החלון. לא אכפת לי מה אחרים --- עליי, אני --- שם ראשונה, כי אם לא --- ליד החלון, אני --- לא טוב כל זמן ה---. (להרגיש, להיות, לצעוק) (לנסות, לעלות) (לתפוס) (לחשוב, להיות, לשבת) (להרגיש, לנסוע)

11) דני אמר לי שאני צריכה --- ו--- תמיד איפה אני --- את התיק. הוא ---, כי לפני שבוע (אני) --- אותו בבריכה. (לשׂים לב, לזכור, לשׂים) (לצדוק, לאבד)

12) - אבנר, מה דעתך, כדאי --- את היין לפני הארוחה?
- זה תלוי בטעם שלך. לפי דעתי, כן. (לקרר)

13) --- מספר החדרים בדירה לא שינתה, בעצם, שום דבר בדירה. (להקטין)

3. מילון

בלי מילון !

יש מילים בעברית שאפשר להבין אותן מן הצליל שלהן. למשל,

הולכים בלילה ושומעים את רשרוש העלים
של העץ ברוח, רששששש...רשש...רששש...

פותחים בקבוק יין ושׂמים יין בכוסות ושומעים: בוק-בוק-בוק -בוק....

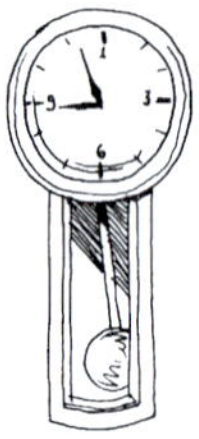

השעון על הקיר מתקתק תיק תיק תיק תיק תיק תיק....

מול החלון, ליד פרחי הגן עוברות דבורים ומזמזמות זזזזזזזז.....

ילדים יושבים בחדר ומדברים על שום דבר,
סתם מפטפטים פטפטפטפטפטפטפט....

גשם יורד על החלון ומטפטף טיפטיפטיפטיפטיפ...

תינוק בוכה, אימא באה ושׂמה בפה שלו מוצץ,
ואז שומעים את התינוק מוצץ: מצצצ...מצצצצ...

חשבו על דוגמות משׂפות אחרות לאונוֹמָטוֹפֵּיָה.

4. א) מדברים מהבטן

שימו לב: בראש כל פסקה יש מספר. זיהוי הפסקות דרוש לתרגיל 4.ב)

Please note: each paragraph is numbered. These numbers are necessary for exercise 4.ב)

(1) אגדה בתלמוד מספרת שהתינוק יודע את כל התורה לפני שהוא נולד. יש אנשים שאומרים שהוא גם יודע את כל השׂפות. אבל רגע לפני שהתינוק יוצא לאוויר העולם, בא מלאך, נוגע בפה של התינוק והוא שוכח את כל התורה.

(2) באגדה הזאת יש משהו דומה מאוד לתאוריה של פרופסור פִּיטֶר ג'וֹסְזִיק מאוּנִיבֶרְסִיטַת ג'וֹנְס הוֹפְּקִינְס באמריקה, שחוקר את התפתחות השׂפה אצל ילדים. לפי ג'וסזיק התינוק לומד חלק חשוב מן השׂפה כשהוא בבטן אימו, הוא לא שוכח מה שלמד, אלא ממשיך ללמוד את השׂפה אחרי שהוא נולד, עד שהוא יודע את כל חוקי השׂפה ומשתמש בה בלי קושי.

(3) תהליך למידת השׂפה הוא תהליך רגיל, ורוב הילדים בעולם לומדים את השׂפה בקלות ובמהירות. כשחושבים על התהליך הזה, וכשבודקים מה הילד יודע בגיל חמש, רואים שהילד לומד אלפי מילים, מבין משפטים, מבין הומור בשׂפה, יכול לצחוק משגיאות ויודע לא לחזור על שגיאות. זה לא דבר פשוט, ההורים לא מלמדים את הילד את השׂפה, כמו שמלמדים שׂפה חדשה. הם לא מסבירים לו חוקים של דקדוק ולא מסבירים לו מילים. הילד מבין הכול בעצמו, ומהר מאוד, אף על פי שלא קיבל עזרה בלמידת השׂפה מאף אחד.

(4) היום יודעים הרבה יותר ממה שידעו בעבר על למידת השׂפה, לא רק אצל ילדים אלא גם אצל תינוקות. פעם חשבו שתינוקות לומדים בערך בגיל עשׂרה חודשים את הצלילים של השׂפה שלהם הם אומרים כל מיני צלילים בשׂפת הג'יבריש, וההורים חוזרים רק על הצלילים שיש להם משמעות בשׂפה שלהם. כך לומדים התינוקות על אילו מילים וביטויים כדאי לחזור ומה נכון.

(5) אבל לדעתו של ג'וסזיק התינוקות לומדים ומכירים את כל הצלילים עוד לפני שהם נולדים, ובגיל עשׂרה חודשים הם רק לומדים איך לומר אותם. ברור שאי אפשר לבדוק מה התינוק מבין או לא מבין כשהוא בבטן אימו, ולכן צריך לבדוק את התינוק בסביבה ובמצב שדומים מאוד למצב שלו בבטן.

(6) באחד המחקרים שׂמו תינוקות בחדר אחד והם שמעו קולות של אנשים מדברים מחדר אחר דרך דלת סגורה. התינוקות לא שמעו את המילים בצורה ברורה, אלא רק את הצלילים ואת האינטונציה של האנשים המדברים. החוקרים נתנו לכל התינוקות מוצץ. התינ מצצו את המוצץ כל הזמן, ושמעו את הקולות של האנשים. החוקרים מצאו שכאשר תינוק בן כמה ימים שומע את אימא שלו הוא מתחיל למצוץ מהר יותר. ג'וסזיק חושב שהתינוק

לומד להכיר בבטן אימו גם את הצלילים שלה וגם את ההבדלים בין צלילים בשפה, כמו למשל, ההבדל בין פּא (p) לבין פא (f). לפי המחקר הזה, תינוק בן כמה ימים מעדיף את הצלילים בשפת האם על צלילים חדשים של שפה זרה.

(7) במחקר אחר רצו לבדוק מאיזה גיל הילדים זוכרים מילים. תינוקות בני שמונה חודשים שמעו במשך שבועיים סיפורים עם מילים שהן לא יומיומיות ולא רגילות. אחר כך נתנו להם לשמוע רק מילים ולא סיפורים: פעם אחת הם שמעו מילים רגילות שהם לא שמעו בסיפורים, ופעם שנייה הם שמעו מילים מיוחדות מן הסיפורים. התינוקות הקשיבו יותר זמן למילים המיוחדות, המילים שהופיעו בסיפורים; זאת אומרת שהם זכרו אותן.

(8) בעתיד גם יחקרו נושאים אחרים שקשורים לזכירה. איך זוכרים התינוקות את המילים, איך ומאין הם יודעים לבנות משפטים נכונים, איך הם יודעים מה הסדר הנכון של המילים במשפט, ואיך הם מחליטים איזו מילה צריכה לבוא אחרי איזו מילה.

(לפי: תמר רותם, עיתון הארץ, אוקטובר 1998)

ב) ענו על השאלות:

1) מה דומה ומה שונה בין האגדה בתלמוד ובין התאוריה של ג'וסזיק בקשר לְמָה שהתינוק יודע כשהוא נולד?

2) אחת משיטת הלימוד באולפן לעברית היא ללמד את העברית כמו שתינוק לומד את השפה. האם יכולה להיות שיטה כזאת לפי פסקה 3?

3) בפסקה 6 מספרים שהתינוקות שמעו קולות של אנשים דרך "דלת סגורה". למה החוקרים סגרו את הדלת?

4) במקום המילים "שפה זרה" בפסקה 6, אפשר לומר:

א. שפה שהילד לא מכיר.

ב. שפה שאימא של הילד מדברת.

ג. שפה של החוקרים.

ד. שפה לא נכונה.

5) "רצו לבדוק מאיזה גיל הילדים זוכרים מילים." - פסקה 7.
מה התשובה לשאלה הזאת?

6) סמנו את ההשלמה הנכונה והסבירו איך החוקרים יודעים את זה:
לפי פסקה 7, תינוק בן כמה חודשים -
א. לא זוכר מילים מיוחדות.
ב. זוכר רק מילים רגילות.
ג. זוכר מילים שהוא כבר שמע.
ד. לא זוכר מילים שהוא שמע.

7) לפי המחקר, מה התינוק לומד לפני מה - מילים, משפטים, צלילים?

8) אילו מורים לעברית, שלא הצליחו ללמד את הילדים עברית, היו הולכים לפרופסור ג'וסזיק, מה הוא היה אומר להם?

9) ספרו זה לזה על הדרך שלכם בצלילים, במילים ובמשפטים בשׂפה העברית.

5. קראו את הקטע והשלימו את המילים החסרות, גם לפי המשך הקטע וגם לפי מה שאתם יודעים. אתם יכולים לחפש את התשובות בספרים או לשאול חברים. ההשלמות הנכונות נמצאות בסוף הפרק.

תנ"ך אז והיום

בתנ"ך יש בערך --- (1) מילים. המילים האלה, במשמעותן בתנ"ך או בשינויי משמעות, הן הבסיס לעברית החדשה. למשל, הפועל --- (2) בעברית תנ"כית זה כמו לחפש: "בקשתי את שאהבה נפשי" (שיר השירים ג, 1) בעברית מודרנית משתמשים בפועל הזה, אבל המשמעות "זזה" קצת: לרצות משהו, ולומר למישהו לעשות את זה בשביל מישהו. מהשורש הזה 'נולדו' עוד מילים בעברית חדשה כמו: --- (3).

יותר מאלפיים מילים מופיעות בתנ"ך רק פעם אחת או פעמיים. גם בחלק מן המילים האלה משתמשים היום, אבל פעמים רבות קיבלו המילים האלה "צבע" אחר ומשמעות אחרת. למשל, המילה --- (4), מופיעה בתנ"ך רק פעם אחת, בספר ישעיה, ומשמעותה שם - אבן טובה. היום אֶקְדָּח הוא כלי להרוג אנשים. כל שֶׁריף באמריקה וכל שוטר או חייל בישׂראל הולך עם --- (4). כך גם המילה --- (5), שמופיעה בספר יחזקאל פעמיים. בתנ"ך זה כנראה אור גדול מהשמים. היום ה--- (5) מביא אור וחום לעולם המודרני.

גם שמות של ארצות מודרניות מופיעים בתנ"ך: השם --- (6) מופיע למשל, רק פעם אחת בספר עובדיה. בימי התנ"ך הייתה --- (6) עיר באזור צידון, על חוף הים התיכון. היום זאת ארץ גדולה באירופה, בין בלגיה לאיטליה.

החוקרים חושבים שהמילים שמופיעות רק פעם או פעמיים בתנ"ך היו מילים רגילות באותה תקופה. לצד התנ"ך היו עוד טקסטים ועוד ספרים, ומילים אלה הופיעו אולי בספרים אחרים שעדיין לא נמצאו.

לא כל המילים בתנ"ך הן מאותה תקופה. התנ"ך מספר על ההיסטוריה של עם ישׂראל מזמן אברהם אבינו, בערך בשנת 1750 לפני הספירה, עד בניית הבית השני בערך בשנת 520 לפני הספירה. לכן יש בתנ"ך מילים עתיקות מאוד מתקופת האבות, ומילים חדשות יותר מתקופת בית המקדש השני. החוקרים חושבים שבעברית התנ"כית יש שני חלקים: העברית הקלסית והעברית המאוחרת. גם בעברית הקלסית, וגם בעברית המאוחרת של התנ"ך יש שני סוגים של טקסטים: פרוזה ושירה.

בתנ"ך יש 42 ספרים. בכל ספר - פרקים, בכל פרק - פסוקים ובכל פסוק - מילים.

המילה, שמופיעה הכי הרבה פעמים היא המילה --- (7). היא מופיעה בתנ"ך 11.841 פעמים. היא מופיעה יותר בפְּרוֹזָה מאשר בשירה.

אחריה באה המילה --- (8). היא מופיעה 5846 פעמים. המילה הבאה היא --- (9) שמופיעה 5045 פעמים.

השם שמופיע הכי הרבה פעמים הוא שמו של --- (10). הוא מופיע 6646 פעמים. אחריו מופיע 3210 פעמים שמו של --- (11).

הספר עם מספר המילים הגדול ביותר הוא ספר --- (12): יותר מ-21.000 מילים. הספר עם מספר הפרקים והפסוקים הגדול ביותר הוא ספר --- (13): 150 פרקים ויותר מ-2500 פסוקים.

בתנ"ך ספרו קצת אחרת: המספר הכי גדול שיש בתנ"ך הוא --- (14) זה היה מספר בני ישראל בזמן דויד. אבל בתנ"ך לא כתוב --- (14) אלא: "אלף אלפים ומאה אלף" (דברי הימים א' כא' 5).

התנ"ך מספר גם מה היה מספר בני ישראל כאשר יצאו ממצרים: --- (15) ובלשון התנ"ך "ששים ריבוא", כי בתנ"ך ריבוא או רבבה זה 10.000.

כמו בעברית מודרנית גם בתנ"ך יש מילים מהרבה שפות אחרות: מ---, ---, --- --- (16) ועוד, ויש גם מילים עבריות מקוריות.

מספר מילים מן התנ"ך עבר עם השנים גם לשׂפות אחרות. למשל המילים --- ו--- (17) מופיעות בשׂפות כמו ב---, ב---, ב--- ב--- (18) ובשׂפות אחרות. משמעותן בשׂפות אלה היא יום מנוחה או שנת חופש ומנוחה. המשמעות הראשונית של המילים האלה באה מן התנ"ך: "שבת היום לה'" בספר שמות או בספר ויקרא "שבת שבתון הוא לכם".

(לפי: ספר השׂיאים של גינס, 2001)

וַיְבָרְכוּ אֶת־רִבְקָה וַיֹּאמְרוּ לָהּ אֲחֹתֵנוּ אַתְּ הֲיִי לְאַלְפֵי רְבָבָה וְיִירַשׁ זַרְעֵךְ (בראשית כד 60)

כמה זה אלפי רבבה?

6. הַפְּרוּטָה / ש"י עגנון

מעשה בעני אחד, שחזר בליל שבת מבית הכנסת לביתו וראה פרוטה בדרך. אמר העני: שׂיחקה השעה ומי שימצא אותה, יהיה בעל מזל. אבל שבת היום ואני לא יכול לקחת את הפרוטה. אילו מצאתי אותה לפני שירדה השמש, הייתי קונה בה קצת יין ועושׂה קידוש, והייתי קונה קצת לחם ונהנה מן השבת. הלך לביתו וקיבל את השבת בלי יין ובלי שום דבר ליהנות, אלא רק לחם שחור.

בבוקר, כשהלך לבית הכנסת אמר העני: אלך ואראה, אם לא ראה אותה מי שאינו יהודי, היא עדיין שם. כשהגיע לשם, ראה שזאת לא פרוטה פשוטה, אלא פרוטה של כסף. אמר העני: לאותו אדם יהיה מזל עוד יותר גדול - חשב שימצא פרוטה פשוטה, ומצא פרוטה של כסף. הקדוש ברוך הוא מנסה אותי בניסיון גדול. פנה משם, והלך לבית הכנסת.

אחרי התפילה אמר העני לעצמו: עכשיו לא אמצא אותה. הרבה אנשים עברו עליה והרבה עיניים ראו אותה ומישהו כבר לקח אותה. אבל אולי היא עוד שם, אלך ואראה. אם לא לקחו אותה, אבדוק שהיא

מטבע של כסף ואם לקחו אותה, לא אחשוב עליה יותר. כשהגיע לשם, מצא אותה באותו מקום כמו בערב וכמו בבוקר, אבל עכשיו של זהב היא.

ואם זה לא מעשׂה כשפים (=מאגיה), השמש החמה והאור החזק הם שנותנים לה צבע של זהב.

חשב העני בליבו: כמה דברים אפשר לקנות במטבע אחת; אני רק צריך לקחת אותה וכל מה שאני רוצה יהיה בידי: לחם לבן וקצת יין ודג, והרבה דברים טובים ליהנות מן השבת, ולתת גם לגוף ליהנות. הסתכל העני שוב ושוב, אבל פחד השבת היה עליו וחזר לביתו ובידיו אין שום דבר.

במִנחה, בתפילת אחר הצהריים, לא הלך למטבע. פחד שהוא לא יוכל להילחם יותר ביצר וייקח אותה: מי יודע אם אעמוד במבחן. בשבת החנויות היו סגורות, אבל במנחה כשיפתחו את החנויות, אני פוחד שאקח אותה.

אבל כשאדם נלחם ביֵצֶר - היֵצֶר נלחם בו ואומר: לא לקחת אותה אתה צריך, אלא לשׂים אותה בצד ועליה אבן, שלא יראה אותה מישהו אחר, וייקח אותה. אחרי שגמר להתפלל מנחה חזר לאותו מקום. לראות - מותר.

הייתה שעה מאוחרת של אחר הצהריים. השמש שלחה אור זהב, וכשהגיע העני לא ראה מטבע אחת - הרבה מטבעות היו שם. אולי לא מטבעות של ממש, אלא אותה מטבע נתנה אור מסביב. מטבע של זהב הייתה. אילו היה לוקח אותה, היה לו אוכל לשלושה שבועות - מה כל האוכל שצריך העני? מטבע זהב אחת.

אמר העני: טוב שאין לי דבר בבית, ואני יכול לעמוד כאן ולראות צורת מטבע. טיפש היה זה ששׂם כספו כאן. מה חשב - שהמטבעות יגדלו וייתנו לו פירות?!

אני הייתי שומר אותן על ליבי, וכל פעם שאשתי ובניי היו מבקשים לאכול, הייתי כועס עליהם, אבל הולך לחנות ונותן את מטבע הזהב והמוכר היה נותן לי כבוד רב.

הסתכל שוב במטבע וחשב: עכשיו שאני רואה אותה, אני יודע שאולי השׂטן שׂם אותה פה כדי לבחון אותי. מיד עמד ואמר לעצמו: טיפש אני: עומד ומסתכל במטבע, ואני צריך להתפלל ואין לי זמן למ־שׂחקים. פנה ועזב את המקום ורץ לבית הכנסת.

אחרי תפילת ערבית אפילו לא רצה להסתכל במטבעות: "הן כבר שׂיחקו איתי כל היום"- אמר לעצמו. אבל כשפנה ראה אותן, והן כולן זהב ואור עולה מהן. אמר לעצמו: עכשיו, כשעברה שבת קודש, אלך ואראה מה האור הזה.

הסתכל וראה מה שאין כל עין רואה ואין כל יד אוספת. לקח את המטבעות ואסף עוד ועוד מטבעות. במטבע אחת היה יכול לקנות יין ולחם ודג - והנה הוא אוסף עוד ועוד מטבעות.

חזר לביתו שמח. שר שיר למוצאי שבת ואשתו מסדרת לו שולחן מלא. ישבו לאכול ומאז לא היו חסרים דבר. מפני ששמר שבת אחת מעוֹנִי - שמר הרבה שבתות מעוֹשֶׁר.

(לפי: אלו ואלו)

פגשתם באותו עני וביקשתם שילמד אתכם את חוכמת החיים שלו. מה הוא אמר לכם?

ההשלמות לקטע: תנ"ך אז והיום

(1) 8000
(2) לבקש
(3) בבקשה
(4) אקדח
(5) חשמל
(6) צרפת
(7) את
(8) כל
(9) אלהים
(10) דוד - דויד
(11) משה
(12) ירמיהו
(13) תהלים
(14) 1.100.000
(15) 600.000
(16) אכדית, אוגריתית, ארמית, פרסית
(17) שבת, שבתון
(18) אנגלית, צרפתית, ספרדית, הונגרית

7. חוֹלֵם בִּסְפָרַדִּית / אֵהוּד מָנוֹר, שְׁלֹמֹה יִידוֹב

אֲנִי קָם בְּעִבְרִית בַּבּוֹקֶר
וְשׁוֹתֶה בְּעִבְרִית קָפֶה
מְשַׁלֵּם בְּעִבְרִית בְּיוֹקֶר,
עַל כָּל דָּבָר שֶׁאֲנִי קוֹנֶה.

אֲנִי חוֹשֵׁב וַאֲנִי כּוֹתֵב
בְּעִבְרִית בְּלִי קוֹשִׁי,
וְאוֹהֵב לֶאֱהוֹב אוֹתָךְ
בְּעִבְרִית בִּלְעָדִית.

בִּשְׂפָתוֹ שֶׁל דָּוִיד הַמֶּלֶךְ,
אֲנִי חַי וּמַשְׁמִיעַ קוֹל.
וְקוֹרֵא סִיפּוּרִים לַיֶּלֶד
כֵּן, תָּמִיד מִיָּמִין לִשְׂמֹאל.

זֹאת שָׂפָה נֶהֱדֶרֶת,
לֹא תִּהְיֶה לִי אַחֶרֶת,
אַךְ בַּלַּיְלָה בַּלַּיְלָה
אֲנִי חוֹלֵם עוֹד בִּסְפָרַדִּית.

בְּעִבְרִית יֵשׁ מִילִּים בְּשֶׁפַע,
לְהַגִּיד אֶת הַכּוֹל כִּמְעַט.
יֵשׁ בָּהּ תֶּקַע וְיֵשׁ בָּהּ שֶׁקַע
אַךְ אֵין מִילָּה בְּעִבְרִית לְטַקְט.

אֱמוּנִים בְּעִבְרִית שׁוֹמֵר לָךְ
וְסוֹגֵר בְּעִבְרִית תְּרִיסִים.
לַיְלָה טוֹב בְּעִבְרִית אוֹמֵר לָךְ
וְגַם סוֹפֵר בְּעִבְרִית כְּבָשִׂים.

מִתְרַגֵּשׁ בְּעִבְרִית מִפֶּרַח
וְנוֹשֵׂא בְּעִבְרִית תְּפִילָּה.
מִתְרַגֵּז בְּעִבְרִית בֶּן רֶגַע
וּמַרְבִּיץ בְּעִבְרִית קְלָלָה.

הָעִבְרִית מִשְׁתַּנָּה בְּלִי הֶרֶף,
זֶה הִתְחִיל בְּלוּחוֹת הַבְּרִית,
אֲנִי חַי בְּשָׂפָה דוֹהֶרֶת
וְאָמוּת כַּנִּרְאֶה בְּעִבְרִית!

? מה האיש בשיר יודע לעשות בעברית, ומה אתם כבר יודעים?

8. סוף טוב – הכול טוב

סוף מעשה במחשבה תחילה (אלקבץ - לכה דודי)

מסוף העולם ועד סופו

סוף לדבר

הלך עד הסוף!

סוף הכבוד לבוא (נדרים ס"ב.)

מתחילה ועד סוף

סוף הוא תמיד התחלה

סוף כל סוף

סוף סוף

אין סוף

Abbreviations קיצורים

Masculine	זכר	ז.
Singular	יחיד	י.
Preposition	מילית יחס	מ"י
Coordinator / Conjunction	מילת חיבור	מ"ח
Feminine	נקבה	נ.
Slang	סלנג	ס.
Verb	פועל	פ.
Plural	רבים	ר.
Noun	שם עצם	ש"ע
Adjective	שם תואר	ש"ת
Adverb	תואר פועל	ת"פ
Does not exist	לא קיים	0

הערות:

1. המילים מתורגמות לפי משמעותן בהקשר הנתון בלבד.
2. כל הפעלים מופיעים בצורת העבר ולידם שם הפועל.
3. צורת הריבוי של שם העצם מופיעה כאשר חלים בשם העצם שינויים פונטיים, או כאשר נוספת לו סיומת מיוחדת.
4. שמות התואר מופיעים רק בצורת היחיד - זכר ונקבה.
5. הכתיב הוא לפי כללי הכתיב המלא חסר הניקוד, שקבעה האקדמיה ללשון העברית, אף אל פי שהמילים מנוקדות בניקוד מלא, לבד מְדְגֵשִׁים שאינם נהגים.

1. The words are translated into their meaning only in the given context.
2. All the verbs appear in the past tense form with the infinitive.
3. The plural form of a noun is given when it carries a phonetic change or when it has a special suffix.
4. Adjectives are given only in the two singular forms - masculine and feminine.
5. The spelling is according to the rules of the full spelling without vocalization determined by the Hebrew Language Academy, even though the words are vocalized.

Dictionary מילון

אֵבֶל ז. ר.ס.	mourning
אַגָס ז.	pear
אָדִיב, אֲדִיבָה ש"ת	curtious
אָהוּב, אֲהוּבָה ש"ת	beloved
אוּלָם ז. אוּלָמוֹת	hall
אוֹמָן ז., אוֹמָנִית נ.	artist
אוֹמָנוּת נ.	art
אוֹמֶץ ז. ר.ס.	bravery
אוּנָה נ.	lobe
אוֹפִי ז.ר.ס	character / nature
אוֹפְנָה נ.	trend / fashion
אוֹצָר ז. אוֹצָרוֹת	treasure
אוֹשֶׁר ז. ר.ס.	happiness / joy
אֵזוֹר ז.	area
אֶזְרָח ז. אֶזְרָחִית	citizen
אִיבֵּד, לְאַבֵּד פ.	loose
אִיחוּר ז.	delay / lateness
אֵיחֵר, לְאַחֵר פ.	be late
אִיטִי, אִיטִית ש"ת	slow
אִילוּ	if
אִכְפַּת ל...	(someone) care about
אִכְפַּתִי, אִכְפַּתִית ש"ת	caring / involved
אִכְפַּתִיוּת נ.ר.ס.	caring / involvement
אַלְבּוֹם ז.	album
אַלְמוֹג ז.	coral
אִם מ"ח	if
אַמְבַּטְיָה נ.	bathtub
אֱמוּנָה תְפֵלָה נ.	superstition
אֲמִיתִי, אֲמִיתִית ש"ת	real
אֶמְצַע ז.	middle
אָסַף, לֶאֱסוֹף פ.	gather
אַף עַל פִּי שֶׁ... מ"ח	even though / although
אַף פַּעַם	never
אֵצֶל מ"י	at
אָרוֹן ז. אֲרוֹנוֹת	cupboard / coffin
אֵשׁ נ. אִישִׁים	fire
אֶתְגָר ז.	challenge
בִּגְלַל מ"ח	because of
בְּדִידוּת נ.	loneliness
בְּדִיחָה נ.	joke
בּוֹא, בּוֹאִי, בּוֹאוּ+עתיד	let's
בּוֹגֵד ז. בּוֹגֶדֶת נ.	traitor
בּוֹדֵד, בּוֹדֵדָה/בּוֹדֶדֶת ש"ת	lonely
בַּחוּץ ת"פ	outside
בְּחִירוֹת נ.ר.	elections
בָּחַן, לִבְחוֹן פ.	examine / test
בְּטָעוּת ת"פ	mistakenly / by mistake
בִּילָה, לְבַלּוֹת פ.	spend time
בֵּינְלְאוּמִי, בֵּינְלְאוּמִית ש"ת	international
בִּישֵׁל, לְבַשֵּׁל פ.	cook
בֵּית קְבָרוֹת ז.	cemetery
בָּכָה, לִבְכּוֹת פ.	cry
בִּכְלָל ת"פ	at all
בִּלְעֲדֵי מ"י	without
בִּמְהִירוּת ת"פ	quickly
בִּמְיוּחָד ת"פ	especially
בִּמְקוֹם	instead
בְּסֵדֶר גָמוּר ת"פ	fine ("that's fine")
בָּסִיס ז.	basis, base
בְּעַד	pro / for
בְּעָיָיתִי, בְּעָיָיתִית ש"ת	problematic
בַּעַל - (בַּיִת, חָנוּת,...)	owner (store owner)
בַּעֲלַת - / בַּעֲלֵי - / בַּעֲלוֹת - /	
בַּעַל חַיִּים ז. בַּעֲלֵי חַיִּים	animal

בְּעֶצֶם מ"ח	as a matter of fact
בְּקִיצּוּר מ"ח	in short, to sum up
בַּר מִצְוָה ז.	bar-mitzva
בָּרָא, לִבְרוֹא פ.	create
בָּרוּר, בְּרוּרָה ש"ת	clear / obvious
בָּרַח, לִבְרוֹחַ פ.	escape
בְּרִיאוּת נ.ר.0.	health
בִּשְׁבִיל מ"י	for
בְּתֵיאָבוֹן ת"פ	bon apetite
גָּאוֹן ז. גְּאוֹנִית נ., ש"ת	genius
גְּבוּל ז. גְּבוּלוֹת	border
גְּבוּרָה נ.	heroism
גּוֹלֶם ז. גְּלָמִים	idiot / fool
גּוּפָנִי, גּוּפָנִית ש"ת	physical
גּוֹרָל ז. גּוֹרָלוֹת	fate / fortune
גָּזַר, לִגְזוֹר פ.	cut
גִּיבּוֹר ז. גִּיבּוֹרָה נ., ש"ת	hero
גֵיהִינּוֹם ז.ר.0.	hell
גִּילָּה, לְגַלּוֹת פ.	show / discover
גָּמָל ז.	camel
גָּנַב, לִגְנוֹב פ.	steal
גַּעֲגוּעִים ז.ר.	missing / longing
גַּפְרוּר ז.	match
גָּרַם, לִגְרוֹם (ל...) פ.	cause
דָּאַג, לִדְאוֹג (ל...) פ.	take care / worry
דּוֹמֶה (ל...) פ.	similar to
דַּחַף ז. דְּחָפִים	urge
דֶּקֶל ז. דְּקָלִים	palm tree
דָּרוֹם ז.ר.0. (מִדָּרוֹם ל...)	south (south of)
דֶּרֶךְ אַגַּב	by the way
דָּרַשׁ, לִדְרוֹשׁ פ.	demand
דֶּשֶׁא ז. דְּשָׁאִים	grass
הֶאֱכִיל, לְהַאֲכִיל פ.	fid
הַאִם? מילת שאלה	is it
הַבָּא/הַבָּאָה/ (בשנה, בשבוע,...)	in the next (...year, week)
הֶבְדֵּל ז.	difference
הֵבִיא, לְהָבִיא פ.	bring
הֲבָנָה נ.	understanding
הִגְדִּיל, לְהַגְדִּיל פ.	enlarge
הוֹדִיעַ, לְהוֹדִיעַ פ.	inform
הוֹדָעָה נ.	notice
הוֹפִיעַ, לְהוֹפִיעַ פ.	appear
הִזְדַּקֵּן, לְהִזְדַּקֵּן פ.	aged
הֶחְזִיק, לְהַחְזִיק פ.	hold
הֵכִין, לְהָכִין פ.	prepare
הִכְנִיס, לְהַכְנִיס פ.	admitted / put in
הִמְלִיץ, לְהַמְלִיץ (על...) פ.	recommend
הִמְצִיא, לְהַמְצִיא פ.	invent / make up
הֶסְבֵּר ז.	explanation
הִסְרִיט, לְהַסְרִיט פ.	film
הֶעֱבִיר, לְהַעֲבִיר פ.	pass
הֶעֱדִיף, לְהַעֲדִיף פ.	preferr
הִפְגִּין, לְהַפְגִּין פ.	demonstrate
הַפְגָּנָה נ.	demonstration
הָפוּךְ, הֲפוּכָה ש"ת	opposite / upside down
הָפַךְ, לַהֲפוֹךְ פ.	turn over
הַפְסָקַת אֵשׁ נ.	cease-fire
הִפְרִיעַ, לְהַפְרִיעַ פ.	disturb
הַפְתָּעָה נ.	surprise
הַצָּגָה נ.	theater play
הִצְטָרֵף, לְהִצְטָרֵף (ל...) פ.	join
הַקָּדוֹשׁ בָּרוּךְ הוּא ז.	Blessed Be His Name (God)
הַקְדָּשָׁה נ.	dedication (on a book)
הִקְטִין, לְהַקְטִין פ.	reduce / diminish
הִקְרִיב, לְהַקְרִיב פ.	sacrifice
הַרְצָאָה נ.	lecture
הִשְׁאִיר, לְהַשְׁאִיר פ.	leave behind
הִשְׁפִּיעַ, לְהַשְׁפִּיעַ (על) פ.	to influence
הִשְׁתַּתֵּף, לְהִשְׁתַּתֵּף (ב...) פ.	participate
הִתְגַּעְגֵּעַ, לְהִתְגַּעְגֵּעַ (ל...) פ.	miss ("I miss you")
הִתְגָּרֵשׁ, לְהִתְגָּרֵשׁ (מ...) פ.	divorce

הִתְוַוכַּח, לְהִתְוַוכֵּחַ פ.	argue
הִתְחַבֵּא, לְהִתְחַבֵּא פ.	hide
הִתְחַזֵּק, לְהִתְחַזֵּק פ.	gather strength
הִתְחַמֵּם, לְהִתְחַמֵּם פ.	get warm
הִתְחַמְּמוּת נ.	warming (of)
הִתְיַיוֵּן, לְהִתְיַיוֵּן פ.	(be) Hellenized
הִתְלַכְלֵךְ, לְהִתְלַכְלֵךְ פ.	become dirty
הִתְנַגֵּד, לְהִתְנַגֵּד (ל...) פ.	(be) opposed to
הִתְנַהֵג, לְהִתְנַהֵג פ.	behave
הִתְנַהֲגוּת נ.	behavior
הִתְנַשֵּׁק, לְהִתְנַשֵּׁק פ.	kiss
הִתְפַּתֵּחַ, לְהִתְפַּתֵּחַ פ.	(became) develop
הִתְפַּתְּחוּת נ.	development
הִתְקַדֵּם, לְהִתְקַדֵּם פ.	progress
הִתְקָרֵב, לְהִתְקָרֵב (ל...) פ.	approach
הִתְקַשֵּׁר, לְהִתְקַשֵּׁר (אל/ ל...) פ.	phone, contact
הִתְרַגֵּל, לְהִתְרַגֵּל (אל/ ל...) פ.	get used to
וְאִילּוּ מ״ח	and on the other hand / side
וְכוּלֵי	et cetera, etc.
וַעֲדָה נ.	committee
זְבוּב ז.	fly
זָרַק, לִזְרוֹק פ.	throw
חֶבְרֶהמַן ז. חֶבְרֶהמַנִית נ. ס.	sociable person
חֶבְרָתִי, חֶבְרָתִית ש״ת	social
חֲגִיגָה נ.	celebration
חַד, חַדָּה ש״ת	sharp
חוּג ז.	department (in university)
חוּט ז.	string / thread
חוֹכְמָה נ.	wisdom
חוֹמֶר ז. חוֹמָרִים	material
חוּץ מ...	except / apart from
חוֹק ז., חוּקִים	law
חוּרְבָּן ז.ר.ס.	destruction
חוּשׁ ז.	sense
חֲזִיר ז., חֲזִירָה נ.	pig
חִיבֵּק, לְחַבֵּק פ.	hug
חִיבֵּר, לְחַבֵּר פ.	compose
חִידָה נ.	riddle
חִייֵךְ, לְחַייֵךְ פ.	smile
חִיכָּה, לְחַכּוֹת (ל...) פ.	wait
חִילּוֹנִיּוּת נ.	secularism
חִינֵּךְ, לְחַנֵּךְ פ.	educate
חִיקָּה, לְחַקּוֹת פ.	imitate
חָלוּץ ז. חֲלוּצָה נ.	pioneer
חֶמְאָה נ.	butter
חָמִים, חֲמִימָה ש״ת	a bit warm
חַמְסִין ז.	heat wave
חֲסִידִי, חֲסִידִית ש״ת	hassidic
חֲסַר (מַזָּל, בַּיִת...)	less (luckless, homeless...)
חַסְרַת - / חַסְרֵי - / חַסְרוֹת -	
חָצֵר נ., חֲצֵרוֹת	yard
חַקְלַאי ז., חַקְלָאִית נ. ש״ת	agricultural
חֲרֵדִי, חֲרֵדִית ש״ת	pious (ultra-orthodox Jew)
טַבַּעַת נ.	ring
טִיפֵּל, לְטַפֵּל (ב...) פ.	look after/ take care of
טִיפְּשׁוּת נ.ר.ס.	stupidity
טִיפְּשִׁי, טִיפְּשִׁית ש״ת	foolish / stupid
יְכוֹלֶת נ.	ability
יָלַד, לָלֶדֶת פ.	give birth
יְצִירָה נ.	creation / piece
יֵצֶר ז., יְצָרִים	drive / impulse
יָצַר, לִיצוֹר פ.	create
יֶרַח דְּבַשׁ ז.	honey moon
יָרֵחַ ז.	moon
כְּ... מ״י	as / like
כְּאִילּוּ מ״ח	as if
כָּבוֹד ז. ר.ס.	honor
כָּבַשׁ, לִכְבּוֹשׁ פ.	conquer
כַּדּוּר הָאָרֶץ ז ר.ס.	planet earth
כַּדּוּרֶגֶל ז.	fotball
כְּדֵי / כְּדֵי שֶׁ... מ״ח	in order to
כַּוֶּורֶת נ. כַּוָּורוֹת	beehive

כּוֹכָב ז.	star
כּוֹס נ. כּוֹסוֹת	glass
כָּזֶה ז., כָּזֹאת נ., כָּאֵלֶּה ר.	such
כִּיבֵּד, לְכַבֵּד פ.	respect
כִּיבָּה, לְכַבּוֹת פ.	turn off / put out (a light)
כִּיפָּה נ.	cap / skull cap
כָּל מִינֵי	all saorts
כְּלוּב ז.	cage
כְּלִי נְגִינָה ז.	musical instrument
כַּלְכָּלָה נ.ר.ס.	economics
כַּלְכְּלָן ז., כַּלְכְּלָנִית נ.	economist
כְּלָל ז.	rule / regulation
כַּנִּרְאֶה	probably
כַּעַס ז. כְּעָסִים	anger
כָּפָה, לִכְפּוֹת (על/את)	impose
כְּפִי שֶׁ... מ"ח	as
כָּרָגִיל ת"פ	as usual
כָּרִית נ.	pillow
כְּשֶׁ... / כַּאֲשֶׁר מ"ח	when
כְּתָב ז.	writing
כְּתוֹבֶת נ.	address / inscription
כָּתֵף נ. כְּתֵפַיִים	shoulder
לְאוּמִי, לְאוּמִית ש"ת	national
לְבַד ת"פ	alone
לְוָויָה נ.	funeral
לוּחַ מוֹדָעוֹת ז.	billboard / notice board
לוֹחֵם ז. לוֹחֶמֶת נ.	warrior / fighter
לִיוָּוה, לְלַוּוֹת פ.	accompany / escort
לִכְלוּךְ ז.ר.ס.	dirt / filth
לְמָחֳרָת ת"פ	the next day
לְמַטָּה ת"פ	down
לְמַעֲשֶׂה	actually / in fact
לַמְרוֹת מ"ח	despite / in spite
לְפִי דַּעְתִּי, לְדַעֲתִי	in my opinion
לְפָנִים ת"פ	in front
לָקוֹחַ ז. לָקוֹחוֹת	customer / client
מֵאָחוֹר ת"פ	from behind
מֵאֲחוֹרֵי מ"י	behind
מַאֲכָל ז.	food
מַאֲמָר ז.	article
מְבוּגָּר ז., מְבוּגֶּרֶת נ., ש"ת	adult / old
מִבְחָן ז.	test / exam
מַגֶּדֶת עֲתִידוֹת נ.ר.ס.	fortune teller
מָגֵן דָּוִד ז., מָגִינֵּי דָּוִד	Star of David
מַדְעָן ז., מַדְעָנִית נ.	scientist
מַדְרִיךְ ז., מַדְרִיכָה נ.	guide
מָוֶות ז.ר.ס.	death
מוּכָן, מוּכָנָה ש"ת	ready
מוֹסָד ז. מוֹסָדוֹת	institution / establishment
מוּסָר ז.ר.ס.	morality / ethics
מוֹצָאֵי שַׁבָּת ז.ר.	Saturday evening
מוּצְלָח, מוּצְלַחַת ש"ת	successful
מִזְרָח ז. ר. ס.	east
מָחָא כַּפַּיִים, לִמְחוֹא כַּפַּיִים פ.	clap
מְחַנֵּךְ ז. מְחַנֶּכֶת נ.	educator
מָחֳרָתַיִים ת"פ	the day after tomorrow
מַחְשָׁבָה נ.	thought
מַטָּרָה נ.	goal / objective
מִילָה נ. (בְּרִית מִילָה)	circumcision
מְכוֹעָר, מְכוֹעֶרֶת ש"ת	ugly
מָכַר, לִמְכּוֹר פ.	sell
מָלֵא, מְלֵאָה ש"ת	full
מַלְאָךְ ז.	angel
מַלְחִין ז. מַלְחִינָה נ.	composer
מְמוּחְשָׁב, מְמוּחְשֶׁבֶת ש"ת	computerized
מַמָּשׁ	really / real
מְנַהֵל ז. מְנַהֶלֶת נ.	manager / boss
מְנוּמָּס, מְנוּמֶּסֶת ש"ת	polite
מָנַע, לִמְנוֹעַ פ.	prevent
מַס ז. מִיסִּים	tax
מָסוֹרְתִּי, מָסוֹרְתִּית ש"ת	traditional
מַסְלוּל ז.	course / path

מִסְפָּרַיִים ז.ר.	scissors
מָסַר, לִמְסוֹר פ.	give / hand
מַעְדֵּר ז.	hoe
מְעוֹרָב, מְעוֹרֶבֶת ש"ת	involved
מֵעַל	above / over
מַעֲרָב ז. ר. ס.	west
מַפָּה נ.	map
מַפְחִיד, מַפְחִידָה ש"ת	frightening / scary
מִפְּנֵי שֶׁ... מ"ח	because of...
מִפְעָל ז.	factory
מְפַקֵּד ז. מְפַקֶּדֶת נ.	commander
מַפְתֵּחַ ז. מַפְתְּחוֹת	key
מַצְחִיק, מַצְחִיקָה ש"ת	funny
מְקוּבָּל ז.	Cabbalist
מְקוֹרִי, מְקוֹרִית ש"ת	original
מִקְצוֹעַ ז. מִקְצוֹעוֹת	subject/profession
מֵרֹאשׁ ת"פ	ahead
מֶרֶד ז.	revolt
מָרָק ז.	soup
מְשַׁגֵּעַ, מְשַׁגַּעַת ש"ת	terrific
מְשׁוֹרֵר ז. מְשׁוֹרֶרֶת נ.	poet
מְשׁוּתָּף, מְשׁוּתֶּפֶת ש"ת	common /shared
מְשִׁיבוֹן ז.	answering machine
מָשִׁיחַ ז.	Messiah
מַשְׂכּוֹרֶת נ.	salary
מִשְׁכָּן ז. מִשְׁכָּנוֹת	dwelling, tabernacle
מַשְׁמָעוּת נ.	meaning
מִשְׁקָפַיִים ז.ר.	glasses
מִתַּחַת	below / under
נ.ב. (נזכרתי בדבר/בסוף)	p.s.
נֶאֱסַף, לְהֵיאָסֵף פ.	be gathered/collected
נֶגֶד	con / against
נִגְמַר, לְהִיגָּמֵר פ.	end
נָגַע, לָגַעַת/לִנְגּוֹעַ (בְּ...) פ.	touch
נִדְלַק, לְהִידָּלֵק פ.	be lighted
נֶהֱנָה, לֵיהָנוֹת (מ...) פ.	enjoy
נֶהֱרַג, לְהֵיהָרֵג פ.	be killed
נוֹשֵׂא ז.	subject
נִזְהַר, לְהִיזָּהֵר (מ...) פ.	be careful
נִזְכַּר, לְהִיזָּכֵר (ב...) פ.	remember (something)
נָחָשׁ ז.	snake
נִיגֵּן, לְנַגֵּן (ב...) פ.	play (an instrument)
נְיָיר ז. נְיָירוֹת	paper
נִיצָּחוֹן ז. נִיצְחוֹנוֹת	victory
נִיצֵּל, לְנַצֵּל פ.	take advantage of / use
נִיקָּה, לְנַקּוֹת פ.	clean
נִיקּוּי ז. נִיקָּיוֹן, ז. נִיקְיוֹנוֹת	cleaning
נִכְשַׁל, לְהִיכָּשֵׁל פ.	fail
נִמְאַס לְ...	fed up with...
נִמְצָא, לְהִימָּצֵא פ.	be found
נִמְשַׁךְ, לְהִימָּשֵׁךְ פ.	last
נֵס ז. נִיסִּים	miracle
נֶעֱזַב, לְהֵיעָזֵב פ.	be left
נֶעֱזַר, לְהֵיעָזֵר פ.	be helped / assisted
נֶעֱלַם, לְהֵיעָלֵם פ.	disappear
נֶעֱצַר, לְהֵיעָצֵר פ.	stop / be arrested
נֶעֱקַץ, לְהֵיעָקֵץ פ.	be stung
נִפְגַּע, לְהִיפָּגַע פ.	be hurt
נִפְלָא, נִפְלָאָה ש"ת	wonderful
נִפְצַע, לְהִיפָּצַע פ.	be injured
נִפְרַד, לְהִיפָּרֵד (מ...) פ.	part from
נֶצַח ז.	eternity
נִרְדַּף, לְהֵירָדֵף פ.	be chased
נִרְצַח, לְהֵירָצַח פ.	be murdered
נִשְׁבַּר, לְהִישָּׁבֵר פ.	be broken
נְשִׁיקָה נ.	kiss
נִשְׁכַּח, לְהִישָּׁכַח פ.	be forgotten
סָגוּר, סְגוּרָה ש"ת	closed
סִגְנוֹן ז. סִגְנוֹנוֹת	style
סֵדֶר ז.	order
סוּג ז.	type / kind
סוֹד ז. סוֹדוֹת	secret

סוּכָּה נ.	,taberancle ,Succa, booth
סוּפְגָנִיָּיה נ.	doughnut
סִיבָּה נ.	reason
סִידּוּר ז.	prayer book
סִיפּוּר עַם ז.	folk tale
סַכָּנָה נ.	danger
סַל ז.	basket
סָפַר, לִסְפּוֹר פ.	count
סִפְרוּת נ.	literature
עֶבֶד ז. עֲבָדִים	slave
עַבְדוּת נ.ר.ס.	slavery
עֲבוֹדָה נ.	term paper
עֲדַיִין	still
עוּבְדָה נ.	fact
עוֹד לֹא	not yet
עוֹנִי ז. ר.ס.	poverty
עוֹשֶׁר ז. ר.ס.	richness / wealth
עֶזְרָה נ.	assistance / help
עַיִן הָרַע נ.ר.ס	the evil eye
עִירִיָּיה נ.	municipality
עַל יְדֵי מ״י	by (“hit by a car”)
עָלֶה ז. עָלִים	leaf
עֶלְיוֹן, עֶלְיוֹנָה ש״ת	superior / upper
עַם ז.	people /nation
עָמוֹק, עֲמוּקָּה ש״ת	deep
עִנְיָין ז.	interest
עָנָן ז.	cloud
עָסוּק, עֲסוּקָה ש״ת	busy
עָסַק, לַעֲסוֹק פ.	be engaged in / deal
עֲסָקִים ז.ר.	business
עֶצֶב ז. ר.ס.	sadness
עֲצִירָה נ.	stop
עֶצֶם ז.	object
עֶצֶם - בְּעַצְמִי, מ״י	,(self) by myself
עָצַר, לַעֲצוֹר פ.	stop / arrest
עֲקִיצָה נ.	(a) sting
עָקַץ, לַעֲקוֹץ פ.	sting
עָרוּץ ז.	channel
עֵרֶךְ ז. עֲרָכִים	value
פָּגַע, לִפְגּוֹעַ (ב...) פ.	hurt / insult
פַּח אַשְׁפָּה ז.	garbage can
פַּחַד ז.	fear
פַּטִּישׁ ז.	hammer
פִּטְפֵּט, לְפַטְפֵּט פ.	babble
פֵּיאָה נ.	side lock
פִּינָה נ.	corner
פִּינָה, לְפַנּוֹת פ.	clear
פָּנִים ז.ר. או נ.ר.	face
פִּנְקָס ז.	note pad
פַּס ז.	stripe
פָּסוּק ז.	verse
פֶּסֶל ז.	sculpture statue
פְּסַנְתֵּר ז.	piano
פָּצַע, לִפְצוֹעַ פ.	injure
פְּרָאַיֵיר ז., פְּרָאַיֵירִית נ. ס.	a sucker
פְּרוּסָה נ.	slice
פְּרֵידָה נ.	farewell / parting
פַּרְצוּף ז.	face
פָּתוּחַ, פְּתוּחָה ש״ת	open
פָּתַר, לִפְתּוֹר פ.	solve
צָבַע, לִצְבּוֹעַ פ.	color, paint
צַדִּיק ז., צַדִּיקָה נ.	righteous person/“saint”
צָדַק, לִצְדּוֹק פ.	be right / be correct
צוּרָה נ.	shape / form
צְחוֹק ז.	(a) laugh
צִיבּוּר ז.	public
צִיּוּן ז.	grade / mark
צִיּוֹנוּת נ.ר.ס.	ionismZ
צִילֵּם, לְצַלֵּם פ.	photograph
צִיפָּה, לְצַפּוֹת פ.	expect
צִיפּוֹר נ. צִיפּוֹרִים	bird
צִיצִית נ.	fringe (zizith)

צֵל ז.	shadow
צְלִיל ז.	note / sound
צִלְצֵל, לְצַלְצֵל פ.	ring, call
צַעֲצוּעַ ז.	toy
צָעַק, לִצְעוֹק פ.	shout
צְעָקָה נ.	shout / yell
צַעַר ז.ר.ס.	sorrow
צָפוֹן ז.ר.ס. (מִצָּפוֹן ל...)	north (north of)
קָבוּעַ, קְבוּעָה ש"ת	constant / fixed / permanent
קְבוּצָתִי,קְבוּצָתִית ש"ת	of a group / collective
קַבָּלָה נ. ר.ס.	Kabala
קֶבֶר ז. קְבָרִים	grave / tomb
קְדוּשָּׁה נ.	sanctity / holiness
קְהִילָתִי, קְהִילָתִיתש"ת	communal/of the community
קָהָל ז. קְהָלִים	audience / crowd
קוֹדֵם, קוֹדֶמֶת ש"ת	former
קוֹל ז. קוֹלוֹת	voice
קוֹלְנוֹעַ ז., בָּתֵּי קוֹלְנוֹעַ	cinema
קוֹמָה נ.	floor
קוּפָּה נ.	cash register
קוֹשִׁי ז. קְשָׁיִים	difficulty, difficulties
קֶטַע ז. קְטָעִים	section / except
קִיוָּה, לְקַווֹת פ.	hope
קֵירֵר, לְקָרֵר פ.	cool
קַלּוּת נ.ר.ס.	ease
קִנְאָה נ.	envy
קַנַּאי ז. קַנָּאִית נ. ש"ת	ealot / fanaticz
קֶרַח ז.ר.ס.	ice
קִרְקָס ז.	circus
קָשׁוּר, קְשׁוּרָה (ל...) ש"ת	connected to, related to
קִשְׁקֵשׁ, לְקַשְׁקֵשׁ פ.	prattle
רִאשׁוֹנִי, רִאשׁוֹנִית ש"ת	primary
רֶגֶשׁ ז., רְגָשׁוֹת	feeling
רָדַף, לִרְדּוֹף פ.	chase
רוּחַ נ.	wind
רוּחָנִי, רוּחָנִית ש"ת	spiritual
רוֹעֵשׁ, רוֹעֶשֶׁת ש"ת	noisy
רָחָב, רְחָבָה ש"ת	wide
רַחֲמִים ז.ר.	compassion / pity
רִיגֵּשׁ, לְרַגֵּשׁ פ.	excite
רַךְ, רַכָּה ש"ת	soft
רַכֶּבֶת נ.	train
רַכְלָן ז., רַכְלָנִית נ.	gossiper
רָמָה נ.	level
רַעַשׁ ז.	noise
רָצוֹן ז. רְצוֹנוֹת	will, wills
רְצִינִי, רְצִינִית ש"ת	serious
רְשִׁימָה נ.	list
רָשָׁע ז., רְשָׁעִית נ., ש"ת	wicked
שָׁבַר, לִשְׁבּוֹר פ.	brake
שְׁגִיאָה נ.	mistake / error
שַׁגְרִיר ז. שַׁגְרִירָה נ.	ambassador
שָׂדֶה ז. שָׂדוֹת	field
שְׂדֵה תְּעוּפָה ז.	airport
שׁוֹאָה נ.	Holocaust
שָׁוֶה, שָׁוָה ש"ת	equal
שׁוֹפֵט ז. שׁוֹפֶטֶת נ.	judge / referee
שׁוֹר ז., שְׁוָורִים	bull
שׁוֹרֶשׁ ז. שׁוֹרָשִׁים	root
שַׁחְמָט ז.ר.ס.	chess
שַׁחֶפֶת נ.ר.ס.	tuberculosis
שָׂטָן ז.נ.	devil
שִׂיא ז.	peak / height
שִׁיטָה נ.	method
שַׁיָּיךְ, שַׁיֶּיכֶת (ל...) ש"ת	belong to
שֵׁינָה נ. ר.ס.	sleep
שִׁינּוּי ז.	change
שִׁיקֵּר, לְשַׁקֵּר פ.	lie
שִׁירָה נ. ר.ס.	poetry
שֵׁירוּת ז.ר.ס.	service
שִׁכְבָה נ.	layer
שָׁלַט, לִשְׁלוֹט (בְּ.../עַל)	controll

שָׁלֵם, שְׁלֵמָה ש"ת	complete/whole
שְׂמִיכָה נ.	blanket
שָׂנָא, לִשְׂנוֹא פ.	hate
שָׁפַט, לִשְׁפּוֹט פ.	judge
שָׁפַךְ, לִשְׁפּוֹךְ פ.	pour
שַׂק שֵׁינָה ז.	sleeping bag
שַׁקְרָן ז. שַׁקְרָנִית נ.	liar
שָׁתַק, לִשְׁתּוֹק פ.	be silent
תְּאוּנָה נ.	accident
תְּגוּבָה נ.	response / reaction
תַּהֲלִיךְ ז.	process
תּוֹאַר ז. תְּאָרִים	degree / title , degrees
תּוֹדָה לָאֵל	thank God
תּוּכִּי ז. תּוּכִּיָּה/תּוּכִּית נ.	parrot
תּוֹכְנָה נ.	computer program
תּוֹצָאָה נ.	consequence / result
תּוֹר ז.	line
תְּחִיָּיה נ.ר.ס.	resurrection / revival
תֵּיאֵר, לְתָאֵר פ.	describe
תִּינוֹק ז., תִּינוֹקֶת נ. תִּינוֹקוֹת	baby
תַּכְשִׁיט ז.	jewel
תְּנוּעָה נ.	movement
תָּפוּס, תְּפוּסָה ש"ת	busy=taken (a place, phone)
תָּפַס, לִתְפּוֹס פ.	catch
תִּקְוָוה נ.	hope
תַּרְבּוּת נ.	culture
תִּרְגֵּם, לְתַרְגֵּם פ.	translate
תַּרְמִיל גַּב ז.	backpack

מילון מונחים Terms

מונחי הלשון Grammatical terms

אוֹגֵד ז.	linking verb
אוֹצַר מִילִים ז.	vocabulary
אוֹת נ.	letter
בִּיטוּי ז.	expression / phrase
בִּנְיָין ז.	conjugation
גוּף ז.	person
גִּזְרָה נ.	verb type
דִּיבּוּר יָשִׁיר	direct speech
דִּיבּוּר עָקִיף	indirect speech
הֵא הַיִּידוּעַ	the definite article
הוֹוֶה ז.ר.0	present tense
פְּעוּלָּה הֶרְגֵּלִית	habitual action
הַשְׁוָואָה נ.	comparison
זוּגִי ש"ת	dual
זָכָר ז.	masculine
זְמַן ז.	tense
יָחִיד ז., יְחִידָה נ.	singular
מִבְנֶה ז.	structure
מִילַּת יַחַס נ.	preposition
מִסְפָּר ז.	number
מִשְׁפָּט ז.	sentence
מִשְׁפָּט שֶׁמָנִי	nominal sentence/clause
מִשְׁקָל ז.	grammatical pattern
נוֹשֵׂא ז.	subject
נְטִיָּיה נ.	conjugation / declension
נְקֵבָה נ.	feminine
סָבִיל, סְבִילָה ש"ת	passive
סִיבָּה נ.	cause
סְמִיכוּת נ. סְמִיכוּיוֹת	construct state
סְתָמִי	impersonal
עָבָר ז.	past tense
עָתִיד ז.ר.0	future tense
פּוֹעַל ז. פְּעָלִים	verb
פִּסְקָה נ.	paragraph
פָּעִיל, פְּעִילָה ש"ת	active
צוּרָה נ.	form
צִיוּוּי ז.	imperative
קֶטַע ז.	passage / excerpt
רַבִּים, רַבּוֹת	plural
שְׁאֵלָה נ.	question
שׁוֹרֶשׁ ז.	root
שֵׁם (שֵׁם עֶצֶם) ז.	noun / nomen
שֵׁם פּוֹעַל ז.	infinitive
שֵׁם פְּעוּלָּה ז.	gerund
תּוֹאַר פּוֹעַל ז.	adverb
תּוֹאַר (שֵׁם) ז.	adjective

מונחי הכיתה Class terms

אִמְרוּ	say (out loud)
הַמְחִיזוּ	dramatize
הַשְׁלִימוּ	complete
הַתְאִימוּ	match
כִּתְבוּ	write
עֲנוּ	answer
קִרְאוּ	read
שַׁבְּצוּ	fit into
שׂוֹחֲחוּ	discuss
שִׂימוּ לֵב	please note (note) that...
תְּשׁוּבָה נ.	answer

מוקדש לזכרו של האיש היקר והאהוב יעקב (יפרח) יפתח ז"ל , מנהל ההוצאה לאור אקדמון וממייסדיה הראשונים , אשר עמל רבות לאורך השנים בהפקת ספרי הלימוד והדפסתם לראשונה, אשר פרויקט לימוד העברית היה קרוב מאוד ללבו , יהיה זכרו קרוב ללבנו.

Dedicated to the memory of the late Academon's publishing manager,

Yakov (Yfrah) Iftach , whose Hebrew learning project

Was close to his heart.

Hebrew from Scratch part II

Shlomit Chayat, Sarah Israeli, Hila Kobliner

ההפצה בישראל: הוצאת מאגנס
טלפקס: 02-6584352
shlomi@magnespress.co.il
www.magnespress.co.il

International Orders: Israel Connection
West Coast (310) 274-6657
East Coast, Europe and Far East (201) 906-8016
office@myhebrewbooks.com

ISBN 978-965-350-127-0
דאנאקוד 75-12975

איורים: נועם נדב, יובל רוביצ׳ק
עיצוב, ביצוע, סידור אקדמון בע״מ

The Hebrew University Students' Printing and Publishing House
Jerusalem Israel
Printed in Israel 2013

Illustrations: Noam Nadav
Design & Paging: Youval Tal Ltd.
Printing: Academon

NEW

HEBREW FROM SCRATCH

PART II

Shlomit Chayat
Sara Israeli
Hilla Kobliner

Academon
The Hebrew University Students'
Printing and Publishing House

Jerusalem, 2013